首崇滿洲的多民族帝國

葉高樹——著
王汎森——主編

清史

聯經中國史

總序

中央研究院院士　王汎森

在過去一百多年中，我們對中國歷史的認識經歷了翻天覆地的變化。這些改變，一方面源自於近代中國幾次重要的史學革命，從梁啓超在《新史學》「二十四史非史也，二十四姓之家譜而已」的批判，到胡適的國故整理運動、傅斯年創立歷史語言研究所、再到馬克思主義歷史學的興起。這幾波的史學革命，雖然彼此關注的重點各不相同，但對於歷史的定義、史料的範圍、解釋的角度等議題，都產生重大的影響。另一方面，我們也看到國際間對中國歷史的演變，無論是在歐洲、日本還是美國，一代又一代學者，不斷推陳出新，提出新的觀點與詮釋。

從第二次世界大戰結束以來，臺灣的歷史學者在這個領域，同樣取得了豐碩的成果，並發展出獨特的學術風格。他們既繼承了近代中國新史學的脈絡，又吸納了世界各地不同的學術潮流，加上引入社會科學的理論與方法，並在上個世紀末，接受到後現代主義的衝擊與洗禮。

幾年之前，有一位編輯朋友來信提及，臺灣已經很久沒有編寫成套的中國斷代史，聯經出版公司的發行人林載爵先生也與我談起，覺得有必要將這些累積起來的成果作一個整理。二〇二四年，適逢聯經出版公司創立五十週年，因此有了這項《聯經中國史》的出版計畫。

將近二十年前，我在中央研究院歷史語言研究所所長任內，爲了慶祝史語所成立八十週年，曾組織一項「集眾式」的工作，與史語所同仁共同完成《中國史新論》，當時也是由聯經所出版。不過，《中國史新論》是專題式的論文集結，旨在呈現臺灣學者對中國史研究所開展的新課題、新領域與新方向。

《聯經中國史》也是一項「集眾式」的工作，但定位截然不同。在策畫之初，我們便希望這套書是要服務大學生和對中國歷史感興趣的一般讀者。也因此，我們訂下了幾點寫作的基本原則：

第一、書寫方式採取敘事型的手法，而非純粹學術論述或理論分析，引文也只限於必要的範圍。

第二、必須融入近年來新研究之成果，但並非研究回顧，而是以新研究爲基礎，融會貫通而成的新通述（synthesis）。

第三、反映近年來新研究之趨勢，避免只聚焦於上層政治、宮廷政治，而多著墨社會經濟、日常生活、菁英與大眾文化（high culture and popular culture）之交流、性別、地方社會的多樣性等議題。

第四、重視非漢族群與非漢字中心的觀點，以及不同朝代與亞洲其他地域互動的關係，從世界史的角度來理解中國史。

第五、在參照融會新近研究時，注重中文（特別是臺灣）學界的研究，以期與其他相類似叢書在見解與框架上有所區別。

爲了完成這項計畫，我們邀請了精熟各個時代的資深歷史學者擔綱作者。我要在此感謝各冊作者，承擔起這項不容易的工作。每一代人都有自己認識和書寫歷史的方法。我們期待這套叢書，能代表這個時代對於中國歷史的認識，聯結起過去與現在，並爲所有想要了解中國歷史的人，提供一個全面而深入的視野。

目次

導言

一、清朝的歷史地位

清朝與現代

明崇禎十七年（清順治元年〔一六四四〕），八旗勁旅直入北京，時人遭逢「天崩地解」的劇變；對懷抱強烈漢族中心意識的人而言，更是繼元朝（一二七一—一三六八）之後，中國再次「亡國」。士人同時面對忠奸和夷夏的抉擇，拒絕接受「異族」統治的「遺民」，將「亡國」和「亡天下」、「治統」與「道統」加以區分，或寄望於「夷狄入中國則中國之」；選擇和新政權合作的「貳臣」，則藉由元朝統治下漢文化大放異彩的論辯，推翻「宋亡而中國亡」的說法。

關於「改朝換代」一詞，「改朝」固然是指政權更迭，若將「換代」作「世代交替」

解，意味著新政權尚需經過一段時間，才會被人民接納。當清朝展現恢復秩序和重建社會的能力後，遺民的立場也出現鬆動，並提出「天下之治亂，不在一姓之興亡，而在萬民之憂樂」之論，不再堅持儒家「忠奸之辨」、「夷夏之防」的核心價值。大約在三藩戰爭（一六七三—一六八一）前後，滿、漢之間的緊張關係已趨和緩，部分遺民接受「博學鴻詞」科的徵召；抗節自持者雖拒不出仕，卻不禁止子弟參加科舉，「遺民不世襲」也成爲共識。降及晚清，社會上有「不分滿、漢，但問旗、民」的說法，滿、漢的族群畛域漸泯，但有身分、待遇的不同。

十九世紀後期，在西力衝擊下，激起中國的排外、反外意識，熱情的革命運動家則將之催化爲排滿、反滿情緒。這股風潮並未因清朝覆亡而暫歇，緊接而來的中、日戰爭，再掀反日、仇日的聲浪，加上否定清朝的「革命史觀」推波助瀾，以漢族爲中心的民族主義，成爲詮釋清史的主流。因此，清史研究深受現實政治影響，也是史家與時代互動的例證。

清朝統治對現代中國而言，至少有兩個重要意義：一、疆域，不論是一九一二年的中華民國，或是一九四九年以後的中華人民共和國，疆域規模都繼受自清朝。二、族群，不論是孫文革命成功後所宣傳的「五族共和」，或是今日中國的民族識別有「五十六個兄弟民族」，族群成分也都奠基於清朝。

中國史的清朝

一九六七年，何炳棣從清朝介於傳統與現代之間的意義，論述清朝在中國史上的重要性。他的主要論點有：

一、自一六〇〇年至一八〇〇年間，滿洲統治者在治理邊疆的同時，將帝國凝聚成地理的和種族的實體，締造現代中國的基本型態。

二、帝國人口空前成長。糧食產量增加、手工業發展，以及清初幾位皇帝福國利民的政策，開啓長達百年的全盛時代，人口也暴增至三億。

三、早期的滿洲統治者採行有系統的漢化政策，使清朝成爲中國歷史上最成功的「征服王朝」（Dynasties of Conquest）。儘管漢化和儒家化使滿洲付出喪失民族特質的代價，卻換得空前繁榮的盛世。

四、傳統的政治、經濟、社會機制日趨成熟。就政治制度而言，在機構間的協調、文書的分類與傳遞、決策和執行的程序，以及官員考核等，顯得審慎而有序。在社會、經濟方面，雖然在制度上少有創新，但大規模的跨區域整合與交流持續進行。

五、物質文化與藝術發展的成就。在和平與繁榮的世紀中，國家纂輯、出版大量書籍，宮廷收藏無數的藝術品，社會也出現一批版本目錄學家和藝術鑑賞家。

以上含括的層面極廣，是了解中國現狀淵源的重要指引；強調「漢化」對清朝統治中國的作用，則影響二十世紀中期以後的清史研究。其後，若干討論清朝在中國史地位的論著，雖舉出更多的事例，仍不出上述架構。縱使在一九九〇年代後期出現對「漢化」觀點的質疑，何炳棣仍對自己在三十年前發表的「複雜的宏觀史學觀點」充滿自信，並認為拒絕「漢化」則難以在中國史中為清朝定位。

歷史比較的清朝

「比較」是認識、分析事物或現象的重要方法，可以從中探知研究主體所代表的意義。二十世紀初，梁啓超稱清代為中國的「文藝復興時代」。所謂「文藝復興」（Renaissance），是指歐洲在十四至十六世紀的文化運動，從恢復古典文化出發，進而建立新的文化基礎和社會體系；結束中古時期，並開啓近代文明。梁啓超認為，清代學術的特徵在「對宋明理學之一大反動，而以復古為其職志」，其動機和內容與歐洲的文藝復興相似，而文藝復興在歐洲所發生的新影響，正在清末民初的中國醞釀。

梁氏立論的要旨有五：一、考據學派冷靜縝密的傳統，性質近於科學。二、學者對佛教哲學過度發達的批判，正是宗教改革。三、學者將經世致用的傳統擴大為改良社會，注重生計問題，一如社會主義。四、文學、美術的雄厚根柢，一旦與西方文化接觸，必定創成新派。五、在復古之餘，將來亦應以科學方法整理舊學。簡言之，將清代的學術發展建構成由復古而解放，由主觀的演繹進而為客觀的歸納，正與歐洲文藝復興若合符節；但清代學術並未使近代中國免於衰亂，則其說不免流於附會。即便如此，文藝復興時代義大利官方獎崇文教，人文主義學者醉心學術，而盛清時期朝廷偃武修文，私人研史窮經，藉由比較，清朝的「世界性」意義猶可凸顯。

二〇一一年，國立故宮博物院推出「康熙大帝與太陽王路易十四——中法藝術文化的交流」特展，也是從歷史比較的視角，將同一時代的兩位君主因文化交流所產生的影響並呈。康熙皇帝（玄燁，清聖祖，一六五四—一七二二，一六六二—一七二二在位）與法王路易十四（Louis XIV，一六三八—一七一五，一六四三—一七一五在位）同為十七世紀著名君主，兩人都是沖齡即位，集大權於一身，軍事、文化各有成就，康熙皇帝開創清朝歷史的「康乾盛世」，路易十四在位期間則被史家譽為輝煌無比的「路易十四時代」。

兩位君主的交集，源自路易十四派遣耶穌會（Societas Jesu）傳教士至中國。後藤末雄指出，康熙皇帝懷柔傳教士，使其成為中國文化的崇拜者，以致路易十四對清朝的政治野心無法遂行；傳教士將中國的德治思想介紹回法國，則成為伏爾泰（Voltaire）等人抨擊天主教和專制政治的材料，是導致波旁王朝（Maison de Bourbon，一五八九—一七九二，一八一四—一八三〇）沒落的原因之一。透過比較，可以覺察異文化間互動的其他面向。

全球史的清朝

二十世紀後期，著重整合和差異的「全球史」（global history）興起。全球史的範圍不必然是「全球」，而是以宏觀的視角，超越政治或文化單元，強調議題的相關性，注重個人與社會的互動，關心歷史事件的同步性，以及去中心化的研究取徑。從「漢化」的角度，清朝誠然具有「中國」特徵；若置於全球史的脈絡，以其多元族群、多元文化的性質，則清朝不應只是「中國」而已。

岡田英弘認爲，蒙古帝國的領域東自日本海、西至俄羅斯大草原，在範圍內的居民都成爲帝國的一分子，其後又孕育出可以連結到今日、嶄新的民族和國家，乃提出「世界史是從蒙古帝國展開」的概念，而大清帝國則是其繼承者。清朝的皇帝有多重身分，既是漢人傳統式的皇帝，也是滿洲部族會議的領袖、蒙古的大汗、藏傳佛教中地位最高的「施主」，以及東突厥斯坦穆斯林的保護者。大清帝國的本質，是五大種族的「共主邦聯」國家，也是能夠統治廣大疆域長達二百餘年的關鍵。

美國從非漢民族觀點出發的「新清史」（New Qing History）學者，挑戰「漢化」的說法，強調「滿洲因素」的重要性；據以檢視清朝皇權的建構，則認爲是中國與內陸亞洲兩個不同政治體制的混合體。他們將清朝對蒙古、新疆、西藏的軍事征服，及其統治邊疆的政策，與俄羅斯帝國、鄂圖曼帝國等「殖民帝國」作比較，指出清朝統治下的中國，同樣面臨控制、擴張、正當性等問題。

二、不同視角的清史論述

同化的「漢化」

關於「漢化」，學界迄今仍未形成普遍接受的定義。一般分為兩個層面：一、寬鬆的定義，指非漢民族與漢民族接觸後，接受漢文化的成分，如藝術、風俗等，至於該民族是否放棄原有的文化與認同，不在考慮之列。二、嚴格的定義，則與人類學的「同化」（assimilation）同義，是指兩個族群因長期接觸，導致文化從屬群體放棄其原有文化，並全面接受文化主宰群體的文化，且與之融為一體。

自十九世紀末以來，中國學者多將「漢化」等同於「同化」，總認為進入漢地的非漢民族，都會被漢文化同化。基於此一信念，激烈的漢民族主義者更發展出「歷史上凡以武力征服中國者，終將為中國所征服」的「鐵律」，完全漠視非漢民族的歷史地位。

曾任戶部郎中的漢人劉體智（一八七九－一九六三）指出，歷史上曾經統治中國的「異類」，除蒙古尚有遺族外，其餘「未幾即與之俱盡而不復見」。雖然滿人「不求文學，惟重騎射」，八旗「不與居民雜處，不與漢人聯姻」，但是二百年間，「滿人悉歸化於漢俗，數百萬之眾，僉為變相之漢人」。他的政治立場是同情清朝的，卻持同化的觀點，認為漢化是無法避免的趨勢，遂有「茫茫禹域，真亡國滅種之利器」之嘆。

「征服王朝」理論

一九四九年，魏復古（Karl A. Wittfogel）據人類學的「涵化」（acculturation）觀點，即不同文化持續接觸，受影響的一方會主動調適吸收或排斥抗拒，提出「征服王朝」理論。他將帝制中國分為典型中國朝代，以及征服王朝、滲透王朝（Dynasties of Infiltration，指五胡十六國〔三〇四－四三九〕、北魏〔三八六－五三五〕、北齊〔五五〇－五七七〕、北周〔五五七－五八一〕等，在華北以半和平滲透方式所建立的政權）。

所謂征服王朝，是指某一個民族征服另一個民族的部分或全部居住地所建立的政權，在中國歷史上有遼（九一六－一一二五，契丹）、金（一一一五－一二三五，女真）、元（蒙古）、清（一六四四－一九一一，滿洲）。他們統治中國期間，既強調本民族特質，又實施二元統治，展現「社會文化二元性」特徵。以游牧為主的契丹、蒙古和已經發展農業的女真、滿洲，由於文化性質不同，對漢文化有「文化抗阻力」強弱之別，遼與金分別代表征服模式的兩大類型，遼為「抗拒型」，金是「讓步型」，清則是兩者的「中間型」。

滿洲在征服、統治中國的過程中，雖然主動汲取漢文化因素，但也採取若干保障政治權力的措施，以及由此而來的經濟、社會特權；舉凡推行八旗制度、控制官僚組織、提倡滿洲語文、堅持軍事價値、維護滿洲禮俗等，在在顯現清朝的社會二元性特徵。然而，清朝的複雜程度，又遠遠超過遼、金、元三朝。以征服者與被征服者的族群屬性爲例，契丹、女眞或蒙古征服者，可以清楚地區分「本族人」與「非本族人」；對於以女眞族爲核心，並具有民族共同體特質的滿洲而言，從政治、經濟或社會的旗、民分治原則來看，雖能劃分出「旗人」與「非旗人」，惟此係從制度觀點，並非就族群而論。

在八旗制度中，包括滿洲、蒙古、漢軍三大族群，其地位高低自有等差；然在「入旗」、「改旗」以及「出旗」的辦法下，族群身分亦能調整。漢族在滿洲政權中，實兼具征服者（漢軍）與被征服者（民人）的角色，與以往北亞民族征服漢族的模式不同。

涵化的「漢化」

一九六〇年代後期，從涵化的「漢化」角度檢視清史，成爲研究主流。何炳棣在承認征服者主體性的前提下，指出滿洲統治者採行漢化政策，是其成功統治中國的關鍵，也有利於清朝從八旗部落政權轉向中央集權帝國的發展，並贏得漢族精英的支持。他也注意到清朝統治的多民族特徵，統治者致力將民族共同體轉化爲多民族帝國，並進行有效管理，也爲現代中國的形成奠定基礎。

對於滿洲的文化發展，管東貴提出具有理論架構的討論。他主張應將漢化分爲「文化的同化」（此處的「同化」相當於「涵化」）與「民族的融合」兩個緊密相關的連續層次，並以「民族的融合」視爲「文化同化」所產生的結果，而滿洲已經達到「民族融合」的程度。惟在文化同化的過程中，滿洲是透過虛浮的直接利用，以塡補因政權迅速擴張所出現的「文化空檔」。正由於停留在「文化寄生」層次，所以民族生機便愈來愈依賴「以民族供作武力，以武力鞏固政權，以政權保護民族」的「民族—武力—政權」三環互相倚存的關係上。

當「漢化」的切入點以涵化取代同化，即與「征服王朝」理論站在相同的討論基礎上，論者不再一廂情願地認爲非漢民族終將同化於漢文化。陳捷先指出，滿洲接觸漢文化以後，不可避免地會產生漢化現象，惟無論是在借取明朝（一三六八—一六四四）典章制度，或是受漢人家族倫理影響時，常是有條件的、有限度的、不一定全盤接受，而且經過理性思考，首重本身利益，尤其他們仍注意保持自己的民族文化。

新的「漢化」觀點，反映出滿洲在面對漢文化時，是居於主動地位與具備選擇能力。中國學者郭成康則基於滿洲文化挾有政治優勢，且發揮主導作用的前提，主張應將滿洲從單純被動的一方，位移爲積極主動的角色，始能了解他們如何自覺地、清楚地抵拒漢文化的侵蝕，以及如何重塑、支配著漢文化，從而使滿、漢文化的交流與衝突，最終融合成新的內涵。

「滿洲中心」的「新清史」

美國清史學者從「族群性」（ethnicity）的角度，注意到滿洲族群的自我認同與族群意識，形成以滿洲為中心的立場，自然難與「漢化」並存。一九九六年，羅友枝（Evelyn S. Rawski）歸納過去十多年來清史研究成果，認為中國歷史上的非漢民族征服政權，始終存在著抵制漢化意識；滿洲統治者融合內陸亞洲與漢人思想，形成新的統治政權，從而建構多民族帝國。她提醒研究者必須重新思考八旗統治集團對帝國的重要性，清朝對邊疆地區社會經濟的影響，以及多民族帝國的建立及其成就，而這些問題不是過去的漢化觀點可以涵蓋。

滿洲具有獨立自主的文化意識和絕對優勢的統治地位，是不容否認的事實，惟在統治中國期間，究竟擴展至何種程度，則有進一步申論的必要。歐立德（Mark C. Elliott）在分析滿洲統治成功的原因時，將關鍵置於：一、對中國政治傳統的適應力，這是基於統治上利害的考慮，並沒有完全擺脫儒教的束縛。統治者似乎意識到，強調民族主體性可能會導致政治的不穩定，故在對待漢人時，擺出一種儒家姿態。二、保持滿洲自身的特質，則是將政權的基礎建立在具有「族群主權」特徵的八旗制度之上。統治者欲藉助八旗的力量來保持民族主體性，即意味著必須付出經濟上、政治上的龐大代價，並且要進行有效的旗、民分治管理。

在論述的發展過程中，以滿洲中心觀點的論著也陸續問世，並於二十一世紀初期形成「新清史」學說，且引發討論熱潮。他們提出兩個基本課題：一、清朝統治中國成功的原因；二、清朝統治對現代中國的影響。雖然問題本身並不「新」，甚至是長期以來學者共同關心的經典議題，但是隨著研究視角不斷更新，應對這些問題重新思考。新清史學者以挑戰漢族中心主義的敘述和超越既有的漢化解釋爲己任，並致力於滿文檔案和其他族群語文材料的發掘，嘗試重建清朝歷史的完整圖像。

羅友枝直接挑戰的，是何炳棣對漢化的看法。時隔三十年後，何氏對其當年的見解仍深具自信，而以「捍衛漢化」的立場嚴詞駁斥，並申論漢化是一個漫長、複雜且持續的進程，拒絕接受漢化觀點，則無以解釋滿洲統治中國的成功。這場發生在一九九〇年代末期的「論戰」，並未吸引各自的支持者加入，而被稱爲是「沒有交集的對話」，但「新清史」的影響力則迅速擴散。

「國家認同」與「一體兩面」

新清史的學術觀點，在中國引起不少討論，《清朝的國家認同——「新清史」研究與爭鳴》一書，彙集美國學者的代表性論述和中國學者的評議，可供參考。由於新清史學者發表同情中國少數民族獨立運動的言論，引起中國學者的反彈，也使學術議題帶有政治性質。

除去「何『新』之有」的表面批評，或基於政治立場的情緒言論，中國學者對「新清史」的質疑約可歸納爲三方面：

一、在時間上的「連續／斷裂」。中國歷史一脈相承，新清史否定清史與中國史的關係，其「去中國化」的結果，造成歷史斷裂。

二、在統治上的「統一／征服」。中國自古以來即是統一的多民族國家，清朝對新疆用兵，其目的在維護國家「統一」，不應視爲帝國主義的殖民「征服」。

三、在空間上的「中心／邊緣」。強調清朝政權的內陸亞洲特徵，無異將漢文化在中國的傳統地位邊緣化，同時也陷入以邊緣（內亞─東北）解構中心（中原─江南）的後殖民論說陷阱。

對於族群性，中國自有一套原創的理論。一九八〇年代後期，社會學家費孝通闡述中華民族摶成的歷程，是以漢族爲中心，不斷吸收其他民族的成分，進而在中國疆域內由許多民族共同形成不可分割的統一體，提出深具影響力的「多元一體」理論。簡言之，中國雖以漢族爲主體，在歷史上始終都有族群、文化「多元」和政治「一體」的特徵，清朝亦不例外；在二〇一〇年前後，中國清史學者也據以發展出與新清史對話的各種新說，可以「國家認同」、「一體兩面」為代表。

關於清朝統治中國成功的原因，常建華從國家為維持長期統治所採取的各種辦法出發，以漢文化為中心，提出「國家認同」的研究視角。清朝統治者在政治上，將「治統」定位為接續明朝、延續歷代皇帝的統治，使其統治具有正當性；在文化上，將儒家思想做為官方意識形態，藉由對儒家的文化認同，贏得漢人的支持與服從；在族群上，以「因俗而治」保留少數民族特色的多元性，同時採用傳統中國的教化，使其他族群進一步一體化，實現各族群對清朝的國家認同。

對於新清史與漢化論的二元對立，楊念群從避免新清史將疆域史研究核心化，並防止漢化論過度排斥邊緣族群聲音切入，嘗試開闢「第三條道路」。他認為應將清朝立國的成功，視為是針對廣大帝國不同核心與邊緣地區，進行「一體兩面」的合理布局；清朝皇帝的政策，既延續傳統「中國」的文化同一性，又將邊緣民族的文化融入自身的框架中。他另以「正統性」作為補充，指出皇帝統治漢地仍仰賴儒家的道德教化，控制藩部則依靠邊疆民族對藏傳佛教的信奉，從而建立有別於前朝「正統性」的制度框架。因此，清朝皇帝兼具多張統治面孔，以應對不同族群的文化心理預期。

「參漢酌金」試釋

當清朝成爲歷史研究的對象後，學術觀點不斷推陳出新，將各家學說的方法論做最大簡化，可視爲「換個角度看問題」。然因史家難以跳脫所處時代、環境的制約，說法不免帶有特定立場，對不同意見的接受程度也不一。若回歸清朝的歷史情境，滿洲統治者對借用或吸取漢文化的認知，漢官寧完我（？—一六六五）曾有「參漢酌金」的建議，或有參考價值。

天聰五年（一六三一），皇太極（清太宗，一五九二—一六四三，一六二七—一六四三在位）引進明朝六部制度而略作調整，並下令以《大明會典》作爲運作的準則。施行之後，寧完我提出檢討：金、明立國條件不同，「《大明會典》雖是好書，我國今日照他行不得」，當「參漢酌金，用心籌思，就今日規模，立個《金典》」，「庶日後得了蠻子地方，不至手忙腳亂」。簡言之，引進明制必須知所變通，始能有所助益。

其實，在滿、漢文化頻繁互動之前，已有一個持續進行的滿、蒙密切往來關係。以滿文的演進爲例，努爾哈齊（清太祖，一五五九—一六二六，一六一六—一六二六在位）借用蒙古字母拼寫滿洲語音，創製滿文，即「老滿文」。惟蒙古字母未必能充分表達滿洲語言，皇太極命巴克什（*baksi*，學者）達海（一五九五—一六三二）在老滿文字母旁「酌加圈點」，成爲具有滿洲特色的「新滿文」。可知滿洲在借用外來文化時，不是只有「參漢」，在此之前更有「參蒙古」的經驗。

直接借用外來文化，固然可以應付問題於一時，欲行之久遠，另須透過以本民族爲中心的主體性思考，進行文化調適工作。滿文從無中生有到精益求精，就是以滿洲主體意識爲前提，追求可用性與獨特性的文化調適歷程，從而構成「酌金」模式。因此，當「參蒙古」獲得的成果面臨必須調整之際，這個經驗也被運用在「參漢」，便能解釋六部設立之初，並非全盤抄襲明制的原因。

所謂「參漢酌金」，可做以下的理解：對外來文化的選擇和以滿洲爲中心的調適，而選擇的權力與調適的方式，滿洲統治者始終居於主導地位，並且是一個持續進行與不斷檢驗的過程。滿洲即憑藉著靈活的「參漢酌金」策略，由文化弱勢、武力有限的蕞爾小邦，而能征服中國，並拓展爲多民族帝國。「參漢酌金」的原則，在滿洲建國初期即已形成，並對往後的國家型態轉換、統治政策擬定、族群關係調整、文化發展走向等都發揮作用，當可視爲是清朝統治中國的主要特徵，也是獲致成功的關鍵。

三、史料與官方修史

史料概述

清代距今最近，留存史料最豐，依體裁劃分，舉凡編年、紀傳、紀事本末、政書、方志、筆記、文集、譜牒、日記、書信等，幾乎無所不有。由於編纂史籍的原始材料大多保存，利用時應予留意。例如：《實錄》是嗣君爲前一代皇帝所修的編年體史書，資料來自「秘府之藏」、「諸司之牘」，成書時間與事件發生時間接近，雖可視爲一手史料，若使用材料的內容有所裁剪修飾，而該材料尚存，則淪爲二手史料。

其次，清朝定滿洲語文爲「國語」，又以蒙古族、漢族、藏族、維吾爾族的語文爲官方語文，公文書不乏使用滿、蒙、藏、維等文字書寫；「欽定」書籍除漢文本之外，也經常有滿文本，甚至蒙文本。這些不同語種的史料，都具有相同的史料價値，記錄同一事件者，可以相互參照，以明其異同；有些不見於漢文者，則可作爲補充。雖然滿文史料已陸續譯成漢文出版，提供研究上許多便利，但如能直接閱讀，並與其他材料比較，可更準確掌握史料原意。

再次，與清朝往來頻繁的周邊國家，也留下不少相關記載。其中，朝鮮王朝（一三九三－一八九七）君臣長期關心清朝政情變化，官方纂輯的編年體《朝鮮王朝實錄》，及其使臣記錄往返北京沿途見聞的《燕行錄》，都以漢文書寫，值得注意。又西方傳教士、商人東來，居留中國期間的日記、書信、回憶錄，以及向本國政府提供的各種情報，這些外文資料也是了解清史的重要材料。

現存清代史料種類繁多，馮爾康《清史史料學》以體裁分類，介紹編年、紀傳、政書、方志等十餘類史料的價值及其利用方法，是治清史必備的工具書。同時，還有爲數可觀的清代檔案，臺灣的皮藏機構有二：一是中央研究院歷史語言研究所（以下簡稱「史語所」）的「內閣大庫檔案」，收貯的制詔誥敕、題奏本章、朝貢國表章、內閣各廳房處檔案、修書各館檔案、試題、試卷等，約三十一萬餘件，可透過該所「明清檔案工作室」網站了解其概況。二是國立故宮博物院（以下簡稱「故宮」），按院藏的文書性質分爲：宮中檔、軍機處月摺包、軍機處檔冊、內閣部院檔、史館檔等項，約四十餘萬件，莊吉發《故宮檔案述要》詳述各類檔案的由來及其史料價值，是進入檔案殿堂的指南。

至於北京的中國第一歷史檔案館，收藏的檔案更多達一千餘萬件。該館係依檔案原來收藏的部門和個人，分爲七十四個全宗，其中屬於機構者，如內閣、軍機處、內務府、宗人府等，有七十個；屬於個人者，則有醇親王府、溥儀（一九〇六－一九六七）、端方（一八六一－一九一一）、趙爾巽（一八四四－一九二七）等四個。在幾種介紹該館檔案的專書中，以秦國經《明清檔案學》（增訂版）最爲詳盡，可供參考。

史料整理與數位化

拜科技進步之賜，資料的整理、典藏與利用方法不斷推陳出新，使原本浩如煙海的文獻、檔案，可用簡便方式取得。一九九〇年，史語所首先完成「廿五史資料庫」，再擴充爲「漢籍全文資料庫」，給研究者莫大方便。其中與清史相關者，如《清史稿》、《清實錄》、《大清會典》、《清三通》、《經世文編》，以及北京中華書局刊印的《清代史料筆記叢刊》等，基本史料皆蒐羅在內。其次，史語所自一九二九年著手整理「內閣大庫檔案」以來，曾以紙本形式出版《明清史料》、《明清檔案存眞選輯》、《明清檔案》等；從一九九五年開始，則改以數位化的方式，建置「內閣大庫檔案資料庫」。

故宮所藏的各類檔冊中，以「宮中檔奏摺」（約十五萬件）、「軍機處月摺包摺件」（約十九萬件）最多。自一九六九年起，故宮檔案陸續整理出版，舉其要者，如：《舊滿洲檔》、《宮中檔奏摺》、《起居注冊》等，今日故宮檔案數位化工作的成果，可說是在此基礎上發展而來。至一九九六年，「宮中檔奏摺」編輯影印出版完成後，即著手整理「軍機處月摺包摺件」，並建立「清代軍機處檔摺件全文影像資料庫」、「清代軍機處檔摺件目錄資料庫」。迨二〇〇三年，又加入「宮中檔奏摺」全文影像與目錄，名稱更定爲「清代宮中檔奏摺及軍機處檔摺件全文影像資料庫」。

故宮所藏清代檔案的年代、性質及來源，與史語所「內閣大庫檔案」極爲近似且相關，雙方遂於二〇〇一年合作開發「清代檔案人名權威資料庫」，史語所並將之擴大為「人名權威——人物傳記資料庫」，可解決查找歷史人物背景的種種困難。與人物相關的資料庫，又有故宮在二〇〇七年設置的「大清國史人物列傳及史館檔傳包傳稿全文影像資料庫」。其後，故宮再將「善本古籍」、「明清輿圖」、「清代宮中檔奏摺及軍機處摺件」、「清代文獻檔冊」、「大清人物列傳及傳包傳稿」等五種資料庫，整合為新版「圖書文獻數位典藏資料庫」，提供學術研究和教育推廣使用。

進入二十一世紀以後，史料數位化的快速發展，對擅長使用網路的新世代而言，自然駕輕就熟；資料庫省時、省力的特性，更對他們產生莫大的吸引力。反映在清史研究上，論著的資料引證較以往更為豐富、精密。與此同時，藉助數位科技進行人文研究的「數位人文」方興未艾，為過去難以觀察的現象、無法想像的議題，以及不能進行的研究，提供解決的新視野與新方法，對傳統史學研究的影響與衝擊也可預見。

數位時代的來臨，使研究環境從資料獨佔一變而為資源共享，研究者當深思資料周全、方法創新與研究品質之間的關係。前輩學者埋首於「故紙」堆中，逐件、逐頁翻閱史料，進而建立對史事的宏觀認識，即便資料偶有闕漏，猶能提出不易動搖的學術見解。今日的研究者挾數位化優勢，若未能將節省下來的寶貴時間，從事史料解讀與史實解釋，僅滿足於「讓史料自己說話」的史料堆砌和排比，則數位化對學術研究進展的助益將極為有限。

修史制度

清朝皇帝標榜「敬天、法祖、勤政、愛民」四大信條，其中「法祖」的內涵，既是遵循父祖規制，亦強調汲取歷史經驗，故而官方重視編修史書。早在天命（一六一六—一六二六）、天聰（一六二七—一六三六）年間，爲大汗處理文書事務的「筆帖赫包」（*bithei boo*，書房），也負責記注政事，已略備修史功能。

天聰十年（一六三六），皇太極稱帝前夕，改「筆帖赫包」爲「內三院」（內國史院、內秘書院、內弘文院），其中的內國史院即是編纂史籍的專責機構。入關後，改內三院爲內閣，別置翰林院，纂修史書的工作遂移至此。修史任務牽涉層面甚廣，諸如人員徵集、經費分攤、檔冊借調、流程管控等，非翰林院所能獨力承擔，又逐漸形成以籌組各類史館爲主的修史制度。

據嘉慶朝《大清會典》載，修史的機構分爲「奉旨特開之館」和「長開內廷三館」兩類。所謂「特開」，是專爲纂輯特定史書而開，書成館閉，如明史館、通鑑輯覽館等。「內廷三館」，即國史館、方略館、武英殿修書處，惟「長開」者另有起居注館等。國史館屬翰林院，於康熙朝（一六六二—一七二二）中期初設，其後時舉時停，至乾隆朝（一七三六—一七九五）中期復設，成爲「長開」。方略館隸軍機處，康熙朝年間爲備記重大戰爭始末，降旨設館修書，事畢即撤，原係特開；迨乾隆朝初期因屢修《方略》，而爲常設機構。武英殿修書處係內務府所轄，其刊刻書籍業務較修書更爲重要，印製之書稱「殿本」或「殿版」，以刻工精整、印刷優良著稱。

以「特開」、「長開」劃分，雖然簡明，卻無法呈現各種史館的特徵，故近人從「特開」中再析出兩類：一是「例開」之館，每屆一定時期必應開辦者，例如：皇帝去世不久，即照例開辦實錄館；宗人府纂修皇室族譜，每十年一次開設玉牒館。一是「閲時而開」之館，纂修具接續性或系列性史籍者，例如：爲編輯本朝典章制度，會典館在康熙二十三年（一六八四）、雍正二年（一七二四）、乾隆十二年（一七四七）、嘉慶六年（一八〇一）、光緒十二年（一八八六）共開五次，每次續修，都在前書的基礎上將時間延伸、內容累加。

各類史館規模不一，大多設有總裁、副總裁之職；總裁之下設提調，主持館內日常管理工作。纂修人員有總纂、纂修、協修等官，纂修、協修撰擬初稿，交總纂刪訂，再由總裁審閲；另設有校對、繙譯、謄錄等職務。史館人員都從中央部院衙門抽調，他們以原銜兼任，薪俸也由原衙門支付，只向史館領取津貼。修史期間，除身爲朝廷要員的正、副總裁外，各官都暫停在原衙門任事；工作完成後，各自歸建，其遷轉、黜陟則依史館的考核，由原衙門會同吏部辦理。清朝沒有專職史官，視修史需要而進行任務編組，辦法堪稱簡便，惟人員來源多元，有賴皇帝居間協調，遂方便皇帝從中控制。

皇帝的角色

清朝皇帝重視歷史，開設史館、委派史臣，修撰各類史書，不論種類、卷帙皆遠勝前代，足以彰顯其「稽古右文」的業績。然而，皇帝又期望官修史書發揮「聿資治理」的作用，其立場往往左右書寫方向。

就《實錄》而言，在纂修過程中，皇帝常因政治需要進行干預；修成之後，發現不妥，甚至重新改寫。例如：《太祖實錄》改修四次，《太宗實錄》更動三次，《世祖實錄》也有兩次，今日所見前三朝《實錄》，都是乾隆四年（一七三九）的「定本」。孟森（一八六八—一九三八）指出，清朝皇帝「法祖之意，過猶不及，務使祖宗所爲不可法之事，一一諱飾淨盡，不留痕跡於《實錄》中，而改《實錄》一事，遂爲清世日用飲食之恆事」；「《清實錄》爲長在推敲之中，欲改即改，並不似前朝修《實錄》之尊重，亦毫無存留信史之意」。

其次，官方修書有「進呈御覽」之例，皇帝即用以干涉其內容。該例原本是「告成呈覽」，康熙皇帝認爲，「成書盈帙，堆積几案，一時急於披閱，未得從容研索」；康熙二十三年，因《明史》將告成，乃要求「將已成者，以次進呈」，則可「徐徐繙閱」。雖然康熙皇帝強調是爲「考鏡得失，不致遺漏」，但也開啓皇帝指導修史的方便之門。

諸帝又揭示修史原則，表面上是訴諸「公正」，實則貫徹其個人意志。以《明史》爲例，康熙皇帝提出「公論不可不採，是非不可不明，人心不可不服」，卻未說明公論、是非、人心的標準爲何。然從雍正皇帝（胤禛，清世宗，一六七八—一七三五，一七二三—一七三五在位）強調只有憑藉官方力量，才能完成「一代信史，足以昭示於無窮」來看，則是取決於皇帝的態度。乾隆皇帝（弘曆，清高宗，一七一一—一七九九，一七三六—一七九五在位）批評歷代史冊「褒譏率無定評」，本朝人物傳記「祇有褒善，惡者惟貶而不錄」，皆不足傳信，故應堅持「功則功之，罪則罪之」，惟判斷功、過的準則仍操在皇帝手中。特別是乾隆皇帝藉「《春秋》，天子之事；是非，萬世之公」之論，操縱官修史書的觀點，顯示在「正訛傳信」之外，更具有教化臣民的目的。

四、《清史稿》與官修正史

《清史稿》的纂修及其版本

中國歷代官修正史，具有保存和公開史料的意義，是維持千餘年不變的史學傳統；又有象徵政權正統地位的深層寓意，也是新政權闡述其正當性的重要工具。民國建立後，北京政府欲仿歷代爲前朝修史之例，國務院於一九一四年向總統袁世凱（一八五九—一九一六，一九一二—一九一六在位）呈請設立「清史館」，旋即延聘趙爾巽充任館長。

開館之初，討論體例，率以「清史」象徵舊時代的結束，不妨就紀傳體爲本而稍廣類目，計有：紀十二、志十六、表十、列傳十五，大致仿照《明史》。在史料方面，則博採各處典籍，包括史館大庫、軍機處、方略館、部院衙門、內務府、國子監等處檔案，並行文各省徵求有關清史書籍，以備利用。實際纂修時，或由作者自行蒐集史料撰寫，或是摘抄、綜合清朝國史館稿本，是以品質不一。

時值軍閥混戰，經費拮据，清史館時啓時閉，人員流動頻繁。一九二七年，全稿略具，趙爾巽因健康欠佳亟思發刊，惟內容尚未綜覈，牴牾之處仍多，史館人員自知未爲定稿，乃仿王鴻緒（一六四五－一七二三）《明史稿》例，名曰《清史稿》，即張羅出版。趙爾巽爲解決費用問題，透過曾在清史館任職的袁金鎧（一八七〇－一九四七）獲得奉系軍閥張作霖（一八七五－一九二八）金援，袁氏遂總理發行事宜。惟袁氏熱中政治，分身乏術，另邀眷念清室的金梁（一八七八－一九六二）入館協助，並擔任「校對」一職。未幾，趙爾巽病故，由總纂柯劭忞（一八五〇－一九三三）兼代館長，因館內意見不合，校閱、刊印之事幾由金梁總攬。一九二八年，國民政府再次北伐，《清史稿》在動亂中倉促出版，由此衍生版本問題。

表0-1　《明史》、《清史稿》（關內本）類目一覽表

類目＼書名	《明史》	《清史稿》（關內本）
本紀	太祖、惠帝、成祖、仁宗、宣宗、英宗、景帝、憲宗、孝宗、武宗、世宗、穆宗、神宗、光宗、熹宗、思宗（十六帝，二十四卷）	太祖、太宗、世祖、聖祖、世宗、高宗、仁宗、宣宗、文宗、穆宗、德宗、宣統（十二帝，二十五卷）
志	天文、五行、曆、地理、禮、樂、儀衛、輿服、選舉、職官、食貨、河渠、兵、刑法、藝文（十五類，七十五卷）	天文、災異、時憲、地理、禮、樂、輿服、選舉、職官、食貨、河渠、兵、交通、刑法、藝文、邦交（十六類，一四二卷）
表	諸王、外戚、功臣、宰輔、七卿（五類，十三卷）	皇子、公主、外戚、諸臣封爵、藩部、大學士、軍機大臣、部院大臣、疆臣、交聘（十類，五十三卷）
列傳	后妃、諸王、公主、循吏、儒林、文苑、忠義、孝義、隱逸、方伎、外戚、列女、宦官、閹黨、佞倖、姦臣、流賊、土司、外國、西域（有目之傳二十類，合散傳爲二十一類，二二〇卷）	后妃、諸王、循吏、儒林、文苑、疇人、忠義、孝義、遺逸、藝術、列女、土司、藩部、屬國（有目之傳十四類，合散傳爲十五類，三一六卷）
卷數	三三二	五三六

資料來源：朱師轍，《清史述聞》（北京：生活．讀書．新知三聯書店，一九五七年），頁十九－二十九。

一、關外本。一九二八年，金梁利用刊印之便，不僅修改部分內容，並加入張勳（一八五四－一九二三）、康有為（一八五八－一九二七）傳記，以及張彪（一八六〇－一九二七）附傳；另將個人頭銜從「辦理史稿校對」改為「總理史稿校刻事宜總閱」，又撰〈清史稿校刻記〉，全書共五百三十六卷，在北京印刷一千一百部，其中四百部運到東北，稱「關外本」。

二、關內本。清史館人員發現金梁改動後，將所留七百部進行抽換、修改，主要是重新開列卷首職名，刪去〈校刻記〉，抽換張、康傳記，並修訂部分內容，是為「關內本」，仍為五百三十六卷。關內本成書後，多存於清史館中，後由故宮博物院接收。

三、金梁重印本。一九三四年，金梁在東北又據關外本再做更改與增補，包括刪去部分〈時憲志〉，增加陳黌舉（一八二六－一八八四）、朱筠（一七二九－一七八一）、翁方綱（一七三三－一八一八）三傳等，共五百二十九卷。後人為利於區別，將原先的關外本稱做「關外一次本」，此次修改重印者為「關外二次本」。

目前通行的《清史稿》版本有二：一、一九七七年北京中華書局出版的點校本，五百二十九卷，是以關外二次本為工作本。二、一九八六年臺灣國史館出版的《清史稿校註》，五百三十六卷。《清史稿校註》未言明採用的底本，一般多認為是關外本，但從若干線索來看，例如：所附〈清史館職名〉同關內本，且金梁為「辦理史稿校刻」；列傳二百六十抽換張、康合傳，將勞乃宣（一八四三—一九二一）、沈曾植（一八五〇—一九二二）自列傳二百五十九分出，則應爲關內本。

《清史稿》的查禁

《清史稿》出版之後，招致各方抨擊。一九二九年，故宮博物院院長易培基摘舉事例，列出：反革命、藐視先烈、不奉民國正朔、例書僞諡、稱揚諸遺老鼓勵復辟、反對漢族、爲滿清諱、體例不合、體例不一、人名先後不一致、一人兩傳、目錄與書不合、紀表傳志互相不合、有日無月、人名錯誤、事蹟之年月不詳載、泥古不化、淺陋、忽略等十九項理由，呈請行政院將「永遠封存」。次年，國民政府即明令禁售。

查禁理由的前七項，屬政治立場問題，其餘則屬內容錯誤問題。清史館人員不乏前朝官員或進士出身，多以「遺老」自居，藉修史以表彰清室的用心可以理解，其否定民國固有可議之處，整理、保存史料的作用，則不宜抹煞。主張弛禁者認爲，《清史稿》的錯誤是學術問題，無需做政治性的處理。孟森指出，「《清史稿》爲大宗之史料，故爲治清代掌故者所甚重，即將來有糾正重作之清史，於此不滿人意之舊稿，仍爲史學家所必保存，供百世之尚論」，更強調「清一代武功文治，幅員人材，皆有可觀」，在史學上仍有一定地位，「不應故爲貶抑，自失學者態度」。

《清史稿》為北京政府所修，為國民政府所禁，查禁之後，又有開禁、重修或據《清史稿》改修之議。當時的行政院綜合各方意見，提出「檢校《清史稿》報告案」，惟開禁乃國民政府所不願見，重修或改修則人力、物力所不允許，旋因中、日戰爭爆發，更無暇顧及，以致懸而不決。是以清朝傾覆後，遲遲未有官修正史，而「修清史」一事，於日後遂為中華民國與中華人民共和國在政治、軍事對抗之外的另一場域。

國史館與《清史稿》

一九四〇年，國民政府籌設國史館之初，曾有「糾正《清史稿》紕謬」之議；一九五七年，國史館在臺復館，亦有就《清史稿》「刊正糾謬，勒成一書，一體發行」的計畫。中華民國政府遷臺前後，時局動盪，對《清史稿》猶念茲在茲，自然是受正統觀念驅使。

在國史館展開工作之前，國防研究院與中國文化研究所於一九六一年據關內本而「略變體制，是正違礙，稍予斟補」，共五百五十卷，題為《清史》，作為中華民國開國五十週年紀念。是書增補的主要內容，有：〈南明紀〉、〈明遺臣列傳〉、〈鄭成功載記〉、〈洪秀全載記〉、〈革命黨人列傳〉等，惟受資料所限，譭多於譽。

鑑於重修清史不易進行，而《清史稿》尚有參閱價值，錢穆於一九七八年倡議由國史館、國立故宮博物院合作，採「不動原文，以稿校稿，以卷校卷」的方法，即不改動原文，但予標點；以稿校稿，取清史館排印本校正《清史稿》的脫漏、舛訛；以卷校卷，就《清史稿》紀、志、表、傳各卷前後互校，凡有歧異，即查閱檔案、官書，進行考異，徵引資料，標明出處。校註工作先在國立故宮博物院進行，計校訂得四萬餘條。總集成工作由國史館負責，試加新式標點，校閱校註條文，復就原書立論或史法失當處分別標註糾正；再聘請學者專家組成審查委員，慎密複審，又新增校訂二萬餘條，方成定稿。自一九八六年起，陸續出版《清史稿校註》，至一九九一年出齊全部。

一九九一年，國史館提出〈整修「定本清史」工作綱要〉計畫，依關內本為底本，以「正其義例、勘其謬誤、補其闕漏」為原則，對《清史稿》重大謬誤疏漏處，加以改正補充，預計六百卷，並進行數位化，期能成為第二十六部正史。這項計畫先後完成〈本紀〉和一部分〈志〉，也以「新清史」為名，印製成書和建置資料庫。迨二〇〇〇年以後，政府對「國史」的內涵重新定位，將國史館的工作重心轉移至臺灣史，「定本清史」或「新清史」的計畫遂遭擱置。

中國的「清史工程」與官修正史

中華人民共和國建國後，曾於一九五〇年代後期提出纂修清史的構想。究其原因，是「清代還沒有正史」，「而這個《清史稿》是站不住腳的，因為當年寫時沒有看到檔案」；

「《清史稿》的觀點也經不起推敲，因爲它是清代遺老修的」，「不能作爲一部正史流傳下去」。這項修「正史」的計畫幾經波折，終於在二〇〇二年有實現的機會，但改稱爲「大型清史」。是年，中國官方基於「易代修史」、「盛世修史」的思考，啓動涵蓋以纂修清史爲主體，以整理檔案、文獻爲基礎的「清史工程」，並成立「國家清史編纂委員會」主其事。

該委員會從討論體裁、體例著手，決定這部《清史》將由「通紀」、「典志」、「傳記」、「史表」、「圖錄」組成，名爲「新綜合體」，如此一來，便不再將之定位爲「正史」。其中，通紀用西方章節體的形式書寫清代通史，取代專記帝王的「本紀」；典志、傳記、史表，是延續紀傳體的體例；圖錄包括輿圖、繪畫、照片，爲舊史所無，是反映時代變遷的新項目。雖然紀傳體有「類例易求而大勢難貫」之失，但「新綜合體」能否超越，有待時間檢驗；取消本紀，當是呼應其「打破封建帝王思想」的一貫立場。

然而，從「清史工程」標舉的易代修史、盛世修史來看，易代修史是朝代更迭下，政權正統思想的產物，紀傳體官修正史是其指標；盛世修史是統治者爲彰顯文治，以各種形式、體裁的官修史書，作爲妝點昇平的業績，兩者同屬「官修」，但蘊含的政治意義與使用場合不同。當然，這不意味「易代」與「盛世」必須截然兩分，而是在強調盛世修史之餘，又刻意聯繫易代修史，實重蹈「官修正史」的思維。至於屬於基礎工程的檔案、文獻整理，在計畫之初，已確定充分利用清代各種檔案的原則，並擴及史籍與論著的整理。是以近年國家清史編纂委員會出版《檔案叢刊》、《文獻叢刊》、《研究叢刊》、《編譯叢刊》、《圖錄叢刊》等，多達數百種，則又與官修正史有公開史料的作用相合。

中國歷代的政體演變，有封建、帝制、共和三階段。司馬遷《史記》上起五帝下迄漢初，開創本紀、世家、書、表、列傳的體例，書寫從封建時代過渡到帝制時代的歷史；班固《漢書》專記西漢一朝史事，由於封建諸侯退出歷史舞臺，遂改以紀、志、表、傳，宣告帝制時代的來臨。《清史稿》的纂修，面臨從帝制到共和的遽變，以傳統紀傳體爲舊時代寫下休止符，實無可厚非，只是其成果不被時人所接受而已。

曾參與《清史稿》校註的莊吉發在國史館「新清史」計畫研議時，已指出用《清史稿》爲底本重修清史，基本上只是「增訂版」，未徹底擺脫其架構，應在《清史稿校註》的基礎上進一步整修清史。所謂「整修」，構想略爲：清代國史館稿本符合傳統紀傳體史書的體例、筆法，故以之爲藍本；清史館稿本與《清史稿》含有部分新史料，不應捨棄；《清史稿校註》已查對過官書，史料既經甄別，仍應參閱，結合此三者，當爲可行。他秉持「整修」的一貫理念，多年來撰文詳介各類史料，期能對纂修清史有所助益，但在修史的體例與方法方面則有所堅持，主張清朝既然是中國史的最後一個朝代，「延續歷代正史紀傳體的修史傳統纂修清史，才是正確的途徑」。

五、對清朝的表述

變與不變

中國歷史每遇改朝換代，新政權總有改正朔、易服色、定禮樂、立官制等更張，以昭告新時代來臨。惟俗謂「天高皇帝遠」，這些新措施對人民的影響，恐怕有其限度。然而，滿洲以征服者之姿入主中國，實施「薙髮易服」使漢族感受到的衝擊，則是前所未有。

滿洲統治中國期間，為維護民族傳統，並鞏固少數統治多數的地位，用人、行政各方面，無不以「首崇滿洲」為前提，自然呈現迴異於歷代漢族政權的特徵。另一方面，滿洲從初次起兵到定鼎北京，前後不過六十年，由於政權擴張過快，非原有的部落組織所能應付，加以面對治理廣土眾民的難題，遂借用若干明朝制度，則又展現漢族政權的特質。

清朝之於中國史，因是「異族」統治，故有其異、有其變；因採「以漢治漢」策略，而有其同、有其不變。值得注意的是，滿洲在援引明制時，亦深知「他家天下二、三百年，他家疆域橫亙萬里，他家財賦不可計數」，「我國今日全照他行不得」。正因有此認識，清史與中國其他朝代相比，又見異中有同、同中有異的特殊性。

本書共分十章，每章五節。「導言」先就清朝的歷史地位、解釋模式、史料與史學，作爲認識清史的途徑；其餘各章，時序上從滿洲崛起（十六世紀後期）推移至嘉慶時期（十九世紀前期），分就「從部落到國家」、「多民族帝國的確立」、「帝國的統治策略」、「皇帝的控制手段」四個面向，討論清朝的重要議題。

從部落到國家

滿洲是以女眞爲主體，陸續吸納蒙古、漢族、朝鮮各族群所組成的「民族共同體」。第一章「北亞與東亞」，從明朝的疆域變動切入，分就蒙古各部勢力的消長、朝鮮在強敵環伺下的處境，以及女眞部落的分合，討論努爾哈齊崛起前的族群關係，用以分析民族共同體形成的背景，並說明滿洲的起源神話及其族稱由來。

第二章「開國與建制」，努爾哈齊對外戰爭接連獲勝，從依附明朝的小酋長，一躍成爲部落聯盟共主，進而建國稱汗。面對沒有血緣關係，語言、文化各異的共同體成員，努爾哈齊創製滿文，使之成爲內部溝通的工具；又建立八旗制度，使之產生歸屬感。在滿洲政權擴大的過程中，傳統的部落會議幾經改造，並引進明朝的六部制度，使國家組織漸趨完備。

第三章「傳說與史實」，探討滿洲入關前後，幾件涉及帝、后的宮廷疑案。由於野史渲染，以往多關注其中滿洲貴族爭權的粗暴，或宮廷男女私情的醜態，忽略其政治、文化和制度上的意義。事實上，各疑案反映出滿洲從部落到國家的歷程中，愛新覺羅家族成員對權力的競逐，不同世代統治階層對漢文化的態度，以及汗位和皇位繼承制度的變化。

多民族帝國的確立

清朝是以民族共同體爲基礎，發展而成的多民族帝國。第四章「征服與擴張」，清入關後，不只是接收明朝故地，邊疆開拓也有重大進展；統治下的主要族群，除滿洲、蒙古、漢族之外，又加入藏族和維吾爾族。在武力征服之餘，如何再次將多元族群整合爲「一體」，則考驗統治者的智慧。

第五章「延續與創新」，清朝面對廣大的漢地、眾多的漢人，利用明朝既有的中央、地方行政組織，實爲簡便可行的統治方式。清朝採用明制，並非全盤接受，對於漢文化獨有的科舉考試，既在制度上多所調整，也發展出具滿洲特色的繙譯科考；同時，更創造出理藩院、軍機處、內務府等屬於自己的制度。

帝國的治理策略

統治多元族群、多元文化的帝國，必須針對不同的層面和對象，擬定不同的對策。第六章「調適與支配」，滿洲統治者一方面借用漢族正統與大一統的政治思想，說服漢族接受統治；另一方面，則保有北方民族四時遷徙的習俗，並藉由巡行天下以達成其理藩、治民的目的。其次，清朝以「崇儒重道」爲大政方針，但其用心在憑藉政治權威，爲學術樹立正統，並視漢文化爲滿洲文化的一部分，以重塑滿洲傳統。

第七章「正信與異端」，帝國境內的族群，各有其傳統的宗教信仰，無論是滿洲普遍信奉的薩滿信仰，蒙、藏民族篤信的藏傳佛教（喇嘛教），或是漢人社會流傳已久的佛、道二教，朝廷都以扶持正教、打擊異端，作爲統制宗教的政策。對於外來的天主教、伊斯蘭教，以及流行於下層社會的民間宗教，官方也採取相同的原則。

皇帝的控制手段

康、雍、乾三帝在位期間，國勢達於鼎盛，緊接其後的嘉慶皇帝（顒琰，清仁宗，一七六〇—一八二〇，一七九六—一八二〇在位），猶能維持一定局面。第八章「集權與極權」，清朝皇帝總攬國政，皇權不只高度集中，並藉助各種手段將權力拓展至極致。具體措施包括：發動文字獄案以整肅異己，臣民不待國家法令約束而自我禁抑；藉由打擊朋黨，使皇權得以壓制內閣、監察、八旗的職權；建立密奏制度，強化皇帝乾綱獨斷的權威；清查官員虧空、侵貪，以澄清吏治，更驅策官員、仕紳操縱社會組織以控制人民，皇權遂由此伸入社會的各個層面。

第九章「危機與守成」，乾隆朝晚期以降，邊疆、沿海、內地乃至對外關係，問題叢生，在在考驗嘉慶皇帝的應變能力。嘉慶皇帝初政，標舉「咸與維新」的施政路線，爲官場注入新活力。惟西南有苗、漢衝突，沿海有洋盜興起，各地又有秘密社會起事，嘉慶皇帝能逐一化解，顯示政權的控制力仍未衰減。至於英使兩次東來，清朝則未能覺察國際情勢變化，以致喪失進入世界的契機。後世以文治、武功衡量朝代興衰，嘉慶朝繼「康乾盛世」之後，其對延續國祚的影響，並未獲得應有的重視。

清朝歷史豐富多元，實非四、五十個議題可以涵括。本書從統治者的視角，探討他們如何實踐「有效統治」和「加強控制」，以論證各議題在清朝歷史的意義。書中的論點，部分來自個人研究心得，更多是綜合前人學術成果；作者的角色，誠如英國哲學家索爾茲伯里的約翰（John of Salisbury）所說，「就像是巨人肩膀上的侏儒」。文中凡有參考、引述近人學說之處，雖未一一註明，但來源皆列於「書目」，以供檢索。

第一章

北亞與東亞——滿洲興起前的世界

一、明朝的疆域與邊防

《大明一統志》的「天下」

明朝經太祖（朱元璋，一三二八—一三九八，一三六八—一三九八〔洪武〕在位）創業、成祖（朱棣，一三六〇—一四二四，一四〇三—一四二四〔永樂〕在位）開拓，疆域大致形成；與此同時，也命儒臣編類天下郡縣地理形勢，惟其書未及成而中輟。至英宗（朱祁鎮，一四二七—一四六四，一四三六—一四四九〔正統〕、一四五七—一四六四〔天順〕在位）時，始纂就《大明一統志》。

是書描述明朝幅員四界，略爲：「東盡遼左，西及流沙，南越海表，北抵沙漠。四極八荒，靡不來庭」。就治理制度而言，可分爲四個層次：一、京畿（京師、南京），其府、州直隸六部。二、十三布政使司，包括：山西、山東、河南、陝西、浙江、江西、湖廣、四川、福建、廣東、廣西、雲南、貴州，以統府、州、縣，而都司、衛所錯置其間，以爲防禦。三、邊陲之地，置都司、衛所，以及宣慰、招討、宣撫等司，宣慰等司主要設在湖廣、四川、雲南、貴州等土司地區。四、「四夷受官，封執臣禮」的「外夷」，這類國家視與明朝關係的親疏，定期或不定期前來「朝貢」，其中與明朝接壤者有：朝鮮、女眞、兀良哈、北狄（韃靼、瓦剌）、哈密、西番（西藏）、安南等。

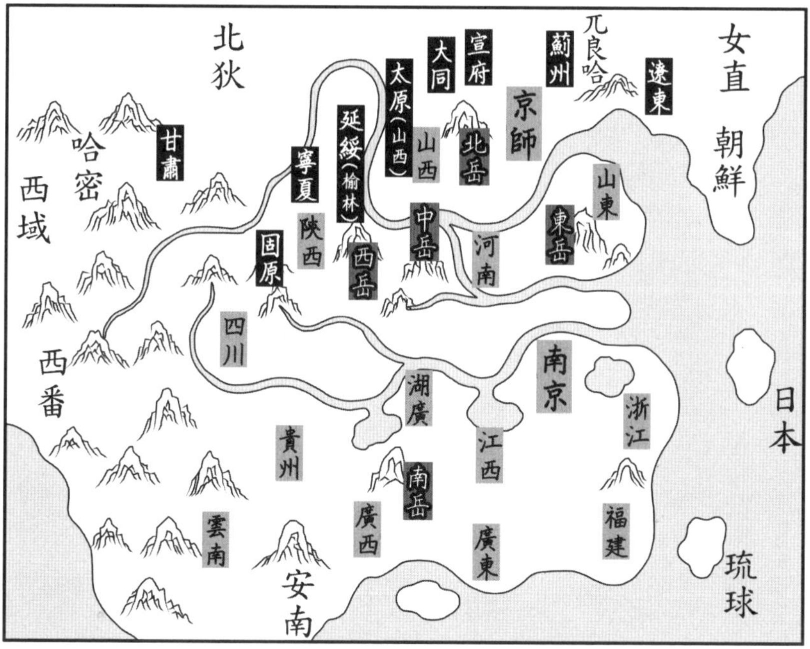

圖1-1　明初疆域與九邊圖。出自〔明〕李賢等撰，《大明一統志》，〈大明一統之圖〉。

明朝與「四夷」互動的方式不一，例如：朝鮮、越南爲定居農業國家，國王接受明朝冊封。女眞部落因「悉境歸附」，明朝在其地設奴兒干都司，下轄百餘個羈縻衛所，官其酋長，「俾仍舊俗，各統其屬」。韃靼、瓦剌與兀良哈皆爲蒙古族，明朝自認對韃靼、瓦剌「賞賚甚厚」，他們卻「叛服無常」；明初，與兀良哈的關係較穩定，則在其地置泰寧、朵顏、福餘三衛，成爲「東北外藩」。哈密及其周邊一帶，爲回回（信奉伊斯蘭教的穆斯林）、蒙古族、維吾爾族、羌族雜處之地，風俗各異，明初在此地設衛，亦封哈密酋長爲忠順王。西藏爲羌族後裔，分支繁多而散居，明朝針對其政教合一特性，分賜各族酋長和宗教領袖印章、誥命，並於其地設指揮司、宣慰司、招討司、萬戶府、千戶所等。

早在開國之初，太祖已明確指示對待「四夷」的原則，將朝鮮、日本、琉球、安南等，列爲「不征之國」，原因在於：「皆限山隔海，僻在一隅，得其地不足以供給，得其民不足以使令」，恐後世子孫「貪一時戰功，無故興兵，致傷人命」。然而，他也提醒：韃靼、瓦剌、哈密及其以西之地，「互相密邇，累世戰爭，必選將練兵，時謹備之」。

「九邊」的建立與防務

明朝以布政使司管理地方行政，都指揮使司掌轄區內衛所和軍事事務，邊防要地亦單獨設都指揮使司，而以「九邊」最爲重要。太祖建國後，元人北歸，屢謀興復，乃在北方邊地都司的基礎上，採分地守禦的策略，「初設遼東、宣府、大同、延綏四鎮，繼設寧夏、甘肅、薊州三鎮，而太原總兵治偏頭，三邊制府駐固原，亦稱二鎮，是爲九邊」，形成東起鴨綠江，西抵嘉峪關的防線。

九邊中的薊州，環繞北平的東、西、北三面，太祖在其北部設北平行都司（大寧都司），近兀良哈三衛，是明初在長城以北連接遼東、宣府二鎮的重要防區。惠帝（朱允炆，一三七七—？，一三九九—一四〇二在位）建文元年（一三九九），燕王朱棣在北平發動「靖難之役」，爲解除後顧之憂，兵襲大寧（熱河寧城），並將其人口南遷。永樂元年（一四〇三），燕王即帝位（成祖），並未恢復大寧的防禦，其地遂爲兀良哈所有，不僅北平必須直接面對來自蒙古的壓力，遼東與宣府間的防線也失去聲援作用。其後，陸續放棄開平（察哈爾多倫）、東勝（綏遠托克托）、河套（鄂爾多斯）等軍事據點，導致北方防線大幅南移。

「外夷之患，北虜爲急」，是明人普遍的看法，加強九邊的防禦成爲當務之急。其因應方式爲：

一、增加兵額。明初九邊軍隊原額約五十九萬餘名，至穆宗（朱載坖，一五三七—一五七二，一五六七—一五七二〔隆慶〕在位）時，增爲八十五萬餘名。原本各鎮皆有屯田，足贍一軍之用，當軍士人數愈多，則須向民間徵調，加上運輸費用，造成朝廷財政負擔。

二、修築邊牆。英宗正統初年，遼東都指揮僉事畢恭（？—一四五三）爲防備瓦剌和兀良哈侵擾，建議在遼西、遼河流域修建邊牆、城堡。憲宗（朱見濡，一四四七—一四八七，一四六五—一四八七〔成化〕在位）時，巡撫延綏右副都御史余子俊（一四二九—一四八九）以調兵戰守耗費甚鉅，主張「宜於沿邊築牆置堡」，「緜引相接，以成邊牆」。明中期以後，從甘肅至薊州各鎮，相繼投入築牆工程，形成今日的「萬里長城」。築牆禦敵固然較省錢糧，惟當長城成爲固定防線，形同宣告放棄長城以外的地區。

事實上，長城非但不能阻擋蒙古南下，明朝也因修補長城而投入大量人力、物力。誠如萬斯同（一六三八—一七〇二）〈築邊牆〉詩所言：「秦人備胡築長城，長城一築天下傾，至今笑齒猶未冷，豈知明人防北狄，專藉築牆爲長策。……版築紛紛無時息，東方初報牆功完，西方又傳虜寇邊。虜入潰牆如平地，縱橫飽掠無所忌，虜退復興版築功，朝築暮築竟何利？」明朝的守邊政策已受長城制約，邊患問題則愈演愈烈。

西北疆界的變動

明初，在甘肅嘉峪關外分設赤斤蒙古、罕東、哈密諸衛，各衛皆向明朝「朝貢」。哈密以西，有土魯番，以及天山北路的亦力把力國（別失八里）和天山南路的于闐國，即《大明一統志》所指的「西域」。

哈密爲通西域要道，酋長忽納失里在元末先受封威武王，再改封肅王，後由其弟安克帖木兒（？—一四〇五）嗣位。成祖時，安克帖木兒「遣使來朝」，遂封爲忠順王；明廷另在當地設衛，授其頭目爲都指揮等官，「統領諸番，爲西陲屏蔽」，形成「國」與「衛」並存的特殊狀態。明朝的目的有：一、瓦解赤斤蒙古諸衛的聯合勢力，以截斷蒙古右臂；

二、聯絡並控制西北各部族；三、在近敵處設置防線，以確保邊境安定。惟哈密國境內各族雜居，頭目不相統屬，其王莫能節制，以致眾心離渙；另一方面，則與北邊瓦剌、西邊土魯番、東邊赤斤蒙古諸衛紛爭不斷，無法達到明朝預期的「守把西陲後門，緝探外夷聲息」的作用。

明英宗、景帝（朱祁鈺，一四二八—一四五七，一四五〇—一四五七〔景泰〕在位）時，土魯番崛起，酋長稱王，試圖爭奪哈密與明朝通貢的經濟利益。自憲宗朝至武宗（朱厚照，一四九一—一五二一，一五〇六—一五二一〔正德〕在位）朝，哈密國三度遭土魯番滅國，其間明朝兩次冊封忠順王，此即所謂「哈密三立三絕」。從重新冊封事來看，明朝似未放棄哈密，卻不曾出兵助戰，且對土魯番的行爲「未嘗一語嚴詰」，憲宗甚至對其使者說：「果誠心修貢，朝廷不計前愆，仍以禮待。」是以土魯番「心輕中國，徑薄甘肅」。

降及世宗（朱厚熜，一五〇七—一五六七，一五二二—一五六七〔嘉靖〕在位）朝初年，他爲崇祀生父興獻王（朱祐杬，一四七六—一五一九）典禮，發生與廷臣意見僵持的「大禮議」，諸臣也藉西北戰守失策、是否興復哈密，以及通貢或絕貢等問題相互傾軋。兵部尚書王瓊（一四五九—一五三二）以甘肅軍額不足、糧餉不充、士氣不振爲由，主張重整軍備，審慎評估再封忠順王的必要性，以及開關通貢以改善與土魯番的關係，獲得世宗支持，於是「番酋許通貢，而哈密城印及忠順王存亡置不復問，河西稍獲休息」。然而，這類「專圖自治之策」的本質，等於是棄守哈密、河套，明朝的西界遂自流沙（敦煌西，近羅布泊）退縮至嘉峪關，加以明初先後捨棄長城以北的軍事據點，故明中期以後的疆域，已縮減為：「東起遼海，西至嘉峪，南至瓊、崖，北抵雲、朔」。

晚明的「外夷」

明神宗（朱翊鈞，一五六三—一六二〇，一五七三—一六二〇〔萬曆〕在位）時，曾任行人司（專司外交事務）行人的嚴從簡（一五二九—？）認為，外交與軍事為一體兩面，任職行人者應知軍旅之事、邊疆之籌，故以詳今略古的編寫原則，將周邊的民族、國家分為東夷、南蠻、西戎、北狄，撰就《殊域周咨錄》。其後，羅日褧作《咸賓錄》，亦分「通貢之國」為北虜、東夷、西夷、南夷。兩書皆依地理方位編排內容，記述的對象、範圍，則與《大明一統志》的「外夷」略同。

值得注意的是，晚出的《咸賓錄》將朝鮮、女直、日本、琉球列為「東夷」，《殊域周咨錄》卻為「女直」別立一卷，名曰「東北夷」，是以清乾隆朝修《四庫全書》時，《殊域周咨錄》被列為「奏燬書」。該書成於萬曆十一年（一五八三），是時明朝仍以蒙古為大敵，未視女眞為「邊患」，即便建州女眞努爾哈齊在這一年為報父、祖遭誤殺之仇起兵，尚不致構成邊防威脅，實無從了解嚴從簡撰述的立意。

其次，《四庫全書總目》對《咸賓錄》的評價不高，曰：「欲誇明代聲教之遠，故曰『咸賓』。其實多非朝貢之國，又敘事古今揉雜，標題人地混亂，亦頗無體例」，故僅列入「存目」。所謂「頗無體例」，應是指昧於《大明一統志》對「邊陲之地」的界定，將雲貴、川廣部分土司，以及黎、蜑、獞等少數民族列入「南夷」。事實上，羅曰褧並非不知此區域內「俱中國郡縣衛司之地，與化外諸夷不同」，而是擔憂該地「土人負悍好殺」，若經營籌畫失策，非但雲南、貴州兩省堪虞，更會造成只設宣慰、招討諸司之地的動盪，顯示他對西南邊疆情勢的焦慮。

然而，明朝更應擔心的「外夷」，當爲東北建州女眞，尤其萬曆三十六年（一六〇八）努爾哈齊與明遼東副將誓盟，勒碑立石於沿邊諸地，是進佔明朝邊境土地嚆矢。先是，萬曆元年（一五七三），遼東總兵李成梁（一五二六—一六一八）建議在鄰近建州女眞處修築寬甸等六城堡，此地「南捍衛所，東控朝鮮，西屛遼瀋，北拒強胡」，極具軍事價值；經三十年墾殖，發展成廣袤八百餘里、聚衆六萬餘人的規模。迨萬曆三十四年（一六〇六），李成梁竟以「孤懸難守」爲由，盡棄其地，並驅回人戶，努爾哈齊遂「安坐而得數百里之疆」。

據遼東巡按熊廷弼（一五六九—一六二五）對「棄地啗虜」的調查，努爾哈齊提出

「必為我立碑」、「必依我夷文」、「必副將盟誓」、「必立碑開原」等要求，遼東官員無不許之，碑文更有「你中國，我外國，兩家一家」之語。是時，努爾哈齊仍為明朝羈縻政策下在奴兒干都司的「貢夷」，卻已展露進取的企圖。

二、蒙古諸部的消長

蒙古族的分布

元至元二十八年（明洪武元年〔一三六八〕），明朝建立，元順帝（妥懽貼睦爾，一三二〇—一三七〇，一三三三—一三六八在位）北徙上都（開平），仍有「引弓之士，不下百萬眾」，分布在東自松花江、嫩江和遼河流域，西至天山南北路，北抵勒那河、葉尼塞河和鄂畢河上游（西伯利亞中部高原），南臨明朝的北方防線。留居明朝境內的蒙古人，也有三十餘萬，他們與當地居民雜處，各自謀生，或加入明軍。

明朝北方的蒙古，分為東、西兩部。東部蒙古由成吉思汗（鐵木真，元太祖，一一六二—一二二七，一二〇六—一二二七在位）家族，即黃金家族的後裔統治，是蒙古大汗的合法繼承人，也是蒙古的正統。他們在漠北和漠南的草原游牧，稱為「四十萬蒙古」，明人稱為「韃靼」。西部蒙古原居葉尼塞河及其以東的森林，從事狩獵、捕魚和游牧，稱為

「四萬衛拉特」，明人譯作「瓦剌」。明初，瓦剌聯合其他部落向外擴張，勢力範圍涵蓋科布多河流域、阿爾泰山東南、準噶爾盆地北部，以及哈密一帶。

在大興安嶺以東至奴兒干都司駐牧的蒙古部落，爲「兀良哈三衛」，分別由兀良哈部、翁牛特部、烏濟葉特部組成。此外，明朝在嘉峪關外設赤斤蒙古、哈密諸衛，及其以西的土魯番、亦力把力等處，則爲蒙古與維吾爾、回回等民族混居之地。

瓦剌的興衰

明初，瓦剌分爲三部。從宣宗（朱瞻基，一三九九—一四三五，一四二六—一四三五〔宣德〕在位）至英宗正統初年，綽羅斯部領主脫歡（？—一四三九）擊敗掌握東蒙古兵權的太師阿魯台（？—一四三九），扶植擁有黃金家族血統的脫脫不花（岱總汗，一四一六—一四五四，一四三三—一四五二在位）爲大汗，以號令全蒙古；向西控制哈密及其鄰近諸衛，向東結好兀良哈三衛，進而併吞瓦剌其他二部。脫歡死，其子也先（一四〇七—一四五四）素有「求大元一統天下」之志，不僅出兵天山北路、中亞，並攻打兀良哈和女眞各部，於是「北漠東西萬里，無敢與之抗者」，明朝在西北、東北諸衛的防線爲之瓦解。此時，明朝只能透過「薄來厚往」的「朝貢」政策，以及定期、定點的馬市貿易，以「羈縻之術」滿足瓦剌的經濟需求，但雙方貿易糾紛不斷，遂成爲也先發動戰爭的藉口。

正統十四年（一四四九），蒙古兵分四路南下，東路脫脫不花可汗攻遼東，西路大將阿樂出向甘州，中路重臣阿剌（？—一四五六）知院入宣府，也先則親率大軍進大同，明軍損失慘重。英宗在司禮監太監王振（？—一四四九）慫恿下，率五十萬大軍親征，卻在土木堡（河北懷來）遭也先包圍，明軍突圍不得，英宗被俘，史稱「土木之變」。當時，朝中大臣多建議遷都南京，惟兵部侍郎于謙（一三九八—一四五七）力主「京師天下根本，一動則大事去矣」，始將局面穩定；旋請立英宗弟郕王，是爲景帝。由於瓦剌並未乘勝出擊，只是挾持英宗向明邊守將索取財貨；蒙古因戰爭而貿易斷絕，蒙受經濟損失；加以明朝已立新君，英宗也失去利用價值，也先決意與明朝議和，於景泰元年（一四五〇）歸還英宗，恢復通貢互市。

是時，也先兵最多，脫脫不花次之，阿剌知院較少，「君臣鼎足而立，外親內忌，其合兵南侵，利多歸也先，而弊則均受」。景泰二年（一四五一），也先與脫脫不花爆發戰爭，脫脫不花敗逃，也先「吞併諸部，東至女直，西至赤斤蒙古，皆受約束」，並於景泰四年（一四五三）自立爲「大元天聖大可汗」。然而，韃靼各部無法接受非黃金家族出身者擔任大汗，亟欲恢復蒙古正統；在瓦剌內部，阿剌知院向也先要求「太師」之號不得，公開反目，以致統合未久的東、西蒙古再次陷入戰亂。景泰五年（一四五四），也先敗亡，瓦剌分裂，勢力不但退出漠南，且逐漸向西遷徙。

韃靼的復興

也先稱汗前後，「殺元裔幾盡」。也先死後，韃靼的喀喇沁部領主孛來（？－一四六五）、翁牛特部領主毛里孩（？－一四六八）擁立年僅七歲的脫脫不花後裔爲烏珂克圖汗（馬可古兒吉思，一四四八－一四六五，一四五四－一四六五在位），明人稱爲「小王子」，並成爲日後蒙古大汗的別稱。惟孛來、毛里孩互爭，造成汗位更迭頻繁，加上韃靼分爲左、右兩翼，諸部各自爲政，長期處於動盪之中。

明憲宗、孝宗（朱祐樘，一四七〇－一五〇五，一四八八－一五〇五〔弘治〕在位）時期，達延汗（巴圖蒙克，一四七三－一五一七，一四八〇－一五一七在位）崛起，率領支持大汗的左翼察哈爾、喀爾喀、兀良哈、科爾沁等，戰勝右翼永謝布、鄂爾多斯、土默特諸部，使分裂的韃靼合而爲一。其中，永謝布領主亦卜剌在達延汗的追擊下，於武宗正德八年（一五一三）「西入烏思藏屯據」，是蒙古部落最早進入青藏高原的記錄。達延汗在位期間，將左、右翼各三萬戶，以及科爾沁萬戶，分封諸子，畫地駐牧，各部「雖逐水草遷徙不定，然營部皆有分，地不相亂」，爲韃靼建立新秩序。

然而，繼位的卜赤（亦克汗，一五〇四－一五四七，一五一九－一五四七在位）所領左翼勢力鬆散，非但無法指揮右翼，也無力約束兀良哈對兩翼的侵擾。是時，領有土默特萬戶的俺答汗（阿勒坦汗，一五〇八－一五八二，一五七一－一五八二在位）以豐州灘

（呼和浩特）爲根據地，聯合卜赤瓜分兀良哈，成爲韃靼的新興勢力。嘉靖二十六年（一五四七），卜赤去世，子打來孫（庫騰汗，一五二〇—一五五七，一五四七—一五五七在位）駐牧在察哈爾萬戶，爲避免遭俺答汗併呑，舉部東遷，進入三岔河（遼河、渾河、太子河匯流處）一帶。

另一方面，俺答汗也對盤據青海的亦不剌、環繞哈密北山的瓦剌發動攻勢。俺答汗西征，既剷除亦卜剌的殘餘勢力，更開啓藏傳佛教格魯派（黃教）傳入蒙古的契機。即使他對瓦剌用兵無具體戰果，明人仍認爲「九塞外虜，俺答最雄」。

韃靼與明朝的關係，亦值得注意。蒙古游牧經濟有對外進行交換的必要，可透過和平貿易或發動軍事掠奪來達到目的，韃靼聲勢重振後，便以和、戰並用的方式，從明朝獲取生活資源，明朝則視爲「求貢」和「入寇」。惟蒙古「入寇」，常是明朝拒絕「求貢」所致，嘉靖二十九年（一五五〇）俺答汗兵臨京師的「庚戌之變」，便是明廷「大言閉關以絕其意」的後果。其次，蒙古不因經濟上依賴明朝，而接受政治上的臣屬地位。弘治元年（一四八八），達延汗以「大元大可汗」的名義遣使「求貢」，稱明爲「南朝」，自認能與明朝分庭抗禮。又雙方對於彼此的關係，也有各自的解讀。隆慶四年（一五七〇），俺答汗與明朝「和議」，《明實錄》載，俺答汗言：「若天子幸封我爲王，藉威靈長北方諸酋，誰敢不聽，誓永守北邊，毋敢爲患」，明廷遂「封虜酋俺答爲順義王」；《蒙古黃金史》

則認為是「漢國大明可汗非常害怕，就納了貢賦，而且還給了阿勒坦可汗順義王的稱號」。

晚明的漠南蒙古

明朝視蒙古為首要「邊患」，「庚戌之變」造成極大震撼。《明史紀事本末》認為，若非俺答汗僅以掠奪為目的，否則世宗被俘虜而招致亡國，亦不無可能。迨「俺答封貢」後，蒙古獲得穩定的貿易關係，乃減緩對明朝施加軍事壓力，其強大的部落聯盟也因後繼乏人，回歸部落林立狀態。

晚明，蒙古形成漠南蒙古、漠北喀爾喀蒙古、漠西厄魯特蒙古等三大系統，各自又分為若干部。漠南蒙古在戈壁以南、長城以北，左翼主要有察哈爾、內喀爾喀、科爾沁、兀良哈等，右翼則以鄂爾多斯、土默特、喀剌沁等較為重要。

一、左翼各部：

（一）察哈爾，由蒙古大汗世襲統治，原駐牧於宣府、大同以北，打來孫時東遷至遼河流域，不僅牽動左翼各部的分布、促使內喀爾喀東移，也加重明朝遼東邊防的壓力；主要部落有克什克騰、浩奇特、敖漢、奈曼等。其子圖們汗（圖們扎薩克圖汗，一五三九—一五九二，一五五七—一五九二在位）即位後，明人稱為「土蠻」，與內喀爾喀、兀良哈

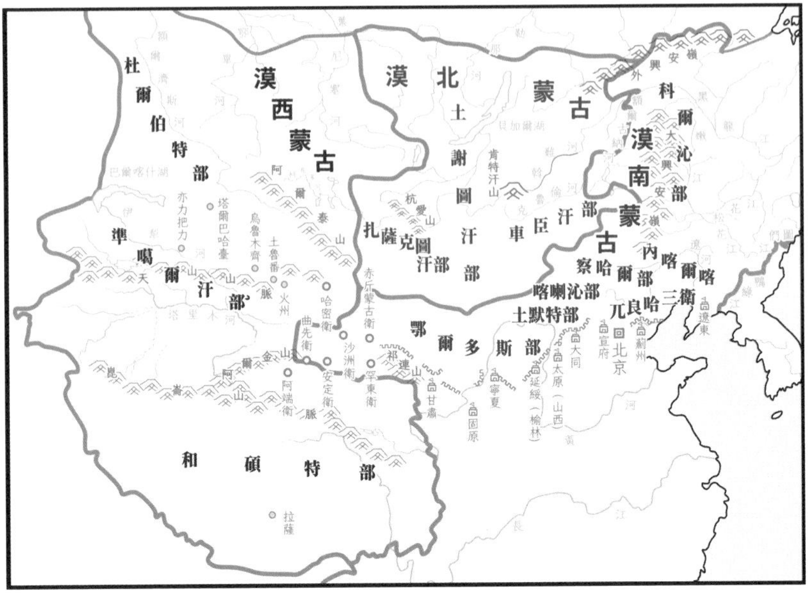

圖1-2　蒙古部落分布圖。

聲勢相倚，多次進攻薊州、遼東二鎮，是繼俺答汗之後明朝的最大「邊患」。再傳至林丹汗（林丹庫圖克圖汗，一五九二—一六三四，一六〇四—一六三四在位），面對的是蒙古四分五裂，以及建州努爾哈齊崛起。雖然林丹汗一度控制漠南、漠北諸部，卻無法遏止努爾哈齊擴張，在連年戰爭消耗和部眾陸續叛離下，於西遷途中敗亡。

（二）內喀爾喀，係達延汗子阿勒楚博羅特（一四九〇—？）領地，後分五部，從西向東為：巴林、烏濟葉特、巴岳特、翁吉剌特、扎魯特，位於遼河流域至瀋陽、鐵嶺之間，佔有泰寧、福餘部分牧地，東與海西女眞相鄰。

（三）兀良哈，分爲朵顏、泰寧、福餘三衛，以駐牧寧遠以西至宣府的朵顏最強，廣寧以東至遼河爲泰寧，瀋陽、鐵嶺至開原爲福餘。在察哈爾東遷過程中，泰寧、福餘遭併呑，朵顏則因「地險而強」，至明末始投降金國。

（四）科爾沁，原居興安嶺之北，嘉靖年間，其中一支南遷至嫩江流域，號嫩科爾沁；留在原地者，則稱阿嚕科爾沁。明神宗中期，科爾沁在察哈爾、內喀爾喀的壓迫下，無法在明邊貿易，遂轉與建州女眞交好。

二、右翼各部：

（一）鄂爾多斯，在陝西延綏、

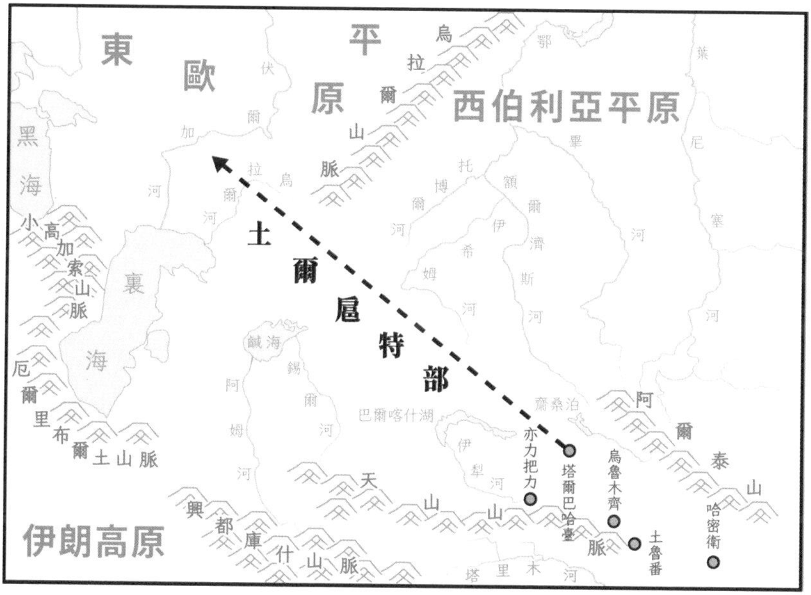

圖1-3　土爾扈特部西遷圖。

寧夏、甘肅的河套一帶邊外駐牧，明人稱為「套部」，由濟農（副王或副汗）系世襲統治，為大汗守禦舉行祭祀、典禮的「八白室」，具有政治中心的地位。萬曆年間，卜失兔（博碩克圖）任濟農，「套部分為四十二枝，各相雄長，卜失兔徒建空名於上」。

（二）土默特，駐牧大同鎮邊外，由俺答汗子孫世襲統治，分「六大部落，一十二哨」，即「十二土默特」。俺答汗妻三娘子（一五五〇—一六一二）「自練精兵萬人」，先後為辛愛黃台吉（徹辰汗，一五二二—一五八六）、撦立克（？—一六〇七）收繼，主持對明貢市期間，「自宣大至甘肅不用兵者二十年」，故明人稱「夷情向背，半係娘子」。明末，林丹汗西遷，土默特舉部降附。

（三）喀剌沁，駐牧宣府鎮邊外，在亦卜剌強盛時，為永謝布十營之一；亦卜剌進入青海後，所部僅喀剌沁一營留存，與察哈爾、朵顏往來較密切。晚明，由白洪大、打利台吉父子承襲，「節流枝派，三十餘枝，共約部夷數十萬有餘，強弱相半」。及林丹汗西遷，喀剌沁為之潰散。

晚明的漠北蒙古和漠西蒙古

漠北的範圍，略為東抵黑龍江，西接瓦剌，北鄰俄羅斯，南盡戈壁，是外喀爾喀蒙古的居地。外喀爾喀部原屬韃靼左翼，牧地在喀爾喀河流域，是達延汗子格吗森札（一五一三—一五四九）領地，後由其七子分領，稱「外七鄂托克（營）喀爾喀」。俺答汗時期，外喀爾喀進佔兀良哈萬戶的牧地與和林，並打敗瓦剌，入據漠北。晚明，外喀爾喀分爲後路土謝圖汗部、東路車臣汗部、西路扎薩克圖汗部等三部。

漠西蒙古分布在甘肅以西、天山南北路，以及南西伯利亞。瓦剌西遷後，各部互不統屬，然在俺答汗用兵、外喀爾喀進逼下，形成和碩特、準噶爾、杜爾伯特、土爾扈特等四大部，即漠西厄魯特蒙古。和碩特部首領係黃金家族後裔，原在貝加爾湖西南一帶放牧，西遷至天山北路後，加入瓦剌的部落聯盟，成爲諸部的領袖。

明末，和碩特首領拜巴噶斯（？—一六四〇）正式接受黃教，從此與西藏建立密切關係；其弟顧實汗（一五八二—一六五五，一六〇六—一六五五在位）統治時期，西藏發生教派衝突，顧實汗率四部聯軍攻占青海、西藏，並建立汗廷。因此，明清之際各部的居地分別爲：和碩特部在青藏高原，準噶爾部在天山南、北路，杜爾伯特部在額爾濟斯河，土爾扈特部則遷至俄羅斯境內的伏爾加河（額濟勒河）。

三、朝鮮與周邊的互動

十六世紀的東亞

從十五世紀開始，歐洲各國遠赴海外尋找新的貿易路線和貿易夥伴，開啓歷史上的大航海時代。十六世紀初，葡萄牙、西班牙、荷蘭等國，先後進入亞洲。當時的東亞，是以明朝爲「中心」，明朝及其「周邊」的朝鮮，長期習慣於穩定的國際秩序，無視於新的外來文明，或是反應相對遲緩。至於地處東亞「邊緣」的日本，對「中心」的文化態度是認同和兼容，卻不甘心屈從；對外來文明則是反應敏銳，不僅積極學習西方文化，也認可耶穌會傳教活動。由於明、朝、日三國對既有秩序與外來文明的態度不同，對外政策也有差異。

明朝自開國以來，便確立「懷柔」與「海禁」的政策。懷柔是承襲漢族政權自認「以德服人」的手段，也是對現狀的承認；海禁則是在倭寇問題日益嚴重下，採取守勢的消極作爲。由於政治上「懷柔遠人」和經濟上「厚往薄來」並行不悖，往來國家空前增多；在嚴厲的海禁政策下，「朝貢」是唯一合法途徑，加以明朝對朝貢活動的規範和限制，使朝貢制度較以往完備。雖然明朝將一切對外關係都視爲具有君臣、主從意義的朝貢關係，但是對多數前來的國家所知極爲有限。

其次，十四世紀末，原本統治朝鮮半島的高麗王朝（九一八—一三九二）爲權臣李成桂（太祖，一三三五—一四〇八，一三九三—一三九八在位）所建的朝鮮王朝取代，對外仍延續以往的「事大」政策，並以「交鄰」原則與周邊國家往來。就事大而言，高麗王朝末年，明太祖派來使臣昭告明朝建國，要求進貢馬匹、金銀，並冊封其國王。李成桂建國後，便向明朝「朝貢服屬」，作爲「保國之道」。從民族主義的角度來看，事大關係情何以堪，但朝鮮認爲是基於「禮儀性」需要，王室也因收受明朝賞賜和享有貿易權利，從中獲得經濟利益。就交鄰而言，朝鮮與鄰近的日本藉由「通信使」往來，保持對等與貿易的關係，但以「小中華」姿態俯視日本；對琉球、暹羅、爪哇各國，則互派使臣，進行類似明朝的朝貢貿易。朝鮮對女眞諸部進行以懷柔爲前提的貿易往來，亦屬交鄰原則的一環。

至於日本，室町幕府（一三三八—一五七三）第三代征夷大將軍（幕府將軍）足利義滿（一三五八—一四〇八）爲掌握外交權、貿易權，接受明惠帝冊封爲「日本國王」，加入明朝的朝貢體系。自十六世紀開始，西方勢力東來，新興的大名（封建領主）織田信長（一五三四—一五八二）爲取得新式武器火繩槍，對西洋文化表現強烈的關心，也容忍基督教傳布。其後，織田的部將豐臣秀吉（一五三七—一五九八）崛起，憑藉著強大的火繩槍部隊，結束日本長達百餘年的戰國時代（一四六七—一五九〇），進而要求朝鮮稱臣入貢，並嘗試挑戰明朝在東亞的地位。

朝鮮與女真

李成桂崛起於朝鮮半島東北部，在建國前即著手經營被稱為「野人」的女眞部落，將勢力範圍拓展至東北的豆滿江（圖們江）流域，同時也向西北的鴨綠江岸推進。其後，因明成祖招撫女眞諸部，加以女眞屢次侵擾北界，迫使朝鮮一度採取後退政策，放棄沿江地區。惟國王李裪（世宗，一三九七－一四五〇，一四一九－一四五〇在位）主張祖宗疆域不可輕棄，改採積極的北進政策，一面對女眞用兵，一面則設郡置鎮，徙民實邊，建立起以豆滿江、鴨綠江為北界的天然國界。

與朝鮮鄰接的女眞部落，主要有斡朵里、火兒阿（胡里改部）、托溫等，稱為「移蘭豆漫」（滿語讀做「*ilan tumen*」），即「三萬戶」，也是明朝設置的建州衛所在。女眞人過著半農、半漁獵生活，有必要與朝鮮進行交換，有時則會用掠奪獲取生活資源。朝鮮為懷柔「野人」，在邊境設置貿易所，以滿足其經濟需求；或鼓勵其酋長歸化與「朝貢」，授予他們官職、衣糧、鞍馬等。女眞人前來「進貢」或貿易的物品，除馬匹以外，主要是皮毛；朝鮮回贈的，則有金銀、布疋、農具、食器，以及糧食、鹽醬等物。當時在漢城（漢陽，今首爾）設有「北平館」，充作「野人」留宿處，與招待明使的「太平館」、倭（日本）使的「東平館」並稱「三館」。

對朝鮮而言，妥善處理與女眞諸部的關係，既可達到擴張北方領土的目的，又能做為維持北疆安定的藩籬。雖然君臣宣稱係以「來則撫之，去則勿追」的被動態度對待女眞，實則皆採「叛則討之，服則撫之」的策略，甚至以經濟封鎖、軍事征服等強硬手段進行控制。對於主動來歸的女眞「向化人」，朝鮮訂定給糧三年以解決其經濟困難的辦法，並從中錄用具武才者擔任侍衛，給予房屋、奴婢，令與朝鮮人通婚，則是出自防範北邊發生紛爭的考量，仍屬交鄰政策的運用。

對女眞而言，無論是向明朝或朝鮮「稱臣納貢」，都是換取賞賜和貿易機會的必要代價，酋長同時接受兩國官職者大有人在。惟以藩屬國朝鮮封賞女眞的做法，無異是破壞封貢秩序，自非宗主國明朝所允許。英宗時，建州衛酋長董山（一四一九—一四六七）等私往朝鮮，俱得賞賜而回，明朝極爲不滿，乃敕諭國王李瑈（世祖，一四一七—一四六八，一四五六—一四六八在位），曰：「彼既受朝廷官職，王又加之，是與朝廷抗衡矣。」即便明朝禁止，朝鮮基於本國利益，仍設法與女眞往來；國王李瑈更表示，明朝厚賜入朝女眞的用意，在於「以蠻夷攻蠻夷」，朝鮮「豈可陷於中國之術」。然而，朝鮮亦深悉「中國不靖，則我國亦不得寧」，遇有女眞擾邊事件，則常與明軍聯手夾擊。

壬辰戰爭與東亞秩序

十六世紀末，日本入侵朝鮮半島，明朝派兵援助朝鮮，爆發前後六年（一五九二—一五九三，一五九七—一五九八）、遍及朝鮮全境的「壬辰戰爭」。這場戰爭，朝鮮稱爲「壬辰（一五九二）倭亂」、「丁酉（一五九七）再亂」，是明朝「萬曆三大征」之一（萬曆二十年至二十八年〔一五九二—一六〇〇〕間，先後用兵寧夏、朝鮮、播州），日本則稱爲「文祿、慶長之役」。從戰爭的結果來看，沒有任何領土上的變化，也沒有明確的戰勝國，卻造成東亞政治格局的變動。

戰爭的導火線，表面上是豐臣秀吉要求朝鮮稱臣入貢、借道攻明遭拒，實則是爲實現其稱霸亞洲的企圖。按豐臣秀吉的構想，先將朝鮮納爲屬國，再征服明朝，並將日本的首都從京都遷移到北京。他致書朝鮮、琉球、西班牙佔領的菲律賓、葡萄牙佔領的印度，以及高山國（臺灣）等地，要求對方「臣服」或接受「懲罰」，呈現戰國時代力量代表一切的思維，欲打破進而取代以明朝爲中心的東亞秩序。

壬辰首戰期間，日軍自釜山登陸後，挾其火繩槍威力，直驅漢城、平壤，一度攻到豆滿江；國王李昖（宣祖，一五五二—一六〇八，一五六八—一六〇八在位）倉皇北逃至鴨綠江岸，僅賴將軍李舜臣（一五四五—一五九八）在黃海牽制日軍，以及各地義兵的抵抗；明朝見日軍已抵平壤，爲避免戰禍殃及本國，決定派兵參戰。日方因戰力消耗過鉅，明軍則先勝後敗，遂有議和之舉。日本卻以戰勝國自居，提出迎娶明朝公主作爲日本后妃、雙方恢復貿易、建立對等外交，以及朝鮮割讓南部地區、送王子和大臣爲人質等要求。這場交涉牽延甚久，惟所謂的明朝使節，非但是未獲得朝廷授權的冒牌貨，甚至與日方代表共謀僞造豐臣秀吉稱臣的「降表」，而有萬曆二十四年（一五九六）明朝遣使赴日冊封豐臣秀吉爲「日本國王」之舉。

豐臣秀吉得知眞相後勃然大怒，旋即動員大軍，展開第二次入侵朝鮮的戰爭。朝鮮因戰亂而荒蕪，加以饑荒、瘟疫不斷，已無力應付丁酉再戰；明朝獲悉議和條約始末後，決定出兵援助，再次形成明、朝聯軍對抗日本。是役殺戮極其慘烈，因豐臣秀吉病故，日軍全面撤退而告終。戰爭期間，日軍割取敵方陣亡士兵耳、鼻，醃製後送回日本，於慶長二年（一五九七）在京都豐國神社前建造「耳塚」，埋有超過二十萬人的耳、鼻。

李旿嘗言：「中國父母也，我國與日本同是外國也，如子也。以言其父母之於子，則我國孝子也，日本賊子也」，表達擁護明朝的立場；豐臣秀吉拒絕受封，則是展現獨立自主意識。十六世紀以後，日本積極吸收西方文明，成爲東亞新興勢力，惟當時處於四分五裂狀態，他們利用外部世界的刺激，形成強大的集權政權，並使用歐洲新式武器進攻亞洲大陸，企圖改變既存的東亞秩序。同樣的歷史情境再現於十九世紀後期，中國和朝鮮對世界變化的反應仍然遲鈍，日本幕府討伐軍卻利用歐洲新式武器推翻江戶幕府（一六〇三—一八六七），建立天皇制集權國家，且隨即發動征服朝鮮的戰爭。

朝鮮對「老酋」的觀察

十六世紀末，建州女眞努爾哈齊崛起，其地毗鄰朝鮮，各種動態自然引起朝鮮方面注意。朝鮮稱努爾哈齊爲「老乙可赤」或「老酋」，君臣言談中，也顯露對「老酋」壯大的憂心。

朝鮮從建州衛逃人口中得悉，努爾哈齊「多造弓矢等物，分其軍四運：一曰環刀軍，二曰鐵鎚軍，三曰串赤（車盾）軍，四曰能射軍，間間鍊習，脅制群胡，從令者饋酒，違令者斬頭」；建州貢夷馬三非則稱，有馬兵三、四萬，步兵四、五萬，皆精勇慣戰。另據曾前往努爾哈齊早期根據地費阿拉（*fe ala*，舊崗，習稱「舊老城」）的朝鮮官員轉述，努爾哈齊麾下萬餘名，其弟舒爾哈齊（一五六四—一六一一）麾下五千餘名，各有戰馬七百餘匹、四百餘匹；或謂進城途中，騎兵四、五千左右成列隨行，沿途又有步兵數萬，分左右列立道傍者，陣容浩大。以上述及的人數，多者八、九萬，少者亦有二、三萬，可知努爾哈齊的實力已甚爲可觀。

壬辰戰爭爆發之初，努爾哈齊向遼東地方官員表示，「情願揀選精兵，待嚴冬冰合，即便渡江，征殺倭奴，報效皇朝」。朝鮮聞訊，頗爲緊張，因爲「與建州三衛境界相連，自祖先以來，屢被其患」，助兵之議是「陽示助順之形，陰懷猖噬之計。若遂其願，禍在不測」。迨戰爭後期，明朝已喪師數十萬、糜餉數百萬，薊遼總督邢玠（一五四〇—一六一二）擬同意努爾哈齊發兵參戰，不僅明朝地方官員反對，認爲「若許㺚子征倭，則天朝兵馬多少，朝鮮兵力強弱，山川險易，無不詳知。所關非細，決難聽從」；朝鮮接伴使李元翼（一五四七—一六三四）也強調，「此亦一倭子也，調㺚子而殺倭子，是又添一倭也」。

在努爾哈齊陸續征服女眞諸部的過程中，李昖對其「焚蕩諸胡，有窺覘作拏之漸」表示憂心，遣使向經理朝鮮軍務楊鎬（？—一六二九）陳稟「虜勢漸熾」情狀，卻未得到回應。他又親向明鎭江守將探詢努爾哈齊聲息，佟養正（？—一六二一）則答以「比歲效順，貢獻不絕」，「明知其眾不過一萬，設或起發，不大緊」，更自恃「江界近處則山峻且險，胡虜以馳突爲長技，無虞也」。事實上，在丁酉再戰期間，已不斷傳出努爾哈齊侵擾鴨綠江、遼陽、杏山等處消息，嗣後愈演愈烈。至於明朝並未嚴肅看待的原因，據朝鮮陳奏使李恆福（一五五六—一六一八）分析，「我國之所畏者老胡（努爾哈齊），而中朝則以老胡爲不足憂。其所甚怕者，㺚子（蒙古）也」。

四、女眞諸部的動態

女眞的族源

南宋洪皓（一〇八八—一一五五）《松漠紀聞》述女眞源流，上溯至先秦的肅愼國，東漢謂之挹婁，北魏謂之勿吉，隋、唐謂之靺鞨，五代始稱女眞；復因避契丹諱（遼興宗，耶律宗眞，一〇一六－一〇五五，一〇三一－一〇五五在位），改爲「女直」。遼朝時，將居住在混同江以南，服屬於契丹者，稱「熟女眞」；江北係完顏阿骨打（金太祖，一〇六八－一一二三，一一一五－一一二三在位）所居，爲「生女眞」，也向契丹稱臣。其後，徐夢莘（一一二四－一二〇七）《三朝北盟會編》亦言女眞源自古肅愼國，本名「朱理眞」，番語訛爲「女眞」，「本高麗朱蒙（高句麗始祖）之遺種，或以爲黑水靺鞨之種，而渤海之別族三韓（馬韓、辰韓、弁韓）之辰韓，其實皆東夷之小國」。

降及清代，乾隆皇帝讀《金史》，見有「黑水靺鞨居肅愼地，東瀕海，南接高麗，亦附於高麗，……生女直地有混同江、長白山，混同江亦號黑龍江，所謂白山、黑水是也」等語，乃從地理上論證金、清系出同源，大清開國初期稱屬人爲「珠申」（*jušen*），即肅愼的轉音，而白山、黑水正是本朝肇興之地。旋命官員考訂史籍，建立起「自肅愼氏以後，在漢爲三韓，在魏晉爲挹婁，在元魏爲勿吉，在隋唐爲靺鞨、新羅、渤海、百濟諸國，在金爲完顏部」的部族源流，並補充說明「混同江爲松阿哩烏拉（*sunggari ula*，松花江），黑龍江爲薩哈連烏拉（*sahaliyan ula*），原係二水，而史合言之，蓋因二水下流會合故也」。

漢文史書將女眞族源整合爲一脈相承的系統，清朝官書據以申論本民族歷史淵遠流長，現代考古學、人類學則提出多元觀點。史前時代的東北亞，正位於幾個文化傳統交會處，可以代表該區域的主要地形氣候環境型態，及其對史前文化的適應方式：一、華北平原的中原文化；二、東蒙草原的草原文化；三、貝加爾湖和額爾古納河流域的北方湖河森林文化；四、太平洋岸的濱海地區、庫頁島、朝鮮半島、日本列島的海濱文化。生活在此區域的族群，或是漢文古籍中統稱爲「東夷」者，至少包括古亞洲族（Paleo-Asiatics）和通古斯族（Tungusic peoples）。古亞洲族是分布於西伯利亞東部的原始住民，以漁獵、採集和農耕爲生，居住在洞穴中；通古斯族則是由他處遷來，散居在貝加爾湖到黑龍江一帶，經濟生活也是以漁獵爲主，輔以農耕，並飼養豬隻，兩個族群有文化融合現象。

女真與明朝

北宋末，女眞完顏氏建立金朝，統有華北；其後，金爲蒙古所滅，當時在中原的女眞人大多融入漢族，留居東北者則納入元朝遼陽行省管轄。明初，女眞分布範圍極廣，其地東瀕海，西接兀良哈三衛，南鄰朝鮮，北至奴兒干北海，明朝的東北邊境止於開原。成祖時，女眞部落悉境歸附，始設奴兒干都司、建州等衛，及千、百戶所。明朝冊封女眞部落酋長，給予印信、敕書（貿易憑證），授予都督、都指揮、指揮、鎭撫等職，又在開原城開馬市，以通貿易。明人依居住地，將女眞分爲建州、海西、野人三種。

建州女眞，在朝鮮東北境長白山北部、牡丹江、綏芬河流域。綏芬河流域原係渤海國

（六九八—九二六）率賓府所屬的建州，明朝於永樂元年在此設建州衛，以胡里改部首領阿哈出爲建州衛指揮使。永樂十年（一四一二），明朝自建州衛分出左衛，以斡朵里部首領猛哥帖木兒（一三七〇—一四三三）爲指揮使，努爾哈齊即出自建州左衛。其後，「七姓野人」襲擊左衛，猛哥帖木兒舉族遇害，僅異母弟凡察、子董山倖免，明朝命董山襲其父都指揮使職、以凡察爲都督僉事，並准許移往婆豬江（佟佳江）一帶。未幾，凡察、董山叔侄因爭權發生內鬨，明朝爲平息紛爭，乃於正統七年（一四四二）再從左衛析出右衛，陞董山、凡察爲都督同知，分掌左衛、右衛，形成建州三衛。

海西女眞，在松花江流域。「海西」爲元朝行政區域之名，屬遼陽等處行中書省，範圍包括松花江至牡丹江、圖們江流域一帶。明朝沿用「海西」一詞，但指涉的地域較小，約在松花江中游。朝鮮人將今三姓以西的松花江上游地方，稱爲「海西江」；居住在海西的女眞人，自稱「忽剌溫」（*hūlun*，扈倫）。

野人女眞，居住在建州、海西以東、以北，遍布於松花江以北、黑龍江流域，東至鄂霍次克海、日本海和庫頁島，北至外興安嶺。一般認爲，野人與建州、海西的差異，是以文化發展程度做區分；事實上，明朝將帶有歧視意味的「野人」一詞，普遍用來稱呼女眞，如「建州野人」、「海西野人」。另一方面，相較於海西、建州「歲一遣人朝貢」，野人則因路途遙遠，且「每入必假道海西，貢市無常」，與明朝的關係疏離。

女真與蒙古

明初，將在東北的蒙古部落設兀良哈三衛，令「各領所部，以安畜牧」；其地東接海西女眞，雙方接觸較早。據清朝官書記載，海西葉赫部始祖係蒙古人；哈達部與烏喇部同祖，乃蒙古苗裔，是女眞化的蒙古人。

正統年間，蒙古瓦剌也先出兵兀良哈。明朝接獲消息，即指示海西、建州各衛，「有虜寇來蠱誘者，即便擒拏，送鎮守官，具奏處治。侵犯者即併力剿殺，無失建立功業，忠報朝廷之意」，深恐失去遼東的屛障。朝鮮方面則盛傳：「深處達達瓦剌也先將兵億萬，幾殲三衛達子」，又「謀襲海西野人」，「諸種野人莫不畏懼，不敢寧居」，建州女眞則「欲將向東屯居」，以致海西、建州等處一空。正統十三年（一四四八）前後，瓦剌控制兀良哈、海西，便揮軍指向嫩江、黑龍江流域的野人女眞，惟「野人同力拒戰」，方遏其兵威。

瓦剌東進的過程中，兀良哈三衛、海西、建州皆歸附，也趁隙侵擾遼東，至景帝繼位後秩序始恢復。動亂期間，海西、野人女眞酋長戰死者甚多，明朝所賜印敕盡爲也先所奪，子孫因無授官憑證可徵而不得承襲，遂喪失貢市之利。雖然海西等繼續遣使入貢，但明朝給予的待遇、賞賜大不如前，故「皆忿怨思亂」，成爲日後遼東的不安因素。另一方面，兀良哈三衛因瓦剌的壓迫而南移，海西女眞亦陸續南遷。

女眞各部南下前，經濟生產以漁獵、畜牧、採集爲主；其後，漸從漢地、朝鮮換取鐵

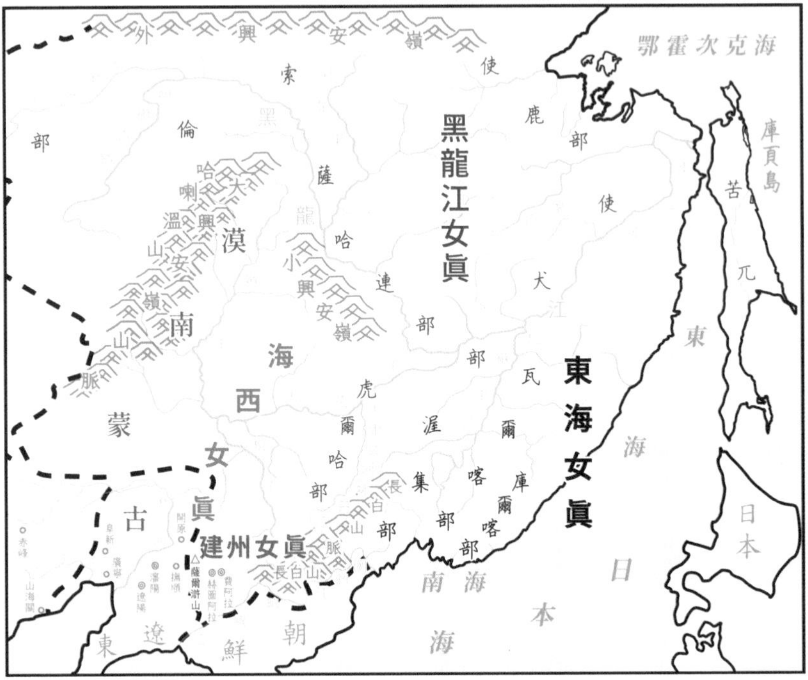

圖1-4　野人女真諸部分布圖。

圖1-5　謝遂《職貢圖》描繪的赫哲人。〔清〕謝遂，《職貢圖》。臺北國立故宮博物院提供。

圖1-6　謝遂《職貢圖》描繪的鄂倫春人。〔清〕謝遂，《職貢圖》。臺北國立故宮博物院提供。

製農具、耕牛、種子，發展成「屋居耕食，不專射獵」的生活型態，惟野人女眞仍以捕獵爲生。雖然女眞的經濟生活受農業文化影響，但其習俗與蒙古接近，易於接受蒙古文化。例如：女眞封號、官稱中的「台吉」（*taiji*，貴族封號）、「巴圖魯」（*baturu*，勇）、「扎爾固齊」（*jarguci*，審事官）、「巴克什」等，都來自蒙古語。明初以來，金朝的女眞字漸失傳，女眞各部對外文書都改用蒙古字；晚明，努爾哈齊命巴克什額爾德尼（？—一六二三）、扎爾固齊噶蓋（？—一六〇〇）創製的滿文，更是脫胎自蒙文。

野人女真的分布

明中期以後，女眞部落因遷徙、重組，出現諸部林立的局面。清朝將晚明的野人女眞分爲東海女眞、黑龍江女眞。

野人女眞中的東海女眞，分布在松花江和烏蘇里江流域，以及烏蘇里江以東的濱海地區，有渥集、瓦爾喀、庫爾喀等三部。渥集部，滿語讀如「*weji*」，意即「森林」，指住在森林的部落；瓦爾喀部、庫爾喀部則因瓦爾喀河、庫爾喀河而得名。

黑龍江女眞則是居住在黑龍江流域，以及沿海地區和庫頁島，主要有索倫部、使鹿部、使犬部等。

一、索倫部，是黑龍江中上游的達斡爾、鄂溫克、鄂倫春等族的統稱，散處山林，以捕貂爲業，被稱做「土中人」，雄於諸部。

二、使鹿部，屬鄂倫春族，在黑龍江以北、外興安嶺以南，元朝稱爲「林木中百姓」，明朝稱爲「北山野人」，以打牲爲業，役使「沃利恩」（鄂倫春語，馴鹿；滿語作「*oron buhū*」）以爲乘載，故稱使鹿部。

三、使犬部，在烏蘇里江下游，以及松花江、黑龍江匯流處以下混同江兩岸，主要是以漁獵爲生的赫哲族，利用狗車遞運，故稱使犬部；其衣夏用魚皮，冬用獸皮，亦稱「魚皮韃子」。

另有居住在黑龍江中游的薩哈連部，位於松花江下游虎爾哈河的虎爾哈部等。此外，在奴兒干東海，有「人身多毛，戴熊皮，衣花布」的「苦兀」，即庫頁人。

扈倫四部的更迭

原居松花江流域的海西女眞南移後，逐漸形成哈達、葉赫、輝發、烏喇等四大部，合稱扈倫四部，結成軍事聯盟，女眞各部皆受其制；其地東界建州女眞，西鄰漠南蒙古，南抵明朝開原，北至松花江一帶。四部之中，以哈達、葉赫最強。哈達部長王忠（？—一五五二）與明朝關係密切，部眾強盛，建州、海西各衛所皆畏其兵威，曾斬殺葉赫部酋長祝孔革；爲便於互市、入貢，乃於開原廣順關外駐牧，稱「南關」。王忠因部下叛變被殺，侄王台（萬汗，?—一五八二）繼位，海西共推爲君長；王台死後，諸子內訌而漸衰。

與王台同時，葉赫部祝孔革之孫清佳砮（?—一五八四）、楊吉砮（?—一五八四）兄弟崛起，與明朝通好，獲得取道開原鎮北關入貢的特權，稱「北關」，並在北關外建東、西二城。清佳砮、楊吉砮欲藉哈達內亂，報祖父被殺之仇，卻遭遼東總兵李成梁襲殺，二人之子布齋（?—一五九三）、納林布祿（?—一六〇九）繼位。事後，明朝將歷來賜贈敕書共計九百九十九道，分爲南關五百道、北關四百九十九道，以平息兩部紛爭。未幾，葉赫趁哈達內亂，扶植王台之子孟格布祿（一五六五—一六〇〇）爲部長，使之成爲葉赫的附庸，不僅號令海西，更破壞明朝以南關牽制女眞諸部的企圖。

烏喇部與哈達部系出同源，也有共同利益，是以王台在位時，從屬於哈達。其後，烏喇部長滿泰（?—一五九六）、布占泰（一五七五—一六一八）兄弟見哈達、葉赫相爭，有意爭奪海西盟主，但始終不敵葉赫。至於輝發部，因部族勢力不強，且族人逃附葉赫者多，幾爲葉赫部的附庸。

建州女真的動盪

建州女眞南遷後，吸收其他女眞部落，發展成蘇克素滸河、董鄂、哲陳、渾河、完顏等建州五部，以及鴨綠江、朱舍里、訥殷等長白山三部；分布在撫順以東，東至沿海，南

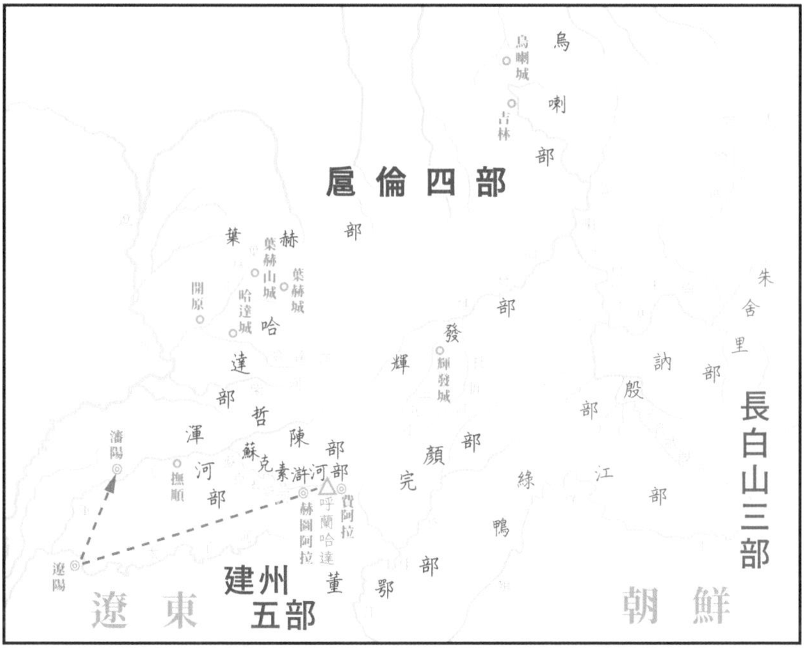

圖1-7　海西、建州女真諸部分布圖。

抵鴨綠江、圖們江，北與海西女眞相鄰。建州女眞諸部中，以建州右衛指揮使王杲（一五一五－一五七五）最強，在古勒寨築城，爲蘇克素滸河部長，努爾哈齊之祖覺昌安（？－一五八三）、父塔克世（？－一五八三）的氏族皆受其管轄。

王杲聰慧有才辯，能解番、漢語言字義，尤精通占卜，建州諸部悉聽調度；不僅恣意掠奪明邊，甚至擅殺遼東漢官。萬曆二年（一五七四），王杲以明朝斷絕貢市造成諸部困窘爲由，大舉進犯遼瀋。次年，王杲在總兵李成梁圍剿下，投奔與之交好的哈達部長王台，卻遭其逮繫，被押送至北京處死。

與王杲同時，留居佟佳江流域的建州女眞酋長王兀堂也頗具實力，清朝稱爲董鄂部。王兀堂部原與明朝相善，卻因明朝於萬曆初年興建寬甸等六城堡，侵奪女眞狩獵之地，以致時有衝突；加以女眞在寬甸貿易屢遭守將欺壓，明朝官員竟要求王兀堂約束部落，奉行漢法，否則施以兵威，其部乃絕跡關市。萬曆八年（一五八〇），明軍獲悉王兀堂欲聚兵入寬甸，李成梁調兵追擊，王兀堂等遁伏，自此建州部益弱。

另一方面，王杲死後，其子阿台（？—一五八三）逃回古勒寨圖謀恢復，並聯合葉赫部多次進犯明邊，明廷則視阿台爲遼東的「禍本」。萬曆十一年，李成梁率大軍圍攻古勒寨，阿台敗亡；惟明軍折損甚眾，乃下令屠城。混亂中，覺昌安、塔克世遭明軍誤殺，努爾哈齊遂以此爲由，展開復仇之戰。

晚明，女眞各部蜂起，互爭雄長，成爲明朝東北邊防的不穩定因素。明朝以久鎭遼東的李成梁統攝全局，試圖扶植哈達爲守邊助力，進而有效控制女眞諸部。然而，哈達內訌使形勢逆轉，葉赫興起更造成計畫破滅，至於建州巨酋王杲、王兀堂等在明朝追剿下敗亡，則給予努爾哈齊崛起的契機。

五、「滿洲」的由來

三仙女故事與滿洲源流

清朝官書記載的滿洲源流，係起於長白山東北的布庫哩山，其下有池，名曰布勒瑚里。相傳有從天而降的三位仙女在池中沐浴，名字分別是恩古倫、正古倫、佛庫倫。當三姊妹浴畢上岸，有神鵲啣來鮮豔的紅色果子放在么妹佛庫倫的衣服上，她因愛不釋手而含在口裡，豈料在穿衣時，果子竟滑入腹中，遂有身孕。兩位姊姊見佛庫倫腹重無法飛昇，便安慰她此乃天意，等身體變輕後再回天庭，遂先行離去。不久，佛庫倫產下一子。這名男嬰「生而能言，倏爾長成」，佛庫倫乃告之曰：「天生汝，實令汝以定亂國，可往彼處，將所生緣由，一一詳說。」她爲孩子準備一艘小船，指示順水而去，即凌空消失。

當時，在長白山東南鰲莫惠地方的鰲朵里城，有三姓之人終日互相殺傷。佛庫倫之子漂流至此，正好有取水之人見他「舉止奇異，相貌非常」，便回去要眾人停止爭戰，一同到取水處看孩童。眾人問孩童來歷時，他回答：「我乃天女佛庫倫所生，姓愛新覺羅，名布庫里雍順，天降我定汝等之亂。」眾人大驚，乃停止爭鬥，奉布庫里雍順爲主，以百里（*beri*，弓）女妻之，「其國定號爲滿洲，乃其始祖也」。

這則傳說被記錄在崇德元年（一六三六）成書的《太祖武皇帝實錄》，以長白山爲發祥地之說，亦見於乾隆年間的《太祖高皇帝實錄》、《滿洲實錄》、《滿洲源流考》等官書。另據《滿文原檔》記載，天聰八年（一六三四）十二月，皇太極派大臣霸奇蘭等征討黑龍江虎爾哈部；次年五月凱旋，帶回世居布庫哩山下布勒瑚里池的降人穆克什克，他向眾人講述部族古來傳說，其中仙女入浴、朱果懷孕的內容，與前述三仙女故事略同，只是沒有三姓紛爭，以及布庫里雍順姓愛新覺羅之事。

穆克什克又說，該池周圍百里，距黑龍江（*helung giyang*）一百二、三十里，他生了兩個兒子之後，便從布勒瑚里池搬走，住在薩哈連烏拉的納爾渾地方。「*helung giyang*」和「*sahaliyan ula*」都有「黑水」之意，而虎爾哈部位於黑龍江城東南約一百里，則穆克什克所述的布庫哩山和布勒瑚里池，大約在黑龍江北岸的江東六十四屯一帶。

因此，三仙女故事應源自黑龍江流域，是女眞民族共有的傳說。皇太極編寫《太祖武皇帝實錄》時，以長白山一帶爲始祖誕生之地的說法，則是女眞人由北向南遷徙的結果。

鴉鵲與滿洲

神鵲啣朱果之說，即便荒誕不經，卻與滿洲始祖誕生關係密切，官書還記載幾則其祖先與鴉鵲的傳說。布庫里雍順在鰲朶里城建國，歷經數代後，子孫暴虐激起部屬叛變，闔族遭殺害，只有名爲凡察的幼兒脫身。當凡察逃往荒野，而追兵將至時，有一神鵲暫棲在他的頭上，追者遙望鵲鳥棲息處，認爲其下方不可能有人躲藏，遂放棄追殺，凡察得倖免於難。因此，「滿洲後世子孫，俱以鵲爲祖，故不加害」。

又萬曆二十一年（一五九三），葉赫等部見努爾哈齊勢盛，組成九部聯軍分三路來攻。努爾哈齊聞訊，遣大臣兀里堪前往探查敵情。兀里堪東行約百里，至一山嶺，見有「烏鴉群噪，不容前往，回時則散。再往，群鴉撲面」，只得折返回報經過，努爾哈齊指示改由扎喀路向渾河偵察。當晚，兀里堪發現敵軍在渾河北岸，營火如星密，正連夜越過沙濟嶺而來。由於情報準確，努爾哈齊得以從容應付，終於擊潰九部聯軍。

鴉鵲有恩於祖先，故爲族人所重。順治年間（一六四四—一六六一），漢官方拱乾（一五九六—一六六六）獲罪流放吉林寧古塔，描述當地風俗提及：「尋常庭中，必有一竿，竿頭繫布片，曰：『祖先所憑依。』動之，如掘其墓。割豕而群烏下啖其餘胔，則喜曰：『祖先豫。』不則，愀然曰：『祖先恫矣，禍至矣。』」視鴉鵲如祖而加以供奉，反映部族的鳥圖騰崇拜特徵；滿洲人家在院中行「設杆祭天之禮」，係薩滿信仰的重要儀式，敬祖、祀鳥、祭天三者合而爲一，遂成爲滿洲祭祀的傳統。

初民社會於生育所知有限，對氏族起源常飾以神秘色彩，所謂「古之神聖人，母感天而生子」的說法，實爲母系社會遺跡。乾隆皇帝認爲，本朝大業興於「長白朱果」，與中原民族「簡狄玄鳥」、「姜嫄履跡」的傳說並無不同。尤其《史記》記載商朝始祖契之母簡狄，「三人行浴，見玄鳥墮其卵，簡狄取吞之，因孕生契」，與三仙女故事如出一轍。商人是來自東方的民族，而高句麗始祖朱蒙也是從卵「破殼而出」，這些與「鳥」相關的故事，可能是東北亞民族的共同傳說。

「滿洲」一詞的意涵

「滿洲」是滿語「*manju*」的對譯，關於「滿洲」一詞的來源及其意義，《滿洲源流考》有兩種不同解釋。一是由肅愼轉音而來的地名，乾隆皇帝在下令修書的上諭中指出：

> 史又稱金之先出靺鞨部，古肅慎地。我朝肇興時，舊稱滿珠，所屬曰珠申，後改稱滿珠，而漢字相沿，訛為滿洲。其實，即古肅慎為珠申之對音，更足徵疆域之相同矣。

史臣引述《大金國志》金國本名「珠理眞」之說，與「珠申」音相近，「但微有緩急之異，實皆肅愼之轉音」，以加強論證。

一是以佛號爲部族名，史臣認爲滿語的「滿洲」，「本作滿珠，二字皆平讀」，係源自

「曼珠」，曰：

我朝光啟東土，每歲西藏獻丹書，皆稱曼珠師利大皇帝，《翻譯名義》曰：「曼珠，華言妙吉祥也。」……《大教王經》云：「釋迦牟尼師毘盧遮那如來，而大聖曼殊室利為毘盧遮那本師。」殊、珠音同，室、師一音也。當時鴻號肇稱，實本諸此。今漢字作滿洲，蓋因字義近地名，假借用之，遂相沿耳。實則部族，而非地名，固章章可考也。

曼殊室利（*manjusiri*）菩薩即文殊菩薩，西藏「獻丹書」事，始於皇太極崇德七年（一六四二），第五世達賴喇嘛（阿旺羅桑嘉措，一六一七—一六八二）遣其徒伊拉古克三呼圖克圖（*hūtuktu*，聖者，漢譯「活佛」）等至盛京，「出大賴喇嘛書，以黃絹捧進，上立受畢，各攜手相見」。惟在此之前的官書、檔案即已使用「滿洲」的稱號，達賴喇嘛正式以「文殊大皇帝」稱呼清朝皇帝的時間，最早爲順治十年（一六五三）。《滿洲源流考》的說法顯與事實不符，應是乾隆朝君臣刻意塑造「皇帝」等於「文殊」的認知，令篤信藏傳佛教的蒙、藏民族易於歸心。

清朝官方對「滿洲」的詞意並無定論，二十世紀以來的學術研究，更有十餘種不同解釋，而字音相近常是立論的根據。值得注意的是，陳捷先在一九六〇年代主張的「水名」說。他整理《太祖武皇帝實錄》所見各部名稱，指出：蘇克素滸河、渾河、董鄂、訥殷、鴨綠江、瓦爾喀、虎爾哈、烏喇、哈達、葉赫、輝發等十一部，都因所居地的河川而得名。其餘如完顏（*wanggiya*）爲金朝國姓，係因地得名；哲陳（*jecen*）的滿語意爲「邊界」，渥集意爲「森林」，也與居地有關。同爲部族名稱的「滿洲」，當然可能是因居地或所居地的河川而得名。

其次，明朝和朝鮮史料所述的猛哥帖木兒，就是清朝追封的肇祖孟特穆。陳捷先分析朝鮮史料有關猛哥帖木兒及其後代的事蹟，都發生在「婆豬江」一帶，即鴨綠江支流佟佳江，也常稱他們爲「婆豬野人」。「婆豬」一詞，在史料中又有「潑豬」、「蒲州」、「馬豬」等寫法，皆與「滿珠」的音相近，所以「滿洲」可能是從「婆豬」或「馬豬」部族稱號演變而來。

雖然「水名」說的解析方法，仍以地名和字音爲基礎，但是符合女眞諸部得名的普遍原則，亦能與滿洲的早期歷史相印證。因此，「滿洲」一詞源自「婆豬江」之說，實有其合理性。

從「諸申」到「滿洲」

「諸申」是滿語「*jušen*」的音譯，從努爾哈齊到皇太極在位初期的滿文檔案來看，其意有二：

一、女眞族自稱的族稱，等同於尼堪（*nikan*，漢人）、蒙古、朝鮮等代表族屬的稱謂。

二、女眞人的泛稱，常與尼堪、蒙古、朝鮮等並舉。努爾哈齊來自建州女眞，自然可以稱爲「諸申」。

惟天聰九年（一六三五），皇太極發布更定族稱的汗諭，據《太宗實錄》初纂本（順治十二年〔一六五五〕）曰：

> 我國原有滿洲、哈達、兀喇、夜黑、輝發等名，乃不知者每呼為諸申。夫諸申之號，乃石北超默里根之裔，實與我國無與。自今以後，凡我國人止許以滿洲稱之，永著為令。

旋即規定「國名許稱滿洲，其固山貝勒（*gūsai beise*，旗的諸王）下人，許稱某固山貝勒家諸申」，則專指八旗滿洲、蒙古統轄下的屬人。「*jušen*」詞意改變後，《御製增訂清文鑑》

的釋義爲「滿洲臣僕」（*manju aba*）；雖然「*aba*」意爲「奴僕」，但其同義詞「*jušen balangga niyalma*」（女眞氏族之人），並無奴隸之意，而是指承擔賦役的屬人。

汗諭將滿洲與海西扈倫四部並列，其中所說的「國」（*gurun*），是指「部落」而言，相當於努爾哈齊征服海西前的建州女眞。皇太極認爲，當時的八旗貴族與旗下屬人都可稱「諸申」，若不更名，實無以別上下；既然「諸申」與「我國」無關，便有必要將之轉稱他族，否則難以說服習用已久的族人。「石北」（*sibe*）是附屬於科爾沁蒙古的錫伯族，至於「超默里根」（*coo mergen*）則有不同的說法：指錫伯族居住在嫩江一帶的地名，因與女眞語言習俗相近，故可泛稱諸申；係明初阻擋瓦剌東侵女眞的超默里根部，女眞人因敬服或求自保，遂借用其諸申稱號。

皇太極捨棄沿用多年的「諸申」族稱，改用「滿洲」原名，有提高本民族及其統治階層地位的用意。《太宗實錄》定本在「實與我國無涉」之後，另增補「我國建號滿洲，統緒綿遠，相傳奕世」一句，以強調「滿洲」確爲由來已久的名稱。前引乾隆皇帝上諭：「舊稱滿珠，所屬曰珠申，後改稱滿珠」，則是呼應更定的族稱是原名而非創新。

誰是「滿洲人」？

清末，清廷面對國內日益激化的族群對立，推動准許滿、漢通婚，任官不分滿、漢，旗人編入民籍，以及司法一同等措施，希望從政治、法律、社會各個層面來化解滿、漢衝突。由於社會上早已流傳「不分滿、漢，但問旗、民」的說法，所謂消除滿、漢畛域，也可說是消弭旗、民界限。根據民國初年以來的民族調查和文獻記載，「滿」與「旗」是可以互相替換的概念；在今日中國的民族識別中，「旗人」與「滿族」則可畫上等號。

「旗人」是由八旗滿洲、八旗蒙古、八旗漢軍組成，在八旗制度之下，蒙古、漢軍都享有與滿洲同等的地位。「滿族」是以女眞族系爲主體，結合蒙古族、漢族、一小部分朝鮮族，以及極少數俄羅斯人、維吾爾族、藏族等，共同組成的民族共同體，他們因爲制度的因素，也都成爲「旗人」。一九八〇年代，王鍾翰引證乾隆五十八年（一七九三）的上諭：

> 向來定例，滿洲殺死滿洲，例文本未妥協，自應以旗人殺死旗人，載入例條，則蒙古、漢軍皆可包括。況此例不過嚴禁旗人相殺之意，……試思八旗俱有蒙古、漢軍，豈蒙古、漢軍獨非旗人？而滿洲殺死蒙古、漢軍，竟可毋庸抵償，如是異視，豈公道乎？

認爲凡被編置在八旗之下的人，無論滿洲、蒙古、漢軍，都是旗人，也都是「滿族」的成員，是最早對「旗人」就是「滿族」進行論證的研究。此觀點在中國曾引起爭論，但影響力卻持續擴散；一九九〇年代後期，美國「新清史」學者也逐漸形成類似見解，至今「旗人」等同於「滿洲人」的說法，已成爲研究上的新共識。

若同意「旗人」就是「滿洲人」，則需釐清此一事實出現的時間。王鍾翰的態度較爲謹慎，舉出最早的例證是成書於乾隆九年（一七四四）的《八旗滿洲氏族通譜》，官方已將蒙古、尼堪、高麗等姓氏列入。目前主流的意見則認爲，皇太極在天聰九年定族稱爲「滿洲」開始，所謂的「滿洲人」，就是以女眞人爲主體，爲征服、統治中國而透過八旗制度組織起來的一群人。

然而，努爾哈齊創建八旗制度之初，已將轄下的蒙古人散編在各旗，漢人則集中於黃旗。迨皇太極時代，因歸附的蒙古族增多，乃將旗下的舊蒙古人抽出與之混編，在蒙古完成擴編之後，才有八旗滿洲、八旗蒙古之分。至於旗下的漢人，即所謂的舊漢兵，大約在天聰五年之後始漸次擴大爲「烏眞超哈」（*ujen cooha*），也就是八旗漢軍。換言之，努爾哈齊、皇太極轄下的人眾，最初並無彼此之分，只要被納入八旗組織者，就是民族共同體的一分子，也都是「滿洲」的成員。

因此，對「滿族」的界定，不宜以政權中的女眞族系爲限。事實上，「滿族」的定義，從明末清初到清末民初都沒有改變過，在清朝稱之爲「滿洲」，「滿洲人」是「旗人」，「旗人」就是「滿洲人」。

第二章

開國與建制——民族共同體的形成

一、努爾哈齊建國的歷程

努爾哈齊的家世

清朝官書記載，努爾哈齊家的始祖是天女所生，姓愛新覺羅；歷經數代，凡察的後人孟特穆有智略，係明初建州左衛首領。孟特穆是努爾哈齊的六世祖，被奉為肇祖原皇帝，其直系後裔為：

董山（五世祖）→錫寶齊篇古（四世祖）→福滿（三世祖，興祖直皇帝）→覺昌安（二世祖，景祖翼皇帝）→塔克世（一世祖，顯祖宣皇帝）

然而，上述內容與《明實錄》、《朝鮮實錄》不同：一、姓氏，孟特穆等人姓佟或童，努爾哈齊也曾自稱「佟奴兒哈赤」。二、世系，孟特穆和凡察為同父異母兄弟。三、事蹟，四世祖、三世祖全無文字紀錄。

明人稱孟特穆為猛哥帖木兒，在宣德年間受封都督，曾多次赴北京朝貢，其弟凡察則為都指揮僉事。佟姓為遼東漢人大族，女眞部落酋長多假冒該姓以自抬身價；努爾哈齊崛起後，獲明朝授職，僞託佟姓，並自稱猛哥帖木兒後裔，當有其必要，而凡察為孟特穆數傳之祖，則無可能。又清朝官書記福滿為「都督」，《明實錄》卻沒有任何福滿的進貢紀錄，也與當時慣例不符。迨努爾哈齊勢力壯大，他不再說姓佟，改稱姓「愛新覺羅」。「覺羅」（*gioro*）是努爾哈齊家族的原有姓氏，但字義不詳，惟金朝女眞族的姓氏多由居地而來，「覺羅」姓可能也是源自地名；「愛新」（*aisin*）即「金」，既可顯示尊貴，又與女眞族建立的「金」聯繫，應是後來所增飾。

努爾哈齊的家族歷史，自祖父覺昌安始較爲確定。明嘉靖、隆慶年間，建州女眞以王杲最爲強大，覺昌安及其子塔克世雖爲王杲屬下的小首領，但也暗通明軍。塔克世居住在蘇克素滸河部，有妻喜塔拉氏（額穆齊，？—一五六八）、納喇氏、李佳氏，以及五子一女；長子努爾哈齊，爲喜塔拉氏所生。

明人記述努爾哈齊青少年時期的傳說有二：一是「原係王杲家奴」，可能是覺昌安父子通款明軍之事敗露，被送往王杲處做人質。一是明萬曆二年，遼東總兵李成梁擊敗王杲，努爾哈齊被明軍俘獲。時努爾哈齊年約十五、六歲，李成梁見他「身長八尺，智力過人」，「卵翼如養子，出入京師，每挾奴兒哈赤與俱」。

復仇之戰與兼併建州女真

努爾哈齊十歲喪母，爲繼母納喇氏所妒，在十九歲時被迫分居，成爲「分家子」。他分得的家產甚少，只得往來撫順關馬市從事貿易爲生，因此學會蒙古語、漢語，且好看《三國》、《水滸》，自謂有謀略。是時，女眞社會處於「各部蜂起，稱王爭長，互相戰殺」的混亂狀態。另一方面，王杲兵敗被擒殺後，其子阿台爲報父仇，屢次糾集部眾，攻掠明邊。

萬曆十一年，明朝認爲「阿台未擒，終爲禍本」，李成梁乃以覺昌安、塔克世爲嚮導，進軍古勒寨；阿台死於戰亂中，覺昌安父子亦遭明軍誤殺。按清朝官書的說法，二祖遇害，是蘇克素滸河部圖倫城主尼堪外蘭（？—一五八六）唆使所致，雖然明朝賜給努爾哈齊敕書三十道、馬三十匹，授都督職，作爲補償，卻扶植尼堪外蘭在甲版築城，以號令建州女眞，引起努爾哈齊不滿。是年，他藉復仇之名，暗中爭取薩爾滸、嘉木湖等處小酋長支持，以塔克世遺甲十三副起兵，尼堪外蘭因薩爾滸城主諾米納（？—一五八三）背盟洩密，得以逃往甲版城，再徙至渾河部所屬的鵞爾渾；此時，努爾哈齊已有兵百人、甲三十副。

努爾哈齊奪取圖倫城、捕殺諾米納後，見蘇克素滸河部形同解體，便對建州各部展開攻勢。萬曆十二年（一五八四），他趁董鄂部內鬨，率兵前往併吞；萬曆十三年至十五年間（一五八五—一五八七），幾次用兵哲陳部，終於將之消滅。又萬曆十四年（一五八六），努爾哈齊先滅渾河部，並乘攻打哲陳部之便，往攻鵞爾渾；尼堪外蘭逃入明邊請求庇護，明軍並未伸出援手，遂遭努爾哈齊部將斬殺。至萬曆十六年（一五八八），努爾哈齊再揮兵滅完顏部，完成建州五部的兼併，而建州五部即爲日後滿洲民族共同體的核心。

至於同屬建州女眞的長白山三部，鴨綠江部於萬曆十九年（一五九一）爲努爾哈齊所

圖2-1　清太祖努爾哈齊像。

併；朱舍里部、訥殷部則因參與「九部聯軍」，努爾哈齊於戰後先招服朱舍里部，再派兵滅訥殷部。

征服海西女真

海西女眞有葉赫、哈達、輝發、烏喇，合稱扈倫四部，以葉赫最強，哈達次之，明朝分別稱爲北關、南關，用以屏障遼東。萬曆十九年，葉赫貝勒（*beile*，部落首領）納林布祿見努爾哈齊既控制建州，又將勢力伸向長白山，乃以兩度遣使要索土地遭拒爲由，於萬曆二十一年糾集哈達、烏喇、輝發三部，長白山朱舍里、訥殷二部，以及蒙古科爾沁、錫伯、卦爾察三部，組成三萬兵力的「九部聯軍」，分三路進攻費阿拉。在古勒山之役，建州擊斃葉赫貝勒布齋、俘虜烏喇布占泰，聯軍潰敗，努爾哈齊自此威名大震。

九部聯軍之役後，建州實力大增，為避免明朝猜忌，處處表現恭謹態度；為瓦解扈倫四部，則採取遠交近攻、各個擊破的策略。先是，哈達已淪為葉赫的附庸。萬曆二十七年（一五九九），貝勒孟格布祿既懼遭葉赫併吞，又恐為建州佔領，立場舉棋不定，努爾哈齊乃發兵征哈達，盡收其國而回。明朝得知後，出面干涉，努爾哈齊只得護送孟格布祿子烏爾古岱回哈達復國。萬曆二十九年（一六〇一），哈達大饑荒，建州趁機出兵滅之，明朝失去南關，努爾哈齊「自此益強，遂不可制」。

其次，輝發擬在建州、葉赫間保持中立。萬曆三十五年（一六〇七），貝勒拜音達理（？—一六〇七）與族人發生衝突，部眾多逃往葉赫，於是請建州出兵相助；葉赫見勢，便以願歸還叛投人員為條件，誘使輝發疏遠建州。由於拜音達理的態度反覆，努爾哈齊遂以「昔助葉赫」等罪名，親自統兵滅輝發。

再次，烏喇欲與建州、葉赫形成鼎立之勢。烏喇貝勒布占泰原為建州階下囚，努爾哈齊協助他回國取得政權，並與他六次聯姻、七次會盟，希望能引為己助；但是布占泰西聯蒙古、南結葉赫，與努爾哈齊對抗。萬曆三十五年，雙方在圖們江畔烏碣岩激戰，烏喇重創，建州則「勢大盛，雄於諸部」。此後，建州持續對烏喇用兵，至萬曆四十一年（一六一三）烏喇覆亡，布占泰逃往葉赫，建州的勢力乃大幅向北延伸。

至於受明朝扶植而與建州抗衡的葉赫，在布齋戰死、納林布祿病歿後，布揚古（？—一六一九）、金台石（？—一六一九）分別繼位爲西城、東城貝勒，他們對建州採取結親、結盟的友好政策；明朝則利用北關牽制建州，三方表面上相安無事，然因葉赫拒絕將布占泰交給努爾哈齊，衝突再起。天命元年（萬曆四十四年〔一六一六〕），努爾哈齊建立金國；天命四年（一六一九），明朝集結大軍來攻，葉赫亦多次派兵助戰，努爾哈齊在薩爾滸山之戰告捷，乘勝攻陷開原、鐵嶺之後，便揮師滅葉赫。努爾哈齊陸續征服扈倫四部，並將其部民遷往建州編入八旗，海西女真遂被納入滿洲民族共同體。

剿撫野人女真

建州在兼併哈達、輝發期間，也著手經營野人女眞。野人女眞分東海女眞與黑龍江女眞，居地盛產貴重的人參、貂皮、珍珠等物，貿易爲海西女眞壟斷。建州爲爭奪參、貂之利，不僅要對付海西女眞，也必須控制野人女眞。

東海女眞有渥集、瓦爾喀、庫爾喀三部，努爾哈齊採剿撫兼施的手段。萬曆二十六年（一五九八），建州派兵奪取東海女眞的安楚拉庫、內河二路；次年，渥集部路長王格、張格率眾來貢狐皮、貂皮，努爾哈齊則以聯姻鞏固雙方關係。自萬曆三十五年起，努爾哈齊又將瓦爾喀部的人戶陸續遷至建州，並持續對渥集等部用兵。至天命四年，即滅葉赫之年，官書稱：「自東海至遼邊，北自蒙古嫩江，南至朝鮮鴨綠江，同一語音者俱征服」，已大致掌握東海女眞。

黑龍江女眞有虎爾哈、薩哈連、使犬、使鹿、索倫等，努爾哈齊以征剿爲主，但成效有限。皇太極繼位後，改用剿撫並行策略，諭令往征將士：「勿貪得而輕殺，勿妄取以爲俘」。是以率眾內附、定期貢貂的部落日增，「自東北海濱（鄂霍次克海），迄西北海濱（貝加爾湖），其間使犬、使鹿之邦，及產黑狐、黑貂之地，不事耕種、漁獵爲生之俗；厄魯特部落，以至斡難河源，遠邇諸國，在在臣服。」

歸附的野人女眞先後編入八旗，亦爲滿洲民族共同體的一分子。在皇太極時期，將努爾哈齊所編者，稱爲「佛滿洲」（*fe manju*，舊滿洲），新編者則爲「伊徹滿洲」（*ice manju*，新滿洲）。順治朝至康熙朝前期，俄羅斯東進對吉林、黑龍江造成威脅，清廷乃重新招撫留駐當地的部落，並編設佐領，遂以關外時期編旗者爲「佛滿洲」，入關後新編者爲「伊徹滿洲」。

與漠南蒙古的和戰

晚明，與女眞族毗鄰的漠南蒙古，有科爾沁蒙古、內喀爾喀蒙古、察哈爾蒙古等部，以察哈爾蒙古的勢力最爲強盛。面對漠南蒙古與海西女眞通婚、結盟，更與明朝聯手對付建州，努爾哈齊必須設法孤立海西女眞，瓦解明、蒙聯盟。

科爾沁蒙古爲和察哈爾蒙古爭雄，與葉赫、烏喇結盟。萬曆二十一年，科爾沁烏魯特部明安（？—一六二五）貝勒率兵參加九部聯軍，大敗後倉皇逃回，始遣使通好建州；萬曆三十六年，建州攻打烏喇，科爾沁翁阿岱（？—一六四一）貝勒也曾出兵助烏喇，自知不能敵而撤兵。萬曆四十年（一六一二），努爾哈齊迎娶明安貝勒之女，此後雙方頻繁聯姻。又天命七年（一六二二），明安貝勒率科爾沁諸貝勒、內喀爾喀等部台吉歸附，努爾哈齊將他們各編爲一旗，是日後建立八旗蒙古的基礎。

內喀爾喀蒙古分五部，彼此分合不定，對建州的態度也不一。札魯特、巴岳特二部與建州關係友好，尤其巴岳特部長之子恩格德爾（？—一六三六）於萬曆三十四年率五部使臣「來謁」，並上「昆都崙汗」（*kundulen han*，恭敬汗）尊號，努爾哈齊也藉由賜婚、恩賞、盟誓加以籠絡。五部中以翁吉剌特部最強，首領宰賽和葉赫聯姻、明朝立盟，長期與努爾哈齊爲敵。天命四年，努爾哈齊率兵攻鐵嶺，宰賽領蒙古兵協助明軍作戰。是役，宰賽及其家族多人被俘，努爾哈齊利用宰賽在該部的重要地位，促使五部二十七位執政貝勒與金國共同立盟。然因內喀爾喀始終奉察哈爾林丹汗爲宗主，不與金國合力征明，努爾哈齊乃對札魯特部、烏濟葉特部用兵，五部勢力遂衰，再經皇太極征伐，終至滅亡。

努爾哈齊的擴張，對察哈爾蒙古造成威脅；察哈爾林丹汗勢盛，妨礙努爾哈齊控制漠南蒙古，明朝則以賞銀換取林丹汗的合作。林丹汗態度驕橫，一再向明邀賞，稍不遂意便縱兵攻打明邊；也無視金國崛起，自稱「四十萬蒙古國主」，指努爾哈齊爲「水濱三萬滿洲國主」。努爾哈齊用政治手段分化漠南蒙古，林丹汗拒絕和金國結盟，且對於與金國往來的蒙古各部視如仇敵，以致其內部分崩離析。皇太極即位後，四次對林丹汗用兵，遂於天聰九年徹底征服察哈爾蒙古。《明史・韃靼傳》曰：「明未亡，而插（察哈爾）先斃，諸部皆折入於大清。國計愈困，邊事愈棘，朝議愈紛，明亦遂不可爲矣。」

「七大恨」與薩爾滸山之役

自萬曆十八年至三十九年（一五九〇—一六一一）間，努爾哈齊八次到北京進貢，明朝也給予嘉獎；尤其萬曆二十三年（一五九五）加封他爲龍虎將軍，更是殊榮。努爾哈齊勢力坐大，固然和他忠順事明的策略奏效有關，明廷無視遼東邊政敗壞亦是關鍵。

明朝在遼東修邊牆以爲防禦，興屯田以供軍餉，卻因邊牆失修造成防務負擔，官紳占種良田使屯政難以維持。其次，守邊將領怠忽職守、私役士卒，朝廷以宦官爲稅監、礦使橫徵暴斂，當地人每嘆「生於遼不如走於胡」。再次，遼東漢族「浸染胡俗，氣息相類」，飽受關內漢人歧視，甚至「視遼人如眞滿洲」，造成人心疏離。又李成梁鎮遼前後三十年，積極經營家族勢力，既未干涉努爾哈齊破壞建州秩序的行爲，又未制止他據地自雄的企圖，迨明廷驚覺建州最爲可憂時，已難遏阻其勢。

天命三年（一六一八）四月，努爾哈齊以「七大恨」告天，誓師征明。他控訴明朝：一、無故殺害其父、祖；二、逞兵越界，衛助葉赫；三、擅殺合法前往廣寧的女眞人；四、將其已聘的葉赫之女轉嫁蒙古；五、禁止女眞在固有的生活領域刈穫；六、偏信葉赫，對金國肆行凌辱；七、助受天譴的葉赫，倒置是非。「七大恨」的第一項是努爾哈齊的家族仇恨，第二、四、六、七項是對明朝迴護葉赫的憤恨，第三、五項則是挑起女眞人對明朝的怨恨，作爲對明宣戰的正當性，惟不乏有借題發揮者。

以第四項爲例，九部聯軍後，葉赫部將被殺的布齋貝勒之女許配給努爾哈齊，繼位的布揚古非但遲遲不將其妹送歸，還用之周旋於哈達、輝發、烏喇、蒙古之間長達二十年，即所謂的「北關老女」（指適齡未嫁）；此女當屬「尤物」，故葉赫得藉以吸引各部，而各部亦爭之。迨萬曆四十三年（一六一五），布揚古將此女轉嫁內喀爾喀部，以羞辱努爾哈齊。女眞社會聯姻代表結盟，毀婚就是敵對，當時明人已有「未嫁之老女，有何體面所係？不過留其不了之局，以興問罪之名」的判斷。

努爾哈齊在宣布「七大恨」之後，連克撫順、清河諸城；撫順一役，遊擊李永芳（？—一六三四）是第一位降金的遼東邊將。攻陷清河後，努爾哈齊再次派兵深入明邊，並挑釁曰：「若以我爲非理，可約定戰期」，「若以我爲合理，可納金帛，以圖息事」。明廷當然不能忍受他的狂妄，下令徵集山東、山西、陝西等地兵丁約十萬，朝鮮、葉赫亦各出兵萬餘名參戰，號稱四十七萬人，由遼東經略楊鎬統領。

天命四年二月，明軍兵分四路、分進合擊，直搗赫圖阿拉（*hetu ala*，橫崗）；金國動員八旗勁旅約六萬人，採集中兵力、逐路擊破爲因應，雙方以薩爾滸山爲主戰場。明軍因將帥指揮、協調的失誤，加以四路總兵中，北路馬林（?—一六一九）怯懦畏戰，西路杜松（?—一六一九）輕敵貪功，南路李如柏（一五五三—一六二〇）觀望不前，東路劉綎（一五五三—一六一九）則中敵埋伏，結果造成將吏死亡三百多人、兵士被殺超過四萬五千人。

努爾哈齊在薩爾滸山之役中，利用地形，誘敵深入，速戰速決，故而少能勝眾。誠如乾隆皇帝所言：「明之國勢益削，我之武烈益揚，遂乃克遼東，取瀋陽，王基開，帝業定」。

奪取開原與進佔遼、瀋

薩爾滸戰後，努爾哈齊親率大軍往征開原。開原位居遼東都司北端，東鄰建州，西接蒙古，北界葉赫，是明朝對抗蒙古、女眞的前線，也是明朝與女眞貿易之所。天命四年六月，努爾哈齊採聲東擊西戰術，佯攻瀋陽而突襲開原，又派間諜潛入開原城，裡應外合，順利進城。七月，八旗軍進逼鐵嶺，由於事前已買通城中守將，交戰不久便克其城。

開原、鐵嶺相繼淪陷，「中外洶洶，皆謂遼必亡」，明兵部右侍郎熊廷弼臨危受命，出任遼東經略。是時，努爾哈齊決定先取葉赫，給予熊廷弼重建遼東防務的契機，於是招集流亡、興辦屯田、修築城垣、整頓軍器，進而將防線由遼陽推向瀋陽。惟萬曆四十八年（一六二〇），明神宗病逝，繼位的光宗（朱常洛，一五八二—一六二〇，一六二〇〔泰昌〕在位）在一個月後暴斃，由熹宗（朱由校，一六〇五—一六二七，一六二一—一六二七〔天啓〕在位）承襲，朝中陷入「梃擊」、「紅丸」、「移宮」三大政爭，黨派互相傾軋，熊廷弼被迫去職。繼任經略的袁應泰（?—一六二一）爲展現進取之心，將兵力設防撫順、清河一帶，卻造成瀋陽、遼陽空虛。遼陽是遼東首府，瀋陽爲遼陽藩籬，一旦失守，則遼東堪虞。

天命六年（一六二一），努爾哈齊兵臨瀋陽城下。瀋陽城原在熊廷弼的整建下，防守極爲堅固嚴密，明總兵賀世賢（?—一六二一）卻輕忽躁進，出城迎戰，導致兵敗身死，終至城陷。努爾哈齊在瀋陽稍事整備，便派軍包圍遼陽，袁應泰見大勢已去，遂自縊。遼陽既下，遼河以東大小七十餘城，官民俱薙髮投降。

金國奪取開原後，先縱兵在城中大肆搜刮人口、財物、牲畜三天，再放火焚毀城中房屋、衙門；既出明邊界，即論功行賞，分配戰利品，是以經濟掠奪爲目的。迨進佔遼、瀋，努爾哈齊主張，「今還師，則遼陽一城敵且復至，據而固守，週遭百姓必將逃匿山谷，不復爲我有矣」，乃議定移居此城。爲謀長期佔領，必須對遼、瀋地區的土地、人口進行經營與管理，努爾哈齊乃下令漢人「各守舊業」，恢復社會秩序。另一方面，則將無主土地「計丁授田」，並透過編設莊屯，將土地、漢民分撥給汗、貝勒、官員領有。如此一來，改變金國以往攻掠城池卻難以固守的侷限，八旗將士也能獲得穩定的生活資源，得以持續對明朝施加軍事壓力。

建號與都城

萬曆十五年，努爾哈齊在呼蘭哈達（*hūlan hada*，煙筒山）築城三層，名爲費阿拉，旋「定國政，凡作亂、竊盜、欺詐，悉行嚴禁」，自號「淑勒貝勒」（*sure beile*，聰睿貝勒），已粗具政權規模。據造訪該城的朝鮮南部主簿申忠一（一五五四－一六二二）描述，城以石、木建築，分內、外兩城，城上不見防備器具。內城內設木柵，是努爾哈齊居處；內城中，親近族類居之，有百餘家。外城內，是舒爾哈齊居處；外城中，諸將與族黨居之，有三百餘家；外城外，四面皆軍人，有四百餘家。

隨著勢力增長、軍民日多，努爾哈齊於萬曆三十一年（一六〇三）從費阿拉遷到祖父的故居赫圖阿拉，在當地築城，明人稱爲「蠻子城」。赫圖阿拉的規模略爲：城高七丈，城上「環置射箭穴竇，狀若女牆」，北門外專治鎧甲，南門外專造弧矢，東門外有倉廒貯穀，西面則爲斷崖；內城居其親戚，外城居其精悍卒伍，共約二萬餘戶。

萬曆四十四年，努爾哈齊在赫圖阿拉正式建國稱汗。關於努爾哈齊所建國家的名稱，過去有稱爲「後金」者，《內閣大庫檔案》一件殘檔上鈐有老滿文印一方，轉寫羅馬拼音作：「*abkai fulingga aisin gurun han i doron*」，意爲「天命金國汗之印」，其鑄造時間在萬曆四十七年以前，故應稱爲「金國」。其次，漢文官書記努爾哈齊的尊號爲「列國沾恩英明皇帝」，滿文檔案則作「*abka geren gurun be ujikini seme sindaba genggiyen han*」（天任撫育列國英明汗），兩者顯有出入。至於年號問題，漢文史料皆言「建元天命」，惟滿文檔案仍用干支紀年，而非「天命某年」，「建元」顯係日後增飾之說。

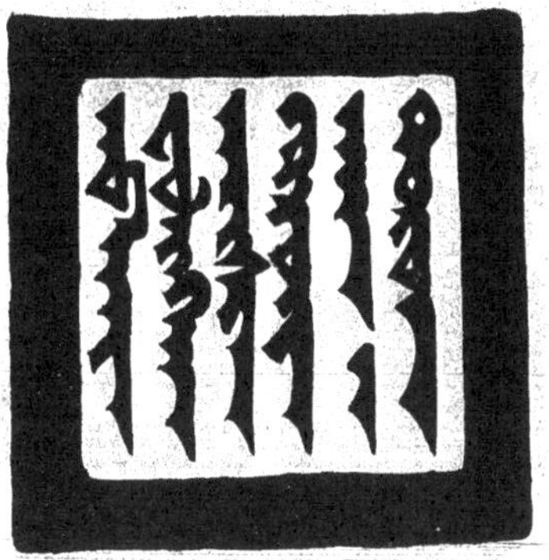

圖2-2　天命金國汗之印。

天命六年，金國攻克瀋陽、遼陽，努爾哈齊視遼陽乃明、蒙古、朝鮮接壤要害之區，遂議定遷都。先是，移遼陽漢族官民於北城，南城則爲汗與王大臣、將士居之；次年，在離遼陽城八里的太子河邊築城，創建宮室，名曰「東京」，將原居南城的八旗移駐於此，採取滿洲聚居、旗民分住的措施。迨天命十年（一六二五），努爾哈齊認爲瀋陽爲形勝之地，便於四出用兵，加以周邊物產豐饒，適合生聚國力；惟時居東京不久，諸王大臣拒絕再徙，他仍獨排眾議，決意遷都。努爾哈齊在瀋陽年餘即去世，都城建設成於皇太極之手，並於天聰八年定滿語名爲「*mukden hoton*」（盛京），漢名作「天眷盛京」，赫圖阿拉則改稱「*yenden hoton*」（興京），曰「天眷興京」。

二、滿文的創製及其發展

滿文的創製

滿洲及其先世女眞，在語言的分類上，屬於阿爾泰語系（Altaic family）滿—通古斯語族（Manchu-Tungusic group）；他們原本沒有文字，遇有書寫，則借用其他民族的文字。在建立金朝之前，女眞人使用契丹字；建國後，太祖完顏阿骨打命部屬根據契丹字造字方法，仿漢字楷書字劃，拼寫女眞語音，創造「女眞字」，惟隨著政權瓦解，文字也漸失傳。迨努爾哈齊崛起時，文書往來必須學習蒙古字、譯成蒙古語，或委由漢人代寫漢字。

明萬曆二十七年，努爾哈齊欲借蒙古字編成滿洲字，巴克什額爾德尼、扎爾固齊噶蓋答以「我等習蒙古字，始知蒙古語。若以我國語編創譯書，我等實不能」。努爾哈齊認爲，漢人念漢字、蒙古人念蒙古字，不論識字與否，都能聽懂；族人說滿洲語，卻寫蒙古字，則未學蒙古語者無法了解，並指責二人「以我國之語製字爲難，反以習他國之語爲易」。額爾德尼、噶蓋仍以不能勝任爲辭推託，努爾哈齊乃提示造字原則，曰：「寫阿（*a*）字下合一瑪（*ma*）字，此非阿瑪（*ama*，父）乎？額（*e*）字下合一默（*me*）字，此非額默（*eme*，母）乎？」於是將蒙古字編寫滿洲語，創立滿文，頒行國中。

滿文的改進

草創的滿文，是借用畏兀兒蒙文字母、拼寫滿洲語音，外形近似蒙古字，被稱爲「無圈點滿文」，即「未放圈點的滿文」（*tongki fuka sindaha akū manju i hergen*），後人稱「老滿文」。惟蒙古、滿洲語音有別，蒙古字母未必能充分表達滿洲語言，加以字形不統一、語法無規範、字詞相互假借，若不融會上下文字義，實不易辨識，也不能拼寫漢字等外來語；對沒有蒙語古文基礎的新生代而言，學習更是不便。巴克什達海遂就讀、寫問題加以改進，主要有：

一、編製「十二字頭」，便於教授。所謂「十二字頭」，指滿文的十二類音節表，第一字頭是由六個元音（*a*、*e*、*i*、*o*、*u*、*ū*）及所有輔音（*n*、*k*、*g*、*h*、*b*、*p*、*s*、*š*、*t*、*d*、*l*、 *m*、*c*、*j*、*y*、*r*、*f*、*w*）相拼合的音節；第二至第十二字頭，則是由第一字頭分別與十一個音素（*i*、*r*、*n*、*ng*、*k*、*s*、*t*、*d*、*o*、*l*、*m*）相拼合的全部音節，幫助初學者練習語音。

二、字旁各加圈、點，便於區別讀音。例如：「*ka*」，加點讀爲「*ga*」，加圈讀作「*ha*」，是以「*aga*」（雨）不至混於「*aha*」（奴僕），「*gala*」（手）不至混於「*hala*」（姓），「*haga*」（魚刺）不至混於「*haha*」（男子）。

三、增添筆畫，便於辨識。原本「*j*」、「*c*」、「*y*」的寫法不分，都寫作「*j*」；「*s*」、「*š*」都寫作「*s*」；「*w*」、「*f*」都寫作「*w*」，「*o*」、「*ū*」相互借代，爲解決識讀時的困難，而在寫法上加以區別。

四、簡化字形，便於書寫。例如：「*batta*」（敵人）改做「*bata*」，「*sikden*」（中間）改作「*siden*」。

五、簡化字音，便於發音。例如：「*siongkoro*」（海東青）改做「*šongkoro*」，「*sijun*」（太陽）改做「*šun*」，以捲舌音「*šo*」、「*šu*」取代「*sio*」、「*siju*」。

六、增添特定字母，便於拼寫人名、地名。這些被稱爲「外字」的，包括六個輔音字母（*k'*、*g'*、*h'*、*ts'*、*dz*、*ž*）和五個特殊音節字（*tsi*、*dzi*、*sy*、*c'y*、*jy*）。

a e i o u ū na ne ni no nu nū
ka ga ha ko go ho kū gū hū ba be bi
bo bu bū pa pe pi po pu pū sa se si
so su sū ša še ši šo šu šū ta da te
de ti di to do tu du la le li lo lu
lū ma me mi mo mu mū ca ce ci co cu

圖2-3　滿洲字母表。〔清〕舞格壽平，《清文啟蒙》，北京：三槐堂刻，卷1，〈滿洲十二字頭單字聯字指南・第一字頭〉，頁1b-12a。

達海改良的滿文，於天聰六年（一六三二）開始推行，被稱為「有圈點滿文」或「放了圈點的滿文」（*tongki fuka sindaba manju i bergen*），通稱「新滿文」。

滿文的特徵

滿文係拼音文字，採直寫，由上而下，與漢文無異，但自左而右，則與漢文相反。民國初年，奎善〈滿文源流〉從環境對造字影響的角度，認為「歐洲多水，故英、法諸國文字橫行，如風浪，如水紋。滿洲故里多山林，故文字矗立高聳，如古樹，如孤峰」，頗能說明滿文的字形特色。

滿文的語法，名詞有格（在名詞之後使用*de*〔與格〕、*be*〔受格〕、*i*〔所有格〕等格助詞）、數（單數、複數）的變化，動詞用詞尾的形態變化區別式（陳述、祈使、條件等）、時（現在、過去、將來等）、態（主動、被動、使役等）的不同。文句構成的順序，也異於漢文，例如：

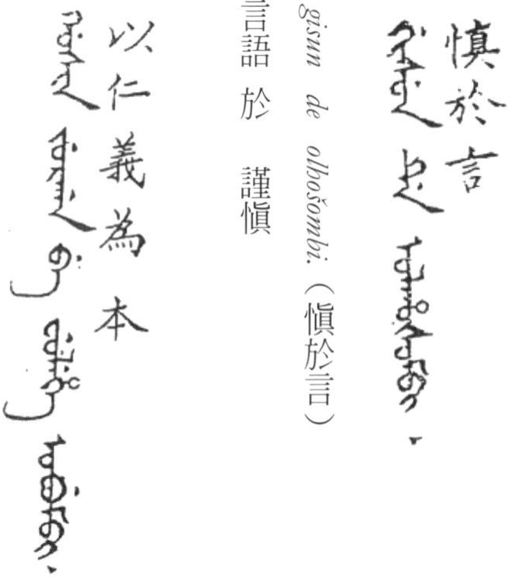

gisun de olbošombi.（慎於言）

言語 於 謹慎

gosin jurgan be fulehe obumbi.（以仁義爲本）

仁 義 以 根本 作爲

圖2-4　滿文例句。出自〔清〕厚田萬福，《重刻清文虛字指南編》，光緒十年刻本。

動詞在受詞之後的語法，與日文略同。

《滿文原檔》與《滿文老檔》

滿文創製後，便運用在記注政事、抄錄文書，當時的檔冊有以下特點：一、紙張，有明朝遼東地方衙門的廢舊公文，也有自朝鮮輸入的高麗紙，由於紙張大小不一，形成的檔冊也尺寸互異、厚薄不同；二、文字，有無圈點老滿文，也有加圈點新滿文，還夾雜一些蒙古字、漢字；三、字跡，因有多人參與記錄和整理，不僅字體不同，且有塗抹、增刪的痕跡。這批存世最古老的滿文文獻，記事時間起自萬曆三十五年迄於崇德元年；滿洲入關後，從盛京移至北京，由內閣掌管，現藏於國立故宮博物院，包括：乾隆年間托裱裝訂的《無圈點老檔》三十七冊，以及一九三五年北平故宮博物院整理內閣大庫殘檔時發現的三冊，共四十冊，是探討滿洲入關前歷史的重要材料。

由於檔冊上並未題寫名稱，學界對其稱謂頗為分歧，常見的有《無圈點老檔》、《滿文老檔》、《滿洲秘檔》、《滿文舊檔》、《老滿文原檔》等。一九六九年，國立故宮博物院將該四十冊檔案出版時，借乾隆皇帝諭旨「舊滿洲檔冊」之語，題為《舊滿洲檔》。惟《舊滿洲檔》印刷粗糙，疏漏頗多，非但字跡模糊，且部分滿文圈點因修版而刪除，出版後遭致批評，流傳不廣。另一方面，「無圈點檔」、「加圈點檔」只是字體上的區別，「老檔」、「舊檔」只在凸顯檔冊的老舊，無法反映其原始性。因此，國立故宮博物院在保存檔案原貌的原則下，於二〇〇六年重新出版，定名為《滿文原檔》。

至於較為世人熟知的《滿文老檔》，係盛京崇謨閣貯藏的原件重抄本。乾隆四十年（一七七五），軍機大臣具奏指出，內閣大庫恭藏《無圈點老檔》年久糟舊，為防磨擦損害，建請重抄。重抄的本子有兩種：一是以當時通行的新滿文繕寫，並加簽注；一是仿無圈點老滿文的字體抄錄，而刪其重複，都在乾隆四十三年（一七七八）完成，貯藏於北京大內，可稱爲「北京藏本」。乾隆四十五年（一七八〇），又按老滿文、新滿文各抄一分，送往盛京崇謨閣，但對於文中難通晦澀的詞句沒有加註，可稱爲「盛京藏本」。迨光緒三十一年（一九〇五），時任《大阪朝日新聞》記者的內藤湖南（一八六六－一九三四）訪問盛京，看到崇謨閣貯藏的《無圈點老檔》和《加圈點老檔》的重抄本。宣統三年（一九一一），他再次訪問盛京，將該藏本用曬藍（Cyanotype）的方法複製一套，返國後撰文介紹，並

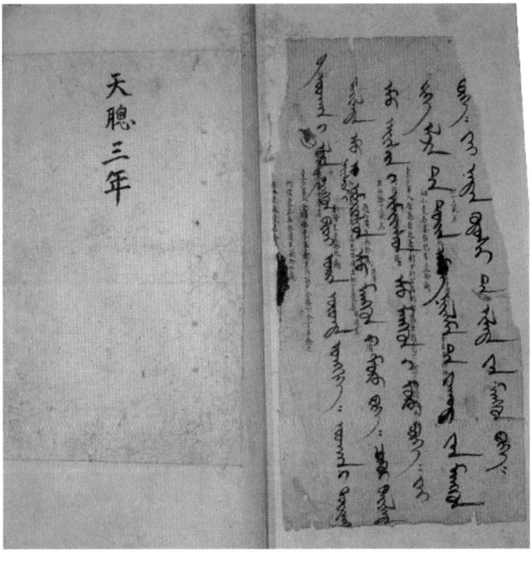

圖2-5　〔清〕不著撰人，《滿文原檔》。臺北國立故宮博物院提供。

命名爲《滿文老檔》。

繙譯漢籍與編纂字書

滿洲入關後，滿語、滿文成爲清朝的「國語」、「國書」，其發展有兩點值得注意：

一、繙譯漢字書籍。早在關外時期，達海繙譯《萬寶全書》、《刑部會典》、《素書》、《三略》俱成帙，另有《通鑑》、《六韜》、《孟子》、《三國志（通俗演義）》、《大乘經》未及完成，這些譯本有助於滿洲的知識拓展。皇太極又命弘文院大學士希福（一五八九—一六五二）等，選譯《遼》、《金》、《元》三史可供借鑑的事例，藉以汲取統治漢族的經驗，則以實用爲考量。自順治朝以降，官方譯書的範圍更加廣泛，遍及經、史、子、集各類書籍，是滿洲統治階層了解漢文化，進而掌握漢族思想、行爲的重要途徑。

《四書》、《五經》在順治、康熙年間已有滿文譯本，乾隆朝又全部重譯。究其原因，早期的滿文語法結構簡單，詞彙較少，經過一段時間演進，非但添增許多新詞彙，語法、句型也朝向固定化與注重完整性發展。以《詩經》爲例，順治十一年（一六五四）譯本的書名音譯作「*ši ging*」，乾隆三十三年（一七六八）改爲意譯的「*irgebun i nomun*」，而書中有許多超出滿洲傳統生活經驗的草木、蟲魚、鳥獸、器物等名詞，也都以新增詞彙取代原先的音譯。

二、編纂滿文字書。清朝第一本字書《大清全書》，是漢人沈啓亮於康熙二十二年（一六八三）以個人之力完成，收錄詞條一萬二千多個，按「十二字頭」排列，各詞條下有漢文釋義。至於官方，康熙皇帝為使後生子弟能準確掌握滿語文義，於康熙十二年（一六七三）指派翰林院學士傅達禮（？—一六七五）釐定詞義、用法，集成一書；直到康熙四十七年（一七〇八），在大學士馬齊（一六五二—一七三九）等主持下始告成，名曰《御製清文鑑》。是書收錄詞條一萬二千多個，依詞義分「部」、「類」、「則」三個層次編排，並以滿文釋義；另有「總綱」，按「十二字頭」列出索引。康熙五十六年（一七一七），再將《清文鑑》的滿文詞條添加對應的蒙文，以滿、蒙文釋義，編成《御製清文合蒙古鑑》。

乾隆皇帝鑒於語言文字有隨地域、時代變易的特性，加以陸續整理出「新定國語」五千餘條，以及若干可供參考的古代官名、器用、鳥獸等詞彙，乃命大學士傅恆（一七二一—一七七〇）進行增補，並於乾隆三十六年（一七七一）頒行《御製增訂清文鑑》。是書據《清文鑑》的體例編纂，收錄的詞條則豐富許多；詞條左為滿文，右為漢文，滿文之左用三合切韻譯漢音，漢文之右標註滿文對音，釋義仍用滿文。乾隆四十四年（一七七九），大學士阿桂（一七一七—一七九七）奉敕撰《御製滿珠蒙古漢字三合切音清文鑑》，係多語分類的字書，所收滿、蒙、漢語詞條都有其他兩種文字的標音，但無釋義。其後，又有成書於乾隆朝晚期的《四體清文鑑》、《五體清文鑑》，前者只保留滿文詞條和與之相應的藏、蒙、漢文，而無標音和釋義；後者在滿文詞條之下爲藏、蒙、維吾爾、漢文，藏文下有滿文切音和對音，維吾爾文下有滿文對音，但皆無釋義。

自滿文頒行以來，滿洲政權中的各族群便可利用共同的文字來交流思想、傳播知識，進而發揮凝聚族群共同意識的作用。在清朝，皇帝視滿文爲旗人的「根本」，不僅滿洲、蒙古、漢軍都應精熟「國語」，也挑選年輕的漢族新科進士入翰林院學習滿文，以備繙譯、編纂之任。又拼音的滿文與歐洲語文有相似之處，語法和詞類變化有規則可循，較字

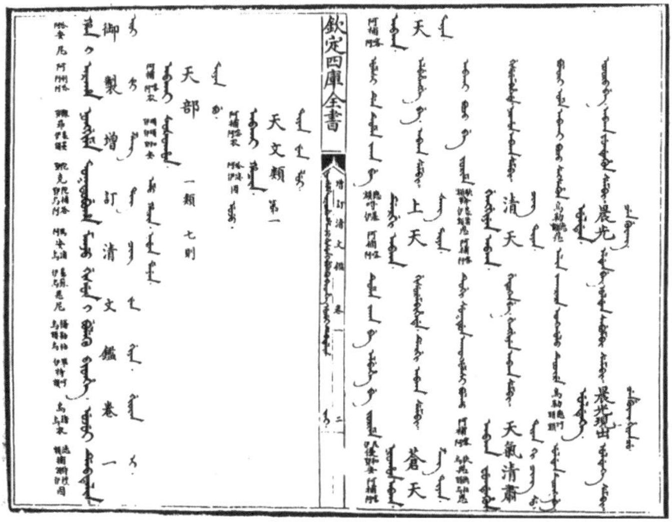

圖2-6　〔清〕傅恒等奉敕撰，《御製增訂清文鑑》，收入《景印文淵閣四庫全書》，〈天部．天文類〉。

義艱深的漢文易學，清初在宮廷的西洋傳教士因傳教、供職的需要，通曉滿文者不乏其人。例如：南懷仁（Ferdinandus Verbiest，比利時人，一六二三—一六八八）著有拉丁文滿文文法，張誠（Joannes Franciscus Gerbilon，法國人，一六五四—一七〇七）則用滿語爲康熙皇帝講授西學。此外，滿文繙譯漢文典籍是將章句訓詁含括於譯文中，文義如同今日的古籍白話文譯本，淺顯易懂，傳教士學習漢文，乃至譯介漢文經典至歐洲，也是得力於滿文譯本。

三、八旗制度的建立

八旗制度的形成

女眞社會的組織，有由血緣構成的「哈拉」（*hala*，姓）與「穆昆」（*mukūn*，族），氏族聚居的「噶珊」（*gašan*，村屯、寨），以及從事生產、征戰的「牛彔」（*niru*，大箭）。凡出兵、行獵，不論人數多寡，各隨族黨、屯寨而行；打獵時，各出一箭，十人中立一人爲長，各分隊伍，其長稱「牛彔額眞」（*niru i ejen*）。

明萬曆十一年，努爾哈齊以父、祖遺甲十三副起兵，隨著征服日廣、招徠日眾，逐漸出現軍事組織化的現象。根據朝鮮的觀察，萬曆十七年（朝鮮宣祖二十二年（一五八

正黃旗

鑲黃旗

正白旗

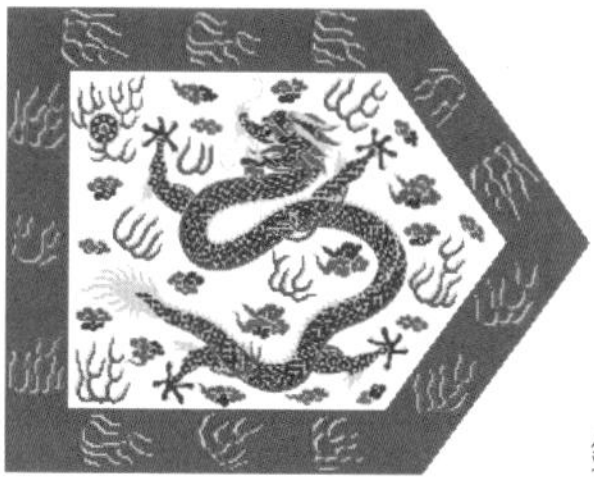

鑲白旗

正紅旗

鑲紅旗

正藍旗

鑲藍旗

圖2-7　八旗旗纛。

九一），努爾哈齊將人眾分為環刀、鐵鎚、串赤（*kalkangga cooba*，車盾）、能射四部，戰鬥時依次派出；萬曆二十四年（朝鮮宣祖二十九年），則見其麾下以青、黃、赤、白、黑等五色旗幟為別。

關於八旗制度建立的過程，萬曆二十九年，努爾哈齊將牛彔擴編為三百人，各置牛彔額眞，並成為正式的官名。由於規範牛彔的人數，勢必改變原本各依血緣、地域關係組成的型態，加以牛彔額眞由大汗任免，使汗的權力得以進入各族黨、屯寨。原有的旗色，因黑色在夜間難以辨認，也簡化併成純色的黃、紅、藍、白四旗。萬曆四十三年，努爾哈齊已徹底征服建州女眞，海西女眞中的哈達、輝發、烏喇相繼被滅，東海女眞也部分歸順，乃再次進行組織整編；旗色也因擴大編制，在純色旗上鑲色，黃、白、藍三色旗鑲紅邊，紅色旗鑲白邊，共為八旗。

八旗制度是清朝立國的根本，具有軍政合一、家國一體性質，兼掌政治、軍事、經濟、社會等事務。努爾哈齊將所屬人眾分別授予家族中有功勳的子侄，以主旗貝勒（*gūsa ejelebe beile*）為一旗之主，亦稱和碩貝勒（*hošo i beile*）；主旗貝勒與旗下屬人有君臣、主奴的關係，具分封人口的意義。八和碩貝勒分治其國，由八家公推一人為首長，此由努爾哈齊制定的國體，類似聯邦制，可稱為「聯旗制」，其後漸朝向中央集權體制發展。相對於民人，旗人分別有各自所屬的旗籍，不得混淆，則又有戶籍制度的功能。

八旗組織的職能

牛彔是八旗的基層組織，職能涵括徵調兵員、派遣賦役、督催生產、緝拿奸盜、管理民政等項，以牛彔額眞爲長官，下設代子（*daise*，副職）二人、章京（*janggin*，辦事員）四人、撥什庫（*bošokū*，領催）四人。五牛彔設一甲喇（*jalan*，隊伍），係八旗的中層編制單位，甲喇額眞（*jalan i ejen*）管轄五個牛彔。五甲喇設一固山（*gūsa*，旗分），指「旗」的組織而言，是八旗的最高編制單位，設固山額眞（*gūsa i ejen*），滿文直譯作「旗主」，但並不專主本旗，而是國家委派管理旗務的大臣，總理本旗軍事、司法、戶口、生產等事務。每固山設左、右梅勒額眞（*meiren i ejen*）各一，「*meiren*」即肩膀之「肩」，是固山額眞的副手。關外時期，擔任固山額眞者，都是異姓開國功臣及其子弟、努爾哈齊的家族成員、率眾歸順的強宗大族，他們不僅在本旗領有世代專主的牛彔，也常與別旗大臣通婚，形成盤根錯節的人際網絡，是一旗中地位僅次於主旗貝勒、不主旗議政貝勒，而具有政治實力的人物。

八旗各由主旗貝勒統領，他們是旗的擁有者，身分世襲，且彼此不相統屬。主旗貝勒在政治上享有國家的最高決策權，舉凡汗位繼承、軍國大政、重大讞獄等，都由以主旗貝勒爲核心的議政諸貝勒、大臣會議決定。經濟方面，在「八家均分」的原則下，八旗共享征戰、圍獵或貿易所得的經濟利益，即便是國君，仍以本旗之主的身分參與分配，與其他主旗貝勒地位相等；當國家需要徵調兵員、差役、物資時，主旗貝勒有平均攤派的義務。至於主旗貝勒頻繁變動，則與汗權擴張，以及八旗內部的鬥爭有關。

主旗貝勒的遞嬗

在天命年間，正黃、鑲黃兩旗由努爾哈齊親領，他還兼具八旗總領主、大汗、家族長的身分。紅旗主旗貝勒爲代善（努爾哈齊次子，一五八三－一六四八），在努爾哈齊時期沒有變動。藍旗原屬舒爾哈齊家族，他與努爾哈齊對抗失敗，改由莽古爾泰（努爾哈齊第五子，一五八七－一六三三）領正藍旗、阿敏（舒爾哈齊次子，一五八五－一六四〇）領鑲藍旗。白旗原爲褚英（努爾哈齊長子，一五八〇－一六一五）所有，惟父子衝突而遭幽禁，改以皇太極（努爾哈齊第八子）領正白旗、杜度（褚英長子，一五九七－一六四二）領鑲白旗；迨天命末年，皇太極的勢力已經滲入鑲白旗。

努爾哈齊晚年，按滿洲「未分家子」可以平分父親財產的習俗，將兩黃旗下六十牛彔分成四份，一份留給自己，其餘分給年幼的阿濟格（努爾哈齊第十二子，一六〇五－一六五一）、多爾袞（努爾哈齊第十四子，一六一二－一六五〇）、多鐸（努爾哈齊第十五子，一六一四－一六四九）。皇太極即汗位後，雖將其父自留的十五牛彔交給多鐸，卻以兩黃旗應爲汗所親領爲由，將兩白旗與兩黃旗互換旗纛，故多鐸主正白旗，阿濟格主鑲白旗；

未幾，阿濟格因擅自爲多鐸主婚遭削爵，改以多爾袞任鑲白旗主旗貝勒。新的兩黃旗除皇太極自領正黃旗外，鑲黃旗交由豪格（皇太極長子，?－一六四八）和阿巴泰（努爾哈齊第七子，一五八九－一六四六）共領。

天聰年間，兩藍旗的變動亦大。天聰四年（一六三〇），阿敏因心懷異志獲罪，鑲藍旗主旗貝勒改爲濟爾哈朗（舒爾哈齊第六子，一五九九－一六五五）。天聰六年，正藍旗主旗貝勒莽古爾泰病死，由同母弟德格類（努爾哈齊第十子，一五九三－一六三五）繼任；天聰九年，德格類亦死，旋遭皇太極追論兩人謀逆之罪，遂將正藍旗牛彔附入鑲黃旗再行重編，而以豪格爲新正藍旗主旗貝勒，是以皇太極父子擁有三旗的實力。相對而言，兩紅旗較爲穩定，只是鑲紅旗改爲岳託（代善長子，一五九八－一六三八）領屬，再由羅洛宏（岳託長子，一六一六－一六四六）承襲。至於兩白旗，多爾袞爲提高個人在八旗、政權中的地位，於崇德八年（一六四三）議立新君後，又與多鐸互易旗纛。

主旗貝勒即和碩貝勒，定宗室爵制後，皆受封爲和碩親王。惟滿洲入關後，隨著君主專制體制確立，凡遇主旗貝勒亡故，子孫僅承襲親王爵位，不再擁有主旗的權力。

表2-1 關外時期八旗主旗貝勒變化表

時間＼旗分	黃 正	黃 鑲	紅 正	紅 鑲	藍 正	藍 鑲	白 正	白 鑲
乙卯年（一六一五）以前	努爾哈齊		代善		舒爾哈齊		褚英	
天命年間（一六一六—一六二六）	努爾哈齊	努爾哈齊	代善	代善	莽古爾泰	阿敏	皇太極	杜度
天聰年間（一六二七—一六三六）	皇太極	阿巴泰、豪格	代善	岳託	莽古爾泰→德格類→豪格	阿敏→濟爾哈朗	多鐸	阿濟格→多爾袞
崇德年間（一六三六—一六四三）	皇太極	皇太極	代善	岳託→羅洛宏	豪格	濟爾哈朗	多鐸→多爾袞	多爾袞→多鐸

官名變化與編制擴大

八旗各級官員的官銜，多有「額眞」（*ejen*）字樣，意爲「主子」，在汗權逐步提高之際，君臣、主奴的分際有檢討的必要。其次，天命五年（一六二〇），努爾哈齊論功序爵，借明朝總兵、副將、參將、遊擊等官稱，設立各分三等的「武官」（*coohai hafan*），以牛彔額眞爲備禦，其下設千總四員，當滿洲主體意識增強之後，襲用漢語的名稱也有更定的必要。

天聰八年，皇太極下令不准再用總兵、副將等名稱，凡五備禦總兵更名爲一等公（*uju gung*），分三等的總兵官爲昂邦章京（*amba janggin*）、副將爲梅勒章京（*meiren i janggin*），一、二等參將爲一、二等甲喇章京（*jalan i janggin*），遊擊爲三等甲喇章京，備禦爲牛彔章京（*niru i janggin*）等。以上各銜，雖然官書稱爲「官職」（*hafan*），然其滿文均作「*hergen*」（爵位或世職）；取代「額眞」的「章京」（*janggin*），指有品級的武職人員。凡屬八旗管理職者，除固山額眞仍保留「*ejen*」之名外，其餘分別改作梅勒章京、甲喇章京、牛彔章京等。由此可見，關外時期「爵」與「官」名稱的混用情形。

順治十七年（一六六〇），定八旗漢字官名，固山額眞爲「都統」，梅勒章京爲「副都統」，甲喇章京爲「參領」，牛彔章京爲「佐領」，昂邦章京爲「總管」。其組織，則分別稱作「旗」、「參領」、「佐領」。

至雍正元年（一七二三），總理事務王大臣等以「額眞二字，所關甚鉅，非臣下所可濫用」，奏准將固山額眞改爲「固山昂邦」（*gūsa be kadalara amban*，管旗大臣），漢文仍作

「都統」。在皇權高漲下，「*ejen*」成為皇帝的代稱，臣工上奏時，以「*enduringge ejen*」（聖主）稱之。影響所及，八旗的人身依附關係也隨之改變，旗人不僅是本旗王公的私屬，也是皇帝的「阿哈」（*aha*，奴僕）。因此，乾隆皇帝稱旗人為「世僕」。

在八旗制度形成過程中，努爾哈齊除將麾下的女真諸部編為牛彔，歸附的其他族群也陸續編入。開國之初，有滿洲牛彔三〇八、蒙古牛彔七十六、漢軍牛彔十六，共四百個；嗣後，因生齒日繁、歸服者日眾，牛彔隨時增編而無定額。

天命年間，蒙古科爾沁部、內喀爾喀部相繼來歸，努爾哈齊以不打亂原部落組織，於天命七年各編為一旗；他們雖不屬於八旗，但遇有征戰則率本旗兵馬共同行動。與此同時，大量蒙古零散人丁或被迫降附，或主動來投，則被編為蒙古牛彔。大約在天命、天聰之交，又將轄下蒙古牛彔調整為每旗編設五個蒙古牛彔，左、右兩翼蒙古固山也隨之建立；相對於日後編成的八旗蒙古，此時的蒙古固山稱為「舊蒙古」。天聰六年，因歸順蒙古諸貝勒所行有違，皇太極下令罷散科爾沁蒙古旗、內喀爾喀蒙古旗，所屬人員撥予左、右兩翼蒙古固山。

天聰九年，編審內、外喀喇沁蒙古壯丁，分為十一旗。其中，外喀喇沁壯丁編為三旗，為外藩蒙古旗；內喀喇沁壯丁則平均分給八旗，再以「舊蒙古」為骨幹，加上新編成的喀喇沁牛彔，合為八旗蒙古，每旗下轄兩甲喇。

其次，天命年間，努爾哈齊控制漢族居住的遼河西岸地區，被俘擄或來降的漢族，大多淪爲滿洲奴僕；部分則附屬在八旗參加生產與作戰，即所謂的「舊漢兵」。皇太極繼位後，因歸附漢人日漸增多，而有組建漢人軍團的構想。

關於漢軍編旗的時間，天聰五年（一六三一），鑄造紅衣大砲成功，皇太極敕諭漢官佟養性（？—一六三二）總理漢人軍民一切事務；次年，佟養性以新編漢兵兵力過少，火器不能多拿爲由，建議將國中漢人照例編兵。天聰七年（一六三三），皇太極下令滿洲各戶有漢人十丁者，抽兵一人；時佟養性病逝，由舊漢兵額眞馬光遠（？—一六六三）等統率，是漢軍建立之始，滿文音譯作「烏眞超哈」，意爲「重兵」，即使用火砲等重兵器的軍隊。

崇德二年（一六三七），皇太極見漢軍在征朝鮮之役軍紀敗壞，乃接受漢官的建議，照滿洲旗制編壯丁爲牛彔，並分漢軍爲兩旗，由馬光遠、石廷柱（一五九九—一六六一）分領。崇德四年（一六三九），皇太極爲削弱馬、石的權力，又將漢軍析爲四旗。崇德七年，清軍在松錦大戰收降大批明兵，再將漢軍擴編爲八旗。

漢軍最初使用的旗色，滿文檔案寫作「*yacin tu*」，官書稱爲「青纛」或「元青」，即黑旗，與「藍纛」（*lamun tu*）不同。漢軍分爲兩旗時，皆用青纛；四旗時，改爲黃旗鑲青邊、白旗鑲青邊、紅旗鑲青邊、純用青色。至漢軍增爲八旗後，旗色始改爲與滿洲、蒙古相同。附帶一提，天聰、崇德（一六三六—一六四三）年間使用黑色旗幟者，不限於漢軍。天聰八年，皇太極將來降的明皮島總兵毛文龍（？—一六二九）舊部獨立成軍，爲避免與八旗既有旗色相同，規定孔有德（一六〇二—一六五二）、耿仲明（？—一六四九）營兵旗纛爲皂旗鑲白邊，尚可喜（一六〇四—一六七六）則以皂旗中用白圓心爲飾，並分別定名爲天祐兵、天助兵；「皂」滿文亦作「*yacin*」，即黑色。

在入關前夕，八旗共有二十四旗分，各置固山額眞及其以下各官，由主旗貝勒總理同旗的滿洲、蒙古、漢軍三個旗分；至於牛彔數，八旗滿洲二四四、八旗蒙古一〇六、八旗漢軍一五七，合計五〇七個牛彔。入關之後，旗分維持不變，而各旗分的牛彔數則隨著人丁孳生而增加。

牛彔分類與兵種劃分

牛彔的分類，可依族群成分、領屬關係、承襲方式劃分。在族群成分方面，八旗係由多民族共同組成，實爲一民族共同體。初編牛彔時，皆爲女眞族，包括建州女眞、海西女眞、東海女眞，統稱「諸申」。其後，降附的蒙古族、漢族也先後編爲蒙古牛彔、漢軍牛彔；迨人數達到一定規模時，再析出整建爲八旗蒙古、八旗漢軍。即便如此，滿洲旗分中，仍留有若干蒙古牛彔；漢軍旗分中，也可見個別的蒙古人。

在女眞、蒙古、漢族三大族群之外，亦有其他族群被編爲牛彔。關外時期，將朝鮮的來歸者編爲朝鮮牛彔，分隸正黃旗滿洲、正紅旗滿洲；俘獲者則編爲高麗牛彔，爲正黃旗滿洲的包衣牛彔（*booi niru*）。康熙二十四年（一六八五），清、俄雅克薩戰爭後，將來歸或俘虜的近百名俄羅斯人遞送至北京，編爲俄羅斯佐領，隸屬鑲黃旗滿洲。乾隆二十五年（一七六〇），將征服回部時投誠赴京的維吾爾族編爲回子佐領，隸內務府正白旗。乾隆四十一年（一七七六），將征服兩金川送京藏族編爲番子佐領，先隸內務府正白旗；次年，改隸正黃旗滿洲。

在領屬關係方面，有外牛彔和內牛彔之分。外牛彔是努爾哈齊分給子侄統轄的牛彔，是八旗的主體，入關後稱爲旗分佐領；隨著中央集權的發展，逐漸成爲國家的編戶。內牛彔由是旗下奴僕編成，他們世代服役於汗（皇帝）和宗室王公之家，入關後稱爲包衣佐領。包衣（*booi*）即家奴，因成員的族別不同，又有包衣滿洲佐領（滿洲人、蒙古人）、旗鼓佐領（漢人）、高麗佐領、回子佐領等。

在承襲方式方面，以牛彔原主是否有權世代承管，可分爲永管牛彔和公中牛彔。關外時期，以率族屬來歸、立有戰功而賞給人口等原因，在編立牛彔時，給予原主世代管轄該牛彔之權，稱永管牛彔；入關後，稱世管佐領，又分爲：一、勳舊佐領，係開國時期各部族長率屬來歸，授之佐領，以統其眾。二、優異世管佐領，爲率眾歸誠，因功得賜戶口者。三、世管佐領，僅同弟兄族人來歸，授以職任者。四、互管佐領，戶少丁稀，合二、三姓編佐領，輪流擔任佐領。至於公中牛彔，由各佐領撥出餘丁增編，其佐領出缺時由國家任命。

又萬曆四十三年確立八旗制度時，努爾哈齊指示部隊與敵軍接戰要領：披重鎧執利刃者令爲前鋒，披短甲（兩截甲）善射者自後衝擊，精兵則在馬上伺機而出，將軍士按戰術需要劃分；其中，執利刃者、善射者，大約是朝鮮人所說的環刀軍、能射軍。天命年間，出現每牛彔派甲兵百人，編成白巴牙喇（*śanggiyan bayara*）十人、紅巴牙喇（*fulgiyan bayara*）四十人、黑營（*sahaliyan ing*）五十人，分別攜帶砲、槍、盾車的隊伍。「*bayara*」的漢文作「護軍」，是八旗最精銳的兵種，白、紅應是指該隊伍使用的旗色。至於黑營，從八旗漢軍初立時使用黑色旗幟來看，可能是由漢人組成。

隨著八旗編制擴大，以及作戰需要，軍隊中逐漸出現各種營伍，但只以該管將領姓名稱之，而無正式的名號。天聰八年，皇太極頒布正式稱號，隨固山行營馬兵爲阿禮哈超哈（*aliba cooha*，驍騎），步兵爲白奇超哈（*beki cooha*，步兵），護軍哨兵爲噶布什賢超哈（*gabsihiyan cooha*，前鋒），舊漢兵爲烏真超哈。是以在八旗漢軍組成之前，烏真超哈（砲兵）與騎兵、步兵、前鋒、護軍等，同爲八旗征戰時的主要兵種。

旗人的地位與身分

凡被編入八旗者，即爲旗人，稱爲「入旗」，惟因旗色、族群不同，地位有高低之分。先是，正黃、鑲黃兩旗由大汗直接統轄；順治八年（一六五一），攝政王多爾袞死後獲罪，順治皇帝（福臨，清世祖，一六三八—一六六一，一六四四—一六六一在位）將其所領正白旗收爲己有。自此，皇帝親領正黃、鑲黃、正白三旗，爲「上三旗」，其餘則稱「下五旗」。由於上三旗的地位較高，而有「擡旗」的辦法，凡下五旗官員建立功勳或上承恩眷，以及后妃母家在下五旗者，皆得優遇擡入上三旗。另一種情形，則是由旗下包衣佐領擡入本旗旗分佐領。

八旗的族群成分多元，而以滿洲爲核心成員，次爲蒙古，再次爲漢軍；雖然漢軍的族群屬性爲漢人，但在制度規定下，地位仍與漢人有顯著差別。特別的是，八旗內部的族群身分並非一成不變，可以透過「改旗」的辦法調整，有蒙古、漢軍改隸滿洲者，有蒙古改隸漢軍者，也有同一家族而分屬滿洲、漢軍旗分者，全視旗人的族群認同與皇帝接納與否而定。

旗人的身分，又可撤銷旗檔而編入民籍，稱爲「出旗」。乾隆七年（一七四二），朝廷爲解決八旗生齒日繁、生計困難的問題，除從龍入關人員的後裔外，准許漢軍出旗爲民。凡願出旗者，由本旗通知該地方官編爲民戶；若出旗而無謀生能力者，亦得轉歸綠營。

八旗制度不僅兼具政治、軍事、經濟、社會諸多功能，也藉由制度所規定的身分，爲旗下的多元族群提供認同的基礎，並凝聚成緊密的民族共同體。對統治者而言，旗人的族群認同與政治認同，遠比族類血緣來得重要。

四、議政政體的演變

女真部落的政治組織

南宋徐夢莘《三朝北盟會編》記載，女眞族透過部落會議處理本部事務，方式略爲：遇有大事，「適野環坐，畫灰而議，自卑者始。議畢，即漫滅之，人不聞聲」。出兵前夕，「大會而飲，使人獻策，主帥聽而擇焉」，合者爲將。征戰時，隊伍有伍、什、佰長，伍長戰死，四人皆斬；什長戰死，伍長皆斬；佰長戰死，什長皆斬。戰勝，「又大會，問有功高下，賞之以金帛若干，舉以示眾，或以爲薄，復增之」。明末，于燕芳《勦奴議撮》沿用其說，認爲努爾哈齊出師分甘均苦、用兵信賞必罰，即來自女眞傳統。

在金朝建立之前，女眞部落的官名曰「諳版孛極列」（*amban beile*，大官人）、「孛極列」（*beile*，官人）；職名曰「忒母」（*tumen*，萬戶）、「萌報」（*minggan*，千戶）、「毛可」（*mukūn*，百人長），自五十戶孛極列至萬戶孛極列，皆統率兵士，平時射獵，有事則出戰。《金史．兵志》則言，女眞諸部部長曰「孛堇」，部民平日從事勞動生產，有警由孛堇負責徵兵；行兵時，視孛堇率領人眾多寡，名號有「猛安」（*minggan*，千夫長）、「謀克」（*mukūn*，百夫長）之分。孛極列、孛堇即清朝的「貝勒」，惟其義由原本的官名、酋長，在努爾哈齊時期是宗室貴族的統稱，而以和碩貝勒地位最高，多羅貝勒（*doroi beile*）次之；崇德元年，定宗室爵制，則列於和碩親王、多羅郡王之下，位居第三等。

明代女眞族從部落演進爲國家的歷程中，以血緣親屬關係爲基礎的氏族社會逐漸瓦解，在各部蜂起、稱王爭長的爭戰中，形成部落聯盟。是時，大小不等的部落雖由各個酋長管理，但酋長的產生，已從部落會議的推選制，漸變爲世襲制。迨滿洲政權創建，努爾哈齊以兄弟子侄作爲政權骨幹，血緣親屬關係又成爲分配政治、軍事、經濟諸權力的依據。至於部落會議的傳統，則繼續保留，但參與人員出現重大變化。

「五大臣」與「四大貝勒」

鄭親王濟爾哈朗追述太祖創業之初，「日與四大貝勒、五大臣及眾台吉等，討論政務之得失」，可知是透過合議方式處理國政。所謂「五大臣」，即費英東（瓜爾佳氏，一五六四－一六二〇）、額亦都（鈕祜祿氏，一五六二－一六二一）、何和理（董鄂氏，一五六一—一六二四）、扈爾漢（佟佳氏，一五七六—一六二三）、安費揚古（覺爾察氏，一五五九—一六二二），是率眾歸附或戰績彪炳的異姓功臣。努爾哈齊起兵初期，子侄輩年幼，五大臣成爲最早參與議政的成員。其後，隨著八旗制度建立，努爾哈齊以子侄爲主旗貝勒，並進入決策核心，五大臣則分別撥入各旗擔任固山額眞；雖然五大臣繼續參與議政，但在政權中的地位大爲降低。至明萬曆四十三年，努爾哈齊下令，「每五日集諸貝勒、大臣入衙門一次」，使議政會議制度化。

天命元年，努爾哈齊建國，冊封立有軍功的代善、阿敏、莽古爾泰、皇太極共理機務，稱「四大貝勒」，成爲議政的重心。天命六年，努爾哈齊命四大貝勒「按月分直，國中一切機務，俱令直月貝勒掌理」；隨著五大臣相繼去世，議政的權力更集中在愛新覺羅家族手中。

至於「眾台吉」，則是指被封爲台吉，且陸續加入議政的努爾哈齊子孫。其中，德格類、濟爾哈朗、阿濟格、岳託可能是最早的一批；其後，又有杜度、碩託（代善次子，一六〇〇—一六四三）、阿巴泰等人。他們多有戰功可述，也是努爾哈齊有意培養的新生代。

值得注意的是，努爾哈齊嘗試在議政會議之上指定「執政」，以達到集權的目的，惟結果不盡如人意。先是，萬曆四十年前後，努爾哈齊令褚英執政，並試圖改變女眞傳統，預立他爲繼承人，卻被四兄弟和五大臣控告有凌虐、威脅眾人情事，迫使努爾哈齊放棄原定計畫。此事件固然與褚英心胸褊狹的行事作風有關，背後實暗含旗權和汗權的對抗；而所謂的「四兄弟」，即後來的四大貝勒。未幾，努爾哈齊另以代善爲執政，竟在天命五年遭舉發與大妃（富察氏袞代，？—一六二〇）有曖昧關係。雖然代善未被究責，但他的繼承希望也爲之破滅，其中仍有各旗鬥爭與挑戰汗權的成分。至此，努爾哈齊決定改由四大貝勒按月輪流執政，一方面將執政的權力分散，以收提高汗權之效；另一方面，既可測試貝勒們的執政能力，又可使之互相競爭，以鞏固汗權。

從「八王共治」到議政王大臣會議

當努爾哈齊年事漸高，領有一旗的子侄各自爲政，甚至覬覦汗位。天命七年，努爾哈齊爲維護金國政權的穩定，乃召集四大貝勒以及德格類、濟爾哈朗、阿濟格、岳託等子孫，提出「八王同議，必然無失」的構想。所謂「八王」，即主旗的八位和碩貝勒，就議政體制而言，另包括具有議政資格的不主旗諸貝勒；一如「五大臣」、「四大貝勒」，是指議政會議的中心人物。

努爾哈齊設計的新辦法，是在八王中「擇其能受諫者，即嗣父爲國君」，而八王都有推舉、擔任以及廢黜國君之權。其次，八王共同治理國政，不令任何人有權專斷，且破壞體制者將失去權位。此外，又規定不准私議國政，舉凡審斷定罪、任免大臣等，皆應共議；並按照「八家均分」原則，共享經濟利益。努爾哈齊利用這次改革，將異姓功臣排除在最高統治集團之外，軍政大權全由愛新覺羅家族掌握。

天命十一年（一六二六），努爾哈齊病逝，臨終前沒有提到汗位人選；皇太極繼統，應是經由八王公推的方式。然而，皇太極的威望不僅無法與兼具君、父身分的努爾哈齊相比擬，在四大貝勒中亦屬年輕資淺，如何削弱各旗勢力實為當務之急。他在即位之初，徵得諸貝勒同意，設「八大臣」為八固山額真，總理一切事務，並與諸貝勒共同議政。八大臣來自愛新覺羅家族及其姻親，或是功臣子弟，在政權中原有一定實力，他們因皇太極的指派得以參與決策，故而在議政會議中成為汗權對抗旗權的助力。這次人員調整，使異姓成員加入決策集團，而成為「議政王大臣會議」，其職權為：決定戰和、制定法令、會審大獄、任命大臣等，略與「八王共治」時期相同。另一方面，天聰三年（一六二九），皇太極藉口不便勞煩諸兄，解除三大貝勒「直月」權，改以弟侄輩諸貝勒代之，使三大貝勒的旗權再次受到削減。

天聰十年四月，皇太極稱帝，定國號「大清」，建元崇德，其後參與議政會議的人員也出現變化：一、皇太極的子侄輩加入議政者增多，不限於王或貝勒，地位較低的固山貝子（*gūsai beise*，宗室封爵第四等）亦廁身其間；二、每旗新設議政大臣三員，他們都是出身顯赫、身居要職，地位在固山額眞之下的八旗滿洲，皇太極是透過擴大與會人數達到分化權力的目的。崇德年間新任的議政王、大臣，多由皇太極指定，充分說明他將汗權轉化爲皇權，且旗權下降、皇權上升的事實。皇太極即位之初，漢官胡貢明指出，「雖有一汗之虛名，實無異整黃旗一貝勒也」，較之日後都察院承政阿什達爾漢（一五八〇—一六四二）抨擊議政人員彼此觀望，「不知果無可言耶？抑有所畏忌而不敢言耶？」皇太極在議政會議的影響力已不可同日而語。

議政會議的重組及其式微

崇德八年，皇太極去世，八王再次共推國君。當時有實力競逐皇位者有：一、禮親王代善，輩分最高，但兩紅旗勢力已遭削弱。二、睿親王多爾袞，功勳卓著，以兩白旗爲後盾，在各旗也有支持者。三、肅親王豪格，頗有戰功，兩黃旗出身，又領有正藍旗，聲勢浩大。八月十四日，在崇政殿的會議上，兩黃旗大臣率先提出「立帝之子」的主張，旋以外臣不與聞爲由遭斥退。之後的發展，記載甚隱晦，略爲諸王相互謙讓，並提前離席，乃議定以皇太極第九子、年僅六歲的福臨繼統，明年改元順治，並由濟爾哈朗與多爾袞共同輔政。

八王推舉的結果，出人意外。一般認爲，多爾袞富野心、有實力，若以武力奪取皇位，即便成功，恐造成政權分裂，並將失去蒙古的支持；以福臨爲君，仍可操縱政權，應是審時度勢、顧全大局的做法。另一種說法，主張與福臨的生母，即來自蒙古科爾沁部的布木布泰（博爾濟吉特氏，孝莊文皇后，一六一三——一六八八）有關。皇太極的五宮后妃全是蒙古族，當繼承人選發生爭執，布木布泰便聯絡后妃，結合兩黃旗武力，並與多爾袞妥協，使福臨繼位。至於強調「傳嫡」觀念已被普遍接受，豪格居長但爲庶出，無法獲得兩黃旗奧援的看法，則過於偏向「漢化」的解釋。

圖2-8　清太宗皇太極像。

順治皇帝登基後，濟爾哈朗和多爾袞以「攝

政」名義宣布，今後國家決策不再透過議政王大臣會議，改由攝政二王全權處理，實際上是多爾袞一人專政。順治七年（一六五〇）年底，多爾袞在打獵途中突然去世，順治皇帝親政，旋即展開對多爾袞及其黨羽的清算。迨政局穩定，順治皇帝於順治九年（一六五二）恢復議政會議，一方面依崇德年間舊例，凡成年宗室受封親王、郡王、貝勒、固山貝子、鎮國公、輔國公，即所謂「入八分」者，皆以爵秩預議政；另一方面，則以八旗滿洲、蒙古、漢軍任固山額眞、大學士、六部尚書者，兼任議政大臣，而非各旗平均分配。據明遺民談遷（一五九四－一六五八）描述，「清朝大事，諸王、大臣僉議既定，雖至尊無如之何」，可知議政王大臣會議的權勢甚盛。

康熙朝中期，由於皇權更加穩固，康熙皇帝便著手抑制議政王、大臣的權力。一是藉宗室王公病故或因罪削爵的機會，停罷其議政資格，最終只能稱爲「議政大臣會議」。一是限縮議政內容，範圍不出襲爵、斥革、生計等八旗內部事務，以及與邊疆交涉、軍事行動相關者。降及雍正年間，雍正皇帝事必躬親，尤其是軍機處成立後，軍機大臣每日召對承旨，議政會議處理軍事和邊疆事務的功能也被取代，「議政大臣」遂爲獎賞滿洲大臣的虛銜。至乾隆五十六年（一七九一），乾隆皇帝認爲議政空銜不必兼充，下令撤廢，議政會議遂告終止。

五、部院組織與稱帝建號

努爾哈齊時期的「大臣」

滿洲從部落演進爲國家的歷程中，以議政會議爲決策機構，以八旗制度綜理軍政、民政，檔案中又可見若干處理行政事務的人員。努爾哈齊創業初期，身邊有一批「*jargūci*」（審事官），例如：日後成爲議政「五大臣」之一的費英東、創製滿文的噶蓋，都擁有這個頭銜。努爾哈齊確立八旗制度後，置理政聽訟大臣五人、佐理國政扎爾固齊十人，凡有聽斷之事，先經十扎爾固齊審問，五大臣再加鞫問，然後言於諸貝勒，眾議既定則向汗奏明，已具備官僚組織的雛形。

天命七年，努爾哈齊宣布「八王共治」，也重新調整審斷的規定：設滿、漢、蒙「*amban*」（大臣）各八人，八大臣下設滿、漢、蒙古「*duilesi*」（審事人）各八人，眾審事人審理後報於大臣，大臣擬定後奏於八王，由八王審斷定罪。同時，汗又委任十六人審理國中各項案件，另指派八人辦理庫糧登記、清查人口、分撥田舍、築城架橋、徵收賦役、監督生產，以及交付統兵官查驗軍械、收管邊界、視察馬匹等任務，行政業務開始分工。前述「*jargūci*」在這次改制中消失，被爲數眾多的「*duilesi*」取代；且八旗各有審事人，大汗又派專人審理案件，實有抑制旗權之意。

其次，漢文本《太祖武皇帝實錄》稱十名佐理國政者為「都堂」，滿文本仍作「*jargūci*」，但二者並不相同。都堂（*dutan*或*dutang*）原指明朝遼東最高軍政長官，天命六年努爾哈齊進佔遼瀋後，即設都堂，最初擔任此職者有五人，都是固山額眞，主要負責處理漢人事務。天命八年（一六二三），努爾哈齊重新任命都堂八名，曰：「於八和碩貝勒，設八大臣副之，以觀察諸貝勒之心。」新任的都堂雖得兼理旗、民，但皆非固山額眞，應是努爾哈齊刻意挑選權勢地位較低者，以便於控制，並用以牽制和碩貝勒。然而，八都堂似未能發揮預期效果，旋即撤廢。

努爾哈齊身邊還有一群「*baksi*」，他們通曉滿、蒙、漢語，具備書寫能力。巴克什平日負責處理和繙譯文書、辦理對外交涉、教導子弟讀書；戰時則緊隨軍隊之後，以當地語言、文字進行招降、宣傳。在語文、外交上有特殊表現者，會獲得巴克什賜號，例如：參與滿文創製的額爾德尼、奉使諸蒙古國的希福；其他巴克什則屬一般文職，地位不高。在「八王共治」體制下的行政分工，八王也分設滿、蒙、漢巴克什各八人。迨天聰五年，皇太極下令，凡識字文人只稱「筆帖式」（*bithesi*，衙署中擔任文書、繙譯的低階官員），如係欽賜巴克什者，始得續用。

六部制度的引進

隨著金國統治範圍擴大、人口增多，原有簡單的行政組織已無法應付日益龐雜的事務。皇太極繼位之初，雖與諸貝勒議定，設八大臣爲八固山額眞，總理一切事務；又設佐理國政、審斷獄訟的十六大臣，以及出兵駐防、審理訟詞的十六大臣以爲因應，但新設的八旗大臣或不諳國事，或辦事瞻徇，不符期待。在熟悉明朝制度的漢官眼中，則是汗權仍受制於旗權，且不脫「馬上治天下」格局，而有寧完我等要求仿行明制的呼聲。

天聰五年，經議政王大臣會議議定，皇太極宣布建立六部衙門。據《太宗實錄》記載，六部初建時，吏、戶、禮、兵、刑、工各部均以貝勒統攝部務，下設承政（*aliha amban*）四人（吏部三人）、參政（*asban i amban*）八人（工部十二人），爲滿、蒙、漢複職，啓心郎（*mujilen bahabukū*）一人（工部三人），其餘辦事筆帖式各酌量事務繁簡補授。另就滿文檔案所見，各部的承政、參政、啓心郎人數相同，分別爲四人、十四人、四人。

表2-2　天聰五年六部編制表

部別＼職銜	管部和碩貝勒或台吉（旗籍）	承政	承政：滿洲	承政：蒙古	承政：漢人	參政	參政：滿洲	參政：蒙古	參政：漢人	啓心郎	啓心郎：滿洲	啓心郎：漢人	筆帖式	筆帖式：滿洲	筆帖式：漢人
吏	和碩貝勒 多爾袞（鑲白旗）	4	2	1	1	14	8	4	2	4	2	2	10	8	2
戶	台吉 德格類（正藍旗）	4	2	1	1	14	8	4	2	4	2	2	18	16	2
禮	台吉 薩哈廉（正紅旗）	4	2	1	1	14	8	4	2	4	2	2	10	8	2
兵	和碩貝勒 岳託（鑲紅旗）	4	2	1	1	14	8	4	2	4	2	2	18	16	2
刑	和碩貝勒 濟爾哈朗（鑲藍旗）	4	2	1	1	14	8	4	2	4	2	2	10	8	2
工	台吉 阿巴泰（正黃旗）	4	2	1	1	14	8	4	2	4	2	2	10	8	2

資料來源：《內閣大庫檔案》（臺北：中央研究院歷史語言研究所），登錄號：一六七三四四，〈天聰五年定六部檔冊〉，天聰五年七月初八日。關孝廉編譯，〈天聰五年八旗值月檔（二）〉，《歷史檔案》，二〇〇一年第一期（北京，二〇〇一年三月），頁十五。

六部制度源自明制，也帶動金國朝中央集權的方向轉型，惟其官名富有滿洲特色，職缺分配亦考慮八旗勢力平衡。其中有幾點值得注意：一、六位管部和碩貝勒或台吉分屬不同旗籍，足以說明是汗權與旗權妥協的產物。二、戶、禮二部由台吉掌部務，係因皇太極已於天聰三年解除莽古爾泰、代善兩大和碩貝勒「直月」，自不願見他們再次擁有權力，特意選在該旗地位較低的德格類、薩哈廉充任。三、皇太極已居汗位，在制度更張之際有自我克制的必要，故僅安插依附於他的兄長阿巴泰在工部，作爲兩黃旗的代表。至於正白旗和碩貝勒多鐸未獲授職，可能是年紀較輕且軍功不顯赫。四、各部管部貝勒和轄下各官多非來自同一旗，可見皇太極利用設官授職的機會，試圖瓦解八旗傳統的私屬關係。五、啓心郎多挑選滿洲筆帖式和無官職的漢人充當，皇太極闡釋其職責，曰：「各部貝勒，凡有差失，汝等見之，即明言以啓其心」，具有顧問的性質；「凡部事不可攬權，但坐於貝勒後，儻有差謬，則啓迪其心」，又有代表汗監視諸貝勒的作用。

六部設立後，蒙古、漢人參政的機會增加，漢官的地位也較爲提高，政權的民族共同體特徵也更爲明顯，惟滿、漢互動尚待磨合。寧完我指出，「漢官祗因未諳滿語，嘗被訕笑，或致凌辱至傷心墮淚者有之」，反映漢官的處境艱辛；另一方面，他也承認有「六部漢官開口就推不會金話」，則漢官的態度也頗爲可議。其次，六部取代天命年間以來審理民事眾大臣的功能，成爲隸屬於汗的行政機構，但軍國大政仍由議政王大臣會議決斷。又六部各官的升遷，是據三年考績分別優劣，汗已能掌握八旗部分的人事權，以往氏族血緣、八旗私屬的關係，逐漸轉變爲新的君臣關係。

皇太極稱帝

天命十一年，皇太極在瀋陽即汗位。此時金國外有朝鮮、察哈爾蒙古、明國環伺，如欲西進，必須先對付朝鮮，以解決後顧之憂；內有遼東漢民抗拒統治，造成經濟衰退、社會動盪。

努爾哈齊進佔遼、瀋後，一方面對漢民採行各守舊業、計丁授田等「恩養」政策；另一方面，爲防止新附漢民在原籍地製造動亂，則大規模強制遷徙。由於漢民逃亡、暗通明國或暴動事件層出不窮，努爾哈齊乃於天命十年下令大屠殺，以致社會生產萎縮、人民生活困難。皇太極繼位之初，便宣布赦免奸細與叛逃者，以及「滿漢之人，均屬一體」，不再有差別待遇；也改變政策優禮漢官，以爭取明朝官將、儒士來歸。漢官咸稱，「豢養之恩，雖肝腦塗地，實難報稱萬一也」。

其次，雖然努爾哈齊結好朝鮮，但是朝鮮始終奉明爲宗主國，不僅輕視金國，更派兵助戰，金國也對雙方的貿易衝突、邊民糾紛迭有怨言。天命七年，朝鮮同意明總兵毛文龍進駐皮島，以牽制金國的軍事行動，尤令金國憤怒。皇太極向來主張以強硬態度對待朝鮮，時值朝鮮內亂，乃於天聰元年派兵征討，直逼其首都漢城，朝鮮稱爲「丁卯胡亂」；雙方締結各遵誓約、各守封疆，以兄弟相待的「江都盟約」。惟和碩貝勒阿敏等卻毀約縱兵，迫使朝鮮接受按時送禮、以明國使臣之禮待金國使臣等的「平壤之盟」。

皇太極攻打朝鮮期間，得悉察哈爾林丹汗進逼漠北蒙古，明寧遠巡撫袁崇煥（？—一六三〇）加緊修築遼西軍事要地，乃分別對之用兵。值得注意的是，皇太極很快就調整策略，他接受漢官「講和與自固」以待明朝師老財匱，以及對蒙古不可勞師動眾的建議，暫緩軍事行動以積蓄實力；並提出「文武並用，以武功戡禍亂，以文教佐太平」的治國願景，也宣示將效法遼、金、元，以「小國成帝業」。

十年之間，皇太極對外降服漠南蒙古、剿平野人女眞，不僅疆域擴大，也曾繞過山海關進薄北京；對內擊垮代善、阿敏、莽古爾泰等主要政敵，鞏固並加強汗權。天聰九年，多爾袞等往征察哈爾凱旋，獲玉璽一顆，據說是「歷代帝王相傳之寶」，印文爲漢篆「制誥之寶」。諸貝勒、大臣咸認爲玉璽既得，「宜順天應人，早正尊號，以承大統」，皇太極以「國中有嫉妒不良之人」爲由固辭；經諸貝勒宣誓效忠，始勉爲接受。天聰十年四月，皇太極在盛京天壇祭告天地，「受寬溫仁聖皇帝尊號，建國號曰大清，改元爲崇德元年」。

然而，在籌備登極大典時，八旗諸貝勒和蒙古各部王公聯名致書朝鮮國王李倧（仁祖，一五九五—一六四九，一六二四—一六四九在位），請派專使慶賀，卻遭拒絕；典禮時，在場的朝鮮使臣竟不參拜、不行大禮，促使皇太極決定親征朝鮮。崇德元年年底，清軍攻陷漢城，國王逃往南漢山城，朝鮮稱為「丙子胡亂」。次年初，朝鮮國王率群臣出降，並接受清方的投降條件，主要有：一、不用明朝年號，斷絕與明朝的交往；二、以國王長子和另一子及大臣子弟為人質，常駐盛京；三、奉大清正朔，每年節慶按明朝舊例行貢獻禮；四、每年向清朝進貢一次。自此，朝鮮成為大清的屬國，皇太極也可以專心對付明朝。

建號「大清」

努爾哈齊以「金」為國號，有與歷史上女真族建立的「金朝」聯繫的用意；論及金朝，常稱為「國史」，則有凝聚女真族群意識的目的。然而，天聰五年，皇太極致書明大凌河城守將宣稱：「大明帝非宋帝之裔，我又非先金之後」，試圖切割民族間的歷史仇恨；次年，漢官王文奎指出對明議和的困難，在於「漢人以宋時故轍為鑒，舉國之人俱諱言和」，亦見宋、金舊事遺留的心理陰影。因此，以「金」為國號，實不利於國家發展。

皇太極將國號改為「大清」，清朝官書、檔案未對「大清」（*daicing*）的涵義作解釋，引起後世諸多討論。從語言的角度，有以滿語解釋者，如金梁言：「清與金為一音之轉」，「字面雖易，在滿音原無異也」。有以蒙古語解釋者，認為「*daicing gurun*」意為「至高無上之國」、「善戰之國」，或「戰士國」。有以漢語解釋者，「*daicing*」是漢語「大清」的音譯，指出「清」是「明」的同義詞，有與「明」媲美的意思；在國號前加「大」字，則是讚美之意。

從文化的角度，有「五行相剋」的觀點，認爲「朱明」二字屬「火」，火能剋金令人不喜，而「滿洲」、「清」的偏旁都有「水」，水能滅火，明白表示取代明朝的意圖。另有文化選擇的看法，主張皇太極既然重用漢官、設立六部、接受皇帝尊號、引進漢式典禮，國號和年號的更改亦不應例外。大明的「明」爲「日月」，大清的「清」代表至高無上的「天」；當時明朝皇帝的年號爲「崇尚禎祥」的「崇禎」，皇太極則用「崇尚道德」的「崇德」，在在顯示欲建立與明朝對立的國家，且更勝一籌。

提出滿語「諧音」說的金梁，因自承「不解滿文、滿語」，而被斥爲虛妄。借用蒙語、漢語，或受漢文化影響的見解，雖各有所據，卻不乏反對意見，也不宜忽略皇太極對滿洲主體性的堅持。天聰八年，他說明將原用漢語的官名、城名俱改滿語的理由，曰：「我聞天佑疆土，未有棄其國語，而反效他國者也。棄國語而效他國，未有長久者也」，用以論述「我雖未得大業，亦不聽命他邦」的立場。因此，皇太極無論是借用或接受外來文化，都是策略運用。

此外，漢文官書記皇太極使用「崇德」（*wesibun erdemungge*，道德崇高者）前的年號爲

「天聰」，故稱「改元」。惟查對滿文本《實錄》，「天聰元年丁卯」寫作「*sure han i sucungga aniya, fulahūn gūlmahūn*」（聰睿汗的元年，丁卯），是用汗號紀年，再加上干支，並無年號，使用「崇德」年號應稱爲「建元」。

行政組織的調整

皇太極在稱帝前後，又著手調整行政組織和更定官制。努爾哈齊時期，隨著文書事務日益增多，而有「文館」的設立；天聰三年，皇太極分文人爲兩班，一是繙譯漢字書籍，一是記往來文移和得失事蹟，各以巴克什一人爲長，筆帖式四人副之，其後亦有漢人文士加入。惟文館之名，是清中期才出現的，其原稱爲「筆帖赫包」，即「書房」。漢官對「書房」一詞頗有意見，質疑「豈堂堂立國之體」，始將滿文改做「*bithei yamun*」（文書衙門）。

天聰十年三月，皇太極下令將「書房」改爲內三院（*bithei ilan yamun*），分爲內國史院掌記注詔令、收藏御製文字、編纂史書、撰擬祭天祝文；內秘書院掌撰擬與外國來往文書、國中奏書及辯冤詞狀、汗之敕諭；內弘文院掌注釋歷代行事善惡、爲汗進講、頒行制度。三院的職掌和功能，與明朝的內閣、翰林院相似；三院各設大學士、學士、舉人、生員，不僅滿洲文臣在政權中的地位提高，漢官也得以參預機要，但大學士的地位次於部院承政。

其次，在設六部時，漢官曾建議仿明制設言官，使「汗之過失得聞，貝勒是非不掩，國中善惡可辨，小民寃苦得伸」，但皇太極認爲「我國人人得以進言」，且明朝多設言官，卻導致國事敗壞，而未接受。迨崇德元年五月，皇太極終於同意置都察院，負責監察皇帝，諸王、貝勒、大臣、六部官員有辦事偏謬者，亦予參劾。

再次，天聰年間，因蒙古部落歸附者眾，已有蒙古衙門（*monggo jurgan*）的記載，是金國基於本身特殊需要而成立的機構，首長地位約與六部承政相當。崇德三年（一六三七）六月，又將蒙古衙門更名爲理藩院（*tulergi golo be dasara jurgan*）。理藩院是具滿洲特色的制度，此時仍屬草創階段，職能尚未完備。

六部、都察院、理藩院合稱「八衙門」，各衙門設官只分承政、參政二等。崇德三年七月，內秘書院大學士范文程（一五九七－一六六六）等奏請每衙門只設滿洲承政一員，以下酌量設左右參政、理事、副理事、主事等官，共爲五等。於是，有更定八衙門官制之舉，官僚體制的層級劃分更細、編制更大，近似明朝六部置尚書、侍郎、郎中、員外郎、主事的組織。

行政組織經調整後，有專責管理行政、文書、監察、民族等事務的機構，已具備國家規模，也呈現八旗制度與國家機構二元並存的特徵。在制度建立與發展過程中，皇太極的稱號由「汗」改爲「皇帝」，其權力性質也從部落聯盟的共主轉變爲中央集權的帝王。就皇權與旗權的關係而言，豪格成爲正藍旗主旗貝勒，皇太極父子共掌握三旗，勢力已凌駕代善父子的兩紅旗和多爾袞兄弟的兩白旗；正紅旗在六部的地位被正白旗取代，大貝勒代善的權力遭架空，只能感嘆：「吾以帝兄，當時朝政老不預知」。就皇權與六部的關係而言，都察院承政阿什達爾漢指出：「今凡事皆以委之六部，若奉上命則言之，未奉上命，即緘默不言，其畏葸亦過矣。」可知在皇帝集權的趨勢下，六部已是承旨辦事的行政機關。

表2-3　崇德三年八衙門編制表

部別＼職官	管部貝勒（旗籍）	承政	參政		理事	副理事	主事	啓心郎	
			左	右				滿	漢
吏部	多爾袞（鑲白）	1	2	3	4	6	2	1	2
戶部	豪格（正藍）	1	2	4	10	15	2	1	2
禮部	多鐸（正白）	1	2	3	4	7	2	1	2
兵部	岳託（鑲紅）	1	2	3	10	16	2	1	2
刑部	濟爾哈朗（鑲藍）	1	2	3	6	8	2	1	2
工部	阿巴泰（正黃）	1	2	3	9	12	2	1	2
理藩院		1	1	1		8		1	
都察院		1	2	2	6				

資料來源：〔清〕鄂爾泰等修，《清實錄・太宗文皇帝實錄》（北京：中華書局，一九八五年），卷四十二，頁五六〇—五六一，崇德三年七月丙戌條。

第三章

傳說與史實——清初宮廷疑案解析

一、太祖幽弟殺子

努爾哈齊的難題

在努爾哈齊創業過程中，家族成員是重要助力，也是糾紛來源，甚至演出手足反目、骨肉相殘的家庭悲劇。其中，地位僅次於努爾哈齊的舒爾哈齊，史料僅見無殊功、無才能的評價；被努爾哈齊賦予執政重任的褚英，卻自明萬曆四十一年以後在記載中消失，不免啓人疑竇。

女眞族有家族內兄弟同爲酋長、分部別居的現象，平日各自爲政，爭戰互爲奧援，稱爲「兩頭政長」。十五世紀後期，朝鮮官員見建州右衛有二酋長，「俱受皇帝之命」，雖感到懷疑，仍以「戎狄本無君臣，強者爲雄，一衛之內，雖二、三酋長，其俗然也」來理解。事實上，明朝以「俾仍舊俗，各統其屬」，作爲羈縻女眞的手段，不乏同一部族有二人受封的情形。

舒爾哈齊是努爾哈齊的同母弟，國人、僚友、奴僕、敕書等皆共享。努爾哈齊自萬曆十一年起兵後，勢力快速成長，在費阿拉城期間，自號「淑勒貝勒」，舒爾哈齊則稱「弟貝勒」，是延續「兩頭政長」的傳統；明朝常將兩人並稱，朝鮮也認爲他們的地位相當。

即便如此，兩人實力仍有差別。在軍事上，努爾哈齊麾下萬餘名、戰馬七百餘匹；舒爾哈齊麾下五千餘名、戰馬四百餘匹，規模只有其兄之半。在經濟上，雖然明朝同意兩人各自來貢，但是舒爾哈齊的入貢次數、帶領人數、受賞額數都不及其兄，財富累積自難相比。萬曆二十三年，朝鮮南部主簿申忠一接受舒爾哈齊邀宴時發現，「凡百器具，不及其兄遠矣」；也提到舒爾哈齊要求：「日後你僉使若有送禮，則不可高下於我兄弟」，頗有不滿之意。當努爾哈齊的勢力持續擴大，舒爾哈齊的地位便相對下降，嫌隙會日益加深，衝突則蓄勢待發，實爲「兩頭政長」易生的難題。

北亞民族部族首長的繼承，多採量才授予的「世選」制，可以兄終弟及、父子相繼或叔侄相承，女眞各部亦復如此。然而，努爾哈齊欲獨攬大權，指派長子褚英執政，非但破壞「兩頭政長」慣例，也違反部族世選傳統，縱使官書說：「未嘗定建儲繼立之議」，卻無異生前指定繼承人，勢必招致兄弟子侄不滿，則是努爾哈齊不得不面對的另一難題。

兄弟鬩牆

萬曆三十九年（一六一一），舒爾哈齊去世，《太祖武皇帝實錄》僅簡單寫道：「太祖同胞弟打喇漢把土魯（*darhan baturu*，*darhan*，神聖的、榮譽的）薨」。明人指向陰謀，王在晉（？—一六四三）《三朝遼事實錄》曰：「奴酋忌其弟速兒哈赤兵強，計殺之。」薩爾滸之戰遭俘的朝鮮人李民寏（一五七三—一六四九）亦言：「小乙可赤有戰功，得眾心，五、六年前，爲奴酋所殺。」可見舒爾哈齊之死，另有隱情。

先是，布占泰獲努爾哈齊的協助成爲烏喇國主，雙方因結盟而有六次聯姻；其中，舒爾哈齊娶布占泰妹，並將兩個女兒嫁給布占泰。萬曆三十五年，努爾哈齊派舒爾哈齊招撫東海瓦爾喀部，回程竟遭布占泰襲擊，雙方在烏碣岩大戰。是役重創烏喇，雖然舒爾哈齊獲賜號「達爾漢巴圖魯」，但臨陣勒兵不前，部屬作戰不力，更爲懲處部屬事與努爾哈齊爭執，其將兵權遂遭剝奪。或許舒爾哈齊有意袒護布占泰，引起努爾哈齊猜忌。

其次，明朝原封努爾哈齊爲都督、舒爾哈齊爲都督都指揮。努爾哈齊敗烏喇、滅輝發後，便不肯向明朝進貢，卻突然在萬曆三十六年十二月初以建州衛的名義進京入貢。特別的是，舒爾哈齊也緊接在後赴京，可能是明方得知其兄弟失和，刻意扶植以與之對抗。據滿文檔案記載，努爾哈齊「仍以唯一之弟而不厭惡」，惟舒爾哈齊「尚不知足，積年累月，怨其兄長」，甚至口吐怨詞曰：「此生有何可戀，不如一死。」萬曆三十七年（一六○九），舒爾哈齊率部眾出走，移居黑扯木（鐵嶺一帶），努爾哈齊盡奪其產業，誅其長子阿爾通阿（？—一六○九）、三子扎薩克圖（？—一六○九），迫使他歸來，並於當年歸還其家產。然而，舒爾哈齊仍不滿其待遇，「不屑天賜之安樂生活」，遂於兩年後去世。

明人宋楙澄（一五六九—一六二○）《九籥集》記舒爾哈齊被囚經過，曰：「兄死，弟稱二都督，□疑弟二心，佯營壯第一區落成，置酒招弟大會。入於寢室，鋃鐺之，注鐵鍵其戶，僅容二穴，通飲食、出便溺。」可作爲王在晉所謂「計」的佐證。至於是否「殺之」，從李民寏描述努爾哈齊爲人「猜厲威暴，雖其妻子及素親愛者，少有所忤，即加殺害」，加以「胡俗好告訐，奴酋不問曲直，只以先告者爲信」，應屬可信。萬曆四十六年（一六一八），管山海關主事鄒之易（一五七一－？）在奏疏中也說：「刃其弟素兒哈赤而兼其眾」。孟森則認爲，「是其二子遭戮，身復還錮，由此而遂死。則縱非剚刃而終，亦可稱由太祖殺之」。

父子相夷

努爾哈齊長子褚英善戰而多謀略，於萬曆二十六年遠征東海瓦爾喀部安楚拉庫有功，賜號「洪巴圖魯」（*hūng baturu*，*hūng*，火燃起之聲）；萬曆三十五年，在烏碣岩擊潰烏喇，賜號「阿爾哈圖土門」（*argatu tumen*，*argatu*，計謀；*tumen*，萬，漢譯作「廣略」）。數年後，努爾哈齊更命褚英掌理國政。

在政權中，最初是由努爾哈齊、舒爾哈齊共同掌政，又有透過部落會議處理重大事務的傳統；由異姓功臣組成的「五大臣」，是最早的議政團體。當努爾哈齊的子侄輩褚英、代善、阿敏等嶄露頭角，也進入議政行列；迨舒爾哈齊失勢，褚英被擢爲執政，莽古爾泰、皇太極亦得預政。

努爾哈齊雖知褚英自幼心胸狹窄，仍賦予重任，可見他對褚英的寵信，以及指定繼承人的決心。惟褚英並未公平治理，也未存正直之心，不僅結怨於五大臣，更施虐於其父「愛如心肝之四子」，甚至宣稱：「凡與我不睦之諸弟及眾大臣，待我即位後，皆誅之」。眾人不堪凌虐，乃舉發其罪狀。努爾哈齊見褚英貪橫、凶暴如此，遂不再信任，也不准他從征。

萬曆四十一年，努爾哈齊率兵征烏喇。褚英竟將出征的父汗、諸弟、五人臣等名字書於咒文，望天地焚之，且與四名僚友曰：「願出戰之我軍爲烏喇擊敗。被擊敗時，我將不容父及諸弟入城。」其中一人因畏懼而出首，努爾哈齊欲殺褚英，又恐諸子引以爲例，故將他幽禁於有高牆的家中。萬曆四十三年，努爾哈齊始下最大的決心，將三十六歲的長子處死。

努爾哈齊囚殺褚英始末，只見於《滿文原檔》，官書隱而不記，原件重抄本《滿文老檔》則是將殺子一節刪去，故後世不得其詳。然而，明人筆記另有「長子數諫，勿負中國，亦囚之」；「老奴欲克撫順，紅把兔（洪巴圖魯）諫以不可背天朝恩，老奴怒殺之」等說法，指褚英被囚殺，是父子政治立場衝突所致。《清史稿》言褚英「坐咀咒，幽禁」，兩年後死於禁所，但附記「明人以爲諫上毋背明，忤旨被譴」。

政爭的後續

褚英的態度固然可議，四兄弟與五大臣聯名控訴，亦與政權內部爭權有關，其後的爭鬥更加白熱化。天命元年，努爾哈齊以代善、阿敏、莽古爾泰、皇太極爲「四大貝勒」，並屬意代善爲繼承人，朝鮮人也有寬柔而能得眾心的代善「必代其父」的說法。岡田英弘在《舊滿洲檔》的錯頁、殘件中，更發現稱代善爲「taise」（太子）的記載。

天命五年，小福晉（*fujin*，王、貝勒之妻）塔因查（？—一六二六）告發大福晉袞代與大貝勒代善往來頻繁，似有同謀。努爾哈齊隨即派員調查，俱屬實情，但認爲自己曾說死後將諸幼子及大福晉交由大貝勒撫養，不足爲怪。惟大臣另透露每當於汗屋聚筵會議時，「大福晉即以金珠妝身，獻媚於大貝勒」，但懼怕兩人而不敢言。努爾哈齊不願加罪於代善，乃以竊藏財貨罪將她休棄。袞代獲罪，其子三貝勒莽古爾泰的地位不免受到影響。

未幾，又發生二貝勒阿敏異母弟齋桑古因與兄不合，被告發欲與代善子碩託等逃往明國。經查，代善繼妻葉赫納喇氏極其兇悍，莽古爾泰曾說：「我輩諸弟、諸子、國之諸大臣皆甚懼兄嫂。」惟代善偏聽其言，將頑劣的部民分給前妻李佳氏之子岳託、碩託，甚至欲殺碩託。努爾哈齊因此質疑代善擔任國主的能力，乃盡奪代善「太子」之位及其所領部眾。儘管代善仍居四大貝勒之首，終究「喪失父汗交託於我之大權」，阿敏也受逃亡事件牽連而地位下降。

努爾哈齊兩次指定繼承人，都因「告訐」而失敗，遂將推舉國君之權，交由八和碩貝勒公決。在天命五年的政爭中，四貝勒皇太極非但置身事外，且於日後繼承汗位，無疑是最大的獲利者。證諸朝鮮滿浦僉使鄭忠信（一五七六—一六三六）探訪金國的記述：「洪太主（皇太極）雖英勇超人，內多猜忌，恃其父之偏愛，潛懷弑兄之計。」說是由他策劃，實不無可能。

二、孝莊太后下嫁

多爾袞的政敵

順治元年，攝政王多爾袞率大軍定鼎北京。多爾袞原有競逐皇位的實力，無奈敵對勢力抵制，只以攝政的名義與鄭親王濟爾哈朗共同輔佐年僅六歲的順治皇帝。當清朝陸續剷平流寇李自成（一六〇六—一六四五）大順軍、張獻忠（一六〇六—一六四七）大西軍，以及明宗室福王（朱由崧，一六〇七—一六四六，一六四四—一六四五〔弘光〕在位）、唐王（朱聿鍵，一六〇二—一六四六，一六四五—一六四六〔隆武〕在位）諸政權後，便著手對付政敵，特別是濟爾哈朗和肅親王豪格。

順治四年（一六四七），多爾袞已獨攬大權，議政王大臣等無不仰其鼻息。他先藉濟爾哈朗府邸「王殿臺基踰制，及擅用銅獅、龜、鶴」為由，下令徹查議罪，並懲處包庇官員，將之孤立；繼以晉封同母弟豫親王多鐸為輔政德豫親王，並停罷濟爾哈朗「共聽政務」的權力，將之架空。

次年三月，濟爾哈朗遭子姪輩舉發多項罪名，包括「謀立肅王豪格為君，以今上順治帝為太子」的「擅謀大事」。惟多屬舊事，諸王大臣會議竟論死，而當年堅持「立帝之子」的兩黃旗大臣也一併重懲，顯然是多爾袞藉機報復。此案最後將濟爾哈朗降為多羅郡王、罰銀五千兩，其他涉案大臣則大多獲得減輕處罰。未幾，濟爾哈朗奉准恢復鄭親王爵位，命為定遠大將軍征湖廣，但自此遠離權力中心。

至於爭位失敗而懊惱不已的豪格，在入關前已因公然咒罵多爾袞「非有福人」、「其壽幾何」，甚至宣稱「我豈不能手裂若輩之頸而殺之」，被處以幽禁，並革去爵位，「坐附王為亂」的議政大臣楊善（？—一六四四）等則處死；迨順治皇帝在北京舉行再即位典禮，才復封肅親王。自順治二年（一六四五）起，豪格接連出征，雖屢建功績，所受的獎勵卻遠不及定江南的多鐸，則是多爾袞刻意貶抑所致。

順治五年（一六四八）二月，豪格平四川凱旋回京，尚未敘獎，多爾袞就以爭功等微罪，將隨征的兩黃旗將領降職或停賞。三月，在革去濟爾哈朗親王爵位的隔日，諸王大臣會議又以四川地方全未平定，豪格卻隱蔽部將冒功事，且欲以罪人楊善之弟機賽爲護軍統領，認爲「怙惡不悛，雖抗不已」，故「應擬死」，惟因多爾袞「不忍」，遂改爲「幽繫」。不久，豪格便死於禁所。

關於豪格的死因，官書並未記載，野史或言被多爾袞「謀殺」，或云憂憤絕食，已無從查考。野史又有多爾袞覬覦豪格妻美色的傳說，《世祖實錄》雖載順治七年正月攝政王「納和碩肅親王豪格福金博爾濟錦氏」，是否是他迫害豪格的原因之一，則無史料可供佐證。

追論多爾袞罪狀

多爾袞既瓦解濟爾哈朗、豪格的勢力，又順勢打擊兩黃旗大臣，地位更加鞏固。順治五年十一月，順治皇帝宣布：「加皇叔父攝政王爲皇父攝政王，凡進呈本章，旨意俱書皇父攝政王」，可謂權傾一時。七年十二月，多爾袞赴邊外打獵，突然在喀喇城去世；八年正月，順治皇帝特追尊多爾袞爲「成宗義皇帝」，「祔於太廟」，更是無比殊榮。

然而，在多爾袞死後兩個月，爆發震驚全國的政治風暴。先是，多爾袞的親信正白旗議政大臣蘇克薩哈（？—一六六七）等，首告多爾袞生前有「私製御用服飾」、「陰謀篡逆」、「欲帶伊兩旗移駐永平府」等罪行。繼之，濟爾哈朗與眾親王、大臣聯名上奏，詳列多爾袞罪狀，主要有：一、「獨專威權，不令鄭親王預政」，「自稱為皇父攝政王，以扶立皇帝之功，盡為己功」；二、「剿滅賊寇之功，不歸朝廷，全為己功」；三、所用儀仗、侍衛、府第等，俱與皇上同；四、將皇帝侍臣及其所屬牛彔人丁，盡收入自己旗下；五、「親到皇宮院內，以為太宗文皇帝之位，原係奪立，以挾制皇上侍臣」；六、「逼死肅親王，遂納其妃」；七、「一切政事及批票本章，不用皇上之旨，概用皇父攝政王旨」；八、「悖理入生母（烏喇納拉氏，一五九〇—一六二六）於太廟」；九、不令諸王等伺候皇上，「竟以朝廷自居」。

以上均屬重罪，在反多爾袞勢力操作下，順治皇帝乃據其事證，於順治八年二月二十二日頒布〈多爾袞母子撤出廟享詔〉，剝奪一切榮耀。耶穌會傳教士衛匡國（Martino Martini，義大利人，一六一四—一六六一）《韃靼戰紀》更提到順治皇帝下令開棺戮屍，「屍體被挖出後，先用棍子打，再鞭屍，最後割掉腦袋，昭示阿瑪王（多爾袞）罪行。……同時懲治了涉及他陰謀的廷臣和官員，有的處死，有的罷官」。

該份詔書的內容亦見於《世祖實錄》，但頒詔日期改繫於二月己亥（二十一日），曰：「追論睿王多爾袞罪狀，昭示中外」，且內容頗多刪略。例如：將「自稱為皇父攝政王，……盡為己功」，改為「妄自尊大，以皇上之繼位，盡為己功」；「親到皇宮院內，……以挾制皇上侍臣」，改作「又擅自誑稱，太宗文皇帝之即位，原係奪立，以挾制中外」等，不一而足。惟詔書早已將多爾袞的罪行公諸於世，其中「自稱爲皇父」、「親到皇宮院內」引起時人諸多揣測，而有順治皇帝的生母孝莊太后下嫁給多爾袞的聯想，野史傳說更是繪聲繪影。

太后「大婚」釋疑

孝莊太后是蒙古科爾沁部貝勒寨桑之女，姓博爾濟吉特，名布木布泰。天命十年，她嫁給皇太極；崇德元年，封爲永福宮莊妃。崇德三年，莊妃生皇九子福臨，即後來的順治皇帝；順治年間她被尊爲皇太后，康熙朝則奉爲太皇太后。

有關孝莊太后「大婚」的說法，形諸文字者，大約以抗清士人張煌言（一六二〇—一六六四）寫於順治六年（一六四九）的〈建夷宮詞〉較早，詩云：「上壽觴爲合巹尊，慈寧宮裡爛盈門。春官昨進新儀注，大禮恭逢太后婚。」人、事、時、地無不躍然紙上。「慈寧宮」是明、清兩朝太后居住的宮殿，一說遭李自成焚燬，至順治十年才修葺完成；另康熙朝《大清會典》載，建於順治十年，並於同年告成，實無法舉辦太后的大婚典禮。「春官」是禮部尚書，野史說太后大婚儀注出自順治初年任職禮部的錢謙益（一五八二—一六六四）；復云：乾隆朝官員紀昀（曉嵐，一七二四—一八〇五）看到太后大婚儀注，深感不妥，乃奏請銷毀，乾隆皇帝禁燬錢謙益詩文集，就是湮滅證據。惟錢謙益係福王朝禮部尚書，降清後只擔任禮部侍郎，並於順治三年（一六四六）辭官返回江南，故不可能參與此事。漢族視叔嫂相通爲敗德醜行，加以對滿洲的仇恨心理，若太后下嫁爲眞，明朝遺臣、逸民自應大力抨擊，但僅見張煌言的詩作，顯然有違常理，基於「孤證不立」原則，不可盡信。

其次，官修《實錄》撰成，例不公開，如何裁剪，外界不得而知。乾隆朝中期，翰林院編修蔣良騏（一七二二—一七八八）趁任職國史館之便，抄錄官書、檔案資料，輯成編年體《東華錄》，流傳甚廣。該書摘錄多爾袞遭罷追封、撤廟享事，出現「自稱皇父攝政王。又親到皇宮內院」的記述，自然引人遐思。降及民國，各種野史小說問世，如：小橫香室主人《清朝野史大觀》、燕北老人《滿清十三朝宮闈秘史》、許嘯天（一八八六—一九四六）《清宮十三朝演義》等，更大肆渲染。或曰有大婚恩詔：「太后盛年寡居，春花秋月，悄然不怡。……皇叔攝政王現方鰥居，其身分容貌，皆爲中國第一人。太后頗願紆尊下嫁，朕仰體慈懷，敬謹遵行，一應典禮，著所司預辦」。甚至直指多爾袞與莊妃早有曖昧，入京後則出入禁中，肆無忌憚；另編造出布木布泰「皮膚潔白如玉」，故名「大玉兒」，實屬荒誕，卻引人入勝。

野史又言，「以國母之尊，竟以嫂嫁叔，不以爲嫌，中國有史以來所未有也」。然而，女眞向有收繼婚俗，即「父死則妻其母，兄死則妻其嫂，叔伯死則姪亦如之。故無論貴賤，人有數妻」。雖然皇太極在天聰五年明令：「以後繼母、伯母、嬸母、嫂與弟婦、姪婦，同族中不許配偶」，「仍舊配偶，男婦俱坐以通姦之罪」，惟入關後仍時有所聞。因此，縱使「以嫂嫁叔」爲眞，亦不必以漢人禮法來衡量。

「皇父」一詞釋義

順治皇帝晉封「皇叔父」多爾袞爲「皇父」，從親屬稱謂來看，意味著多爾袞和順治皇帝的叔侄關係出現變化，世人便推論必與太后下嫁有關。多爾袞身後獲罪，「自稱爲皇父攝政王」成爲罪狀之一，官書又將受封「皇父」事刪去，顯然意圖掩蓋醜聞，更使人確信有這樁「婚事」。

順治年間在宮廷的傳教士衛匡國、湯若望（Johann Adam Schall von Bell，日耳曼人，一五九一—一六六六）等，都稱多爾袞爲「阿瑪王」，是滿語「*ama wang*」的音譯，意譯爲「父王」。官書、檔案所見順治年間多爾袞的正式稱號，依時間先後則有「叔父攝政王」（*doro be aliba*〔攝政的〕*ecike ama wang*〔叔父王〕）（順治元年）、「皇叔父攝政王」（*doro be aliba han i*〔汗的〕*ecike ama wang*）（順治二年）、「皇父攝政王」（*doro be aliba han i ama wang*）（順治五年）。就滿文而言，是在「攝政的」前提下，稱爲「叔父王」、「汗的叔父王」或「汗的父王」，與漢文呈現的文義有別。

論者以爲，順治皇帝稱多爾袞爲「皇父」（*ban i ama*），與孝莊太后下嫁存有內在關係。持相反意見者，對「皇父」的解釋主要有：一、尊號，多爾袞原本只稱「叔父攝政王」，御史趙開心（？—一六六三）認爲叔父乃皇上的叔父，若臣民共稱，當加「皇」字，使「上下辨而體統尊」，詔從所請。是以日後稱「皇父」，如同古人的「尚父」、「仲父」，是皇帝酬報有功勳者的敬稱。二、爵秩，順治皇帝在北京即位時大封諸王，叔伯輩中僅多爾袞稱「叔父王」、濟爾哈朗稱「叔王」，日後多鐸亦稱「叔王」，顯然是以功不以親，是體制在親王之上的爵位。「皇叔父」多爾袞長期攝政又立有大功，則「皇父」應是最高的爵秩。三、習俗，滿文的親屬稱謂是放在人名之前，如：努爾哈齊的父親塔克世爲「*ama takesi*」、子褚英爲「*jui cuyeng*」；作爲職稱或美稱，則放在人名之後，如：努爾哈齊的族弟旺善在滿文檔案中寫作「*ban i uksun i deo*（汗的族弟）*wangšan ecike*（旺善叔）」，「*ecike*」（叔）就不能逕視爲親屬稱謂。又努爾哈齊的子侄、大臣稱他爲「*ama ban*」，可見滿文的「*ama*」（父）也可用於對有權勢地位者的尊稱；康熙、雍正年間，滿洲大臣亦稱皇帝爲「*ban ama*」。

此外，當時的外國人也有一些看法。例如：當多爾袞稱「皇父攝政王」的咨文送到朝鮮，國王李倧感到不解，領議政金自點（一五八八—一六五一）轉述清朝使臣的說法：「今則去叔字，朝賀之事，與皇帝一體。」右議政鄭太和則曰：「似是已爲太上矣。」湯若望描述多爾袞因功高而萌生野心，「竟要圖謀國家最高權位，……服皇帝之服裝，自稱爲『皇父與國父』」。無論是「太上（皇）」或「皇父與國父」，朝鮮人和西洋傳教士都沒有提到與太后下嫁的關係。

由於漢人對滿洲稱謂習俗不了解，見多爾袞稱「皇父」，便望文生義，因而演繹出太后下嫁故事。然而，傳說未必全然無中生有，當時多爾袞確曾納科爾沁蒙古的博爾濟吉特氏爲妃，只是並非孝莊太后，而是她的堂姊妹肅親王豪格妃。據湯若望說，這件事「爲全國之所憤慨、非難」，或許有好事者移花接木，也未可知。

三、順治皇帝出家

順治皇帝的信仰

年幼即位的順治皇帝不僅感情豐富，也與宗教人士過從甚密。先是，清軍入關後，禮遇留居北京的耶穌會傳教士，湯若望更贏得孝莊太后信任和尊敬。順治皇帝稱這位西洋神父爲「瑪法」（*mafa*），還免除他三跪九叩之禮，據說是因爲太后曾拜湯若望爲「義父」。滿語「*mafa*」，除親屬稱謂的「爺爺」之外，也用於對年長者的敬稱，相當於漢語的「長老」或「老爺子」；順治皇帝稱呼湯若望「瑪法」，是表示對他的尊崇。

湯若望長期任職欽天監，因修《時憲曆》有功，賜號「通玄教師」。他扮演皇帝知識上和道德上的導師，所提諫言常是皇帝施政的參考，皇帝似乎也對天主教教義感到興趣。教會人士甚至認爲，順治皇帝頒布若干勸善懲惡的訓諭，其思想內涵是基督教的，應該是來自湯若望授意。湯若望嘗試以潛移默化的方式引導順治皇帝入教，並希望皇帝能夠遠離太監和藏傳佛教的喇嘛，惟這些願望未能實現。可能是受太監影響，皇帝開始與佛教僧侶往來，並逐漸疏遠湯若望。

自順治十四年（一六五七）起，順治皇帝在京師召見高僧，第一位入覲者是憨璞性聰（福建人，一六一〇—一六六六）。在他的引薦下，不少南方高僧先後入宮講經說法，其中以玉林琇（江南人，一六一四—一六七五）、木陳忞（廣東人，一五九六—一六七四）最受敬重。順治皇帝曾向玉林琇要求「用醜些字眼」爲自己起名，遂取法名「行痴」，並以弟子自稱，且加封玉林琇爲「大覺普濟能仁國師」。他也派宦官傳諭木陳忞曰：「願老和尚勿以天子視朕，當如門弟子旅菴相待。」可見順治皇帝好佛，甚至自認「前身的確是僧」。他又表示：「財寶、妻孥，人生最貪戀擺撥不下底。朕於財寶，固然不在意中，即妻孥亦覺風雲聚散，沒甚關係。若非皇太后一人罣念，便可隨老和尚出家去」，但爲木陳忞勸阻。

順治皇帝親政之初，原以「孝治天下」、「崇儒重道」爲大政方針，認爲宗教無非是孝子順孫追念祖父母、父母，「欲展己誠，延請僧道，盡心焉耳」，至若喇嘛「動言逐鬼」，「欲惑人心」的行為則不足取。然而，當他與漢傳佛教高僧頻繁往來後，不僅皈依三寶，甚至有遁入空門的念頭。順治十八年（一六六一）正月，官方宣布「上崩於養心殿」，年僅二十四歲的青年皇帝竟然驟逝，種種跡象顯示可能另有隱情。

圖3-1　順治皇帝像。

國事與家事

多爾袞攝政期間，除自領的正白旗外，因同母弟豫親王多鐸病故而得暫領鑲白旗，並接管政爭失敗的肅親王豪格的正藍旗；同母兄英親王阿濟格則擁有二十牛彔，戰力可觀，且有執掌軍政大權的野心。順治皇帝雖然親領兩黃旗，但是旗下大臣早在多爾袞威脅利誘下分崩離析，難與掌握三旗的多爾袞兄弟對抗。

順治七年年底，多爾袞驟逝，順治皇帝宣布「國家政務，悉以奏朕」；阿濟格旋因「預謀奪政」遭逮治幽禁，數個月後令其自盡。次年二月，順治皇帝在曾受多爾袞迫害的王公大臣支持下，清算多爾袞及其黨羽，將正白旗納為己有，並重新安排議政大臣、六部尚書、八旗固山額眞人事，威脅皇權的因素相繼解除。至於「持心忠義，不改初志」的鄭親王濟爾哈朗，雖說「加封」為「叔和碩鄭親王」，但不再加「攝政」或「輔政」的頭銜。順治皇帝還指示負責文書的內三院，「以後一應章奏，悉進朕覽，不必啓和碩鄭親王」。

順治皇帝在國政上已大權獨攬，在感情方面卻頗有波折。「滿蒙聯姻」由來已久，是滿洲政權爭取與蒙古部族結盟，並壯大自身勢力的策略。多爾袞攝政時，為順治皇帝選定科爾沁卓禮克圖親王吳克善（？—一六六五）之女（博爾濟吉特氏，名額爾德尼本巴），是孝莊太后的親姪女。順治八年，順治皇帝舉行大婚禮，冊立該女為皇后；豈料兩年後，順治皇帝逕自以「因親訂婚，未經選擇，自冊立之始，即與朕志不協」為由，堅持廢后，降為靜妃。順治十一年，奉孝莊太后慈諭，再聘科爾沁鎭國公綽爾濟之女（博爾濟吉特氏，名阿拉坦琪琪格，一六五一—一七一八）為后，即孝惠章皇后，但是順治皇帝仍不中意。

順治十三年（一六五六），順治皇帝又冊立內大臣鄂碩（？－一六五八）之女董鄂氏（一六三九－一六六〇）為賢妃，再晉封為皇貴妃；不僅晉升速度快、典禮隆重，並頒大赦恩詔，寵愛實屬逾制。次年十月，董鄂妃生下一子，但小皇子出生不滿四個月，還來不及命名就夭折，順治皇帝哀痛萬分，下令追封為榮親王，以親王禮安葬，亦屬罕見。董鄂妃因喪子而心力交瘁，健康情形急轉直下，在順治十七年八月病逝。順治皇帝為此「輟朝五日」，追封她為孝獻皇后，下令全國服喪，甚至將「太監與宮中女官一共三十名，悉行賜死，免得皇貴妃在其他世界中缺乏服侍者」。

關於董鄂氏的來歷，野史影射是秦淮名妓董小宛（一六二三－一六五一）。董氏原為江南名士冒襄（辟疆，一六一一－一六九三）妾，清軍南下時被俘，輾轉入宮，賜姓董鄂氏，旋冊立為貴妃。冒襄得知後，懼罹大禍，乃撰《影梅庵憶語》，託言已死。事實上，董小宛生於明天啓四年（一六二三），卒於順治八年，得年二十八歲。《影梅庵憶語》詳述兩人從相識到結縭，明、清易代之際在南方顛沛流離，以及董小宛因侍夫病積勞而死的情景。野史所言不惟時、地不符，當時的文人也寫下若干悼念詩詞，可作為董小宛死後葬於江蘇如皋影梅庵的佐證。

另據湯若望的記述，「順治皇帝對於一位滿籍軍人之夫人，起了一種火熱愛戀」。當軍人申斥自己的妻子時，竟遭皇帝掌摑，乃因怨憤或自殺而死，「皇帝遂即將這位軍人底未亡人收入宮中，封爲貴妃」，從時間及其內容來看，顯然是指董鄂妃。在順治十三年皇帝冊立貴妃前數個月，其弟襄親王博穆博果爾（一六四一—一六五六）去世，皇帝不尋常地頻繁遣人致祭，便讓人有董鄂妃原本是順治皇帝弟婦的聯想。然據《愛新覺羅宗譜》，博穆博果爾的婚姻狀況只有嫡福晉博爾濟吉特氏一人，係科爾沁親王滿朱錫禮（？—一六六五）之女，也是孝莊太后的親姪女，則此說亦不足爲憑。

皇帝「出家」釋疑

愛妃董鄂氏病逝，令順治皇帝悲痛欲絕，據說「竟致尋死覓活，不顧一切。人們不得不晝夜看守著他，使他不得自殺」。之後，順治皇帝自行將頭髮削去，若非孝莊太后和湯若望阻止，極可能會充當僧徒。另有一說是由玉林琇的弟子茚溪森（一六一四—一六七七）爲順治皇帝淨髮，玉林琇到北京後大怒，「命眾集薪燒森」，順治皇帝無奈只得讓步，經太后和玉林琇的勸導才再蓄髮。

順治皇帝確實想要剃度出家，但幾個月後，便傳出他駕崩的消息。曾任國子監祭酒的吳偉業（梅村，一六〇九—一六七二）賦〈清涼山贊佛詩〉，其中「可憐千里草，萎落無顏色」、「房星竟未動，天降白玉棺」、「嘗聞穆天子，六飛騁萬里」等句，暗喻順治皇帝並未身故，而是爲董鄂妃之死西行出家。清涼山即五台山，是著名的佛教道場，康熙皇帝五次巡幸該地，雖有探望出家的父親之說，但他在康熙二十二年才首度前往，殊違常情。

從當時在順治皇帝身邊的人所留存的紀錄來看，他是染患痘症（天花）而死。自順治十八年元旦起，負責起草遺詔的禮部侍郎王熙（一六二八－一七〇三）一連幾天奉召晉見；至初六日三鼓（子時〔二十三－一時〕），入養心殿，諭曰：「朕患痘，勢將不起，爾可詳聽朕言，速撰詔書。」王熙即就榻前書寫，「五內崩摧，淚不能止，奏對不能成語」，勉強書就詔書，經三次進覽，日入時始完；「至夜，聖駕賓天，泣血哀慟」。當順治皇帝染上痘症的消息傳出宮外，湯若望「立即親赴宮中，流著眼淚，請求容許他覲見萬歲」，皇帝答覆：如果覺得身體好一些時，一定會召瑪法進宮；然而這個約定沒有實現，「順治病倒三日之後，於一六六一年二月五日到六日之夜駕崩，享壽還未滿二十三歲」。

從發喪到火化的過程，除官書之外，亦見於時人的記載。例如：內閣中書張宸（？－一六七八）寫道：「初七日晚，釋刑獄，諸囚一空，……傳諭民間毋炒豆、毋燃燈、毋潑水，始知上疾爲出痘。初八日，……日晡時，召百官攜朝服入，入即令赴戶部領帛，……二鼓餘，宣遺詔」；另詳述設靈堂、議謚號、移靈柩，乃至百官服喪二十七日期滿除服等情形。玉林琇的《年譜》則記：「初四，李近侍言聖躬不安之甚。初七亥刻，駕崩。初八日，皇太后慈旨請師率眾即刻入宮，大行皇帝前說法。初九寅刻，新天子登位矣。二月初二，奉旨，到景山爲世祖安位」。百日之後，由茆溪森在景山壽皇殿前舉行火化儀式。

傳說之事，不論眞僞，必各有原因。上述幾種證據，可說是記事者的親身見聞，來源不同，說法卻一致，相較於詩人以傳聞發想，當更爲可信。因此，順治皇帝應是病死而非出家。

皇帝的身後事

順治皇帝去世後第二天二鼓（亥時〔二十一—二十三時〕）餘宣讀遺詔後，百官在午門外等候登極大典。遺詔列舉十四條「罪己」，並指定年僅八歲的皇子玄燁爲皇太子，命索尼（正黃旗滿洲，？—一六六七）、蘇克薩哈（正白旗滿洲）、遏必隆（鑲黃旗滿洲，一六一八—一六七四）、鰲拜（鑲黃旗滿洲，一六一〇—一六六九）等上三旗勳舊重臣爲輔臣。遺詔從欽定到發布相隔一天，加以王熙「面奉憑几之言，有事關國家大計，與諸大臣再三密議而後佞者，公終身不以語人，雖子弟莫得而傳也」，則可能是由太后主導，經輔臣同意始成。

十四條的內容，值得注意者有：一、綱紀法度、用人行政，「不能仰法太祖、太宗謨烈」，「且漸習漢俗，於淳樸舊制，日有更張」；五、「明季失國，多由偏用文臣，朕不以爲戒，而委任漢官」，「以致滿臣無心任事，精力懈弛」；十一、不以明朝因委用宦寺而亡國爲戒，設立內十三衙門，「以致營私作弊，更踰往時」。順治皇帝的「罪狀」，主要是背離滿洲傳統、不能記取歷史教訓，以及過度親近漢官和傾慕漢文化，反映以征戰起家的滿洲勳舊對關內成長的新生代皇帝的不滿。

關於繼承人選，順治皇帝原本屬意喜愛漢文化且政軍經歷豐富的從兄安親王岳樂（阿巴泰第四子，一六二五—一六八九），孝莊太后和親王們則主張自皇子中挑選。順治皇帝對於痘症有極大的恐懼，宮中薩滿祭祀也有「痘祭」（*jailabume balbambi*）以避之，但終究染病；他派人詢問並接受湯若望的意見，最後捨棄年紀較長的次子福全（一六五三—一七〇三），改以年紀小但出過天花，不會再受到這種病症傷害的三子玄燁，即後來的康熙皇帝。十七世紀末，傳教士白晉（Joachim Bouvet，法國人，一六五六—一七三〇）寫給法王路易十四的報告中，也提到康熙皇帝「雖然臉上有天花留下的痕跡，但並不影響他英俊的外表」。由於天花為害皇室甚鉅，大約自康熙二十年起，皇室幼兒「種痘」防疫漸成慣例，太醫院也設有痘疹科，專門負責種痘、治痘。

至於設置輔臣一事，國家政務向由宗室協理，索尼等人皆為異姓，惟輔政出自遺命，宗室王公自不敢違，輔翊幼主方成定局。一般多認為輔政體制的確立，是以太后為中心，遺詔為根據，賦予異姓舊臣大任，而由宗室王公監督，避免重蹈前次宗室攝政專權覆轍，但輔臣事權過重，仍有鰲拜專擅跋扈之事。直到康熙八年（一六六八）詔逮鰲拜，其黨羽或禁錮，或坐死，皇權始得穩固。

四、雍正皇帝繼統

康熙皇帝的儲君

康熙皇帝不僅在位時間長、后妃眾，子女數也極為可觀，共有子三十五人、女二十人。他在十二歲（康熙四年〔一六六五〕）大婚，冊立輔政大臣索尼的孫女赫舍里氏（孝誠仁皇后，一六五三－一六七四）為皇后，兩人感情甚篤。康熙十三年（一六七四），皇后生二阿哥（*age*，皇子）胤礽（一六七四－一七二五）後，難產死於坤寧宮；次年，康熙皇帝基於「帝王紹基垂統，長治久安，必建立元儲，懋隆國本」，依漢族古禮冊立「嫡子」胤礽為皇太子。是時，三藩反清戰爭正熾，江山岌岌可危，此舉或有穩定人心的作用，且「立帝之子」已成慣例，然因違反滿洲傳統的「世選」方式，為往後政局投下變數。

胤礽在康熙皇帝悉心培植下，讀書學業日有精進，但忽略品德言行的教養，以致個性上有驕縱任性、奢侈暴戾、無同理心等缺陷。其次，皇太子地位特殊，康熙皇帝給予一切優遇，服用、儀仗隆重程度幾與皇帝相同；康熙三十五年至三十六年（一六九六－一六九七）間，康熙皇帝遇有出征、巡行，則令胤礽留京理政，都引發胤礽及其親近大臣的不當聯想。康熙四十七年，康熙皇帝突然以胤礽「不法祖德，不遵朕訓」為由，「垂涕」廢儲，並指已遭處死的內大臣索額圖（皇太子叔祖，？－一七〇三）「助伊潛謀大事」。然

圖3-2　康熙皇帝像。

而，康熙皇帝在廢黜胤礽後不久便萌生悔意，不惜將他違常的舉止歸咎於爲鬼魅所憑、染狂疾所致，並有復立的想法。

未幾，康熙皇帝發現「秉性躁急愚頑」的大阿哥胤禔（一六七二—一七三四）對爭取儲位躍躍欲試，「柔奸性成，妄蓄大志」的八阿哥胤禩（一六八一—一七二六）更糾集九阿哥胤禟（一六八三—一七二六）、十阿哥胤䄉（一六八三—一七四一）、十四阿哥胤禵（一六八八—一七五五）等動作頻頻。他與群臣會商繼任儲君人選時，滿、漢官僚竟私相計議、暗通消息，一致推舉胤禩，始知事態嚴重。由於胤禩才因「到處妄博虛名」獲罪，保舉他的眾臣無異「圖謀專擅」，自不爲康熙皇帝容許，乃於康熙四十八年（一七〇九）獨排眾議，再立胤礽爲皇太子，以阻絕諸子爭繼的糾紛。然而，即使康熙皇帝對胤礽嚴加看管，胤礽卻不能記取教訓，甚至顯露對接班的迫不及待，遂有康熙五十一年（一七一二）二廢太子之舉。此後，康熙皇帝未再立儲，諸皇子對皇位的覬覦也未曾稍歇。

康熙五十七年（一七一八），康熙皇帝任命十四阿哥胤禵爲撫遠大將軍出征青海，再度掀起預選儲君的臆想。康熙六十一年（一七二二）十一月，康熙皇帝駕崩，「遺詔」指定的繼承人，竟然是過去被康熙皇帝批評「喜怒不定」的四阿哥胤禛。種種不利於新君的傳聞不脛而走，迄今猶聚訟紛紜，雍正皇帝繼統的合法性，遂爲三百年來不解懸案。

非法奪位的解析

雍正六年（一七二八），湖南生員曾靜（一六七九－一七三六）遣門人張熙（？－一七三六）投書勸川陝總督岳鍾琪（一六八六－一七五四）造反被捕。雍正皇帝將曾靜案的審訊記錄和相關上諭編成《大義覺迷錄》頒布，書中揭露當時民間對四阿哥入承大統的議論。

曾靜轉述發配東北三姓地方的耿精忠（？－一六八二）之孫耿六格的說法，在八寶家中有太監向人談論：

> 聖祖皇帝原傳十四阿哥允禵（因避諱改「胤」為「允」）天下，皇上將「十」字改為「于」字。又云：聖祖皇帝在暢春園病重，皇上就進一碗人參湯，不知何故，聖祖皇帝就崩了駕，皇上就登了位。隨將允禵調回囚禁。太后要見允禵，皇上大怒，太后於鐵柱上撞死。

簡言之，康熙皇帝原欲傳位胤禵，雍正皇帝因謀父、逼母、篡改遺詔而得位。雍正皇帝針對曾靜的質疑，另有一番說詞：康熙皇帝臨終前，他因奉旨代祀南郊無法親至；康熙皇帝則召集七位皇子和步軍統領隆科多（？－一七二八）至御榻，宣布：「皇四子人品貴重，深肖朕躬，必能克承大統，著繼朕登基，即皇帝位。」他被指定爲繼承人，是事後由隆科多轉述，卻難杜悠悠之口。

然而，關於謀父，康熙皇帝曾向大學士李光地（一六四二—一七一八）表示：「爾漢人最喜吃人參，人參害人處，就死難覺」；也不因年高而服用補藥，認爲「南人最好服藥、服參，北人於參不合。朕從前不輕用藥，恐與病不投，無益有損」，要用人參湯害他可能不容易。關於逼母，胤禵是雍正皇帝的同母弟，康熙六十一年十二月自西寧前線抵京叩謁梓宮，旋遭解除大將軍職務，並於雍正元年四月被幽禁；生母德妃（烏雅氏，孝恭仁皇后，一六六〇—一七二三）則於同年五月在永和宮去世，兩者時間接近，雖然可能是見兄弟鬩牆受氣而亡，但缺乏可以說明其關聯性的證據。

關於篡改遺詔，曾靜只說改「十」爲「于」，經野史渲染，又衍生出康熙皇帝將遺詔寫在隆科多掌心，隆科多將「十」字抹去等不同的說法；另有加上改「禎」爲「禛」，使內容變成「皇位傳于四子胤禛」，而有「盜名改詔」之說，惟皆係以漢文書寫遺詔爲前提的聯想。

清朝重要文書例應滿、漢兼書，宮中稱皇子爲「阿哥」，滿文「四阿哥胤禛」轉寫羅馬拼音作「*duici age in jen*」，「十四阿哥胤禎」則作「*juwan duici age in jeng*」，後者多出「*juwan*」（十）字，且「*jeng*」（禎）和「*jen*」（禛）字形不同，非簡單改動兩、三筆可以完成。又漢

圖3-3　雍正皇帝像。

文《實錄》提到皇子，都寫作「皇某子」，若遺詔眞有傳位十四阿哥，漢文當寫成「皇位傳皇『十』四子胤『禛』」，經篡改後會變成「皇位傳皇『于』四子胤『禛』」，反而露出破綻。

一九三〇年代，孟森發表〈清世宗入承大統考實〉，雍正皇帝繼統疑案自此由野史傳說成爲學術議題。他認爲康熙皇帝原本要傳位胤禵，雍正皇帝外有川陝總督年羹堯（一六七九—一七二六）牽制胤禵，內有隆科多配合矯詔，日後整肅年、隆就是怕他們洩密，迫害諸兄弟也是爲掩蓋眞相。此說成爲主流，後繼的研究者多以康熙皇帝屬意胤禵繼位立論，較爲特別的是所謂「盜名改詔」。這派學者主張十四阿哥原名爲「胤禎」，進而推測雍正皇帝原名不知爲何，因「禎」、「禛」字音相同、字形相近，所以將遺詔中的「禎」改作「禛」，奪位後又將「胤禎」的名字改爲「允禵」，使篡改遺詔的「故事」更加豐富。

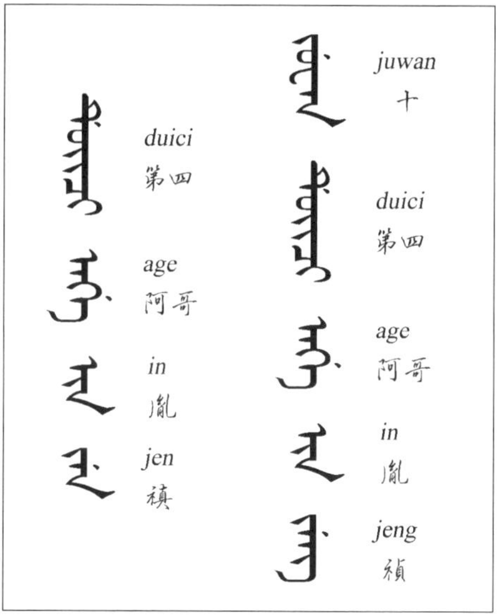

圖3-4　以滿文書寫的「四阿哥胤禛」、「十四阿哥胤禎」。

惟已有學者查對康熙朝歷次滿、漢文《玉牒》（皇族族譜，十年一修），證實十四阿哥原名「胤禵」（第十四子胤禵，*juwan duici jui in ti*），至遲在康熙四十五年（一七〇六）修《玉牒》之年或其前一、二年，已改名爲「胤禎」，並使用到雍正元年之後才更名「允禵」；四阿哥的名字，在《玉牒》中則始終都是「胤禛」。此外，曾靜指控雍正皇帝弒兄屠弟（胤礽、胤禩、胤禟），無非是政爭的餘波；懷疑誅忠（年羹堯、隆科多），則因他們權力過大、驕橫過甚，而這些整肅慘殺政敵的行徑，在歷史上實屢見不鮮。

合法繼承的論辯

按前述雍正皇帝對曾靜的辯解，康熙皇帝在暢春園口傳遺命，在場的皇子有胤祉（一六七七—一七三二）、胤祐（一六八〇—一七三〇）、胤禩、胤禟、胤䄉、胤祹（一六八六—一七六三）、胤祥（一六八六—一七三〇），另有胤祿（一六九五—一七六七）、胤禮（一六九七—一七三八）、胤禑（一六九三—一七三一）、胤禕（一七〇六—一七五五）在寢宮外恭候。當他趕到時，康熙皇帝僅告以「症候日增」，卻沒有談到繼承之事；康熙皇帝去世後，「隆科多乃述皇考遺詔」。論者以爲，康熙皇帝不當面冊立，且雍正皇帝時隔六年才說出，顯係捏造。但此事有許多「人證」，縱令主要反對者胤禩、胤禟已死，其餘諸弟或畏懼、或黨附，竟無絲毫異議或「洩密」，也不合常情。其次，康熙皇帝未親口向雍正皇帝說出傳位的決定，是因爲他早已決定不立儲，也不許臣下討論此事，既然已向諸皇子宣布嗣君人選，就不需要當面再立胤禛爲皇太子。

爭議的另一焦點，是遺詔眞僞。康熙皇帝遺詔在中央研究院歷史語言研究所、中國第一歷史檔案館均藏有漢文本，內容的重點爲：一、對畢生功業的自我評價；二、指定皇四子胤禛繼統；三、喪禮遵照禮制辦理，末署「康熙六十一年十一月十三日」。中國第一歷史檔案館另有滿文本殘件，能譯出的部分與漢文本一致，但最關鍵的「皇四子胤禛人品貴重，……登基，即皇帝位」一段，僅存「*mimbe umesi alhūdababi.*（深肖朕躬）*amba doro be afabuci mutembi.*（克承大統）*mini sirame*（著繼朕）」，無法作爲佐證。有些學者認爲遺詔是雍正皇帝僞造的，主張滿文本是從漢文本直接譯出，若與《實錄》等官書、檔冊對勘，其眞實性不免令人懷疑。持反對意見者梳理這份文件的形成過程：十三日，康熙皇帝宣布末命；十四日，傳出命胤禛繼位的遺言；十六日，頒布遺詔，但漢文本遺詔尚未撰就，只宣讀滿文本；二十日，雍正皇帝宣讀繼位詔書，則遺詔當在此之前完成，且指出其文字與《實錄》等官私載籍只有幾個字出入，無害於原意。

值得注意的是，正反雙方都同意遺詔出自雍正皇帝之手，是因爲主要內容與康熙五十六年十一月召見諸皇子、大臣所發布的長篇上諭雷同；當時康熙皇帝也說：「若有遺詔，無非此言，披肝露膽，罄盡五內，朕言不再。」因此，遺詔不是由康熙皇帝親撰，但呈現他過去諭旨的大部分內容；雍正皇帝再根據繼位的需要進行加工，尤其是指定繼承人選的部分。研究清朝皇帝遺詔的學者指出，皇帝的最後命令，大多不是皇帝臨終前所親自擬定，也來不及呈請皇帝寓目欽定，重要的是遺詔以大行皇帝之名昭告天下，使國政運作如常。由於遺詔的特性如此，就不能作爲判斷雍正皇帝繼位合法與否的依據。

有關雍正皇帝繼位的過程，也見於朝鮮《景宗實錄》。遠接使金演從北京迎詔返國，轉述聽到的消息：康熙皇帝在暢春園病劇，召閣老馬齊言：「第四子雍親王胤禛最賢，我死後立爲嗣皇。」由於胤禛第二子（弘曆）有英雄氣象，必封爲太子，康熙皇帝特地訓戒胤禛「爲君不易之

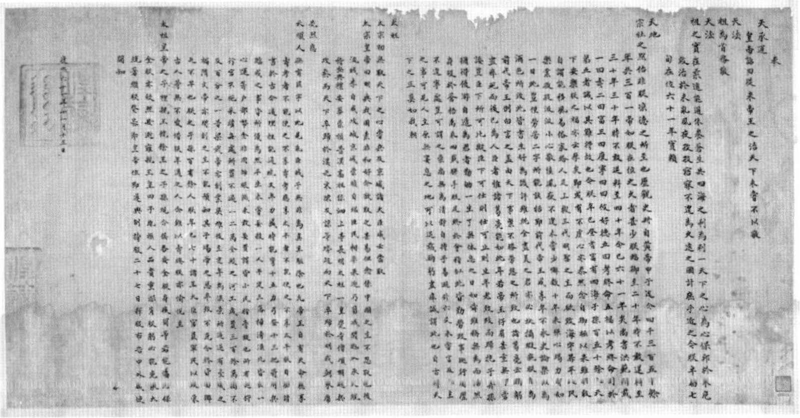

圖3-5　聖祖仁皇帝遺詔。〈康熙帝·奉天承運皇帝詔曰朕年已七十今雖壽終朕亦愉悅雍親王皇四子胤禛人品貴重深肖朕躬必能克承大統著繼朕登基即皇帝位即遵典制持服二十七日釋服布告中外咸使聞知〉，康熙六十一年十一月十三日。中央研究院歷史語言研究所提供。

道」，並將所掛念珠授予胤禛。此事繫於國王李昀（景宗，一六八八—一七二四，一七二〇—一七二四在位）在位第二年（一七二二），惟康熙皇帝口授末命事是在雍正七年（一七二九）出版的《大義覺迷錄》始公開，且人、事均不符；《景宗實錄》成書於國王李昑（英祖，一六四九—一七七六，一七二四—一七七六在位）八年（一七三二），這則記錄可能是綜合各種傳言而成。

康熙皇帝因喜愛弘曆而傳位給胤禛的說法，在雍正皇帝在位期間已有流傳，禮親王昭槤（一七七六—一八三〇）《嘯亭雜錄》亦記此事：康熙六十一年，康熙皇帝在胤禛的別墅圓明園初見十二歲的弘曆，認爲「此子福過於余」，乃帶回宮中養育。同年，祖孫去木蘭圍場狩獵，康熙皇帝以鎗擊倒一熊，命弘曆往射。弘曆甫上馬，熊突然立起，康熙皇帝再發鎗始殺之，遂確定「此子誠爲有福」，更加寵愛，「燕翼之貽謀，因之而定」。然而，胤禛與諸兄弟競逐繼承權，若非早有充分準備，即使歷史上確有因愛孫而傳位於子的先例，也未必能在最後關頭脫穎而出。

雍正皇帝繼位之後

康熙皇帝因二立二廢太子，引發諸子的儲位鬥爭，雍正皇帝自陳是「倉猝之間，一言而定大計」，才使政局回歸穩定。是以如何解決儲位問題，係雍正皇帝繼位後的當務之急。雍正元年八月，雍正皇帝面諭群臣建儲事，曰：「朕特將此事，親寫密封，藏於匣內，置之世祖章皇帝御書『正大光明』匾額之後，乃宮中最高之處，以備不虞。」此即清朝特有的「秘密建儲」制度。

雍正皇帝建立的新制，特點有：皇帝全權決定、以擇賢為前提、暗中觀察培養、貫徹嚴格保密。其實，「秘密建儲」的原則，在康熙五十六年的長篇上諭中已見雛形，然因康熙皇帝過度保密，未採取相關配合措施，以致無法執行；其構想由雍正皇帝改進為公開宣布秘密建儲，並告知存放密旨地點，使日後群臣能遵旨擁立新君；再經乾隆皇帝繼續實施，始成為定制。此制既非世襲也非世選，有效解決因皇位繼承造成的紛爭，且取代「八王共議」的祖宗家法，可知皇權已徹底凌駕旗權，故乾隆皇帝強調：「不可不立儲，而尤不可顯立儲，最為良法美意，我世世子孫，所當遵守而弗變」。惟晚清咸豐皇帝（奕詝，清文宗，一八三一—一八六一，一八五一—一八六一在位）只有獨子，或如同治（載淳，清穆宗，一八五六—一八七四，一八六二—一八七四在位）、光緒（載湉，清德宗，一八七一—一九〇八，一八七五—一九〇八在位）二帝無子，「秘密建儲」便無法施行。

另一方面，雍正皇帝登基後，即要求親王、阿哥等應「敬避御名」，將「胤」字都改作「允」字；更於雍正四年（一七二六）將允禩、允禟的名字分別改為「阿其那」（*akina*）和「塞思黑」（*sesbe*），一般多以為是滿文狗、豬之意，凸顯雍正皇帝的無情與狠毒。惟滿文常用的「狗」字讀作「*indahūn*」，「豬」字讀作「*ulgiyan*」，且雍正皇帝絕無稱同父兄弟爲狗、豬之理，否則將如何自處？

允禩、允禟的改名，是因「逆天犯法，歷有確證」，遭「削出宗籍」，不准再用屬於皇室字輩的「允（胤）」以及「礻」的偏旁字爲名，宗人府奉旨令二人及其子孫之名「自身書寫」。允禩「自改名爲阿其那」，允禟原擬字樣被懷疑「存心姦巧」，則由誠親王允祉、恆親王允祺（一六八〇—一七三二）具奏「應改爲塞思黑」。無論自改或兄弟代擬，當不至用牲畜之類的「惡名」；被認爲是狗、豬的原因，或與康熙皇帝曾罵允禩「行同狗彘」，雍正皇帝說允禟是「癡肥臃腫」之人有關。

近年，滿語專家利用滿文辭書、檔案重新檢視「阿其那」與「塞思黑」的詞意。就「阿其那」而言，與其字音相近，以及允禩當時的處境考慮，「*akina*」可能源自「*akiyan*」（魚夾在冰裡凍死者），或許他以「俎上之魚」自況，動彈不得且任人宰割；對照其子弘旺（一七〇八—一七六二）改名「菩薩保」（*pusaboo*），有祈求雍正皇帝能像菩薩一樣保佑他，並免其一死。「塞思黑」的滿文則是「厭煩」之意，滿文檔案另載誠親王等將允禟八個兒子改名的情形，例如：長子「*fusihūn*」（下賤的）、次子「*fecuhun*」（行醜事的）、三子「*ubiyada*」（可惡的），都是遭人辱罵、輕視的口語。將犯錯者的名字改爲「惡名」，並非特例，而是具有滿洲特色的懲罰方式。

五、乾隆皇帝身世

選秀女與選宮女

在八旗制度下，旗人婚配對象受層層管制，不得自行嫁娶。早在皇太極天聰年間，已有貝勒、大臣等娶妻嫁女必奏聞於汗，位階低的官員須赴戶部報明，一般旗人則要問明本管牛彔章京的規定。自順治朝開始，又有挑選「八旗秀女」的辦法，目的是爲「備內廷主位，或爲皇子、皇孫拴婚，或爲親、郡王及親、郡王之子指婚」。

選秀女的程序略爲：每三年，由戶部行文八旗滿洲、蒙古、漢軍二十四旗都統、各省駐防及外任旗員，除有殘疾不堪入選者之外，將應閱女子年歲逐級具結呈報，待戶部奏准日期後，送交內監引閱，通過者「記名」，稱「留牌子」，再行選閱；覆看而不留者，稱「撂牌子」。秀女的年紀，自十四至十六歲爲「合例」，有應挑而有事故不及與選者，於下屆補挑；年已在十七歲以上者，謂之「逾歲」，則列於本屆合例女子之後。未被記名者，聽本家自行聘嫁，惟仍應呈報核准；未經閱看或記名女子私相聘嫁者，自都統至本人父母皆分別議處。

中選秀女充實後宮者，除極少數直接冊立爲皇后，一般都先封答應，再依序晉升爲常在、貴人，以至嬪、妃；其餘的秀女，就由太后或皇帝指配給皇子、皇孫或近支宗室，即所謂的「拴婚」或「指婚」。對近支宗室的指婚，乾隆皇帝定以康熙皇帝傳下的二十四派爲限，嗣後便以皇帝的祖父衍生的子孫爲準。在乾隆朝晚期某次選秀女，乾隆皇帝每天閱選兩旗，於四天內共閱看七千七百餘名秀女，僅十三人記名，只有八人得到指婚，可見極其勞師動眾。

和選秀女類似的，還有選宮女。在內廷「承直伺應」的宮女，則選自管理皇家事務的內務府所屬上三旗佐領、管領下女子，凡年十三歲以上，於每年正月備挑一次。雖然內務府包衣旗人是皇帝的奴僕，但身分、地位和正身旗人相同，其中不乏家世顯赫、身居要職者，他們的女兒也都須備挑宮女。雍正皇帝規定，在皇后、妃、嬪、貴人宮內的宮女，可由官員、世家之女挑入，貴人以下則應挑拜唐阿（*baitangga*，執事人）、護軍、披甲人等之女，避免重臣之女充當常在、答應的使女。

內務府選宮女的流程，和選八旗秀女大致相同，但規模小很多，乾隆朝初年與選者約七、八百人至千餘人，其後人數漸減。選中者入宮後，「試以繡錦、執帚一切技藝，並觀其儀行當否」，「然後擇其優者，教以掖庭規程，日各以一小時寫字及讀書」。其中相貌俊美者，侍候后妃起居，其餘就分配到尚衣、尚飾等所。多數宮女服役至二十五歲出宮，聽從出嫁；有少數受皇帝青睞者，亦有機會成爲妃嬪。

被選入宮廷的女子，無論是妃嬪或宮女，都是旗人，包括八旗滿洲、八旗蒙古、八旗漢軍，而漢軍的族群屬性則是漢族。雖說「宮中守祖宗制，不蓄漢女」，但清初諸帝的後宮不乏漢族妃嬪。因此，皇子、皇女有漢人血系，不足為奇。

乾隆皇帝的生母

清末，反清排滿風氣日盛，野史紛紛在乾隆皇帝出身問題大作文章，懷疑他是漢人海寧陳家之子，血統不純正；認為他是貧女或奴婢所生，身分不高貴，由此醜化清室，甚至以為清朝早就是「漢家天下」。茲就傳說及其疑點，略述於下：

一、海寧陳家說，源自清末天嘏《清代外史》。浙江海寧陳氏是明朝以來的官宦世家，在清初聲勢更盛。康熙年間，胤禛與海寧陳世倌（一六八〇—一七五八）相善，時兩家生子，年月日時皆同，胤禛命陳家抱來，久之始送歸，「竟非己子，且易男為女」，陳家「不敢剖辨，遂力祕之」。未幾，胤禛即位，特擢陳氏數人至顯位；迨乾隆年間，優禮於陳氏者尤厚。又乾隆皇帝六度南巡，四次在海寧駐蹕，便是對自己的身世有所懷疑，而欲親加訪問。此說一出，再經各種演義、祕史渲染，遂深植人心。

海寧陳氏歷代顯宦、乾隆皇帝駐蹕海寧，固為事實，但目的是為視察海塘工程，以解決錢塘江大潮造成的水患。關於以女易男，雖然胤禛有兩子早夭，但三子弘時（一七〇四—一七二七）尚在，不必抱養他人之子；且正值諸皇子競奪繼承之際，更不必冒險偷龍換鳳。傳說還提到乾隆皇帝賜陳家「愛日堂」、「春暉堂」匾額兩塊，是爲報答父母深恩。惟經考證，「愛日堂」匾是康熙四十年（一六八九）皇帝賜書內廷翰林，侍讀學士陳元龍（陳世倌從叔，一六五二－一七三六）奏，「臣父之閨年適八十，擬愛日堂三字」，乃御書賜之；「春暉堂」匾係康熙五十二年（一七一三）皇帝賜左中允陳邦彥（陳元龍侄，一六七八－一七五二）之母黃氏，表彰她守節三十年，都和乾隆皇帝出身陳家無關。

二、貧女說或奴婢說。（一）貧女說，出自清末王運闓（一八三三－一九一六）《湘綺樓文集》。乾隆皇帝生母原是承德貧家女，十三歲時入京，適逢宮中選秀女，隨人前往觀看，卻被誤以爲在候選之列而帶往引見，因「容體端頎」中選，分在雍王府。後胤禛罹患時疾，她奉命服侍，獲寵幸乃生弘曆。（二）奴婢說，則是曾任熱河都統幕僚的冒鶴亭（一八七三－一九五九）轉述當地宮監說法，極富戲劇性。胤禛隨康熙皇帝到木蘭圍場打獵，射得一鹿，因喝下有壯陽功能的鹿血，「一時躁急，不克自持」，承德避暑山莊恰有長相奇醜的漢人宮女李氏，「遂召而幸之」。隔年，康熙皇帝偶見李氏大腹便便，嚴究下得知是四阿哥，正在大罵「下流種子」時，李氏即將臨盆，因不能任其「污褻宮殿」，乃指一傾斜不堪的馬廄草房令入，遂生一子，即乾隆皇帝，日後朝廷每年都列專款整修草房。

縱使傳說繪聲繪影，然就前述選秀女和選宮女的流程來看，制度甚爲嚴密，無法隨便冒名或混入；又宮中使令女子都來自內務府三旗，即使是「漢人」，也是身分不同於一般漢人的「漢軍」，且相貌是挑選標準之一。至於例修草房，係因雍正皇帝御題「草房」匾額，而有維護；乾隆皇帝幾度造訪，曾留下一些詩文，從「岩屋三間號草房，樸敦儉示訓垂長」等詩句來看，是歌頌父親生前節儉，並非懷念生母。

據官書記載，乾隆皇帝的生母是鈕祜祿氏（一六九二—一七七七），其父凌住（一六五一—一七四七）原隸鑲白旗滿洲，乾隆元年（一七三六）奉旨改隸鑲黃旗，任四品典儀官，係開國功臣弘毅公額亦都堂侄孫。康熙四十三年（一六九二）鈕祜祿氏選上秀女，入侍貝勒胤禛藩邸，號「格格」（*gege*），康熙五十年（一七一一）生皇四子弘曆；雍正元年封熹妃，後晉熹貴妃；雍正十三年（一七三五），乾隆皇帝嗣位，尊爲「崇慶皇太后」，凌住亦加封一等承恩公。《鈕祜祿氏家譜》的內容，與官書相同。

晚近公布雍正元年二月十四日冊封妃嬪的檔案，卻出現「格格錢氏封爲熹妃」字樣，不免引人揣測「鈕祜祿氏」應爲「錢氏」，或宮女李氏的故事可能與錢氏有關。惟雍正二年，固山貝子允祹「因誤寫妃姓」，遭降一等，改爲鎮國公，應是指他將「鈕祜祿氏」簡寫爲「鈕氏」，起草諭旨之人誤寫作「錢氏」而受罰。證諸時人蕭奭《永憲錄》，亦記作「格格鈕氏爲妃」，檔案內容顯係筆誤。

乾隆皇帝的出生地

《高宗實錄》載：「憲皇后鈕祜祿氏，……以康熙五十年辛卯八月十三日子時，誕上於雍和宮邸」，是乾隆皇帝誕生的官方紀錄。惟野史傳說編造出乾隆皇帝「生母之謎」的原因之一，與他的出生地說法不一有關。乾隆皇帝生於海寧陳家固不可信，但他在世時便流傳雍親王府和避暑山莊二說。

一、雍親王府說。乾隆皇帝在詩文中多次提到，自己出生在原爲雍親王府的雍和宮。例如：〈入安定門至雍和宮瞻禮〉（乾隆三十五年（一七七〇））：「邸地吾生長，今來忽六旬」；〈新正雍和宮瞻禮〉（乾隆四十五年）：「十二幼齡纔離此，訝今瞥眼七旬人」，句旁小註云：「康熙六十一年始蒙皇祖養育宮中，雍正年間遂永居宮內」；〈新正雍和宮瞻禮〉（乾隆五十四年）：「豈期蒞政忽焉老，尙憶生初於是孩」，句旁小註云：「予以康熙辛卯年生於是宮，至十二歲，始蒙皇祖養育宮中」。

乾隆皇帝一再表示他生於雍和宮，已不尋常。特別的是，〈人日（正月初七日）雍和宮瞻禮〉（乾隆四十七年（一七八二））：「設以古稀有二論，斯之吾亦始成人」，句末小註云：「余實康熙辛卯生於是宮也」，竟用「實」字來強調，似有「闢謠」之意。

二、避暑山莊說。乾隆朝晚期，軍機章京管世銘（一七三八－一七九八）隨乾隆皇帝去木蘭圍場，寫下〈扈蹕秋獮紀事三十四首〉，其中一首曰：「慶善祥開華渚虹，降生猶憶舊時宮。年年諱日（八月二十三日）行香去，獅子園邊感聖衷。」句末註言：「獅子園為皇上降生之地，常于憲廟忌辰臨駐」，獅子園是雍親王在承德的居所。其次，嘉慶皇帝於嘉慶元年（一七九六）、二年（一七九七）在避暑山莊為晉稱太上皇的父親歡慶「萬萬壽節」，各撰有〈率王公大臣等行慶賀禮恭紀〉詩，句旁小註俱稱：「以辛卯歲誕生於山莊都福之庭。」這兩首詩都收入他的《御製詩初集》，並於嘉慶八年（一八〇三）刊行，自然成為有力的說法。

乾隆皇帝去世後，《高宗實錄》、《高宗聖訓》於嘉慶十二年（一八〇七）告成。嘉慶皇帝原本認為實錄館進呈《聖訓》的「聖誕」內容有誤，經副總裁劉鳳誥（一七六二—一八三〇）列舉乾隆皇帝《御製詩集》的各篇「雍和宮詩」，才確定誕生地在雍和宮。另一位副總裁英和（一七七一—一八四〇）則指出，「聖製詩注謂：『予實於康熙辛卯生於是宮也。』則知獅子園之說，其訛傳久矣」。由於《實錄》例不公開，嘉慶皇帝也未修改〈恭紀〉詩的註文，避暑山莊說仍繼續流傳。

迨嘉慶二十五年（一八二〇），嘉慶皇帝在避暑山莊駕崩，軍機大臣托津（一七五五—一八三五）等敬擬遺詔，內有：「古天子終於狩所，蓋有之矣。況灤陽行宮，為每歲臨幸之地，我皇考所降生，予復何憾」等語。在遺詔發布後，道光皇帝（旻寧，清宣宗，一七八二—一八五〇，一八二一—一八五〇在位）才發現「未有皇祖降生避暑山莊之語」，與《實錄》、《御製詩集》不符。托津辯稱是依兩首〈恭紀〉詩註，道光皇帝則認爲詩文「肇建山莊辛卯年，壽固無量慶因緣」（嘉慶元年）、「長春寶祚綿悠久，拜祝山莊都福庭」（嘉慶二年）的語意，「係泛指山莊爲都福之庭，並無誕降山莊之句，當日擬註臣工，誤會詩意」。因此，一方面下令追回遺詔，將「我皇考所降生」改作「我祖、考神御在焉」後重新公布；另一方面，將嘉慶皇帝《御製詩初集》的〈恭紀〉詩註分別改爲「康熙辛卯肇建山莊，皇父以是年誕生」、「敬惟皇父以辛卯歲誕生，而山莊之建，亦適成於是歲」。

乾隆皇帝出生地的異說，至此理當告一段落。然因初版的《御製詩初集》問世已久，加以道光皇帝爲「萬世徵信」，「不得不將原委明白宣示」，反而招致更多的猜測。

皇族《玉牒》與皇家宮室

乾隆皇帝身世的傳說，與皇室成員的身分記錄及其居所有關。清朝的皇族有「宗室」（*uksun*）、「覺羅」（*gioro*）之分，以太祖努爾哈齊之父顯祖塔克世的直系子孫爲宗室，於服袍腰間束黃帶子；顯祖的叔伯兄弟旁支子孫爲覺羅，則束紅帶子。

順治年間設宗人府，「掌皇族屬籍，書宗室子女嫡庶、生卒、婚嫁、謚葬，及編修《玉牒》等事」。規定每年正月初十日內，宗室、覺羅所生子女，詳行開寫，送宗人府、禮部記冊；宗室子女入「黃冊」，覺羅入「紅冊」，有罪者入「青冊」。每十年，宗人府會同內閣、禮部，於纂修《玉牒》時載入。《玉牒》兼寫滿、漢文，以帝系為統，以長幼為序，存者朱書，歿者墨書。順治十三年題准，《玉牒》修成後，繕寫三部，分貯皇史宬（皇家檔案庫房）、宗人府、禮部；乾隆二十五年，改為兩部，分存皇史宬和盛京。

皇室子孫身分貴重，必須保持血統純正，自親王以下所生子女，均須詳開「某王、某貝勒，某妃夫人某氏所生子，名某，並生子之年月日時」，送宗人府記籍。弘曆生於康熙五十年，他和生母的資料會先記入「黃冊」，待康熙五十四年（一七一五）纂修《玉牒》之年再載入，程序嚴密，難以假冒或竄改。清朝《玉牒》共纂修二十八次（含一九二一年補修），分藏中國第一歷史檔案館、遼寧省檔案館，惟缺康熙五十四年各版《玉牒》，無從查證；係因停修、亡佚或另有隱情，則不得其詳。

皇子、皇孫生活在紫禁城，即皇城中央的宮殿群，或是北京郊外的暢春園、圓明園、避暑山莊等御園，直到皇帝賜給他們府邸另立門戶。關於乾隆皇帝在皇子時期的居所，有：

一、雍親王府，康熙三十七年（一六九八），四阿哥胤禛受封多羅貝勒，分得居所在皇城東北；康熙四十八年，晉爵雍親王，宅邸稱「雍親王府」；他即帝位後，命名曰「雍和宮」。乾隆十年（一七四五），乾隆皇帝將雍和宮改建為藏傳佛教寺院。乾隆皇帝自述誕生於雍親王府，並住到十二歲，始移居宮內。

二、圓明園，距北京城四十里，始建於康熙四十八年，是康熙皇帝賜給胤禛的園邸。康熙六十一年，康熙皇帝在圓明園的牡丹臺，初次見到十二歲的弘曆。雍正七年，弘曆獲賜居園中長春仙館；雍正十一年（一七三三），封寶親王，並賜號長春居士，「故乾隆間所御書屋，往往以長春爲名，以寓追慕之意」。

三、避暑山莊，又稱熱河行宮或灤陽行宮，位於熱河承德，始建於康熙四十二年（一七〇三），是皇帝每年駐蹕避暑、秋獮行圍之地。康熙五十年，宮殿擴建完成，命名「避暑山莊」，康熙皇帝也分配住處給已婚皇子，方便他們隨行，雍親王即獲賜獅子園。康熙五十年正好是弘曆出生之年，由於是年七月，原本留京辦事的四阿哥突然趕赴承德，不免讓人聯想應與宮女李氏有關，即此行是被皇帝急召去對質。然而，就滿文檔案所見，是年六月，在京城的諸阿哥奉旨換班去熱河居住，三阿哥胤祉等遵旨研擬兩項建議，康熙皇帝批示，曰：「皇太后（孝惠章皇后）既在此，則准五阿哥（胤祺）留此，十二阿哥（胤祹）、十四阿哥（胤禎）回，換四阿哥、九阿哥（胤禟）在雨季前速來此。」則說明四阿哥趕赴承德的原因。

傳說在生活中無所不在，在傳播之初就被歪曲，但不應忽略其中含有事實的成分。與雍正皇帝父子相關的傳說，即摻雜著「事出有因」和「無中生有」的內容。在政治鬥爭的場域中，「傳說」或「流言」，具有將禁忌的議題公開討論、只有指責而不需證據、人力省、成本低，以及包括雍正皇帝的兄弟和具反清意識的漢人在內的「陰謀者」，可以隱身幕後的特性，故而敵對者「樂此不疲」。

第四章

征服與擴張——多民族帝國的建立

一、疆域的形成

入主中國

明崇禎十七年，歲次甲申。是年三月，流寇李自成率大順軍攻進北京，崇禎皇帝（朱由檢，明思宗，一六一一—一六四四，一六二八—一六四四在位）在煤山自縊，明朝滅亡，史稱「甲申之變」。四月，明總兵吳三桂（一六一二—一六七八）與清攝政王多爾袞聯手，在山海關擊敗大順軍；五月，多爾袞率兵入北京，並決定遷都。順治元年十月，順治皇帝於北京再即帝位，宣布「仍用大清國號，順治紀元」。

雖然清朝極力招降安撫、收拾人心，但僅能控制京畿一帶，當時李自成的大順軍仍盤踞山、陝，另一支流寇張獻忠的大西軍入據四川。南方有明宗室建立的幾個政權，稱帝者主要有南京福王、福建唐王、廣東桂王（朱由榔，一六二三—一六六二，一六四六—一六六二〔永曆〕在位），另在浙江的魯王（朱以海，一六一八—一六六二）則號「監國」，史稱「南明」，力圖「反清復明」。在敵對勢力環伺下，清朝為求立足中國，旋即發動戰爭。

在追剿流寇方面，清朝先派英親王阿濟格等自陝北、河南兵分兩路夾擊大順軍。順治二年，李自成棄守西安，由湖北進入江西後，據說是自縊死，然因「屍朽莫辨」，引起後

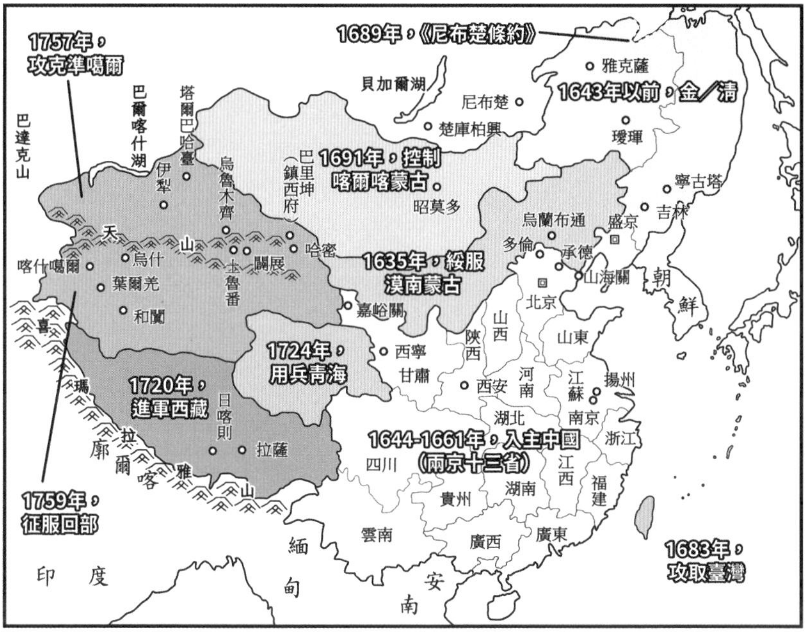

圖4-1　清朝疆域形成圖。

人對死因、死地有諸多猜測。當李自成敗亡、福王政權瓦解後，多爾袞於順治三年遣肅親王豪格入川往征大西軍，張獻忠倉促應戰而亡。

在征伐南明方面，順治二年，豫親王多鐸領軍進攻江南，先取督師史可法（一六〇二－一六四五）堅守的揚州，旋兵臨南京城下，福王政權只維持一年便覆亡，此時清朝已統有華北與長江中下游地區。繼起的唐、魯二王，非但不能合作，且因交惡互鬥而內耗，讓清朝坐收漁人之利。順治三年，多羅貝勒博洛（一六一三－一六五二）統兵征浙、閩，魯王逃至海上，接受鄭成功（一六二四—一六六二）等抗清勢力保護；唐王則在出奔途中，被捕遇害。其後，明遺臣又奉桂王繼續抗清，當時南明的勢力已限縮在廣西、雲南、貴州，以及湖廣、廣東的一部分。順治十八年年底，逃往緬甸的桂王被清軍押解回雲南；康熙元年（一六六二），吳三桂在昆明絞殺桂王，南明抗清遂告終。

清朝以八旗勁旅「弧矢威天下」爲傲，但從進入遼瀋、入關到南下，也得力於「招降納叛」，使征服的進程甚爲順利。南明諸王政權則因文、武不合，以及朝臣對輔佐皇帝的意見分歧，致使政爭不斷。整體而言，明朝的失敗比清朝的得勝來得更快。在歷時十八年的征戰之後，明朝的南、北直隸和十三布政司，即所謂的「兩京十三省」，全爲清朝統有。

攻取臺灣

《明史．外國傳》描述的「雞籠」（臺灣），是聚落星散、無君長、無傜賦、不與鄰國往來之地；明末，海盜聚居於此，後爲「紅毛番」（荷蘭）佔領。對清朝而言，「臺灣屬海外地方，無甚關係」，然因原隸唐王麾下的鄭成功將抗清基地自廈門遷至此，態度乃有所改變。

順治十八年，鄭成功在東南沿海抗清戰爭接連失敗後，率軍渡海，自荷蘭手中取得臺灣。康熙元年，鄭成功病逝，子鄭經（一六四二—一六八一）繼立，盡棄浙、閩沿海諸島據點，退守臺灣；清朝則厲行海禁、遷界的堅壁清野政策，斷絕沿海居民與鄭氏的往來。

清朝視鄭氏爲「海寇」，對鄭成功採剿、撫兼施的手段，對鄭經則改以招撫；對於「撫」，鄭氏父子堅持是在對等前提下進行的「議和」。順治九年至十一年的交涉，鄭成功拒絕「薙髮」，並提出給地安插、比照朝鮮待遇的要求；康熙元年至十九年（一六八〇）間的多次談判，鄭經皆主張「臺灣遠在海外，非中國版圖」，並重申「先王在日，亦只差薙髮二字。若照朝鮮事例，則可」的原則。清朝以薙髮爲「別順逆」依據，自然不能接受；鄭氏父子的立場，則有建立具自主性「屬國」的意圖，故而「議和」一再陷入僵局。

康熙十二年年底，鎮守雲貴的平西王吳三桂不滿朝廷下令「撤藩」，致書廣東平南、福建靖南二藩，以及各省舊部共同起事，爆發「三藩之亂」；鄭經在靖南王耿精忠的邀約下也加入戰局，惟無功而返。康熙十九年，鄭經回到臺灣後，縱情聲色，於次年抑鬱而終，內部旋發生政爭，部眾擁立鄭經年僅十二歲的次子鄭克塽（一六七〇—一七〇七），以致「文武解體，主幼國疑」。是時，清朝已弭平三藩戰事，而有餘裕處理臺灣問題。

康熙二十二年，清朝趁鄭氏政權內鬨，以熟悉海上情形的鄭氏降將施琅（一六二一—一六九六）爲福建水師提督，大舉攻臺，鄭克塽遂率眾薙髮迎降。康熙皇帝在攻取臺灣後，否決群臣上尊號之請，只表示「海賊乃疥癬之疾，臺灣僅彈丸之地，得之無所加，不得無所損」，「即臺灣未順，亦不足爲治道之缺」。日後，雍正皇帝才以「臺灣地方，自古未屬中國，皇考聖略神威，取入版圖」，賦予開疆拓土的意義。

劃定東北疆界

崇德七年，皇太極宣稱，居住在鄂霍次克海至貝加爾湖間的大小部落，「在在臣服」。與此同時，俄羅斯爲尋找銀礦、貂皮，也進入黑龍江流域，當地的赫哲、鄂倫春、索倫諸部，正受其威脅。順治年間，清朝派軍隊將各部遷移至嫩江、松花江，並加強防禦。康熙朝初期，俄人在黑龍江、松花江上游建築雅克薩、尼布楚等堡寨，逐步向南進逼，清、俄發生多次衝突。未幾，清朝因三藩戰爭無暇顧及東北，俄人則進一步向黑龍江下游發展。

康熙二十一年（一六八二），康熙皇帝以平定三藩，前往盛京謁太祖、太宗陵寢，同時巡視吉林等地；返回北京後，即派人至雅克薩城進行偵查，並考察自黑龍江至寧古塔的水陸交通。同時，康熙皇帝指示置造船艦、訓練人員、建立木城、籌措軍糧、設立驛站，準備發動攻擊。

康熙二十四年，康熙皇帝以俄國「其所竊據，距我朝發祥之地甚近」爲由，下令攻打雅克薩城。是役，清軍以砲火猛攻，俄軍無力抵抗，出城投降，乃焚其城廓、割其田禾，撤回璦琿，是爲第一次雅克薩戰爭。豈料，俄軍又重佔雅克薩，且大興防禦工事。康熙二十五年（一六八六），清朝再次進兵雅克薩，分水、陸兩路圍城，城內俄軍彈盡援絕，死傷慘重，俄國政府聞訊，才接受清朝舉行談判的倡議，是為第二次雅克薩戰爭。

雙方至康熙二十七年（一六八八）始約定在色楞河附近的楚庫柏興舉行和談，卻因準噶爾部在俄國支持下攻打喀爾喀蒙古，造成道路中阻，清朝使節團奉命折返。康熙二十八年（一六八九），改在尼布楚召開，清朝以領侍衛內大臣索額圖為代表，與俄使戈洛文（Fyodor A. Golovin，一六五〇—一七〇六）會議分界事宜。幾經折衝，簽訂《尼布楚條約》，以拉丁文為正式文本，另繕寫滿文、俄文為副本。條約與劃界有關者，約定以外興安嶺以南、格爾必齊河和額爾古納河以東，歸「中國」所有；外興安嶺以北、格爾必齊河以西，則為俄國領土。《尼布楚條約》是清朝與外國簽訂具有近代國際法意義的界約，也確定其在東北的疆域範圍。

控制喀爾喀蒙古

漠北喀爾喀蒙古分為土謝圖汗部、車臣汗部、扎薩克圖汗部，在崇德年間「來朝」。康熙朝初期，原已「入貢」的漠西厄魯特蒙古準噶爾部汗噶爾丹（一六四四—一六九七）崛起，時值喀爾喀諸部紛爭不斷，噶爾丹趁隙介入，造成清朝西北邊境的擾動。先是，扎薩克圖汗部內亂，部民多逃往土謝圖汗部，因屢索不還，乃訴於清朝和五世達賴喇嘛。康熙二十五年，康熙皇帝遣理藩院尙書阿喇尼會同達賴喇嘛使者西勒圖前往調停，並爲兩部主持和平會盟。康熙二十七年，噶爾丹藉口土謝圖汗察琿多爾濟（？—一六九九）及其宗教領袖哲卜尊丹巴（羅桑丹貝堅贊，一六三五—一七二三）不禮敬達賴喇嘛使者，加以其弟多爾濟扎布（？—一六八八）爲土謝圖汗所殺，乃率兵三萬，揚言必滅喀爾喀、擒哲卜尊丹巴。喀爾喀三部無力抵抗，紛紛湧進漠南蒙古界內，請求清朝保護；噶爾丹的東進，也使清、俄雅克薩戰後的談判被迫中止。

喀爾喀歸附後，清朝將之「增設扎薩克（*jasak*，旗長），收集離散之眾，分爲旗隊」，進行管理。康熙三十年（一六九一），康熙皇帝選定元朝上都多倫諾爾（內蒙古多倫），親臨塞外主持會盟，並依漠南蒙古「四十九旗一例編設」，以示「一體仁愛之意」。清朝藉由多倫諾爾會盟，取得原本各自獨立的喀爾喀三部的實質統治權；回程途中，康熙皇帝發表「昔秦興土石之工，修築長城，我朝施恩於喀爾喀，使之防備朔方，較長城更爲堅固」之論，可知意義重大

用兵西藏、青海

明末，厄魯特蒙古和碩特部顧實汗統治青海、西藏，篤信藏傳佛教的蒙、藏民族又奉五世達賴喇嘛爲政教合一的領袖。順治九年，顧實汗和達賴喇嘛前往北京晉見順治皇帝；

次年返藏時，接受清朝的「冊封」，建立名義上的「朝貢」關係。準噶爾部興起後，試圖將勢力從天山延伸到青藏高原，並結好擁有西藏行政權力的第巴（酋長）桑結嘉措（一六五三－一七〇五），使得清朝與西藏、青海的關係出現變化。

在西藏方面，康熙二十一年，五世達賴喇嘛圓寂，桑結嘉措為謀攬權而隱匿不報；直到康熙三十五年，康熙皇帝親征噶爾丹，才從俘虜口中得知達賴去世的消息。次年，桑結嘉措宣布六世達賴喇嘛（倉央嘉措，一六八三－一七〇六）「坐床」（轉世靈童繼任活佛的儀式），清朝則視為「立假達賴喇嘛以惑眾人」，拒絕承認。康熙四十四年（一七〇五），和碩特部掌理西藏的拉藏汗（？－一七一七）與桑結嘉措有隙，入藏殺之，並將六世達賴送往北京。惟拉藏汗另選立的六世達賴（阿旺伊西嘉措，一六八六－？），卻不為西藏僧侶和青海蒙古接受，引發「真假達賴」之爭。

是時，天山南北由準噶爾部首領策妄阿拉布坦（一六六五－一七二七）統治，積極向外擴張。康熙五十六年，他欲控制藏傳佛教以擴大在蒙古的影響力，派大軍攻陷西藏，殺害拉藏汗。清朝得知消息後，遣軍往征，卻全軍覆沒；旋命皇十四子胤禵為撫遠大將軍統兵，於康熙五十九年（一七二〇）從青海、四川兩路入藏，擊退準噶爾部眾。至於清朝認可的達賴喇嘛的轉世靈童，也於此時受封為「六世達賴喇嘛」（格桑嘉措，一七〇八－一七五七，今人多奉為「七世達賴喇嘛」），由清軍護送入藏。

戰後，清朝留下二千蒙古軍隊駐守，冊封參戰有功藏人康濟鼐（？—一七二七）、頗羅鼐（一六八九—一七四七），委以管理前藏（拉薩）、後藏（日喀則）之權。雍正皇帝繼位後，將駐藏軍隊撤回；未幾，西藏發生兵變，康濟鼐被殺，經頗羅鼐平定亂事，至雍正六年始恢復秩序。於是雍正皇帝下令設置駐藏大臣正、副二人，留兵二千，分駐前、後藏，確立清朝在西藏的統治權，也爲日後駐藏大臣與達賴喇嘛共管藏務奠定基礎。

在青海方面，康熙朝中期的清、準戰爭，青海和碩特部多支持清方；康熙三十六年，當戰事暫告段落，該部貴族在北京接受冊封，顧實汗之子達什巴爾圖（？—一七一四）受封親王，並由其子羅卜藏丹津襲爵。迨清、準在西藏的戰爭結束時，羅卜藏丹津未能如願繼拉藏汗爲藏王，於是聯絡策妄阿拉布坦，以解除後顧之憂；又獲得西寧附近藏傳佛教聖地塔爾寺僧侶支持，響應者多達二十萬人，乃於雍正元年進攻西寧，甘肅、四川的藏人也相繼附從。

雍正皇帝獲報後，先命川陝總督年羹堯爲撫遠大將軍，移駐西寧展開部署，阻隔羅卜藏丹津與準噶爾的聯繫，並切斷其入藏的後路，旋即迫使敵軍十萬眾投降。雍正二年，再以四川提督岳鍾琪爲奮威將軍，率精兵突襲其餘部，羅卜藏丹津則「衣番婦衣」逃往準噶爾。用兵青海迅速得勝，出乎雍正皇帝預料，故言：「原是聖祖所遺之事，今如此出於望外，好就將此奇勳自己認起來，實實面愧心慚之至。」

戰後，年羹堯提出「善後事宜十三條」，經總理事務王大臣討論後施行，舉凡對和碩特部的獎懲、建立扎薩克制度、整頓藏傳佛教寺院、在西寧等處添兵駐守等，都有具體規範。雍正三年（一七二五），命駐劄青海副都統達鼐（？—一七三四）爲「辦理青海蒙古番子事務大臣」，駐西寧，正式將青海納入統治。

征服「西域」

明初，在嘉峪關外設有七個衛，其外稱「西域」；明中期以後，其西界退縮至嘉峪關。在嘉峪關外，天山北路伊犁河流域爲準噶爾部所有，南路則是葉爾羌汗國掌握。康熙朝初期，準噶爾汗噶爾丹統有天山南、北路，既交好西藏，並與俄國往來，成爲「西域」的新興強權。

爲解決來自西北的威脅，康熙皇帝自康熙二十九年至三十六年間，三次親征，官方都宣稱「大敗噶爾丹」。第一次烏蘭布通（今內蒙古）之戰，清軍損失重大，至多只能說是「慘勝」；第二次昭莫多（今蒙古國烏蘭巴托）之戰，擒殺噶爾丹之妻阿奴（？—一六九六）及二千餘人，略有斬獲；第三次在交戰前，因準噶爾部遭逢饑荒，加以噶爾丹病故，遂以其部眾大舉歸降收場。雖然對準噶爾戰爭在開疆拓土上毫無成果，但清朝已掌握影響西北情勢的關鍵因素，即「西藏屏蔽青海、滇、蜀，苟準夷盜據，將邊無寧日」，故康熙朝晚期有征西藏之舉。

雍正五年（一七二七），策妄阿拉布坦去世，子噶爾丹策零（一六九五—一七四五）繼立，仍延續其父向外擴張的企圖。雍正皇帝深知準噶爾一日不靖，「西藏事一日不妥，西藏料理不能妥協，眾蒙古心懷疑二」，積極籌備用兵事宜，並於雍正七年分西、北二路發兵遠征準噶爾。然而，這場持續六年的戰爭，清朝耗費龐大的人力物力，卻未達到目的，雍正皇帝將失敗歸因於「朕之籌畫於事先者，雖未有爽，而臣工之失機於臨事者，則不一而足矣」，遂在雍正十二年（一七三四）與準噶爾展開議和。直到乾隆四年，雙方才議定以阿爾泰山為準噶爾與喀爾喀的放牧界地。

乾隆十年，準噶爾爆發大瘟疫，噶爾丹策零染病身亡，內部又陷入長期政爭；準噶爾渾台吉（*khong tayji*，蒙古貴族稱號，或稱「副汗」）達瓦齊（？—一七五九）在輝特部台吉阿睦爾撒納（一七二三—一七五七）協助下奪取汗位。乾隆十九年（一七五四），兩人反目激戰，阿睦爾撒納大敗，率眾降清；乾隆皇帝見機不可失，遂於次年出兵，旋即征服準噶爾。清朝按舊有四衛拉特（杜爾伯特、輝特、和碩特、準噶爾）分封，惟阿睦爾撒納「欲為四部總台吉，專制西域」，於是戰事再起。乾隆二十二年（一七五七），阿睦爾撒納在清軍進逼下，輾轉逃入俄國後，染天花而亡，第二次準噶爾戰爭遂告結束。戰後，清軍逐一剿滅準噶爾殘眾，據時人記述，「誅夷盡絕，因而滅其種類」。晚清魏源（一七九四—

一八五七）則謂：「計數十萬戶中，先痘死者十之四，繼竄入俄羅斯、哈薩克者十之二，卒殲於大兵者十之三」，僅存充賞的婦孺，以及來降受屯若干戶。

至於天山南路，清朝稱爲「回部」或「回疆」，當地穆斯林長期受準噶爾控制，以其領袖「和卓木」（漢譯「聖裔」）爲人質，驅策其部眾墾荒繳稅。乾隆年間，清軍掃平準部達瓦齊，釋放遭關押的大、小和卓木波羅尼都（？—一七五九）、霍集占（？—一七五九）兄弟，命波羅尼都返回舊地安撫葉爾羌等處回民，霍集占則留居伊犁。惟霍集占認爲，「我方久困於準夷，今屬中國，則又爲人奴，不如自長一方」，乃趁清軍與阿睦爾撒納對戰之際，潛回葉爾羌，與其兄共同起兵，據地獨立。

清、回之役，可說是清、準之戰的延長。乾隆二十三年（一七五八），準部大勢已定，清軍便著手對付回部，卻因低估其實力，戰爭初期並不順利。尤其是年八月，在葉爾羌城東的黑水營之戰，定邊將軍兆惠（一七〇八—一七六四）孤軍深入，遭回軍圍困三個多月始解，乾隆皇帝不得不承認「向來之輕視逆回，乃朕之誤」。乾隆二十四年（一七五九），清軍逐步反攻，迫使大、小和卓木放棄喀什噶爾、葉爾羌兩城，逃往巴達克山（阿富汗東北），遭巴達克山蘇丹擒殺，並將兩人首級送給清軍；天山南路蕩平，清朝的疆域規模也至此確立。

論者以爲，漢族政權自古已在「西域」設治，乃中國的「固有疆域」，惟自明中期宣

圖4-2　郎世寧等繪《平定伊犁回部圖 第二幅 格登山斫營圖》。清乾隆間單色銅板墨印紙本冊頁，臺北國立故宮博物院提供。

告棄守後，已非「故土」。清朝歷經康、雍、乾三帝前後七十年，終於將天山南、北路全入版圖，使中國歷史上的「西域」，成爲清朝的「新疆」。史臣更以「收自古以來未收之地，臣自古以來未臣之民」，彰顯乾隆皇帝開拓疆域的成就。

「中國」與「天下」

努爾哈齊建立的國家，名曰「*aisin gurun*」（金國）；皇太極時，更定爲「*daicing gurun*」（大清國）。當時，稱明朝爲「*nikan*」（字義爲「漢人」）、「*amba nikan gurun*」（大「漢」國）或「*daiming gurun*」（大明國），有時也作「*dulimbai gurun*」（中國，字義爲「中央之國」），是指「明朝政權」而言。順治元年十月，皇帝親詣南郊告祭天地，祝文

圖4-3　郎世寧等繪《平定伊犁回部圖 第七幅 黑水解圍戰圖》。清乾隆間銅板墨印，臺北國立故宮博物院提供。

日：「因茲定鼎燕京，以綏中國」，此處的「中國」，當指「明朝故地」。是以對清初諸帝而言，「中國」（*dulimbai gurun*）具有政治的、地理的雙重意義。

漢族政權建立以皇帝爲中心的世界秩序，是將被征服或進貢者都納入其體系，則「中國」即是「天下」。當清朝統治「中國」後，也使用「*dulimbai gurun*」；「*dulimba*」（中央）雖有自我中心的意識，但康熙朝《御製清文鑑》將「*gurun*」（國）定義爲：「*abkai fejergi duin mederi dorgi be.*（將天下四海之內）*dulimbai gurun sembi.*（稱中國）*geli mederi tulergi jasei tulergi.*（又將海外、境外）*alban jafame hengkilenjirengge be.*（來進貢叩頭者）*tulergi gurun sembi.*（稱外國）」，所謂的「中國」，當指直接統治之地。清、

俄簽訂《尼布楚條約》，康熙皇帝最初指示索額圖，「尼布潮、雅克薩、黑龍江上下，及通此江之一河一溪，皆我所屬之地，不可少棄之於鄂羅斯」，與皇太極「大清國」極東、極北的「勢力範圍」相符；然為防止俄國與準噶爾聯合，遂讓步為「彼使者若懇求尼布潮，可即以額爾古納為界」，則屬有效統治的範圍。《尼布楚條約》滿文本的「中國」，是用「*dulimbai gurun*」，而非「*daicing gurun*」，或許有此涵義。

其次，清朝的漢文官書常稱周邊民族前來「朝貢」，如《太祖實錄》載：「從此蒙古朝貢不絕」；《聖祖實錄》稱喀爾喀、準噶爾「累世恭順，職貢有年」，卻不代表雙方有實質的主從關係。康熙皇帝指出：「喀爾喀地居極北，曩雖進貢，未嘗親身歸順」。噶爾丹認為，康熙皇帝並非天下唯一的統治者，而是與達賴喇嘛並列的「中華皇帝」（*dulimbai gurun i han*，中央之國的汗）；甚至表示「聖上君南方，我長北方，我與巾華，一道同軌」，則說明在「他者」的眼中，皇帝的「中國」有其限度，而康熙皇帝也接受這個事實。

清入關後，不僅接收明朝的疆域，邊疆開拓也有重大進展，包括：臺灣、喀爾喀、西藏、青海，以及天山南、北路。對此，康熙皇帝自認「擴從古未入版圖之疆宇」，雍正皇帝則誇耀「是中國之疆土開拓廣遠，乃中國臣民之大幸」，乾隆皇帝更宣稱「亙古不通中國之地，悉為我大清臣僕」。是以乾隆朝《御製增訂清文鑑》對「*gurun*」的解釋，僅保留「*abkai fejergi duin mederi dorgi be.*（將天下四海之內）*dulimbai gurun sembi.*（稱中國）」之意。換言之，乾隆朝中期以後的「中國」等同於「天下」，指的是清朝統治力所及的範圍，除滿洲的「龍興之地」與漢人居住的「內地」外，還包括蒙古、維吾爾、藏族所在的蒙古、新疆、青海、西藏等「藩部」的多民族帝國。

二、因俗而治

關外時期的治理經驗

滿洲文化在漸次形成期間，具有鮮明的多元文化特徵：以採集資生的漁獵文化爲基礎，既包含崇尚騎射的游牧文化，又兼具築室而居的農耕文化。惟女眞「有稼穡，有城堡世居之民」，不同於純粹游牧的蒙古；「善射馳獵，耐饑渴」的特質，亦有別於定居務農的漢族。關外時期滿洲統治者如何處理與其他民族的關係，並進行有效統治，是使其政權穩固，進而擴大的關鍵。

在蒙古方面，蒙古諸部實力有別，滿洲運用的手段也不同，除用兵、招降之外，主要有：

一、聯姻：努爾哈齊善於運用婚約換取政治利益，尤其與漠南蒙古科爾沁部聯姻，促成雙方在政治、軍事、經濟上的合作。在入關前，愛新覺羅家族和蒙古貴族間通婚多達八十餘次，不僅減少滿、蒙的衝突，也瓦解科爾沁、內喀爾喀五部與察哈爾蒙古間的團結。

二、會盟：透過會盟的方式可爭取蒙古的支持，或防止蒙古與明朝合作。例如：天命四年，金國欲聯合蒙古攻明，努爾哈齊派員與內喀爾喀五部代表誓盟，立下背約者將短壽，並濺血、蒙土、暴骨而死的重誓。皇太極繼位後，也多次與蒙古諸部舉行會盟，堅定彼此關係。

三、編旗：努爾哈齊將歸附的蒙古編入八旗，其後再擴大爲「八旗蒙古」。迨皇太極控制漢南蒙古諸部後，確定其貴族牧放地界、分定地方戶口，乃在蒙古原有社會組織基礎上，加入滿洲的八旗制度形式，設立「扎薩克」。

四、興教：蒙古普遍信仰藏傳佛教，努爾哈齊曾接待從西藏到蒙古弘法的喇嘛囊素（？—一六二一），皇太極禮遇、保護喇嘛，也在盛京興建規模宏巍的實勝寺，用以籠絡蒙古，期使各部歸心。

在漢族方面，自天命六年努爾哈齊進入遼瀋地區後，便推行「恩養尼堪」政策，令其「各安其居，各耕其田」，以穩定社會秩序；實施「計丁授田」，以恢復經濟生產。所謂「計丁授田」，是將圈占的土地按丁數授予滿、漢人戶，每丁授田六晌（三十畝）。惟按照滿洲慣例，實是將征服所得的人口、財貨分配給各旗，使遼東漢人淪爲農奴。其次，努爾哈齊爲解決滿洲官兵在當地無住所、糧食、田地問題，規定「諸申、尼堪合居同住、同食、同耕」。此一「合食同住」措施，形同要求尼堪供養諸申，更助長諸申對尼堪的欺凌、勒索。

「恩養尼堪」，卻導致漢人反抗、逃亡事件層出不窮。天命十年，努爾哈齊認為漢人「不思養育之恩，心仍向明」，乃以清查奸細為名，展開大屠殺。同時，下令八旗大臣對漢人進行「甄別」，「當養者，以男丁十三人、牛七頭，編為一莊」，給予地百晌，分配給牛彔額真以上各級官員。「分丁編莊」的目的，仍在加強對漢人的控制，當時在遼瀋的朝鮮人李民寏指出，滿洲將領擁有大量農莊，「奴婢耕作以輸其主」。

皇太極繼位後，基於安民的考量，提出「滿、漢之人，均屬一體，凡審擬罪犯，差徭公務，毋至異同」的原則，以改善漢人待遇；又著眼於「如收得一、二賢能之人，堪為國家之助，其利賴寧有窮也」，而訂定招攬漢人的策略。由於編為莊丁的漢人「每被侵擾，多致逃亡」，另將每莊改為「壯丁八、牛二」，其餘漢人則「分屯別居，編為民戶」，恢復部分為奴者的自由。治理措施經皇太極的調整，頗能緩和政權內部的族群對立，尤其「滿漢一體」政策，更為日後諸帝所強調。

滿洲本位的「弊政」

清朝入關後，面對廣土眾民，如何維護優勢地位、保障政經利益，是以武力征服、少數統治的滿洲統治集團的當務之急。攝政王多爾袞將過去實施的圈地、投充、逃人等辦法用於漢地，並嚴令漢民依滿洲習俗薙髮、易服，引發極大的抗爭，後人稱為「五大弊政」。

一、圈地：目的在酬庸勳戚功臣、安置八旗屬人，類似過去的「計丁授田」，雖有「滿、漢分居，各理疆界，以杜異日爭端」的作用，卻淪為強佔漢人土地。自順治元年年底至四年年初，朝廷三度發布「圈地令」，範圍從京畿擴展到山東、山西等八旗駐防地區，造成「被圈之民，流離失所」。直到康熙八年，康熙皇帝才宣布「自後圈占民間房地，永行停止」。

二、投充：滿洲社會本有蓄奴，入關後大量土地需要人力耕種，自順治二年起准許貧困者投入滿洲家為奴；雖採自願方式，但漢人一經投充，便失去人身自由。然而，屢有滿洲威逼投充，甚至無賴之人藉投充旗家「橫行鄉里，抗拒官府」，衍生許多社會問題，朝廷遂於順治四年下令停止。

三、逃人：奴隸是旗人的財產，關外時期已立法懲處奴隸逃亡。入關後，因推行圈地，投充者愈多，逃人問題也愈嚴重，於是在順治三年更定「逃人法」。新法不僅嚴懲逃人，對窩藏逃人的「窩主」更處死籍沒，罪及鄰里，是以訐告盛行，人人自危。迨康熙年間，逃人問題趨緩，逃人法才漸廢弛。

四、薙髮、易服：滿洲男子「辮髮垂後，耳垂金環，留腦後髮，以色絲繫之」；穿著窄袖圓襟、袍外加馬褂，以方便騎射，與漢人束髮戴冠、長領寬袍迥異。順治元年入北京，多爾袞即諭令「投誠官吏、軍民，皆著薙髮，衣冠悉遵本朝制度」，惟漢人對薙髮事極度反感，加以局勢未定，而暫時收回成命。次年，征服江南奏捷，多爾袞重申薙髮令，凡「不隨本朝制度者，殺無赦」，但「衣帽裝束，許從容更易」；傳至地方的詔書，更有「留頭不留髮，留髮不留頭」之語，引起激烈反抗。其中，嘉定在十餘日間歷經三次屠城，極爲慘烈。至於易服，命令多與薙髮同時頒行，然有製作、措買等問題，執行較爲緩慢，至順治十年仍有「漢官人等，冠服體式，以及袖口寬長，多不遵制」。

清初，凡以「五事具疏者，一概治罪」，是政治上的大禁忌；雖然圈地、投充、逃人之法漸次廢止，但薙髮、易服之令從未放鬆。順治十一年，漢大學士陳名夏（？—一六五四）向順治皇帝建言，「留頭髮，復衣冠，天下即太平」，遭彈劾而被處以絞刑，此案固然與朋黨傾軋有關，衣冠髮式卻也成爲政治鬥爭的工具。

崇儒重道

多爾袞攝政期間，確立「首崇滿洲」的原則，用人、行政無不「重滿輕漢」。然爲遷就少數治理多數的現實，他必須採取「以漢治漢」策略，並利用崇祀孔子、恢復科舉等屬於漢文化傳統的措施，以凸顯其「滿漢一家，共享昇平」的政治號召。相較於重視軍事價值的滿洲王公，在關內成長的順治皇帝「篤好儒術，手不釋卷」，親政後既標榜「不分滿漢，一體眷遇」，更揭示「崇儒重道」的大政方針，並據以「興文教、崇經術，以開太平」，向漢民傳達其文教治國的理念，換取漢族知識階層的支持與認同。

康熙皇帝自幼接受完整漢族經、史教育，深悉儒家學說在漢人社會的影響力，他接受內弘文院侍讀學士熊賜履（一六三七—一七〇九）「非《六經》、《語》、《孟》之書不讀，非濂、洛、關、閩之學不講，敦崇實行，扶持正教」的建議，大力提倡程朱理學。康熙九年（一六七〇），康熙皇帝頒布「聖諭十六條」，文曰：

> 敦孝弟以重人倫；篤宗族以昭雍睦；和鄉黨以息爭訟；重農桑以足衣食；尚節儉以惜財用；隆學校以端士習；黜異端以崇正學；講法律以儆愚頑；明禮讓以厚風俗；務本業以定民志；訓子弟以禁非為；息誣告以全良善；誡窩逃以免株連；完錢糧以省催科；聯保甲以弭盜賊；解仇忿以重身命。

將漢族主流學術思想的價值觀，定爲帝國臣民一體遵循的規範。

另一方面，康熙皇帝也採納內閣學士李光地的意見，以結合「治統」與「道統」爲己任，藉由對儒家學術的支持，使統治者搖身一變而爲「道統」的守護神，成功地將自己塑造成符合儒家「內聖外王」的「聖君」形象，進而化解漢族知識分子對滿洲統治者的種族歧見。影響所及，反清大儒黃宗羲（一六一〇—一六八五）也不得不讚嘆：「古今儒者遭遇之隆，蓋未有兩。五百年名世，於今見之」。

儒家學說是中國歷代帝王施政教化的準則，漢族更奉之爲民族文化的精神象徵，順、康二帝則視儒家爲治理漢人的工具。嗣後，雍正皇帝力倡孔子之教，並將「聖諭十六條」演繹爲《聖諭廣訓》，傳諭各地定期宣講；乾隆皇帝宣揚「崇正學」、「正人心」、「厚風俗」的教化政策，都是纘承康熙皇帝的既定路線。

盟旗制度

清朝統治下的蒙古，可分爲編入八旗制度的「八旗蒙古」，由駐防將軍、都統或駐紮大臣等直接管理的「內屬蒙古」，以及實施盟旗制度的「外藩蒙古」。盟旗制度是從關外時期的「扎薩克」發展而來，最初只施行於漠南蒙古，爲內扎薩克；隨著帝國疆域的擴大，康熙朝推行至漠北蒙古，雍、乾時期再將漠西蒙古納入，則稱爲外扎薩克。

盟旗制度是清朝在蒙古王公、台吉中任命旗長，授予爵位、俸祿、土地、牧丁，仍安置在其原來的牧區，編成一「旗」；各旗長統率部民，政治權利世襲，其貴族的政治地位、經濟利益並未改變，但被限制在旗的範圍內，不能隨意行動。旗與旗之間不相統屬，集附近若干旗爲一「盟」，設盟長，稱大扎薩克，定期舉行會盟。自清初以來便規定：「外藩蒙古，三年一會」，進行「簡稽軍實，巡閱邊防，清理刑名，編審丁冊」，無故不到者會受到處分。

有清一代，漠南蒙古設六盟五十一旗，漠北蒙古有四盟八十六旗，漠西蒙古則爲八盟六十四旗。康熙皇帝指出，「蒙古人欲各爲扎薩克，不相統屬，朕意伊等若各自管轄，愈善。昔太祖、太宗時，招徠蒙古，隨得分旗、分佐領，封爲扎薩克，各有所統，是以至今安輯」。雖然盟旗制度是按蒙古傳統的治理方式，其實是「眾建」的分化政策，使蒙古諸部成爲若干互不統屬的單位。

控制黃教

藏傳佛教原有紅、黃等派之分，明中葉以後，黃教不僅在西藏取得領導地位，且迅速拓展到蒙古，並以創教者宗喀巴（一三五七—一四一九）的兩大弟子達賴和班禪，「世以呼畢勒罕（*hūbirhan*，**轉世靈童**，漢譯「化身」）轉生，演大乘教」。順治十年，清朝冊封五世達賴喇嘛，承認他在藏傳佛教的領導地位。

自準噶爾部汗噶爾丹崛起後，清、準歷次交涉或交戰中，五世達賴喇嘛在噶爾丹陣營佔有一定地位。其實，早在三藩戰爭期間，康熙皇帝已察覺達賴喇嘛有迴護吳三桂之嫌，且其力足以左右蒙古諸部的動向。迨昭莫多之戰，經由調查西藏第巴桑結嘉措隱匿達賴喇嘛圓寂，及其挑起準噶爾部與喀爾喀蒙古的紛爭始末，康熙皇帝進一步認識黃教在蒙、藏諸部精神層面的意義，乃積極介入其教務。

先是，康熙三十二年（一七一三），康熙皇帝以哲卜尊丹巴呼圖克圖促成喀爾喀蒙古與清朝會盟，封他為「大喇嘛」，「於喀爾喀地方立為庫倫，廣演黃教」。哲卜尊丹巴係土謝圖汗袞布多爾濟（？—一六五五）次子，青少年時赴西藏拜謁四世班禪（羅桑卻吉堅贊，一五七〇—一六六二）、五世達賴喇嘛學佛法，在黃教中有一定地位，康熙皇帝在尚未獲悉達賴喇嘛已經去世的情況下與之結好，實有另行扶植宗教領袖以相對抗的用意。當桑結嘉措假冒達賴喇嘛名義事遭揭發後，康熙皇帝則堅持應「尊奉班禪胡土克圖，使主喇嘛之教」，試圖改變黃教的權力結構。降及康熙五十二年，復照封達賴喇嘛之例，封班禪呼圖克圖為「班禪額爾德尼（*erdeni*，珍寶）」。五世班禪（羅桑意希，一六六三—一七三七）呼圖克圖在康熙皇帝刻意尊崇下，在黃教的地位幾與達賴喇嘛相當。

另一方面，由於清、藏雙方對六世達賴喇嘛的身分認定意見分歧，而有「眞假達賴」之爭。清朝為安撫蒙、藏諸部，乃於康熙四十四年冊封曾師事五世達賴喇嘛的二世章嘉呼圖克圖（阿旺羅桑卻丹，一六四二—一七一四）為「灌頂普善廣慈大國師」。出身青海的章嘉呼圖克圖和清朝關係良好，是特意栽培的對象，早在康熙三十二年已受封爲「扎薩克喇嘛」，負責漠南蒙古宗教事務，足以和哲卜尊丹巴呼圖克圖分庭抗禮。至於清朝認可的達賴喇嘛的呼畢勒罕，直到康熙五十九年才受封爲「六世達賴喇嘛」入藏。

一如盟旗制度，康熙皇帝也是採取「眾建」的方式，分化並限制達賴喇嘛的影響力，將黃教世界建構成達賴、班禪、哲卜尊丹巴、章嘉四大呼圖克圖分掌前藏、後藏、漠北、漠南等地教務的體系。此後，四大呼圖克圖都必須獲得清朝敕封，才能取得合法地位。

三、化「邊陲」為「內地」

鄂爾泰與改土歸流

元、明時期，統治湖廣、雲貴、廣西、四川等地的少數民族，採來歸者「即用原官授之」的原則，稱爲土司。土司制度分土司和土官兩種，前者有朝廷賜封的宣慰司、宣撫司、安撫司等；後者則仿漢地制度，設土知州、土知縣，都是「擇其中之稍有功者，授以世職，俾其約束」。在清軍南下過程中，爲盡快取得西南的穩定，也沿用土司制度。

又自明初以來，便有委派有一定任期、期滿調任的府、州、縣流官，取代世襲土司的辦法，即所謂的「改土歸流」，但成效不佳。康熙朝晚期，清廷發現雲南烏蒙土司每年進貢錢糧不過三百餘兩，「而取於下者百倍」，且恣意虐殺；甚至在已經改流的東川，「尚爲土目盤據，文武長寓省城，膏腴四百里無人敢墾」。官紳對土司之弊多有申論，而有改土歸流的呼聲。

雍正四年，雲貴總督鄂爾泰（一六七七—一七四五）提出改土歸流的辦法，對情願歸流者，「但收其田賦，稽其戶口，仍量予養贍，授以職銜，冠帶終身，以示鼓勵」。雖然鄂爾泰擬定剿撫並用的策略，但從他「威不立則惠不從，剿不嚴則撫不定」的立論來看，仍是以剿爲主；而執行改土歸流政策的川陝總督岳鍾琪、貴州巡撫張廣泗（？—一七四九）等，也都主張用兵。因此，雍正四年至九年（一七三一）推動大規模改土歸流期間，發生大小戰役數十起，用兵十餘萬，在雲南、貴州殺戮尤爲慘酷，始有「蠻悉改流，苗亦歸化」的結果。此後，土司地方因懾於朝廷兵威，以自請改流者較多。

總計雍正朝改土歸流的土司約二百二十家，其中頑抗革除者和自請改流者各半。頑抗革除者，「有犯斬絞重罪者，其家口應遷於遠省安插；犯軍流罪者，土司并家口，應遷於近省安插」；自請改流者，則由督撫疏請改隸民籍，授以守備或千總、把總之職，准其世襲。就省分而言，雲南、貴州、廣西土司的抗拒力強，故遭受的衝擊大；湖廣、四川的土司因接近內地，且勢力較小，則推行較易。

清廷爲「堅其改流之念」，也有若干改革措施。以賦稅爲例，土司苛派名目繁多，如炊灶有「火坑錢」、入山有「鋤頭錢」、桑植有「孽火錢」等，改流之後，一切雜派私徵，嚴行禁革；「只將各土人名下田畝，全數自行報出，一體照輕則起科」，類似內地按畝徵稅的原則。總之，改土歸流的內容，不只是取消土司世襲制度、設置府廳州縣、派遣流官，還包括增添營汛、建築城郭、興辦學校、實施科舉等，一切比照內地。

年羹堯與青海善後

雍正二年，清軍征服青海後，撫遠大將軍年羹堯具奏「善後事宜十三條」，成爲治理的準則。其內容可歸納爲五大項：一、視青海和碩特蒙古諸部首領在戰時的立場，給予獎賞或懲罰。二、仿照內扎薩克制度，將青海蒙古編旗設佐領，並制定朝貢、互市規定；青海境內的喀爾喀部落，則另添設扎薩克。三、整頓青海黃教寺院，由官府按人供給衣糧，防止其聚斂財富、容留奸徒。四、在西寧等地修築土牆、城堡，加派駐軍，以防備蒙古；在四川松潘、打箭爐等處添設鎮營，以彈壓藏族。五、將歸附人眾收爲編戶，在新收土地進行屯田。

值得注意的是第五項，即原奏的第五條「撫戢西番，收其賦稅而固邊圉」、第十二條「新闢地方，宜廣屯種而增賦稅」，提出將特定地區的人口與土地納入國家直接管理的看法。就「撫戢西番」而言，「西番」即藏族，族類繁多，其中部分族群世居在陝西、四川、雲南沿邊數千里。年羹堯認爲，「西番之民，皆我百姓；西番之地，皆我田疇」，其牲畜、農產、人力卻聽任蒙古調取；遇有動亂，則一呼百應，「只知有蒙古，而不知有廳、衛」，殊不合理。如今「各番既經歸附」，他主張應授其頭目以土千百戶、土巡檢職銜，「分管眾番」，另添設衛所，會同附近廳、道，清查其戶數、人口，以徵賦稅，則「邊圉鞏固，或亦內安外攘之一法」。

就「廣屯種」而言，蒙、藏民族多以游牧爲生，年羹堯指出，「凡蒙古之藉水草以資畜牧之處，皆可樹藝種植之地」，故應「墳實地方，漸增賦稅」。由於直隸、山西、河南、山東、陝西風土與甘肅相近，熟悉旱地耕種，他建議可將此五省軍流人犯發往西寧至卜隆吉（甘肅疏勒河一帶）間，令其開墾。先由地方官撥地、耔種、耕牛，三年後照例收其糧草，支給官兵，俟地方墳實，「將見野無曠土，而賦稅由此漸增」。

年羹堯的意見，一是將游離於內地和域外的藏族，納入國家編戶；一是將新征服的土地，進行農業開發，既著眼於邊防與財政，又兼顧因俗而治和徙民實邊，實爲可長可久之策。一旦「撫戢西番」、「廣屯種」有所成，原本的游牧社會便有轉型爲農業社會的可能，其統治條件亦將與內地相近，自然能陸續設置州縣。

圖4-4　《職貢圖》描繪的西番各族。〔清〕謝遂，《職貢圖》，臺北國立故宮博物院提供。

從「西域」到「新疆」

天山南、北路是中國歷史上「西域」的一部分，在清朝則稱爲「新疆」。關於西域的範圍，《明史·西域傳》含括嘉峪關以西的哈密諸衛、朵甘都司、烏思藏都司（以上三地相當於清朝的甘肅西部、青海、西藏），連同天山南、北路和薩馬爾罕及其以西各國；惟乾隆朝編纂以「西域」爲名的官書，卻不盡相同。

先是，乾隆二十年（一七五五），伊犁初定，乾隆皇帝爲解決與準噶爾、回部語言不通的問題，敕撰《西域同文志》，按部族分爲天山北路、南路和青海、西藏；其中青海、西藏在雍正年間已爲清朝所控制，而天山南、北路此時也在掌握之中。其次，乾隆二十一年（一七五六），派員前往準部、回部調查山川、地名，其後編成《皇輿西域圖志》，不再包括青海、西藏，而是分爲安西南路（嘉峪關外州縣）、安西北路（哈密至鎮西府）、天山北路（庫爾喀拉、烏蘇至塔爾巴哈臺）、天山南路（闢展至和闐）等四路，並與舊藩蒙古（內扎薩克）、新藩蒙古（外扎薩克）、西藏同爲理藩院管理的「藩部」。換言之，乾隆皇帝的「西域」，是以能否有效統治爲前提。

然而，清朝所謂的「新疆」，並非只是泛指新得的疆土。雍正年間，將西南實施改土歸流後增設州縣、納入直接統治者，稱爲「新疆」。迨乾隆二十九年（一七六四），御史曹學閔（一七一九—一七八七）奏請將「西域新疆」增入《大清一統志》。是時，哈密、巴里坤、烏魯木齊設有道、府、州、縣、提督、總兵等官；伊犁、葉爾羌、和闐等處，現有總管、將軍及辦事大臣駐箚，其行政體系實與內地無殊。於是奉准將「西域」分爲兩部分：一是「西域新疆」，其四界分別爲：東至喀爾喀翰海及甘肅省界西，西至撒馬爾罕及蔥嶺界，南至拉藏界，北至俄羅斯及左、右哈薩克界，係清朝直接統治之地；原安西南路、北路乃爲肇設之地，則改隸甘肅。一是「新疆藩屬」，則指準噶爾、回部以西遣使通貢或通市各國，如哈薩克、巴達克山、痕都斯坦等，即所謂「慕化各藩」。

乾隆皇帝與新疆治理

乾隆二十四年，西陲大功告成，闢地二萬里，乾隆皇帝宣布將在天山南、北路屯田駐兵、設置州縣，期能於「國計邊防，兩得經久之道」。惟該地久爲準噶爾部控制，面對「語音殊、衣服異、嗜好不同之絕域」，縱使康熙皇帝認爲「併其地不足以耕種，得其人不足以驅使」，乾隆皇帝仍致力使「向日之邊陲又成內地」。

新疆地域遼闊、族群複雜，清朝以伊犁將軍為最高軍政長官，其下置都統、參贊大臣、辦事大臣、領隊大臣等職官，分駐天山南、北，分別管理本地事務。從軍機大臣等議定的「準噶爾善後事宜」、「回部善後事宜」來看，仍以「因俗而治」為主要策略，例如：以蒙古部落為主的天山北路（北疆），行盟旗制度。在維吾爾族居住的天山南路（南疆），則沿用其傳統的「伯克」（官長）制度，但按清朝官制劃定品級，不准世襲；由朝廷撥給「錢幣、地畝及供役之人」，不得擅自向人民徵收貢賦。

其次，州縣制度，行之於北疆的烏魯木齊及其以東地區。最初體制極簡，僅派駐同知、通判、巡檢文員，隸屬甘肅安西。其後，隨著移民不斷增加，始設鎮迪道，下轄鎮西府和迪化直隸州，分領若干縣，受甘肅布政使司節制。特別的是，乾隆年間對鎮迪道的管理，在行政體制上劃入甘肅省，其命盜、錢穀一應事宜卻歸烏魯木齊都統管轄，呈現從邊疆到內地的過渡性特徵。

至於乾隆皇帝所謂「兩得經久」的關鍵，在於屯田，即如陝甘總督黃廷桂（一六九一—一七五九）奏陳，「自內地輓運，需費實繁。惟有相度形勢，將可設屯田之處，次第舉行，庶兵與食俱足，而於國帑亦不致糜費」。自乾隆二十一年北疆大勢底定後，屯田便漸次展開，依屯種者的身分，可分為：一、軍屯，由調遣而來的綠營兵丁組成，最初在東部巴里坤至烏魯木齊一帶開墾，其後規模逐漸擴大。二、犯屯，各省流遣人犯依附於軍屯，按罪情輕重定以三、五年期限，無過則准入民籍，繼續屯種，不得回原籍。三、回屯，係仿照準噶爾部的做法，遷移維吾爾族至伊犁耕種。四、民屯，主要是朝廷招徠陝、甘貧民前往北疆，亦有流入新疆的商人、傭工轉而從事農業者。五、旗屯，原本以游牧為生的八旗索倫、錫伯、察哈爾、厄魯特蒙古各營，移駐伊犁後，朝廷鼓勵其從事耕種。

南疆自然環境優越，例如：土魯番以西的哈喇沙拉，「草肥水甘，多野牲，足資游牧；開都河水暢流，足資灌溉」，「夙稱富庶」。惟先有準噶爾部據其地為牧場，「回民不堪其擾，死絕逃亡，地遂空虛」；後有和卓木霍集占「用威力挾持各城，以致地方凋敝」。是以清朝將施政的重點放在安插降回，將軍屯「空出地畝，令回人承佃」，或以沒入回部貴族的「舊存官地」，「一體歸民墾種」，以恢復農、牧生產。

相較於雍正朝在青海限以五省有罪之人發往開墾，乾隆朝經營新疆屯田的方式更為多元，但都是以徵收賦稅為目的，不難看出乾隆皇帝「向日之邊陲又成內地」的政策淵源。另一方面，雖然「因俗而治」是清朝統治多民族帝國的重要原則，只要條件允許，凡是能直接控制者，都將納入中央集權的郡縣制度。

四、同文之治

同文的內涵

「同文」一詞，出自《禮記．中庸》，曰：「今天下，車同軌，書同文，行同倫」。依宋儒朱熹的闡釋：「今，子思（前四八三－前四〇二）自謂當時也。軌，轍迹之度；倫，次序之體，三者皆同，言天下一統也」，雖未針對「書同文」作解釋，仍能了解是指文字「劃一」；當然，也可以理解爲具有政治意涵的「統一」。惟子思的立論有其前提，是「非天子不議禮、不制度、不考文」，且須「德」、「位」相當，即漢儒鄭玄所說的「聖人在天子之位」，才有作禮樂、一制度的資格。

在儒家學術的影響下，中國歷代漢族政權莫不以「用夏變夷」爲理想，是以「書必同文」。然而，由非漢民族建立的遼、金、元三朝統治中國期間，官方正式文書分別以契丹字、女眞字、蒙古字與漢字並行，呈現有別於漢族政權的形式。理學家吳澄（一二四九－一三三三）親歷元朝的富強，並承認「一統之大，未有如今日」的事實，乃重新省思「一統」與「劃一」的關係，提出「器用各有宜，不必同軌也；文字各有制，不必同文也；國土各有俗，不必同倫也」的見解，突破漢族「嚴夷夏之防」的意識形態。

「同文」一詞，滿文寫作「*bergen be emu obumbi*」（把字一體）或「*bithe be emu obumbi*」（把

書一體）。據《御製清文鑑》釋義：「*hergen.*（字）*yaya araha bithe be,*（凡將所寫的書）*bithei hergen sembi.*（稱書的字）」，指「文字」而言；「*bithe.*（書）*ging suduri, geren dz tanggū booi banjibuha arahangge be,*（將經、史、諸子百家所編寫者）*gemu bithe sembi.*（都稱書）*jai araha hergen be,*（又將所寫的字）*inu bithe sembi.*（也稱書）」，則「書」和「字」的文義也可相通。就目前所見「同文之治」的滿文，作「*bithe i emu obure dasan*」（書的一體的治理），則是以「*bithe*」來表示「文」。

清朝統治下的滿、蒙、漢、藏、維吾爾五大族群，都有其語言文字。乾隆皇帝認爲，各種語文皆可「載道」，與其強求劃一，不如尊重現狀。他以漢語的「天」爲例，滿語曰「阿卜喀」，蒙古語、準語曰「騰格里」，藏語曰「那木喀」，維吾爾語則曰「阿思滿」，名稱雖有不同，「然仰首以望，昭昭之在上者，漢人以爲『天』而敬之，回人以爲『阿思滿』而敬之，是即其大同也」。換言之，語文指涉事物的本質既同，其中必有互通之理，只要從觀念溝通著手，便可化解語文隔閡。基於「天下之語萬殊，天下之理則一，無不戴天而履地，無不是是而非非」的道理，此即「一體」的寓意，也是對「同文」的重新定義。

語文政策與同文

關外時期，滿語、滿文是金（清）國內部各族群主要的溝通工具。對蒙古官員而言，滿文的創製係脫胎自蒙文，在學習和使用上較無障礙；對漢族官員來說，滿語聱牙拗口，滿文糾結屈曲，則困難重重，即便當時漢文亦可通行，漢官卻因「未諳滿語，嘗被訕笑，或致凌辱，至傷心墮淚者有之」。清朝入關之初，統治上面臨「滿、漢語言不通」的困境，攝政王多爾袞令八旗滿洲及漢官送子弟入國子監學習滿、漢書，期能培養「兼通滿、漢」的人才；爲有效統治漢民，採取滿、漢文並行的方式，使漢文成爲第二種官方語文。爲鞏固漢南蒙古並撫綏漠北蒙古，朝廷也令八旗蒙古子弟兼習滿、蒙文，則蒙文又成爲第三種官方語文。

另一方面，清朝爲籠絡青海、西藏的蒙、藏民族，於順治十年分別「冊封」其政、教領袖，頒賜給厄魯特蒙古和碩特部顧實汗的金冊、金印，用滿、漢及蒙古字；五世達賴喇嘛的金冊、金印，用滿、漢及圖白忒國字（藏文）。清廷針對不同族群使用不同文字，既不忘宣示滿洲的統治地位，也將此事諭知爲數眾多的漢民，而藏文出現在官方正式文書中，更具有政治力延伸的意義。降及乾隆二十四年，正式將天山南、北路納入版圖，透過敕修《西域同文志》，譯寫西域地名、人名，「首列國書，以爲樞紐；次以漢書，詳註其名義；次以三合切音，曲取其音聲」，再列蒙古字、西番字（藏文）、托忒字（厄魯特蒙古使用的蒙文）、回字（維吾爾文）等，「排比連綴，各註其譯語、對音」，提供內地瞭解西域的途徑。此一多元並行的語文政策，與帝國的族群成員增加同時並進，也反映出滿洲政權由民族共同體邁向多民族帝國的發展趨勢。

再從官方規制來看，舉凡冊書、詔書、《玉牒》等，都是「兼書清、漢文」，鑄造錢幣亦復如此。順治年間，京師鑄「順治通寶」，錢幕分鑄「寶泉」、「寶源」二字皆滿文；各省亦分鑄各地名，例如：浙江杭州局鑄「浙」字，山東濟南局鑄「東」字等，皆滿、漢文各一，滿文居左，漢文居右。雍正朝規定各省錢幕俱照京師辦理，「以寶字為首，次鑄本地方一字，皆用滿文」，其義為「於錢面鑄年號，以昭王制；錢幕鑄國書，以示同文」。乾隆朝在回部鑄錢，「附彼處城名於其幕，而正面遵用天朝年號，以彰同文之治」；在西藏鑄錢，「正面用漢字，鑄『乾隆寶藏』四字，背面用唐古忒字（藏文），亦鑄『乾隆寶藏』四字，以昭同文而符體制」。

頒賜曆書與同文

頒布曆法，是漢族政權展現皇權的必要儀式，清朝亦視為「國之要典」。早在崇德二年，皇太極即下令製作滿洲、蒙古、漢字三種曆日（*hūwangli bithe*，黃曆書），傳諭眾人。順治元年，多爾袞諭，自明年起即用新曆；次年，《時憲曆》成，（後避乾隆皇帝「弘曆」御名，改稱《時憲書》）欽天監官進呈御覽，遂宣旨賜百官，頒行天下，成為定例。

曆書與農時關係密切，朝廷原本只發給內地省分，意在「彰敬授人時之意」，「俾深山僻壤，咸知時序月令」。特別的是，從康熙朝開始，也陸續頒《時憲曆》給游牧部落，包括：康熙三十二年，藉內扎薩克科爾沁等二十四部落來使請安之便，按名發給；康熙五十三年（一七一四），頒給外扎薩克喀爾喀等十五部落；雍正三年，再頒給青海扎薩克王、台吉等。雖然農業節氣不適用於游牧社會，卻有向盟旗各部落展示清朝的主導地位，以及將帝國成員納入同一生活週期的意義。

乾隆皇帝深悉頒曆的政治意涵，於乾隆五年（一七四〇）賦〈十月朔日頒時憲書〉詩，云：「九瀛咸奉朔，四海正同文。禮特遵先制，時惟授大君。」惟在頒曆前，須將該區域的太陽出入、節氣時刻載入，始有實質效用。康熙朝頒賜內扎薩克、外扎薩克《時憲曆》時，已完成對當地的調查。是以乾隆二十年三月，西師報捷，乾隆皇帝便迫不及待宣布：「其日出入，晝夜節氣時刻，宜載入《時憲書》，頒賜正朔，以昭遠裔向化之盛」，並遣工部侍郎何國宗（一六八八—一七六六）「前往各該處，測其北極高度，東西偏度，繪圖呈覽」。

天山北路、南路的測量工作，分別於乾隆二十二年、二十五年完成。在頒賜準部《時憲書》時，乾隆皇帝撰〈十月朔日頒朔作〉詩，曰：「伊犁哈薩克，從此入華編。」句旁小註述其原由：「《時憲書》前備列各省暨外藩諸部節氣及日出入時刻，平定伊犁後，特命何國宗率西洋人遍歷西域諸部測量，今年始增入」。在頒賜回部時，則有〈庚辰春帖子〉

詩，云：「《嚕斯訥默》會文同，測景詳求昏旦中。從此凹睛凸鼻輩，一齊受吏驗東風。」註曰：「回中諸部有相沿占候書名《嚕斯訥默》，今命欽天監官往測量日影，定《時憲書》節氣之差」。

御製詩闡述頒曆的意象，不僅將伊犁等地載入曆書，也使回部與內地的曆書劃一，令「凹睛凸鼻」的維吾爾族感受帝國的照拂，以達到「四海同文」的境地。至於正式載入輿圖，尚待乾隆二十七年（一七六二）《皇輿西域圖志》初成。繪製輿圖、分疆定界，漢族政權行之已久，清朝不同之處，則在於康熙皇帝引進西法，派遣傳教士測繪製成《皇輿全圖》，以劃定疆域版圖。

滿洲中心的同文

「同文」更深一層的涵義，是以滿洲爲中心的「並呈」，在清朝又稱爲「合璧」。既然「同文」代表「一體」、「大同」的概念，乾隆皇帝乃以兼容並蓄的方法，用滿、藏、漢、維、蒙五種體字，題寫避暑山莊麗正門、鐫刻盛京大清門門額，以及永陵（景祖、顯祖）、福陵（太祖）、昭陵（太宗）前的下馬石碑，並編製滿漢、滿蒙漢，乃至四體、五體並呈的《御製清文鑑》，「以昭我國家一統同文之盛」。

爲爭取國內各族群對政權的認同，乾隆皇帝也身體力行「同文」的精神。乾隆皇帝精通滿、漢語文自不待言，他在乾隆五十三年（一七八八）〈上元鐙詞〉詩中寫道：「弗借舌人通譯語」，並於句旁小註說明學習語文的歷程：乾隆八年（一七四三），習蒙古語；二十五年，平回部，習回語；四十一年，平兩金川，略習「番語」（大、小金川藏語）；四十五年，因六世班禪額爾德尼（羅桑班丹益西貝桑布，一七三八－一七八〇）來謁，兼習唐古忒語（藏語）。是以每年蒙古、回部、番部等分班至京師參加元旦朝賀，乾隆皇帝「即以其語慰問，無藉通譯」；元宵節命新、舊諸藩在同樂園觀燈火，「並燕笑聯情，用示柔遠之意」。換言之，是以個人的語言能力，達到融合族群、鞏固統治的目的。

又乾隆五十五年（一七九〇），滿文繙譯《大藏經》告蕆，乾隆皇帝再次操作滿洲的支配地位，〈清文繙譯全藏經序〉曰：

> 蓋梵經一譯而為番，再譯而為漢，三譯而為蒙古。我皇清主中國百餘年，彼三方久屬臣僕，而獨闕國語之《大藏》可乎？以漢譯國語，俾中外胥習國語，即不解佛之第一義諦，而皆知尊君親上，去惡從善，不亦可乎？

《大藏經》總集佛教一切經典，自清初以來官方已譯印藏、漢、蒙三種文本，是書題爲《清文全藏經》，實揭示其爲「大藏之全」。以滿文繙譯各種經典，也是一種「同文」的形式；將《大藏經》譯為滿文，既有推廣滿文與宣揚教化的作用，更有強化滿洲為天下主的用意。

乾隆皇帝在晚年時，總結長期以「各國常用之書，相沿已久，各從其便」為原則的統治經驗，再次闡述「同文」的功用：一、在國內，「所謂修其教，不易其俗；齊其政，不易其宜也」，與「因俗而治」實為一體兩面。二、對屬國，則「各國之書體不必同，而同我聲教，斯誠一統無外之規也」，建立由「一體」臻於「一統」的天下秩序。因此，他自認本朝的「同文之治」，「視古所稱書同文者，不啻過之」。

五、戰爭與儀式

尚武精神

滿洲「習性悍勇，馳騁佃獵，乃其常事」，「女人之執鞭馳馬，不異於男；十餘歲兒童，亦能配弓箭馳逐」，舉國上下率以武事為尚。在關外時期，朝鮮方面盛傳，「女眞兵滿萬，天下不能敵」；日後，清朝皇帝也堅信，「我朝龍興東土，以弧矢威天下」。

曾在薩爾滸之戰被俘的朝鮮人李民寏，向國王李琿（光海君，一五七五－一六四一，一六〇八－一六二三在位）分析滿洲戰力強大的原因：一、「出兵之時，無不歡躍，其妻

圖4-5　《職貢圖》描繪的維吾爾族。〔清〕謝遂，《職貢圖》，臺北國立故宮博物院提供。

圖4-6　避暑山莊麗正門門額。

圖4-7　《清文全藏經》。清乾隆五十五年內府朱印滿文本，臺北國立故宮博物院提供。

子，亦皆喜樂，惟以多得財物爲願」。二、「以敢進者爲功，退縮者爲罪」，有功者賞以奴婢、牛馬、財物；有罪者則或殺或囚，或奪其人口、財貨，或處以刑罰，故臨陣有進無退。簡言之，滿洲在重利驅策下，無不樂於戰鬥。

爲掠奪而戰的動機，先由雍正皇帝演繹而爲尙武精神，曰：「見義必赴，臨陣必先，若徵兵選將之時，己不得與，則深以爲恥」，「以不得致命疆場，爲有生之大恨」，此種勁、勇敢係「與生俱來，千萬人如出一心」。這類遇差役「無不抒誠勇往」，逢行師「無不踴躍爭先」的特質，再經乾隆皇帝反覆申論，一變而爲可貴的傳統，甚至美化成「自騎射之外，一切玩物喪心志之事，皆無所漸染」。

另一方面，康熙皇帝將漠南蒙古王公進獻的牧場，設立木蘭圍場，於秋季行圍塞外，漸成「木蘭秋獮」之典，每年調遣八旗官兵分批赴口外圍獵習武。康熙皇帝指出，國家能開疆拓土，「皆因朕平時不忘武備，勤於訓之所致」。雖然雍正皇帝繼位後從不往木蘭行圍，仍告誡子孫，「當遵皇考所行，習武木蘭」。乾隆皇帝也重申，「行圍出獵，既以操演技藝，練習勞苦，尤足以奮發人之志氣」，並賦予「遵循祖制，整飭戎兵，懷柔屬國，非馳騁畋遊之謂」的嚴肅意義。

又傳教士白晉描述康熙皇帝對皇子的教養：「從他們懂事時起，就訓練他們騎馬、射箭與使用各種火器，以此作爲他們的娛樂和消遣」。康熙朝中期，設上書房教育皇子，規定皇子六歲入學時，遴選八旗武員弓馬、國語嫻熟者數人，教授騎射；每日下午散學後須習步射，每五日在圓明園習馬射，寒暑無間。凡皇帝在「紫光閣閱武進士射，先命皇子騎射，以爲多士程式」；每年十月，考試宗室清語、弓馬，也「先命皇子較射」，天潢貴胄亦須保持尚武的特質。

戰爭與典禮

在努爾哈齊時期，出征前偶有率諸貝勒祭堂子的紀錄。堂子是女眞部落的祭祀場所，源自北亞民族的薩滿信仰，努爾哈齊在赫圖阿拉、遼陽、瀋陽的都城，皆建有堂子；清軍入關後，也在京城玉河橋東（東長安門外、翰林院東）建堂子。天聰元年（一六二七），大貝勒阿敏征朝鮮返，先謁堂子，再入瀋陽城，則是凱旋在堂子行禮的較早記載。

滿洲以戰爭爲中心形成的祀典，隨著政權的擴大而制度化，並引進漢制儀式，包括：親征、命將、凱旋、受降、獻俘、受俘等，與祭告天、地、宗廟、社稷之禮相結合，構成一套場面壯觀、華麗的「軍禮」；出征、凱旋至堂子行禮，也成爲軍禮的一部分。其後，更在「武功」之外，增飾「文治」元素。康熙三十六年，康熙皇帝親征準噶爾告捷，而有「昭告文廟，勒石太學」之議。

自康熙四十三年以滿、漢文立《御製平定朔漠告成太學碑》起，立碑太學也納入戰爭儀式中。例如：雍正三年立《御製平定青海告成太學碑》、乾隆十四年（一七四九）立《御製平定金川告成太學碑》、乾隆二十年立《御製平定準噶爾告成太學碑》、乾隆二十四年立《御製平定回部告成太學碑》等，凡有重大戰役，無不撰文立碑，以示「始之以武，終之以文」。這類活動，也出現在帝國邊緣的戰場所在地，例如：平定準噶爾，在伊犁等地立碑；平定回部，在葉爾羌等地立碑；第二次金川戰役後，在烏圍、美諾、噶喇依的碑文，更以滿、漢、蒙、藏四體書寫。

然而，自大軍凱旋在太學立碑後，漸不在堂子行禮。乾隆皇帝認爲，堂子所祭之神爲「天神」，地位重要，故滿洲傳統出征必先祭堂子，與漢族祭昊天（上帝）的「類祭」的遺意相合；祖宗於戰後或不及歸告堂子，猶在行營列纛遙祭，亦與古人出兵在軍隊行止處舉行祭祀的「禡祭」相類。因此，乾隆皇帝下令重新研議凱旋之禮，並載入《會典》。

十全武功

乾隆五十七年（一七九二），大將軍福康安（一七五四—一七九六）自前線傳回廓爾喀請降的消息，乾隆皇帝喜不自勝，寫下「開恩逭孽明頒旨，竟得十全大武揚」的詩句。

乾隆皇帝承康、雍兩朝遺緒，國力豐盈，武功稱著，在位期間歷經十數場重大戰爭，而以二平準噶爾（乾隆二十年、乾隆二十年至二十二年），一定回部（乾隆二十四年），再掃金川（乾隆十二年至十四年、乾隆三十六年至四十一年），一靖臺灣（乾隆五十一年〔一七八六〕至五十三年），降緬甸（乾隆三十年至三十四年〔一七六五－一七六九〕）、安南（乾隆五十三年至五十四年〔一七八九〕）各一，二次受廓爾喀降（乾隆五十六年、五十七年）最爲重要，合爲「十全武功」。依戰爭的性質，可分爲：一、對準噶爾、回部，是開疆闢土；二、對金川、臺灣，爲敉平邊亂；三、對緬甸、安南、廓爾喀，則屬用兵鄰國。

在敉平邊亂方面，大、小金川在四川西北大渡河上游，西連康藏，南接雲貴，北界青海，東通成都，兩金川土司接受清朝冊封，卻恃強掠奪，乾隆皇帝以地理位置重要，任其擾亂，將威脅內地安全，乃有大、小金川之役。惟因金川「地險碉堅」，藏人「善於穴地藏躲」，喇嘛復長於念咒邪術，能呼風喚雨，瓦解清軍士氣，是以第一次討大金川無功而返，迨第二次用兵始平兩金川。戰後，清廷爲永絕後患，在當地設懋功廳，駐同知掌理屯務，遂改土歸流。其次，臺灣係移墾社會，不乏冒險偷渡的社會游離分子，樹黨結會風氣盛行，往往因小釁釀械鬥；加以吏治不良、班兵腐敗，民怨既深，甚易激變。天地會首領林爽文（一七五六－一七八八）等即因不滿官兵取締，在彰化率眾起事，自號盟主大元帥；南路會眾莊大田（一七三四－一七八八）亦在鳳山起兵，稱輔國大元帥，震動全臺。乾隆皇帝以林爽文等「糾眾騷擾，殺害官長，攻陷城池」，危害地方治安，而有臺灣之役。

在用兵鄰國方面，一、緬甸之役，緬甸國王懵駁（一七六三－一七七六在位）為擴張勢力，派兵擾掠雲南邊境土司，與清方發生衝突。此事原本只是土司間的糾紛，卻因清朝邊臣冒進喜功，乾隆皇帝也誤判緬甸易取，以致四次出征，損兵折將，毫無成果。直到乾隆五十五年，緬甸正式遣使慶賀皇帝八旬萬壽，並請敕賞封號，納貢稱藩，滇、緬邊界始安。二、安南之役，屬國安南長期處於南北紛爭，時國王黎維祁（一七六五－一七九三，一七八六－一七八九在位）政權為西山阮氏所奪而出奔，乾隆皇帝以「興滅繼絕」之姿，出兵助其國祚重延。然而，清軍在前線貪功輕敵，為阮氏所敗；黎維祁恢復王位後，大肆殺戮，又失人心，乾隆皇帝遂以「天厭其德」為由，「班師以知退」。阮惠（阮光平，一七五三－一七九二，一七八八－一七九二在位）於此時輸款，受冊封為安南國王；黎維祁則被帶往北京，並編入八旗漢軍。三、兩次廓爾喀之役，廓爾喀原為尼泊爾的小部落，於乾隆朝中期建立王朝，與西藏的商務關係密切。然廓爾喀因與藏人為鹽稅銀錢細故，兩次進入藏地搶掠。乾隆皇帝為「綏靖邊圉，保護衛藏」，乃「聲罪致討」，盡復西藏失地。戰後，清廷頒行《欽定西藏善後章程》，規定西藏的政治、軍事、財政、外交等事務，皆由駐藏大臣管轄，達賴、班禪則被限定為當地的宗教領袖，強化清朝對西藏的控制。

「十全武功」歷次軍費支出，官方並未公布確切數字，各書記載亦不　；就目前所見，總支出大約一億三千七百萬兩。惟這筆總數極為可觀的開銷，是分散在四十五年間的不同時段，且在耗費最多的第二次金川之役時，戶部每年庫存銀數多在七千餘萬兩，係乾隆皇帝即位以來實存銀較多的時期。是以戰爭造成國庫支出增加固爲事實，但未必嚴重影響財政，以往論者總以「十全」之費作爲評判清朝中衰的依據，値得商榷。

在乾隆三十九年至四十九年間（一七七四—一七八四），另有山東臨清王倫（？—一七七四），以及甘肅蘭州蘇四十三（一七二九—一七八一）、石峰堡田五（？—一七八四）等三場戰事。乾隆皇帝認爲這類「內地奸民滋事，旋即剿捕」，「事小不足計」，故不必立碑，也不列於「武功」。又臺灣之役亦屬處理地方「賊匪」，事竟卻在熱河文廟立碑，係因自戰事爆發以迄結束，乾隆皇帝常在避暑山莊運籌帷幄，有感於「籌於斯，發於斯，臻於斯」，加以「臺灣孤懸海外」，實介於「平伊犁、定回部、收金川」與「誅王倫、翦蘇四十三、洗田五」之間，而有此舉。

當乾隆皇帝接獲福康安奏報自廓爾喀班師日期，又賦詩云：「示武方能成偃武，歸文乃可示修文」。他旋以言猶未盡，另撰〈十全記〉警示子孫，曰：「迺知守中國者，不可徒言偃武修文，以自示弱也。彼偃武修文之不已，必致棄其固有而不能守」，終究是強調軍事價値，且充滿統治的危機意識。

表4-1 「十全武功」軍事支出統計比較表

單位：萬兩

資料來源 / 戰役名稱	《簷曝雜記》	《四川布政錄》	《聖武記》	《清史稿》	官書、檔案
第一次金川之役	775	760.4844		2,000	712.75
準部、回部之役	2,311		3,300	3,300	3,500
緬甸之役	911		900	900	1,300
第二次金川之役	6,370	5,982.276	7,000	7,000	5,351.6601
臺灣之役	1,000		800		1,000
安南之役			100		134.6508
二次廓爾喀之役		1,100		800	1,700
總計	11,367	7,842.7604	12,100	14,000	13,699.0609

說　　明：「官書、檔案」欄的數字，係以賴福順的研究為基礎，輔以陳鋒的補正。

資料來源：〔清〕趙翼，《簷曝雜記》（北京：中華書局，一九八二年），卷二，〈軍需各數〉，頁三十五。

〔清〕佚名輯，《四川布政錄》（收入《清代邊疆史料抄稿本彙編》，第三十冊，北京：線裝書局，二〇〇三年），〈報銷〉，頁二二六—二二九。

〔清〕魏源，《聖武記》（臺北：臺灣中華書局，一九六二年），卷十一，〈武事餘記・兵制兵餉〉，頁四a—四b。

〔民國〕趙爾巽等撰，《清史稿》（北京：中華書局，一九七七年），卷一二五，〈食貨志·會計〉，頁三七九〇。

賴福順，《乾隆重要戰爭之軍需研究》（臺北：國立故宮博物院，一九八四年），頁四二六—四三〇。

陳鋒，《清代軍費研究》（武昌：武漢大學出版社，一九九二年），頁二六三—二七一。

戰圖與功臣像

隨著前線捷報頻傳，宮廷畫師奉乾隆皇帝之命，創作大量以戰爭爲題材的繪畫。先是，當清軍進攻準部、回部時，乾隆皇帝指派西洋傳教士郎世寧（Giuseppe Castiglione，義大利人，一六八八—一七六六）繪製《阿玉錫持矛蕩寇圖》等，表彰滿洲勇士的英勇戰績；繼之，令郎世寧、王致誠（Jean-Denis Attiret，法國人，一七〇二—一七六八）、艾啓蒙（Ignatius Sichelbart，波希米亞人，一七〇八—一七八〇）等教士，將戰鬥攻防、受降獻俘、凱宴將

圖4-8　《阿玉錫持矛蕩寇圖》。臺北國立故宮博物院提供。

士的情景起稿十六幅。

自乾隆三十年起，原稿由軍機處分四次頒發粵海關，交商船帶往法國巴黎鐫刻銅版，並以葡萄酒渣熬製顏料，在當地各印刷二百張，至乾隆三十九年始告竣，此即著名的《平定伊犁回部得勝圖》銅版畫。運抵清宮後，乾隆皇帝頒賞皇子、親王、大臣，並將這批銅版畫分送各地行宮、寺院保存陳設。

其後，內廷西洋畫家又奉命作《平定兩金川戰圖》、《平定臺灣戰圖》、《平定廓爾喀戰圖》、《平定安南戰圖》等，都由內務府造辦處奉旨自製銅版印刷。與「十全武功」相關的戰圖，不僅有銅版畫，也都有紙本設色的冊頁。

戰圖原作陳列在紫禁城西苑的紫光閣，是康熙朝以來舉行殿試武進士騎射、新年饗宴外藩，也是秋季大臣、侍衛校射的地點。及西師告蕆，乾隆皇帝爲獎勵有功文武官員，仿效東漢明帝《雲臺二十八功臣像》、唐太宗《凌煙閣二十四功臣像》，於乾隆二十五年特命繪製《紫光閣五十功臣像》，由皇帝御寫贊辭；次年，再製《後五十功臣像》，則由儒臣題寫綴辭。這套功臣像以大學士傅恆領銜，贊辭曰：「世胄元臣，與國休戚。早年金川，亦建殊勳。定策西師，惟汝予同。酇侯不戰，宜居首功。」傅恆是第一次金川之役的關鍵功臣，並未參與伊犁、回部之戰，但他獨排眾議、全力支持用兵西域，故乾隆皇帝譬之如蕭何（？—前一九三），不戰而居首功。

這類功臣像另有三套，亦有贊辭，分別是：《平定金川功臣像》（前、後功臣各五十人），以尚書阿桂居首；《平定臺灣功臣像》（前列功臣二十人、次列功臣三十人），亦以大學士阿桂位列第一；《平定廓爾喀功臣圖》（前、後各十五人），則以大將軍福康安為先。其中，阿桂、領侍衛內大臣海蘭察（？—一七九三）被列入功臣像四次，福康安也見於後三次，可知他們對「十全武功」的貢獻。

此外，清朝每次軍功告蕆，均奉旨纂輯成書，紀其始末，名曰「方略」或「紀略」，是以皇帝諭旨為經、臣工章奏為緯的紀事本末體。據《清史稿．藝文志》載，有清一代共二十一部，其中收入《四庫全書》者，包括：康熙朝《平定三逆方略》、《親征平定朔漠方略》，乾隆朝《平定金川方略》、《平定準噶爾方略》、《平定兩金川方略》、《臺灣紀略》、《臨清紀略》、《蘭州紀略》、《石峰堡紀略》等九種；另有屬「十全武功」而未被收入者，有《安南紀略》、《廓爾喀紀略》，以及記第一次廓爾喀戰役的《巴勒布紀略》等三種。由皇帝敕纂、欽定的戰爭類史書，亦可視為與戰爭相關的「儀式」。

圖4-9　《平定伊犁回部圖 第九幅 通古思魯克之戰圖》（銅版畫）。清乾隆間單色銅板墨印紙本冊頁，臺北國立故宮博物院提供。

圖4-10　《平定伊犁回部戰圖冊．伊犁受降圖》。

第五章

延續與創新——仿行明制及其更張

一、清承明制

悉從明制

清朝在關外時期的政治制度，有滿洲特色的議政會議、內三院、理藩院，以及仿行明制的六部、都察院，已具備國家規模。順治元年五月，攝政王多爾袞在北京宣布：「各衙門官員，俱照舊錄用」，不但全面接收明朝官員，也等於完全繼受明朝制度。在此前提下，多爾袞要求在京部院衙門官員，「同滿官一體辦事」，以與清朝既有體制整合。

滿洲以蕞爾之邦開創大業，如何治理，是一大挑戰。清朝記典章制度的官書，如《大清會典》、《皇朝文獻通考》等，屢見「國初，沿明制」。另據《清史稿》整理，舉凡與行政相關的職官、選舉、地方行政區劃，與經濟相關的漕運、鹽法、茶法、征榷，與軍事相關的海防、馬政，乃至刑罰、訴訟，無不「沿明制」。

論者以爲，滿洲以非漢民族統治中國，雖使漢族的「政統」中斷，然其大量採行明制，具有「一脈相承」的意義。惟此現象並非特殊，以漢族歷史上第一個「以小勝大」的西漢爲例，《漢書．百官公卿表》自丞相以下各官，官名下俱書「秦官」，賞功爵秩、亭鄉三老「皆秦制」；《後漢書．百官志序》則曰：「漢之初興，……法度草創，略依秦制」。歷代政權建立之初，制度也多沿用前代，迨運作成熟始有更張。因此，清初沿用明制，是小國得天下之後，爲恢復秩序以實現治天下目的的可行且必要手段，不必訴諸漢族中心的意識；即便是以「驅逐胡虜，恢復中華」爲號召的明太祖，其開國規模承繼元朝者仍多。

然而，對以「首崇滿洲」爲原則的統治者而言，實有必要就悉從明制提出說法。順治十年，順治皇帝閱讀《資治通鑑》，與滿、漢大臣討論「何帝爲優」，眾人咸舉漢、唐、宋、明開國之君。順治皇帝以爲，「歷代賢君，莫如洪武」，係因明太祖所定條例、章程「規畫周詳」，便是合理化本朝引進明制的解釋。

蕭一山指出，「清朝定鼎之初，一切職官，悉仿明制，其間略有損益，蓋以滿、漢二族不同之故，遂稍稍有所變通，俾便於統治耳。」可據以理解清朝政治制度及其變化。

中央行政組織

清朝中央官制可分爲中樞、帝室兩部分，大致沿襲明朝。不同之處主要有二，一是監督六部、原屬獨立機構的六科給事中，清朝將之併入都察院；一是特設軍機處、理藩院、內務府，此爲明朝所無。

在中樞部分，內閣「掌議天下之政」，設大學士，例兼殿閣（保和、文華、武英三殿，體仁、文淵、東閣三閣）及六部尚書銜。雍正朝設額外大學士，後改稱協辦大學士，是大學士的副職，並定大學士爲正一品；乾隆朝初期，則確定滿、漢大學士各二員。大學士之下，有學士、侍讀學士、侍讀等職；實際的「辦事之官」則爲中書，他們代皇帝撰擬制、詔、誥、敕，草擬票簽，繙譯滿、蒙文本章。清人稱入內閣爲「登政府」，稱大學士作「相國」或「中堂」，實際上「僅票擬承旨，非如古所謂秉鈞執政之宰相」，迨軍機處成立後，內閣遂失其實權。

其次，分司行政者，爲吏、戶、禮、兵、刑、工六部，各有職掌。順治元年，多爾袞取消貝勒管理部務舊制，並改承政爲尚書、參政爲侍郎、理事官爲郎中等，以與明朝的官稱相對應。由於滿、漢官員一體辦事，尚書滿、漢各一，侍郎分左、右，亦滿、漢各一，形成滿、漢「複職制」；官缺又有宗室、滿洲、蒙古、漢軍、漢人之分，各有一定比例。

與六部地位平行的，有都察院和理藩院。都察院掌監察，將原本的首長承政改爲左都御史，並改參政爲左副都御史，其下有左、右僉都御史等職，由各省總督、巡撫兼任。理藩院管外藩，首長與六部同時改爲尚書、侍郎，所用官員均爲滿洲或蒙古。此外，又有司審讞刑獄的大理寺，與刑部、都察院合稱「三法司」，掌制誥文史著作、備帝王顧問的翰林院，專司章奏、校閱題本的通政司，掌國學政令、教肄貢監的國子監，以及觀天文、編曆書的欽天監，其性質則是佐理六部、二院。

在帝室部分，宗人府掌皇族屬籍，內務府掌內廷事務，太常寺掌壇廟祭祀禮儀，光祿寺掌大內膳饈、宴饗，太僕寺掌馬政、牧地，鴻臚寺掌朝會、祭祀、宴饗禮儀，太醫院掌醫療政令。比較特別的是詹事府，原係明朝的東宮僚屬，清朝本無立太子之制，故順治朝一度裁撤；康熙十四年（一六七五），立胤礽為皇太子時復設；迨康熙五十一年再次廢太子之後，轉為掌經史、文章之事，職掌與翰林院同。

六部和各院、寺、府、監多沿用明制，職司頗有重疊，但各自為獨立機構，分別向皇帝負責，運作上已與明朝不同。由於皇帝直接介入軍政事務，內閣、部院官員凡事均須請旨，職權已較明朝縮減許多。又部院滿、漢首長並列，但「部事向皆滿尚書當家，漢尚書伴食而已」。

地方行政組織

清朝的地方行政組織，亦因襲明朝的行省制，分省、道、府、廳州縣等四級，另在京師設順天府，盛京則有奉天府。至乾隆年間，全國有直隸、山東、山西、河南、陝西、四川、江西、浙江、福建、廣東、廣西、雲南、貴州、甘肅、湖北、湖南、江蘇、安徽等十八行省。

地方最高行政首長為總督、巡撫，明朝督撫係因事差遣，事畢即撤；清初亦「因事設裁，隨地分併」，其後始成定制。總督「統轄文武，詰治軍民」，有直隸、兩江、閩浙、湖廣、陝甘、四川、兩廣、雲貴等八大總督，由各部侍郎、巡撫升任，或以尚書、左都御史簡放，或派大學士兼管。巡撫「綜理教養刑政」，除直隸、四川外，各省均有巡撫，有由布政使、按察使升任，或以侍郎簡放，亦有派大學士、副都御史兼管。一般而言，總督多由旗人擔任，巡撫則以漢人為主，皇帝藉此收相互監督之效。

省級的行政機關，另有承宣布政使司、提刑按察使司。承宣布政使司簡稱布政司或藩司，長官為布政使，掌財賦、民政，在明朝是一省的行政長官，在清朝則為督撫的從屬。提刑按察使司簡稱按察司或臬司，長官稱按察使，主刑名案件，地位次於布政使。布政使、按察使之下，以道員為輔佐官，凡駐守一定地方者為「守道」，分巡若干地方者為「巡道」。在司、道之下，設府；府轄州、縣，長官稱為知府、知州、知縣，均掌管一地民事、刑罰、財政。至於廳，原是知府派所屬同知、通判專管某地的辦事處所，其後成為固定的行政單位，以同知或通判為長官，邊疆地區有時也設廳管理。

歷代政府多以戶口數區別地方州縣等級高低，明朝則改以田糧數將府、縣分為上、中、下三等，清初亦將省級以下地方官員缺分為三等。雍正年間，另以衝（地當孔道）、繁（政務紛紜）、疲（賦多逋欠）、難（民刁俗悍、命盜案多）四者，定員缺緊要與否；緊要者可由督撫調補，其餘仍歸吏部銓選，是一大改變。

其次，地方另有以職務特設者，有掌督運河漕糧的漕運總督一人；治理水道、疏濬湖港的河道總督，山東、河南設一人，江南設一人，直隸以總督兼理；掌理一省學校士習文風的提督學政，以及在有鹽場的長蘆、河東、兩淮等處設鹽政，其他地方的鹽務則由總督或巡撫管理。道的層級也有特別職務的道員，包括督糧、鹽法或鹽茶、河工、驛傳、海關、屯田、茶馬、兵備等。這些外官或特旨簡任，或由地方官兼理。

順天、奉天二府，地位特殊，位階高於內地行省的府。清初依明制，將京師及其附近州縣劃爲順天府，以府尹爲長官，由部院大臣兼管。奉天府則是比照順天府，將「龍興之地」盛京附近州縣納入，另置戶、禮、兵、刑、工五部管理，以侍郎主其事，各級司官專用旗員。此外，東北的吉林、黑龍江，則設將軍，吉林將軍下有吉林、寧古塔、伯都納、三姓、阿勒楚喀等五處副都統衙門；黑龍江將軍下則有齊齊哈爾、墨爾根、黑龍江等三處副都統衙門。

鎮守各省的軍隊，有八旗、綠營之分。八旗視地理位置的重要性，分派將軍、都統、副都統等在地方駐防，雖多與督撫同城，但與地方官互不干預。綠營是清朝入關後收編漢人所組成，仿明朝的鎮戍制度而來，由督撫節制。

綠營設立的原則是「因地設官，因官設兵」，營制分標、協、營、汛四種，標分由總督（督標）、巡撫（撫標）、提督（提標）、河道總督（河標）、漕運總督（漕標）、總兵（鎮標）統轄；協由副將統之；營由參將、遊擊、都司、守備分統；汛則由千總、把總、外委統之。兵種分馬、步、守三種，視各地地形險易，酌定兵數多寡和兵種比例。綠營武職官員中，提督地位與總督相當，爲各省綠營的最高長官，掌一省軍政，與督撫並稱「封疆大吏」。

制度的整合

雖然多爾袞以滿、漢官員一體辦事，作爲磨合新、舊制度的手段，仍經一番周折才趨於穩定。茲以內三院（*bithei ilan yamun*）與內閣、翰林院在清初的更迭爲例，說明制度整合的歷程。

順治元年，降清的明朝內閣大學士、翰林院官員獲得「官仍其職」的待遇，而與內三院大學士、學士等並存。次年，朝廷一方面提高內三院位階，與六部同爲正二品衙門；並將翰林院併入內三院，稱內翰林國史院、內翰林秘書院、內翰林弘文院。另一方面，則將內閣處理本章的工作改由內三院轉奏，內閣的地位遂爲內三院取代。

順治八年，順治皇帝以內三院大學士品級既與六部尚書相同，乃命學士品級與侍郎同爲三品，再次提高內三院地位。至順治十五年（一六五八），順治皇帝又令除去內三院大學士名色，改加殿閣大學士，然爲避免重蹈明朝閣權過重覆轍，仍官正五品；別立翰林院，設掌院學士一員，正五品，並定內閣滿文稱「多爾吉衙門」（*dorgi yamun*），翰林院滿文稱「筆帖黑衙門」（*bithei yamun*）。就制度而言，包括品級在內，一切改行明制。

迨順治十八年，順治皇帝駕崩，輔政四大臣藉遺詔中有「不能仰法太祖、太宗謨烈，漸習漢俗」等語，以康熙皇帝的名義宣布「率循祖制，咸復舊章」，復設內三院，停罷內閣、翰林院。及康熙皇帝剷除鰲拜勢力後，於康熙九年下令改內三院爲內閣，並依順治十五年例設官，始爲定制。

內三院爲清制，內閣、翰林院屬明制，清初君臣視之爲可以相互替代的部門。從機構的滿文名稱來看，內三院的前身「*bithei boo*」（書房），改作「*bithei yamun*」（文書衙門）後，其名稱爲翰林院所沿用，可見在制度轉換時，翰林院取代內三院處理文書（*bithe*）的功能；從制度發展的脈絡來看，則是「書房」演變爲內閣。值得注意的是，多爾袞、輔政四大臣生長於關外，都主張維持滿洲舊制，是抱持滿洲中心的價值觀；當關內成長的順、康二帝親政後，皆改用明朝制度，則是有條件地接受漢文化。因此，在整合的過程中，並非只是單純的制度選擇，還暗含文化和世代的角力。

二、考試制度的發展

科舉考試的程式

科舉考試取士，創於隋朝，歷代相沿，至清光緒三十一年始廢止，前後長達一千三百餘年。《清史稿・選舉志》曰：「有清科目取士，承明制，用八股文，取《四子書》及《易》、《書》、《詩》、《春秋》、《禮記》五經命題，謂之制義」，「雖有以他途進者，終不得與科第出身者相比」，說明清朝科舉考試的大要，及其對清人入仕的重要性。

清朝自順治二年起開科取士，定於子、午、卯、酉年舉行鄉試，辰、戌、丑、未年舉行會試；在鄉試前有童生試，會試後有殿試，與明制同。

一、童生試：是參加科舉的資格考試。童生必須通過縣試、府試、院試（省）三個階段，報考人數在康熙朝初期「大縣一、二千名，中縣千餘名，小縣亦有四、五百名」，錄取者稱「生員」（秀才）。錄取生員的名額，以各縣文風高下和丁口錢糧多少而定，分為小學七、八名，中學十二名，大學二十名。取中的生員分別送入府、縣地方官學，平時接受月課和考校，另參加由提督學政主持的「歲考」；每屆鄉試前一年，還需通過「科考」，以及參加鄉試資格的考試。

二、鄉試：每三年在京師和各省省城舉行，試期為八月，故稱「秋闈」。鄉試由皇帝欽命的考官主持，凡本省生員、監生、貢生經科考錄取，均可應試。以文風鼎盛的浙江爲例，道光（一八二一—一八五〇）、咸豐（一八五一—一八六一）年間每科應試人數，多在一萬人上下。鄉試分三場進行，中式者爲「舉人」，第一名則稱「解元」。各省鄉試中額數，自乾隆朝以降，視人才多寡劃分大、中、小省，大約以一百人取中一名爲原則，全國共約一千二百餘名。

三、會試：鄉試後一年的三月在京師舉行，亦稱「春闈」。乾隆二年（一七三七），大學士張廷玉（一六七二—一七五五）爲會試正考官，留下「上科應試者四千五百數十人，今則增至五千四百餘人」的記錄；清末，因舉人入仕途徑壅塞，會試人數大增，一般都在一萬四千人左右。會試共考三場，每場三天，中式者取得應殿試的資格，稱「貢士」，第一名則稱「會元」。會試中額數每科不一，以順治十二年乙未科四百四十九名（包括滿洲五十名）最多，乾隆五十八年癸丑科八十一名最少，一般多爲二百餘名至三百餘名。

四、殿試：於會試後一個月舉行，地點原在太和殿，乾隆朝晚期改在保和殿，考一天一場，欽派讀卷官閱卷，從中選拔優者十卷進呈，恭候欽定，其餘則分別排次。待皇帝欽定前十卷名次後，連同其餘各卷依次書寫在黃紙，稱爲「金榜」。金榜分甲第示出：一甲三名，賜「進士及第」，稱狀元、榜眼、探花；二甲若干名，賜「進士出身」；三甲若干名，賜「同進士出身」。雖然殿試無黜落，會試中額應與進士數額相同，但因磨勘、覆試、丁憂等規定，人數會有變動。

有清一代，每三年照例舉行的「正科」共八十四；遇國家慶典、皇帝登極，或皇帝、太后萬壽之年，加考的「恩科」有二十六；另有順治四年定江南、十六年平雲貴的「加科」二，共一百一十二科。關於歷科殿試中額數，官書記載不一，學者統計也有出入，總計約二萬六千七、八百名。其中，「連中三元」尤其難得，即鄉試解元、會試會元、殿試狀元，只有乾隆四十六年辛丑科狀元錢棨（一七四二—一七九九）、嘉慶二十五年庚辰科狀元陳繼昌二人而已。趙翼（一七二九—一八一四）〈贈三元錢湘舲〉詩曰：「累朝如君十一個，事蹟半在青史留。」可知在錢棨之前，歷代僅十一人有此佳績，但他們的仕途表現大多平平。

考試辦法的改良

科舉考試行之已久，制度發展至明朝漸臻完備，惟清朝仍有改良，主要在取士方法和防弊措施。

在取士方面，以會試分省取士最為重要。會試錄取必須兼顧區域間平衡，明朝將會試取士額數分南卷（浙江、江西、福建、湖廣、廣東、應天府）、北卷（山東、山西、河南、陝西、順天府）、中卷（四川、廣西、雲南、貴州），定取中率為五十五：三十五：十。清初，亦分南、北、中三卷，但中式額數，「照赴試舉人之數均派」。

惟康熙朝中期，出現舉子未取中一人的「脫科之省」。雖然清廷曾增加特定省分的取中名額，或重新檢閱該省未中式試卷斟酌補取，期使每科會試各省舉子都有中式者，但均屬事後補救措施。迨康熙五十一年，為徹底解決各省考取進士額數問題，乃議定：會試考試入場時，「禮部將直省舉人各實數奏聞，酌定省分大小、人材多寡，欽定中額」，並於次年癸巳恩科會試施行，遂為定制。

在防弊措施方面，讀書、應試、入仕為士子晉身之階，不肖者希圖倖進，而有各種舞弊行為。例如：明清科舉規定須在原籍應試，由於各地童試、鄉試錄取名額不一，考生為避難就易，而有越籍赴試的「冒占」；考生在衣帽、文具等隨身物品中，夾帶小抄入場的「懷挾」；雇用槍手代考的「槍替」；又有託人向考官關說、行賄等，稱為「關節」。歷代政府為求考試公平，舉凡對考生的查驗、搜檢，試卷的彌封、謄錄，以及訓令考官不許干謁、濫認師生等都有規定，清朝除沿用外，另有新的辦法，舉其要者：

一、磨勘，意為複驗，自順治二年起，規定鄉、會試出榜後，即將試卷限期解送至禮部磨勘，防止考官在考試後修改試卷、營私舞弊。因此，「首嚴弊倖，次檢瑕疵」，發現「字句可疑，文體不正，舉人除名」，若干卷以上，正、副主考官及同考革職或逮問；不及若干卷，則奪俸或降調。磨勘官最初由禮部或禮科擔任，康熙年間派欽差大臣負責，由於多在餘暇勘校，往往虛應故事；乾隆初年，改由都察院科、道五品以上官員在朝房磨勘，其後又增派編修、檢討等官，共四十人專責其事。又自乾隆二十一年起，令磨勘官塡註銜名；二十五年，復增派大臣覆勘，分別議敘、議處，功令始嚴。當時，「盡心細核，指摘較多」的官員，被稱爲「魔王」。

二、覆試，是對取中者資格的再確定，歷代偶有實施，在清朝則爲定制。順治十四年，丁酉科順天府鄉試發榜後，物議沸騰，經查考生賄賂關節屬實，順治皇帝令禮部「將是年中式舉人速傳來京，候朕親行覆試」。嗣後，鄉試覆試自順天府漸擴大至各省，於道光二十三年（一八四三）成爲定制，規定覆試成績分四等，一至三等准其會試，四等視情節罰停會試一至三科，不入等及文理、字跡不符者革去舉人。其次，會試覆試係因康熙五十一年壬辰科發榜後，新中式貢士順天府解元查爲仁以傳遞事發逃逸，康熙皇帝懷疑「進士內或有不能作文」，遂親加覆試，其後屢有舉行，至嘉慶四年（一七九九）遂爲定制。會試覆試卷分三等，列等者准殿試，如顯係冒名頂替，以及傳遞、代倩等弊，即查究除名；如答卷有違式錯誤，則罰停殿試一至三科。

乾隆五十八年癸丑科取中進士人數，是歷科最少。據該科唯一的旗人進士英和記述，原本中額一〇二名，經覆試、磨勘罰科者二十九名，本科殿試只七十三人，加上歷屆罰科補試者八人，始得八十一人，可見防弊措施的作用。

旗人與科舉考試

清朝任官，首重出身，以科舉爲「正途」，餘爲「異途」。非正途出身者須經保舉，旗人「免保舉，皆得同正途出身」，是以科舉功名並非旗人入仕的必要條件，但投身舉業者卻日益增多。

順治八年，順治皇帝親政，禮部奉命研議八旗科舉辦法。在考試內容方面，滿洲、蒙古識漢字者，繙漢字文，不識漢字者，作清字文，漢軍則比照漢人例。鄉、會試又採分榜制，滿洲、蒙古一榜，漢軍、漢人一榜，是「定鼎後八旗科目之始」。雖然八旗的考試時間、程式比照漢人，但滿、蒙的考試內容與漢人不同，且自有取中額數，即使與漢人同榜的漢軍，也不占漢人名額。

由於旗人通過考試即得陞用，造成子弟「怠於武事，以披甲爲畏途」，引起崇尚軍事價值的滿洲舊臣不滿，順治皇帝只得下令自順治十四年停止八旗考試。然爲避免原有的八旗生員「無上進之階」，朝廷於康熙六年（一六六七）宣布八旗「與漢人同場一例考試」，將滿洲、蒙古編爲滿字號，漢軍編爲合字號，並定取中額數。童試滿字號、合字號分別取四十名，鄉試各爲十名、會試則各取四名，但實際取中額數時有增減。值得注意的是，旗人錄取名額始終獨立於漢人之外，所謂「同場一例」是指採用相同的辦法，並非同場競爭；旗人通過鄉試比例爲百分之六至七、會試百分之五・六，取中率高於漢人的百分之三和百分之四・六。

新制實施未久，即因三藩戰爭爆發，再度停考，直到康熙二十六年（一六八七）始全面開放旗人應試。由於「學習騎射，原不妨礙讀書」，自康熙二十八年起，另有旗人應試須先經兵部驗看馬、步箭，能射者方准入場的規定，是督促讀書旗人保持民族特質的手段。乾隆四十年乙未科會試，乾隆皇帝派員驗看騎射，王大臣等奏稱，在一百二十五位應試舉人中，呈報近視眼者七十三人，已揀令二十人照常騎射外，其餘實屬不能者五十三人。乾隆皇帝爲此震怒，下令嗣後凡不能騎射者，停其考試。日後，乾隆皇帝追念進士出身而「優於文學，兼能通達政事」的兩江總督尹繼善（一六九五－一七七一），賦詩曰：

> 八旗讀書人，假藉詞林授。然以染漢習，率多忘世舊。問以弓馬事，曰我讀書秀。及至問文章，曰我旗人胄。兩岐失進退，故鮮大成就。

既感嘆文武兼備的滿洲翰林後繼乏人，又憂心旗人風俗日下而一事無成。

漢人就近在本籍應童試，旗人除盛京旗下子弟得與當地民童一體考試生員外，其餘一律在順天府。八旗駐防攜家帶眷，在直隸者，尚屬附近；各省駐防則「道途遙遠，費用資繁」，屢有官員為駐防八旗應童試的子弟請命，惟諸帝非但拒絕，且禁止討論。雍正皇帝即明白表示：「弁兵駐防之地，不過出差之所，京師乃其鄉土」，故旗人的「本籍」即是順天府；國家設置駐防的目的，「原令其持戈荷戟，以備干城之選，非令其攻習文墨，與文人學士爭名於場屋」。直到嘉慶四年，嘉慶皇帝慮及旗人生齒倍增而人浮於缺，乃同意在駐防各處另設學額，旗人得在駐防地應童試。迨嘉慶十八年（一八一三），又准各省駐防生員於本省鄉試，並編立旗字號，另額取中，應舉者才免於奔波之苦。

世俗每云「滿洲向無鼎甲」，係因皇帝「諄切告誡，總以清語、騎射為滿洲根本」。道光十八年（一八三八）戊戌科殿試，宗室靈桂（一八一五—一八八五）原列一甲三名，道光皇帝認為「我家子弟不必與寒士爭此一名」，乃改為第四。直到同治四年（一八六五）乙丑科，才出現唯一的旗人狀元崇綺（一八二九—一九〇〇），史稱「立國二百數十年，滿、蒙人試漢文獲授修撰者，止崇綺一人，士論榮之」；同科探花，則是漢軍楊霽。又光緒六年（一八八〇），殿試讀卷大臣拆彌封，第二名係宗室壽耆（一八五九—？），慈禧太后（葉赫納喇氏，一八三五—一九〇八）特別詢問：「宗室曾得鼎甲否？」左副都御史張佩綸（一八四八—一九〇三）對曰：「蒙古崇綺得狀元，漢軍楊霽得探花，今宗室得榜眼，可謂熙朝盛事」，始定為第二。

滿洲特色的繙譯考試

清朝部院衙門有七品以下的旗人專缺，包括：辦理文書的筆帖式、在內閣繙譯和繕寫的中書、管理庫房的庫使、八旗官學的助教和教習，八旗都統衙門協理事務的外郎等，必須具備繙譯滿、漢文或滿、蒙文的能力。這類職缺中，固定編制者約有二千一百餘名（康熙朝）至二千六百餘名（光緒朝），其中以筆帖式一千八百餘名至二千餘名最多；如遇開館修書，則須另行徵調、增補數十乃至數百名繙譯官、謄錄官，都是透過繙譯考試甄選。

繙譯考試分為兩種，一是部院衙門繙譯考試，一是繙譯科考。順治朝至康熙朝初期，繙譯人員來自陞用、補授、議敘或考試；其中考試出身者，即是順治九年至十三年間所舉行的兩次八旗科舉。內閣為政務中樞，文書繙譯甚屬緊要，中書必須任用實才，是以於康熙十年（一六七一）由內閣從七品以下筆帖式中考取，為部院衙門繙譯考試之始；自康熙二十四年起，改由內閣會同吏部考取，其他衙門也陸續援例辦理。由於筆帖式需用人數龐大，各部院出缺時間不一，為避免頻繁考試，在乾隆年間逐漸形成先增額錄取，再按成績依序補用的簡便辦法，也為其他職缺考試採行。

隨著應考人數增多，部院衙門繙譯考試的試務也朝制度化發展。考試在禮部貢院舉行，試務行政由辦理科舉經驗豐富的順天府承辦。每屆考期，形式上一如科舉考試，由皇帝欽派閱卷大臣、監試御史，開缺部院會同吏部司員，俱先期一日，齊進貢院彌封料理。

至考試之日，先驗看馬步箭，其後點名、散卷、封門、收卷等流程，統聽派出的御史稽查辦理。同時，行文步軍統領，著派營弁在外圍巡邏；為防止頂冒等弊，亦行文各該旗都統，分派參領、佐領各一員，查驗入場。

其次，雍正皇帝為鼓勵旗人學習清語，於雍正元年比照文科舉之制，創設專為選拔八旗繙譯人才，並授予秀才、舉人、進士功名的繙譯科考；其性質與順治八年依附於文科舉，滿洲、蒙古可選考繙譯或清字作文的八旗科舉不同。凡考試秀才、舉人一應事宜，交順天府辦理，考試進士交禮部辦理，時程略為：一、遇考文秀才之年，應考繙譯童生由八旗都統備造清冊咨送禮部，轉送兵部考試馬、步箭訖，送學院考試。二、文鄉試之年，應考繙譯之人不拘貢、監、生員及現任筆帖式，俱得照例考試馬、步箭訖，咨送入場。三、文會試之年，若文舉人有能繙譯者，亦准入場考試。四、殿試俱照文殿試例舉行。在名額方面，所取秀才、舉人、進士額數，臨期視報考人數多寡，請旨欽定。簡言之，繙譯科考除考試的內容不同外，規定俱照旗人應文科舉例，駐防子弟也須赴順天府應試。

繙譯考試的繙譯題命題形式，部院衙門繙譯考試只考繙譯一篇，常見的題型有二：一是以《四書》為範圍，將不同的章句或注疏組合成漢字文一篇；一是直接從《御選古文淵鑑》、《御纂朱子全書》等漢文典籍中摘錄一段，二者篇幅都以二、三百字為度。繙譯科考的秀才考試，以《四書直解》或《日講四書》限三百字為題；鄉、會試則多就《古文淵鑑》等書命題，字數亦在二、三百字之間。

繙譯題之外，繙譯鄉試另於清文《四書》內命一題，依漢文論體作清文一篇；繙譯會試則考《四書》清文一篇，《孝經》、《性理》清字論一篇；清字文、論的題目形式，則是自經書中擷取章句，用滿文出題。關於清字文、論題和漢字繙譯題的難度比較，據禮部官員的看法，「二場用繙譯，較頭場作清字文、論稍難，惟精通繙譯者，方與漢文文理不悖」。讀書旗人也認為專攻八股、策論或鑽研清字文、論，其困難程度都不及必須兼通清、漢的繙譯。

旗人教育

考試制度與學校教育關係密切，《清史稿・選舉志》曰：「有清學校，向沿明制。

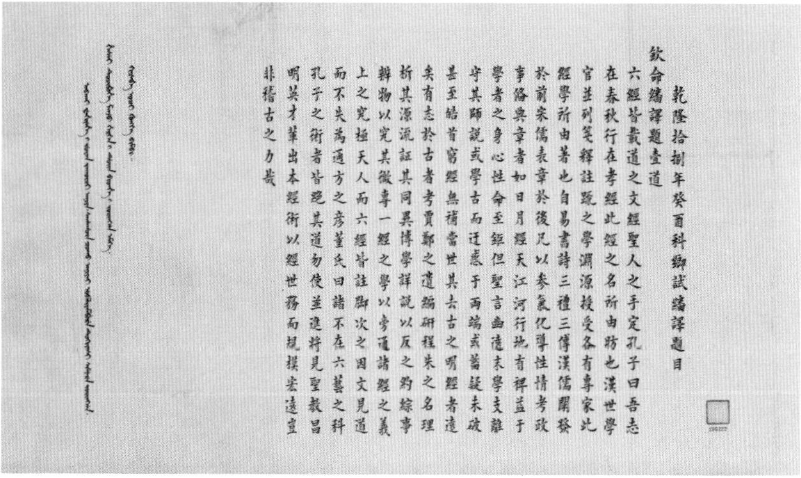
乾隆拾捌年癸酉科鄉試繙譯題目
欽命繙譯題壹道
六經皆載道之文經聖人之手定孔子曰吾志在春秋行在孝經此經之名所由昉也漢世學官並列笺釋註疏之學淵源授受各有專家此經學所由著也自易書詩三禮三傳漢儒闡發於前宋儒表章於後凡以參氣化導性情考政事絡典章者如日月經天江河行地有裨益于學者之身心性命至鉅但聖言幽遠末學支離守其師說或學古而迂惑于兩端或蓄疑未破甚至皓首窮經無補當世其去古之明經者遠矣有志於古者考賈鄭之遺編研程朱之名理析其源流証其同異博學詳說以反之約綜事辨物以究其微專一經之學以旁通諸經之義上之究極天人而六經皆註脚次之因文見道而不失為通方之彥董氏曰諸不在六藝之科孔子之術者皆絕其道勿使並進將見聖教昌明英才輩出本經術以經世務而規模宏遠豈非稽古之力哉

圖5-1　乾隆十八年癸酉科鄉試繙譯題目。臺北：中央研究院歷史語言研究所提供。

京師曰國學，並設八旗、宗室等官學。直省曰府、州、縣學。」旗人欲接受教育，大多進入國家興辦的八旗學校。自清初以來，在京師先後成立八旗國子監官學、宗學、覺羅學、景山官學、咸安宮官學、八旗義學、世職官學等，是針對學生來源不同而分別設立的學校。隨著八旗駐防的建立，各地也開辦學校，稱「官學」或「義學」，亦有稱「書院」者；天津、乍浦、青州等地，更早在雍正朝築駐防城時，即有建學的規劃。另有由參領、佐領自辦的學房，或個人在家辦學的私塾，大戶人家也在家中延師教導子弟。

旗人學習的內容，包括滿文、漢文、繙譯，以及步射、騎射。滿文專家

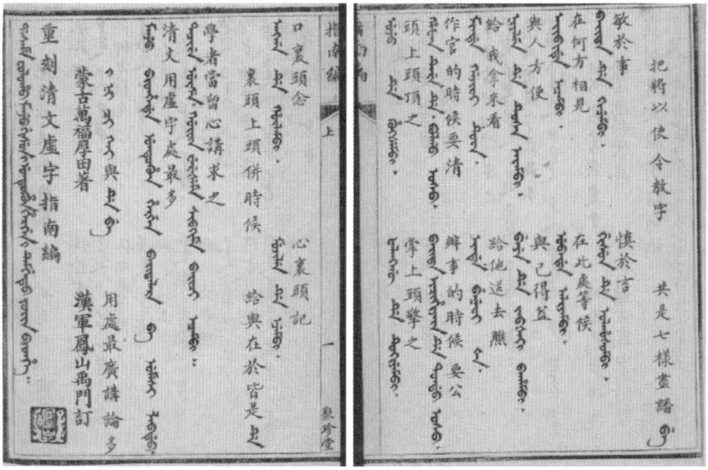

圖5-2　《虛字指南》書影。〔清〕蒙古厚田萬福著，漢軍鳳山禹門訂，《重刻清文虛字指南編》，光緒二十年（1894）京都隆福寺聚珍堂刻本，柏林圖書館數位典藏資料庫提供。

愛新覺羅瀛生（一九二二—二〇一三）是努爾哈齊十三世孫，自幼拜入前清正黃旗官學滿文教師阿克敦布門下，他學習滿文的經驗略爲：先是滿語啓蒙，接著讀《三字經》，以後讀《四書》，再讀諸經，都是滿漢合璧本。與此同時，讀《清文啓蒙》、《清文接字》、《虛字指南》等滿語語法，爲學習滿、漢文對譯奠定基礎。此外，天天熟讀、背誦由教師用日常生活爲素材編製的「話條子」，以練習口語，並教導子弟了解旗人社會生活實況。至於漢文教育，則如一般漢人，自童蒙之學，以至經史，並兼及詩賦。只有兼通滿、漢語文，熟讀經史，掌握繙譯，並學會步射、騎射的旗人，才能符合國家的要求。

繙譯科考的構想源自文科舉，在制度的精神上有相通之處，同爲授予功名的考試；繙譯科考以繙譯作爲考試科目，在考試的內容上則與部院衙門的繙譯考試相同，皆屬選才任官的考試。三種考試的試題，取材不外漢文經史典籍，對認眞學習而能兼通滿、漢文的旗人來說，當足以應付。

三、理藩院的設置

從蒙古衙門到理藩院

天命、天聰年間，金國處理蒙古事務，多倚重前來歸附的海西女眞。他們居住在滿、蒙、漢族群匯聚之地，族人通曉多種語文，大汗對有特殊表現者，常賜予「巴克什」稱號。皇太極繼位後，蒙古事務主要由來自葉赫部的阿什達爾漢和哈達部的巴克什尼堪（？—一六六〇）負責；尤其阿什達爾漢是皇太極生母孟古哲哲（葉赫納喇氏，孝慈高皇后，一五七五—一六〇三）同族兄弟而受重用，並獲得「舅舅」（*nakcu*）尊號。

當時，稱前來「朝賀」的漠南蒙古部落爲「外藩蒙古」，滿文讀做「*tulergi goloi monggo*」（外面地方的蒙古）或「*tulergi monggo*」（外面的蒙古）。所謂「*tulergi*」（外面的），指未能直接統治，是相對於已編入牛彔的八旗蒙古而言。天聰八年正月，皇太極藉外藩諸部賀歲的機會，要求「俱遵我國制度，違者治罪」，形同介入其內部事務。同年五月，官書出現「蒙古衙門」，可知已有管理蒙古的機構。天聰十年二月，定諸臣冠飾，「各賜金頂，以示別」，蒙古衙門阿什達爾漢與六部承政都獲賜崁瑪瑙「黃金頂戴」，雖然未註明其職銜，但地位應與六部承政相當。

蒙古衙門初建時間，已難詳究。天聰十年四月，皇太極稱帝，旋仿明制設都察院，以漢官張存仁（？—一六五一）、阿什達爾漢爲都察院承政，巴克什尼堪、塔布囊（蒙古貴族爵號）達雅齊爲蒙古衙門承政，大約是蒙古衙門正式設官之始。相較於六部，新設的蒙古衙門和都察院無管部貝勒，而是由兩位承政領之。雖然阿什達爾漢已轉任都察院，仍協助前往察哈爾、喀爾喀、科爾沁等部「查戶口，編牛彔，會外藩，審罪犯，頒法律，禁姦盜」等，這些事務皆屬蒙古衙門職掌。

值得注意的是，崇德二年，皇太極命「禮部承政宴朝鮮陪臣李聖求（一五八四—一六四四）等，於禮部；都察院承政宴阿祿部落貢使納莫渾津等，於蒙古衙門」。接待藩使、國賓原屬禮部職掌，此時的設宴工作，卻是屬國、外藩分由不同機構負責，足以說明蒙古衙門是具滿洲特色且自創的制度。

迨崇德三年，因應調整部院衙門組織，蒙古衙門更名爲「理藩院」，設承政一人、左右參政各一人、副理事官八人、啓心郎一人。理藩院的滿文名稱，則定爲「*tulergi golo be dasara jurgan*」，直譯作「治理外面地方的部」。

組織與職掌

清朝入主中國，政治制度幾經更張。就理藩院的變化而言，一是組織隨著部院制度更定而調整；一是職掌隨著帝國疆域擴張而增加。

在組織方面，順治元年改定六部官制，理藩院即比照各部，改承政爲尚書、參政爲侍郎。順治十六年，更定在京各衙門滿、漢官銜品級，理藩院尚書改稱禮部尚書掌理藩院事，正二品；左、右侍郎改稱禮部左、右侍郎協理理藩院事，正三品。雖然理藩院尚書、侍郎的品級與六部相同，名稱卻淪爲禮部的附屬；從明朝禮部掌理藩國、四夷、土官朝貢事宜來看，應是受順治皇帝選擇明制的影響。順治十八年，輔政大臣恢復舊制，理藩院尚書改回原稱，設錄勳司、賓客司、柔遠司、理刑司等四司，並申明理藩院「職司外藩王、貝勒、公主等事務，及禮儀、刑名各項，責任重大，非明朝可比，凡官制體統，應與六部相同」。

康熙朝中期，外藩部落事務益繁，析柔遠司為前司、後司，成為五司；降及乾隆朝，征服準部、回部，各司的名稱也有變動。乾隆二十二年，因「司名與所辦之事不符」，改錄勳司為典屬司，賓客司為王會司，柔遠後司為旗籍司，柔遠前司為柔遠司，理刑司不變。乾隆二十六年（一七六一），以理藩院「專理蒙古事務，尚可兼辦回部」，乃併旗籍、柔遠為一司，另增設徠遠司，仍為五司；次年，復因旗籍、柔遠二司，所辦事件各有不同，仍分為兩司，則增為六司。乾隆二十九年，再以典屬、旗籍二司的職掌與司名未符，而印信互相更換，於是確立旗籍、王會、典屬、柔遠、徠遠、理刑等六清吏司的規制。

在職掌方面，理藩院是總理內外扎薩克蒙古、厄魯特、土爾扈特、杜爾伯特、回子、哈密、土魯番、青海、西藏、俄羅斯等部事務的衙門，設尚書一人，左、右侍郎各一人，均以滿洲或蒙古補授；額外侍郎一人，特簡蒙古貝勒、貝子賢能者擔任。下轄六司，職掌如下：

一、旗籍清吏司（*jasak i dangsei bolgobure fiyenten*，扎薩克檔子〔文書〕的清吏司）：辦理

漠南蒙古封爵、會盟，以及歸化城、黑龍江索倫除授官校等事。

二、王會清吏司（*bargašan de hengkilejire bolgobure fiyenten*，來朝拜的清吏司）：辦理漠南蒙古王公朝覲、賜祿等事。

三、典屬清吏司（*barangga aiman be aliha bolgobure fiyenten*，專管所屬部落的清吏司）：辦理漠北喀爾喀蒙古、漠西厄魯特蒙古封爵、會盟，準部、回疆屯田，以及喇嘛承襲等事。

四、柔遠清吏司（*goroki be bilure bolgobure fiyenten*，撫育遠方的清吏司）：辦理漠北喀爾喀蒙古、漠西厄魯特蒙古朝覲、賜祿，以及喇嘛寺廟錢糧等事。

五、徠遠清吏司（*gorokingge be toborombure bolgobure fiyenten*，安撫遠者的清吏司）：辦理哈密、土魯番、回部諸城爵祿、貢賦，以及回民耕牧等事。

六、理刑清吏司（*weile beidere bolgobure fiyenten*，審事的清吏司）：掌蒙古、西藏、回部刑罰等事。

理藩院滿文名稱中的「*golo*」一詞，除譯做「地方」外，另有行政區劃中的「省」的意思。六司之中，除理刑司專責司法外，其他五司分理所轄部落或區域的特定業務，類似戶部以省為單位，分山東、山西等清吏司，則「藩」也可以理解為「外面的省」。理藩院治理對象皆為非漢民族，是以除「掌繕題本，譯其檔案」的漢檔房有少數八旗漢軍職缺外，其餘都是滿洲、蒙古缺。

外藩的治理

清朝爲有效統治蒙古、青海、新疆、西藏各地，於中央設理藩院，地方則循順、康年間在東北置將軍、副都統衙門的前例，也在邊區要地設立統稱「軍府」的軍政組織。駐紮當地的武職人員，主要處理族群關係、商民貿易，以及駐兵、游牧、屯田等事務。

在蒙古方面，分爲：一、漠南蒙古，設熱河都統衙門、綏遠城將軍衙門、寧夏將軍衙門。二、漠北蒙古，設定邊左副將軍（烏里雅蘇台將軍）衙門、庫倫辦事大臣衙門、科布多參贊大臣衙門。三、青海蒙古，設西寧辦事大臣衙門。此外，漠南的察哈爾蒙古未設盟或設旗，稱內屬蒙古，其牧場和游牧則由察哈爾都統衙門專管。在新疆方面，設伊犁將軍衙門，總管天山南、北兩路，是當地最高軍政長官。在伊犁將軍節制下，烏魯木齊設都統，伊犁、塔爾巴哈臺、喀什噶爾各設參贊大臣，其他各城分設辦事大臣、協辦大臣或領隊大臣；辦事、協辦、領隊諸大臣，在北疆者由烏魯木齊都統管理，在南疆者則歸喀什噶爾參贊大臣統轄。至於西藏，則有駐藏辦事大臣衙門。

與軍府並行的，另有因地制宜的措施。納入盟旗制度的蒙古各部貴族，清朝賜予爵號，其爵位分爲：一、比照宗室爵秩，有親王、郡王、貝勒、貝子、鎮國公、輔國公等；二、沿用蒙古固有稱號，如台吉、塔布囊；三、漠北喀爾喀蒙古三部部長，保留其原有的「汗」號。相應於不同等級的爵秩，則有不同的俸祿，例如：汗歲支俸銀二千五百兩、俸緞四十匹；親王銀二千兩、緞二十五匹等。漠南科爾沁部與清朝關係最深、聯姻亦多，其親王俸祿比照汗的等級。

在南疆、西藏，則部分保留其原有制度。南疆維吾爾族聚居地區行伯克制，以統理一城的阿奇木伯克最爲尊貴，其下有協理地方事務的伊什罕伯克、管理地畝糧賦的噶匝納齊伯克、徵輸糧賦的商伯克、處理詞訟的哈子伯克、辦理灌田水利的密喇布伯克等，各司其職。清朝視各城規模，定喀什噶爾、葉爾羌等大城的阿奇木伯克爲三品官，其他小城則爲四至六品不等；阿奇木伯克以下各種辦事的伯克，也給予四至七品不等的品級，並按官品給予籽種、地畝、種地人。原本阿奇木伯克身分世襲，乾隆朝征服回部後，改爲「揀選賢員，或以伊什罕陞補，不准世襲」。

西藏以達賴喇嘛爲政教合一的領袖，任命第巴執政。康熙朝晚期清軍入藏，廢除第巴制，以第巴的辦事官噶倫三員聯合掌政；至乾隆朝初期，確立分設噶倫四人（三俗一僧）公同辦事的形式，議事之所曰「噶廈」，「遇有緊要事務，稟知達賴喇嘛與駐藏大臣，遵其指示而行」。其次，喇嘛庫藏出納之所曰「商上」，以仔琫掌稽商上事務，商卓特巴掌庫務，另有掌糧務、掌刑名、治番民等大小職官。分理地方者，則有邊營和大、中、小營，自噶倫以下，清朝分別授予三品至七品等不同頂戴。

外藩呈送理藩院的章奏，都用該部族文字書寫，理藩院設有蒙古繙譯房、蒙古官學、唐古忒（藏文）學、托忒（厄魯特蒙文）學，負責譯寫文書和培養語文人才。維吾爾文的繙譯人才，另由內務府咸安宮的回子學訓練，係因乾隆年間將來京居住的維吾爾族，編成隸屬內務府的回子佐領。至於理藩院所屬的俄羅斯館，則是管理俄國在北京的商人、傳教士，以及前來學習滿、漢文學生的機構。

年班與圍班

清朝規定，外藩部落分班每年輪流入朝京師者，稱爲年班；至木蘭圍場者，稱爲圍班。關外時期，漠南蒙古已有年節前來「朝服，望闕，行三跪九叩頭禮」之例。順治六年，規定外藩王、貝勒等年節來朝時間，限於十二月十五日以後、二十五日以前齊至；順治八年，則「令分兩班，循環來朝」，爲漠南蒙古實施年班制度之始。雍正朝時，因軫念彼等兩班來京「爲期既近」，加以「冬月往返」甚爲勞苦，遂改爲三班。其後，隨著帝國疆域擴大，年班制度也陸續行於漠北蒙古、漠西蒙古、喇嘛、回部，以及四川土司。

就內、外扎薩克而言，漠南蒙古（內扎薩克）除王公分三班外，公主子孫、姻親台吉等分四班，閒散額駙（*efu*，駙馬）分三班；漠北蒙古、漠西蒙古（外扎薩克）王公，則各分四班。其次，內扎薩克四十九旗、歸化城、察哈爾、阿拉善、喀爾喀、庫倫、錫埒圖庫倫各處大喇嘛，除哲卜尊丹巴呼圖克圖不列年班外，其餘分編爲六班。至於回部的伯克年班，以及大、小金川土司的番子年班，則都定爲六班。乾隆四十一年，四川土司首次參加年班，乾隆皇帝賦詩，云：「回部更番久依例，內旗扎薩舊稱賓。土爾扈入朝如雁，哈薩克流仰集鱗。來享來王來賀節，土司土舍土頭人。撫茲武偃文修世，益切盈持泰保寅。」愉悅之情，溢於言表。

年班來京的外藩王公，清朝對其隨行人員、馬匹，以及攜帶物品數量都有規定，並視其爵位高低、路途遠近，按日給「廩餼」，對進貢物品依例回賞；在除夕至元宵節慶期間，則有「燕賚」，皇帝另賞給銀兩。扎薩克等旗內如有事故不能來京，應派人代覲，「將情由用印文送（理藩）院察覈」，否則將題參治罪。

按規定，外藩王公業經出痘（天花）的「熟身」，均於年班來京；其未經出痘的「生身」，不能進京，則輪班至木蘭圍場扈從行圍，再到避暑山莊覲見皇帝。至於班次，內扎薩克分三班，喀爾喀、厄魯特分六班，土爾扈特和回子伯克亦分六班，科布多所屬部落則分四班。凡患病不能前往者，「呈報該盟長查驗屬實，出具印文報（理藩）院。如不呈報，竟致誤班者，罰本身世職俸三年」。遇圍班之年，皇帝例有賞賜、燕賚，圍場、山莊呈現「萬幕拱黃城，千山繞御營。朝家修武備，藩部輸衷誠」的熱鬧景象。

四、軍機處的設立

皇帝的內廷

清朝宮殿規模承襲明朝，皇城在外，紫禁城居其中。紫禁城內爲宮殿建築，分外朝和內廷兩部分，外朝是國家舉行典禮和各種政治活動的場所，內廷則是皇帝的生活空間。清朝以乾清門爲界，將乾清門外的太和、中和、保和三大殿，以及文華殿、武英殿、體仁閣、文淵閣、東閣等，稱爲外朝，乾清門內則屬內廷。

皇帝爲方便每日視事，也在內廷處理政事。地點包括：一、乾清門，凡每日部院章奏有未奉旨者，「摺本下內閣，積若干，傳旨某日御門辦事」；康熙皇帝「每日清晨，御門聽政，未嘗暫輟」，諸帝亦遵行毋替。二、乾清宮，皇帝在此「臨軒聽政，歲時內廷受賀、賜宴，及常日召對臣工、引見庶僚，接覲外藩、屬國陪臣」。三、養心殿，爲雍正皇帝起居之所，「批章閱本、召對引見、宣諭籌機，一如乾清宮」，其後各種政事漸移於此。爲配合皇帝在內廷辦事的需要，在乾清門左、右各置當值辦事的值房十二所；另在乾清門東側的景運門、西側的隆宗門，亦各置值房五所。

在外朝供職的人員，是以內閣、六部爲首的官僚系統，負責辦理國家一切例行事宜。在內廷，皇帝也有屬於自己的行政機構，主要有管理宮廷事務的內務府、負責宿衛扈從的領侍衛府，其工作分別由皇帝親領上三旗的包衣、親貴子弟擔任。康熙年間，又有翰林院官員入值內廷的上書房和南書房，上書房是皇子就學之處，選任翰林為皇子的師傅；南書房則是翰林侍值之所，在康熙皇帝幾暇讀書、寫字時，「常侍左右，講究文義」。《養吉齋叢錄》曰：「章疏票擬，主之內閣。軍國機要，主之議政處。若特頒詔旨，由南書房翰林視草。」

南書房有撰擬諭旨、時備顧問的性質，近人或視之為重要的中樞機構，甚至與日後軍機處的建置有密切關係。然而，據康熙朝中期在南書房行走的高士奇（一六四五—一七〇三）說法，「臣等編摩纂輯，惟在直廬。宣諭奏對，悉經中使。非進講之外，或數月不覲天顏，從未於政事有所干涉」。趙翼《簷曝雜記》亦言：「康熙中，雖有南書房擬旨之例，而機事仍屬內閣。」因此，南書房翰林主要是承當皇帝的文學侍從，縱使有少數人得與聞國政，應屬特例。

即便如此，京官仍因「咫尺天顏」，多以入值內廷為榮，實則不勝其苦。須知「垂手侍立，久之則氣血下注，十指欲腫。若派寫進呈書籍，則終日伏案而坐，兩腳不得屈伸」。康熙年間，翰林院編修王圖炳（一六六八—一七四三）值南書房有年，嘗奉命書《華嚴經》全部，出語人曰：「伺候時立得手痛，鈔錄時寫得腳痛。」

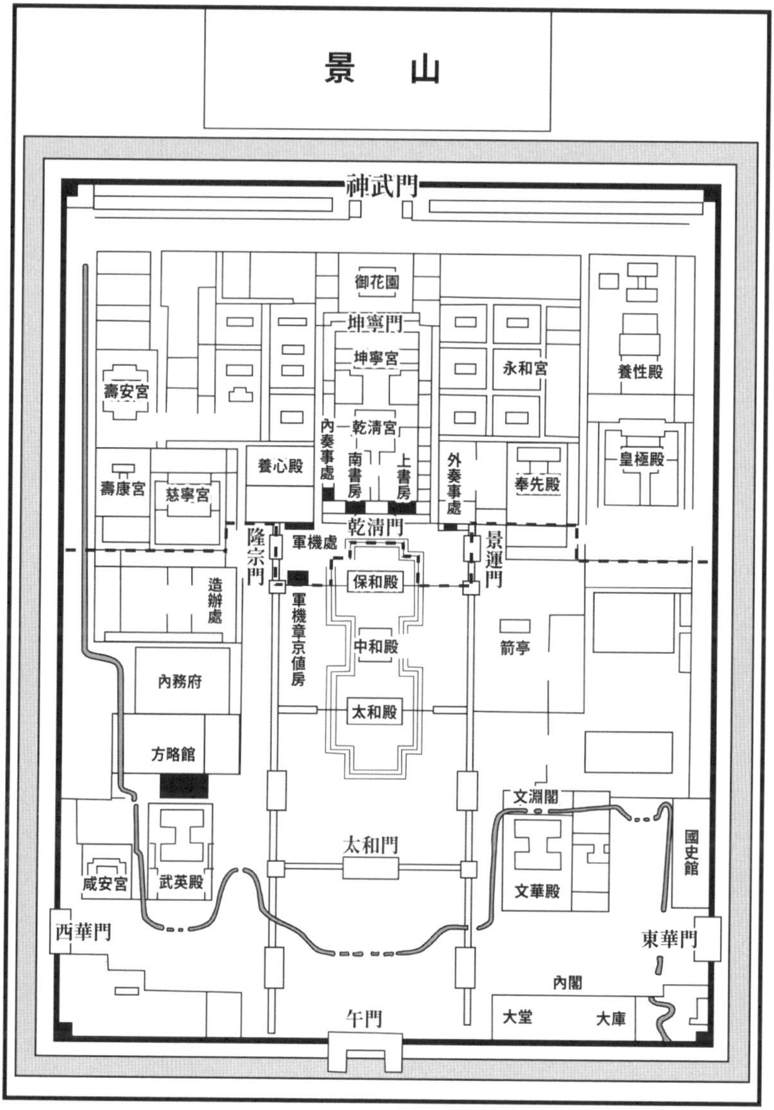
景　山
神武門
御花園
坤寧門
坤寧宮
永和宮
養性殿
壽安宮
乾清宮
內奏事處
南書房
上書房
外奏事處
皇極殿
奉先殿
養心殿
壽康宮
慈寧宮
乾清門
隆宗門
景運門
軍機處
保和殿
造辦處
軍機章京值房
中和殿
箭亭
內務府
太和殿
方略館
文淵閣
國史館
太和門
咸安宮
武英殿
文華殿
西華門
東華門
內閣
午門
大堂
大庫

圖5-3　紫禁城圖。

軍機處的建置時間

辦理軍機事務處，習稱軍機處，是清朝獨創的內廷機構，也是權力中樞，惟建置時間說法不一。據《世宗實錄》載，雍正七年，雍正皇帝用兵西、北兩路。事前，已命怡親王允祥、大學士張廷玉、蔣廷錫（一六六九—一七三二）密爲辦理，陝甘總督岳鍾琪則專辦西路事宜，「經理二年有餘，而各省不知有出師運餉之事」。其後，雍正皇帝又強調西陲用兵之事，「皆定議於雍正四年」，至雍正七年始公諸於世。

就曾任軍機章京者的記載來看，趙翼《簷曝雜記》云：「雍正年間，用兵西、北兩路，以內閣在太和門外，儤直者多，慮漏泄事機，始設軍需房於隆宗門內，選內閣中書之謹密者，入直繕寫，後名軍機處」，說明軍機處的前身稱軍需房，而未指出確切時間。王昶（一七二五—一八〇六）《春融堂集》曰：「雍正七年，青海軍事興，始設軍機房。」梁章鉅（一七七五—一八四九）《樞垣紀略》則言：「自雍正庚戌設立軍機處」，即雍正八年（一七三〇）。

至於《清史稿》，〈軍機大臣年表〉云：「雍正七年己酉六月，始設軍機房」；〈張廷玉傳〉則曰：「八年，上以西北用兵，命設軍機房隆宗門內」；〈職官志〉卻作：「雍正十年（一七三二），用兵西北，慮儤直者洩機密，始設軍機房，後改軍機處」。同一部書，竟出現三種不同說法，名稱則由軍機房改稱辦理軍機處，〈世宗本紀〉乃以雍正十年爲設軍機大臣之始。

在各種說法中，雍正十年是頒發「辦理軍機事務印記」的時間，學者咸認爲不應視爲成立的時間。主張雍正四年說者，是根據雍正皇帝的上諭，惟在奉旨辦理之前，允祥總理戶部事務，張廷玉、蔣廷錫則爲戶部尚書，可知軍需最初是由戶部大臣兼辦；先有軍需大臣的任命，經理數年後，才在隆宗門內設立軍需房。因此，雍正四年可以作爲軍機處形成的起始時間，但不宜視爲建立時間。

其次，支持雍正八年說者，證據之一是北平故宮博物院整理軍機處檔案的報告，內有「摺包起自雍正八年」的記錄；惟此係資料留存的最早時間，不能視爲設立時間。另有學者檢索軍機處滿文《月摺包》，發現乾隆十九年三月十九日軍機大臣傅恆等奏片一件，其譯文略爲：「原先有關軍機事宜，皆由怡賢親王、大學士蔣廷錫密爲辦理。起初如何商議，釐定運米章程，並無檔子明白記載，……至於臣等之軍機處，於雍正八年十二月才設立，故無憑可查」，故判斷「雍正八年」是可靠的說法。雖然軍機大臣是關係人，但時間距離「雍正八年」已超過二十三年，史料價值不免受到影響。

據國立故宮博物院藏《宮中檔》，雍正十三年九月二十二日，三位兼管戶部事務的禮親王允禮、大學士張廷玉、內大臣海望（？—一七五五）會銜具摺請旨，云：「查得雍正柒年派撥官兵前往西、北兩路出征，一切軍務，事關機密，經戶部設立軍需房，揀選司官、筆帖式、書吏專辦，惟總理戶部事務怡賢親王同戶部堂官一、二人管理。」奉乾隆皇帝墨批，曰：「依議，尤當慎密辦理。」張廷玉係最早的軍需大臣之一，由當事人親自指出軍需房設立於「雍正柒年」，當屬可信。從奏摺中亦可知，軍需大臣之下已有屬員，爲求保密必須另設辦公衙門。

關於機構名稱變化，先稱「軍需處」或「辦理軍需處」，再改爲「辦理軍務處」。自雍正十年頒發「辦理軍機事務印記」後，辦理軍需大臣改稱辦理軍機大臣，並將辦理軍務處改作「辦理軍機事務處」。至於「軍機房」一詞，可能是「軍需房」的誤記。

雍正十三年八月，雍正皇帝駕崩，乾隆皇帝在守喪期間停罷軍機處，成立總理事務處，由莊親王允祿、大學士張廷玉、鄂爾泰等輔政；乾隆二年十一月，皇帝喪服屆滿，恢復軍機處，並換鑄清、漢文「辦理軍機事務處印記」（*coohai nashūn i baita be icihiyara ba i temgetu*）。自此，直到宣統三年，清朝實行君主立憲，成立責任內閣，軍機處才被撤廢。

職掌與人員

軍機處原爲籌辦軍需而設，軍機大臣奏議的內容，在乾隆朝初期限於與軍務以及戶部有關的事項；乾隆朝中期以降，職責範圍日益擴大，舉凡軍國大計，莫不總攬，是以《大清會典》曰：「掌書諭旨，綜軍國之要，以贊上治機務。」具體言之，包括：一、奉旨交議事件；二、奉旨交審事件；三、考察山川險夷、道里遠近，稽核兵馬錢糧；四、文武官員出缺，奉旨則進其名單、缺單以候欽定。

軍機處「萬幾政事，無所不統，並非專辦軍務」，曾引起官員名實不符的質疑。嘉慶十年（一八〇五），御史何元烺奏稱，「軍機處承辦一切事務，與兵部之專司戎政者不同。現在軍務久經告蕆，似應更改名目」。嘉慶皇帝認爲，軍機處「一切承旨書諭，即辦理各件，皆關繫機要。此與前代所稱平章軍國重事相仿，非專指運籌決勝而言」，且「兵可百年不用，不可一日不備」。嘉慶皇帝所謂的「平章軍國重事」，是指唐朝三省長官「名稱不一，要皆宰相之任」，可知「軍機」既是「軍務」，也可作「政務」解。

軍機處設軍機大臣和軍機章京二職，軍機大臣屬差遣官，稱軍機處行走或軍機大臣上行走，亦稱「大軍機」或「樞臣」；初任者加「學習」二字，稱職後始奉旨實授。就員額而言，官私載籍俱稱「無定員」，實際上在三至十員之間，通常是四至七員，從滿漢大學士、尚書、侍郎內特簡。就族群而言，雍、乾兩朝滿多於漢，嘉慶朝滿、漢相當，其後則漢多於滿，惟整體上滿、漢人數相差無幾；滿軍機大臣多隸正黃、鑲黃、正白三旗，漢軍機大臣多來自江蘇、浙江，蒙古爲軍機大臣者則極少。就出身而言，在資格上並無嚴格要求，故有「軍機大臣惟用親信，不問出身」的說法。

由於國政隨時進行，是以軍機大臣每日寅時（清晨五時）即在軍機處待命；遇皇帝駐蹕圓明園、謁陵寢、幸熱河、木蘭行圍，乃至巡幸盛京、各省，也都須入值，除萬壽（皇帝生日）及歲末數日外，幾乎無一日不辦事。軍機大臣中，通常以資深者爲領班，稱「首揆」，進見皇帝時僅首揆一人承旨。乾隆朝中期，傅恆爲首揆，「自陳不能多識，恐有遺忘，乞令軍機諸大臣同見」，遂爲定例。

軍機章京俗稱「小軍機」，負責繕寫清、漢字諭旨，以及登記檔冊、查覆奏議等文書工作，最初視事務繁簡而隨時損益，俱由軍機大臣挑補。自嘉慶四年起規定，軍機章京滿、漢各十六員，由內閣、六部、理藩院堂官從部院司員、中書、筆帖式等七品小京官內挑選，經考試通過者，交軍機大臣帶領引見，皇帝將准予記名者示知軍機大臣，俟出缺時傳補。三十二名軍機章京，滿、漢各分二班，每班八人，各有領班章京一人，稱「達拉密」（*dalambi*，爲首）。每日滿、漢各一班值班，每班派二員爲值日章京，並兼司值夜。軍機章京因接觸機務、日夜輪值、抄寫文書，故須具備「人品端方，年力富強，字畫端楷」條件者，始爲適任。

此外，清朝每次重大戰爭，事後都開館纂輯《方略》，書成即閉館。自乾隆十四年纂修《平定金川方略》，方略館成爲常設，並附屬於軍機處。方略館的業務有二：一是保存檔案，自雍正朝中期起，規定奏摺在發還具奏人之前須抄錄備份，是軍機處「奏摺錄副」的發端；本處清、漢字檔案每屆五年，則由軍機大臣奏請另繕一分，以備闕失。一是編修史書，除各種《方略》外，還奉旨承擔其他修史任務，如《皇輿西域圖志》、《大清一統志》、《熱河志》、《滿洲源流考》等。

軍機處與內閣

清人多認爲軍機處是「內閣之分局」或「內閣之分支」，從「掌書諭旨」的職掌來看，二者確有相通之處。清朝皇帝頒降的諭旨，有「明發」和「寄信」之分，凡須宣示中外、曉諭臣民的事件，都頒降明發諭旨，初由內閣撰擬，軍機處成立後，改由軍機大臣草擬進呈御覽，經過述旨後，交內閣傳鈔，以內閣的名義頒發，冠以「內閣奉上諭」字樣。若奉旨密諭或速諭的事件，則頒降寄信諭旨，在軍機處成立之前，這類諭旨是由親信的廷臣面承皇帝口諭，撰擬呈覽，經過述旨後，再以大學士的名義頒發；其後，改由軍機處辦理，以軍機大臣的名義傳達寄發。軍機處撰擬、頒發諭旨的職掌，係由內閣分出，皇帝以親信大臣取代原屬內閣參與機務的權力，是以「威命所寄，不於內閣而於軍機處，蓋隱然執政之府」。

軍機處相較於內閣，有幾項特點：

一、「無公署，大小無專官」，機構、人員精簡。內閣衙署殿閣錯落，屬官眾多；軍機處只有值房，稱軍機堂，沒有正式衙門，全部辦事人員不過三、四十人。軍機大臣和軍機章京均為皇帝特簡，軍機大臣係屬兼職，其本職事務照常辦理；軍機章京雖為專職，但編制、升遷仍在原衙門，如不稱旨，可隨時「罷值」歸建，不致造成人員閒置或升遷壅滯。

二、「事無鉅細，悉以本日完結，而不稽積」，辦事效率高。內閣無論辦理官員題奏或頒發皇帝諭旨，行政流程繁瑣，費時耗日；軍機處每日奏摺多者至五、六十件，年終十二月二十五日更達百餘件，皆於當天辦完，故曰「既無間隔，亦無留滯」。

三、「事機始終慎密」，保密性高。內閣、部院案牘類皆書吏經手，司員寓目而已；惟軍機處「義取慎密，有官而無吏」，每日抄發摺件，皆軍機章京親自處理。其次，軍機大臣召見時，太監不得在側；軍機處值房，不准任何人窺探；軍機大臣、章京必須自我約束，「非特不與外吏接也，即在京部院官，亦少往還」，都為防止洩密。又具機密性的寄信諭旨，寄遞由軍機處密交兵部驛站發出，視事之緩急，以四、五百里或六百里文書寄出，皆於封函上註明。寄信諭旨既由內廷寄發，地方大吏乃稱之為「廷寄」，「自有廷寄之例，始密且速矣」。

雍正皇帝設立軍需房，是為用兵西陲而密辦軍需，選任親信以承旨辦事，其本意並非為貫徹中央集權，或削減議政王大臣的職權。然其結果，不僅逐漸取代內閣在行政上的作用，也徹底架空議政處在軍國大政上的議決權，成為清朝最重要的中樞權力機構。

五、內務府的創建

宦官與宦官衙門

努爾哈齊建國後，已有令諸貝勒的「包衣」閹割其幼子以供差遣之例，其原因一如歷代宮廷，既需有人從事勞役，又爲防範淫亂宮闈。包衣是指八旗旗主私家的兵弁或奴僕，清朝在入關前的宮廷事務，即是交付他們辦理，與歷來委任閹寺的內廷機構不同。

明朝宦官組織規模龐大，有十二監（司禮、內官、御用、司設、御馬、神宮、尚膳、尚寶、印綬、直殿、尚衣、都知）、四司（惜薪、鐘鼓、寶鈔、混堂）、八局（兵仗、銀作、浣衣、巾帽、針工、內織染、酒醋麵、司苑），共二十四衙門，其下還有若干分支機構，相關人員一度高達十萬人。在皇帝授意下，宦官從侍奉皇室生活演變成參與國家軍政，明末舉凡「鎮守、出征、督餉、坐營等事，無一不命中官爲之」。

清入關後，攝政王多爾袞只留用部分前明宦官充當灑掃雜役，嚴禁逾越本分。當時，服務皇室的組織甚爲精簡，其後則設內管領處，置內管領八人；茶飯處，置總領各三人，飯上人三十五人，茶上人十七人，承應長十人。順治皇帝親政後，雖然深悉閹宦之禍，仍於順治十年設立乾清宮執事官、司禮監、御用監、內官監、司設監、尚膳監、尚衣監、尚寶監、御馬監、惜薪司、鐘鼓司、直殿局、兵仗局等十三衙門。新設的宦官衙門乃沿明制而有精簡，順治皇帝特別指出是「滿洲近臣與寺人兼用」，「悉屬滿洲近臣掌管，事權不在寺人」，與歷代迥不相同；更令工部立十三衙門鐵牌，「但有犯法干政，竊權納賄，囑託內外衙門，交結滿漢官員，越分擅奏外事，上言官吏賢否者，即行凌遲處死，定不姑貸」。

然而，據傳教士湯若望觀察，自順治十五年董鄂妃所生之子夭折後，順治皇帝逐漸陷入宦官的影響中，過去被驅逐出宮的宦官，陸續被收入宮中，照舊供職者竟有數千名之多；更惡劣的是，他們引誘皇帝過著放縱淫逸的生活。是年，發生內監吳良輔交通內外官員、作弊納賄事件，順治皇帝竟以「若俱按跡窮究，犯罪株連者甚多」而輕縱。順治十八年，輔政大臣以遺詔深切檢討十三衙門係違背祖制，且弊病叢生，乃盡行革去，下令「內官俱永不用」，吳良輔旋遭處斬，於是「收奄宦之權，歸之旗下」，並將宦官納入管理。

包衣與內務府

內務府之設，與八旗制度關係密切。早在努爾哈齊編組牛彔時，將戰爭的俘虜或買賣得來的奴隸，以包衣身分編入，其後也組成包衣牛彔。他們爲八家貝勒私有，只爲旗主服務，稱爲「內牛彔」。

在天命年間，包衣牛彔亦稱爲「*sin jeku niru*」（辛者庫牛彔）；「*sin jeku*」直譯作「斗米」，指「*sin jeku jetere aha*」（食斗米的奴僕），即包衣牛彔下食口糧之人。辛者庫在貴族家內或軍前供役，其人身、妻小等一切財產都屬諸王、貝勒所有，地位低下，全賴發給的口糧度日，但他們被編入牛彔，不同於八旗家下奴僕。天聰年間，隨著包衣人數漸多出現組織分化，包衣牛彔成爲專稱，另有編制較低、將辛者庫納入的「渾托和」（*hontoho*，半個），由「包衣大」（*booi da*）管理，也就是管理半個包衣牛彔的頭目。入關後，渾托和、包衣大都稱爲「管領」，前者指組織，後者則是指管理者。

管理包衣牛彔的基層官員，一如旗分牛彔，稱爲牛彔章京。天聰年間，在諸王、貝勒家中有總管事務的「包衣昂邦」（*booi amban*），即「管家官」；迨內務府成立後，包衣昂邦成爲總管內務府大臣的專稱。崇德元年的滿文檔案出現「*dorgi baita icihiyara amban*」（辦理內務的大臣），早期的官書譯爲「內理事官」，其後另作「管理內府事務官」，擔任此一職務的寧塔海（*nintahai*）是正黃旗包衣滿洲牛彔章京，可知內理事官一職，大約是順治皇帝所指的「滿洲近臣」。從官職名稱演變來看，關外時期已逐漸形成爲汗（皇帝）管理宮廷事務的官僚制度。

至於內務府的設立時間，康熙朝《大清會典》曰：「國初，置內務府。順治十一年裁，置十三衙門，……十八年，裁十三衙門，仍置內務府。」清朝官書皆採關外時期即已創制之說，禮親王昭槤《嘯亭雜錄》亦云：「我朝龍興之初，創立內務府，以往昔之舊僕專司其事。」王慶雲（一七九八－一八六二）《石渠餘紀》卻言：「世祖開國，監明代之失，裁汰宦官，設內務府。」這兩種說法各有學者支持，迄今尚無確論，但在順治四年至八年的滿文檔案已有「*dorgi baita be uheri kadalara yamun*」（總管內務衙門）字樣，與日後定制的名稱相同。

內務府的人員，都是皇帝親領的上三旗包衣，亦即「內務府三旗」。就其來源與管理，可分為：一、管領下人，「是我朝發祥之初家臣」；二、佐領下人，「是當時所置兵弁」；三、庄頭旗人，「或國初帶地投充，或由兵丁撥充屯田」，因不列於佐領、管領之內，另歸內務府會計司管轄。

內務府的組織

順治十八年，裁撤十三衙門，恢復內務府，沿用十三衙門分類掌事的辦法，於康熙十六年（一六七七）確立七司三院的組織。歷經康熙、雍正兩朝的發展，至乾隆年間，內務府及其所屬機構共五十多處，職官三千餘人。

內務府的長官為總管內務府大臣，無定員，以王公、內大臣或外朝的尚書、侍郎等二品以上官員兼任，「掌上三旗包衣之政令，與宮禁之治，凡府屬吏、戶、禮、兵、刑、工之事，皆掌焉」，總管大臣遇事則在內務府堂「會商妥辦」。內務府有獨立的官制、官缺，升遷、賞罰自成系統，由總管大臣之下的堂郎中負責「府屬文職官銓選，與督催之事」，與吏部的職掌相似。

內務府七司的主要職能，分別是：

一、廣儲司：掌管府藏和出納，猶如戶部。下設銀、皮、瓷、緞、衣、茶六庫，所儲物品出納，須按月繕摺送司核對，呈堂奏銷。六庫之下有七作二房，即銀、銅、染、衣、繡、花、皮七作，帽、針線二房，分別承作交辦各項物品。

二、都虞司：掌府屬武職官員銓選、任用，以及打牲、捕魚之事，類似兵部。在松花江流域設有打牲烏拉處，統轄東珠、松子、蜂蜜，以及捕獵魚、鷹、貂、狐、麋鹿等事，並掌屯莊糧務。

三、掌儀司：掌內廷禮樂，相當於禮部。舉凡坤寧宮祭神、堂子祭天，奉先殿、皇壽殿祭祀祖先，內廷朝賀、筵宴，以及考核太監等，都屬其管理範圍，兼辦畿輔、盛京等處果園的徵賦，並與禮部、工部共同管理各處陵園。

四、會計司：掌帑項出納和莊園地畝，亦如戶部。所管莊園分布在畿輔、盛京、錦州、熱河、歸化城、打牲烏拉等處；選用太監、宮女、乳母、保姥等，也由會計司負責。

五、營造司：一如工部，掌宮廷修繕工程；承辦尋常歲修，遇重大工程則會同工部辦理。營造司下設七庫三作，即木、鐵、房、器、薪、炭、圓明園薪炭七庫，鐵、漆、爆

（炮竹）三作，各庫、作匠役有旗缺、民缺之分，所用工料按年會核呈堂題銷。

六、慶豐司：掌牛、羊畜牧事務，在京城內外、張家口、盛京等地，有羊圈、牛圈多處，管理牛羊孳生蕃息，供祭祀、筵宴和取乳、食用。

七、愼刑司：掌審擬上三旗的刑獄案件，如同刑部。宮女、太監、大內匠役犯罪，在笞杖者，可自行議結；至徒罪以上，則移送刑部定案；罪至死者，會三法司定擬。

內務府以七司各掌府事，其餘則分建衙門，並鑄給關防印信，統轄於總管大臣，而不與七司相隸屬，惟彼此業務頗有重疊。例如：與廣儲司相關者，有江寧、蘇州、杭州織造各一人，採辦御用和官用綢緞布匹；他們握有大量流動資金，皇帝必揀選親信擔任，並令其在地方充當耳目。與掌儀司相關者，有備辦宮中飲食的御茶膳房，承應宮廷奏樂演戲的昇平署等。與愼刑司相關者，有掌緝捕的管轄番役處，負責查捕府屬三旗逃犯和逃亡太監。

其次，內務府管轄的三院，分別爲：掌管御用馬匹的上駟院、製備器械的武備院，以及管理皇家園庭的奉宸院。三院由總管大臣兼管，各有三品卿二人，地位與直屬的七司不同，題奏事件也不必呈內務府堂。又奉宸院雖總管皇家園庭，但在京城附近的暢春園、圓明園、以及萬壽山的清漪園（後改稱頤和園）、玉泉山的靜明園、香山的靜宜園係皇帝駐蹕處，又另派大臣管理。

此外，盛京爲滿洲發祥之地，有宮殿、陵寢，也有莊園、包衣人等。乾隆十七年（一七五二），朝廷爲表示對「龍興之地」的愼重，特設盛京內務府，由盛京將軍兼總管大臣，下設廣儲、會計、掌儀、都虞、營造五司，以及文溯閣、三旗織造庫、黑牛館、乳牛館、內管領處等單位。其中，黑牛館、乳牛館的性質與慶豐司相同，但圈養規模甚小，而黑牛則專供陵寢祭祀。

內務府與太監

「太監」是明朝宦官衙門長官的專稱，在清朝則是宦官的統稱。清朝以內務府取代宦官衙門，時人多予肯定。《嘯亭雜錄》曰：「其閹人寺宦，則惟使之供給灑掃之役，毋得任事。」《石渠餘紀》亦云：「其奄寺之典守僅存者，諸陵廟直殿監，及御前奔走執事而已。」

由於宮室殿堂、皇家園囿、皇室生活皆須有人照料，清廷仍於康熙十六年在內務府掌儀司下設敬事房，置總管太監、宮殿監督等職，是全由宦官組成的機構，負責傳達大內一切事務。內務府對於宦官的選驗十分嚴格，淨身投充者，年齡限定十六歲以下，並未娶妻生子者，經會計司與掌儀司官員監視老太監查驗後，方准收用。淨身工作由愼刑司主管，民間也有專操此業者，北京城內有「畢五」、「小刀劉」兩處，是獲朝廷批准、職業世代相傳的淨身所，平均每一季送交內務府四十名宦官。根據規定，太監額數爲三千三百名，實際上人數長期不足，係因管理極嚴，常有宦官被罰出宮，甚至「稍有劣跡，即予杖斃」，故逃亡者眾。

康熙皇帝嘗言：「朕自幼使令太監，已經年久，深知伊等情性，與尋常男女迥異。今宮中使令，無太監不可，故使之耳」，惟「不可假以威權，事發即殺之耳」。所謂「迥異」者，是指「太監原屬陰類，其性情與常人不同。有年已衰老，而言動尚若嬰兒，外似謹厚，中實叵測」，故告誡子孫，「斷不可使其干預外事」。是以諸帝多遠離宦官，並訂定各種「處分則例」，以懲治犯過的宦官。

即便如此，仍有少數宦官受寵。光緒皇帝喜用一文姓太監，「面目清秀，氣焰頗盛，日捧摺盒，進出軍機處」，慈禧太后得知後，「立即擯斥，或云其斃於杖下」。慈禧太后也寵任太監，安德海（一八三七—一八六九）聲稱奉旨差遣，在外招搖煽惑，遭「就地正法」；李蓮英（一八四八—一九一一）與內務府官員交結，遂「漸起招搖，事所不免」。惟多數宦官在宮中生活甚為艱辛，小太監受大太監欺凌，清末甚至有官員親眼看到宮殿總管太監「形容枯槁，衣服襤褸，個個與窮寡婦無異」。

第六章

調適與支配——文化互動及其控制

一、統治的正當性

受命於天

天命三年四月，努爾哈齊以「七大恨」告天，誓師伐明。這份申論金國出兵正當性的文告，在往後對明朝戰爭時，多次被用作宣傳。努爾哈齊在汗諭中也常舉古來帝王治亂興衰，或遼、金、元與宋對抗的史事，展露亟欲取代明朝的意圖。

一件大約形成於天命六年底至八年初，被題爲〈後金檄明萬曆皇帝文〉的長篇汗諭，內容重點有：一、指控明朝恃國大兵眾，生釁邊外他國，乃告天興師。二、列舉十九位歷代帝王，皆因存心善而興隆、存心不善而敗亡，明朝恃強欺弱，終將招致敗亡。三、備述大國數盡，必行事逆理亂常；小國天命將歸，天必默助以成，明朝無視上天示警，自取滅亡。因此，天不論勢之眾寡、國之大小，只論事之是非公斷，旨在析論順應天意者，必能以小勝大。

皇太極最初延續努爾哈齊的「天命」理論，提出遼、金、元「俱由小國而成爲皇帝」，朱元璋「原係僧人，賴天眷佑，起爲皇帝」，故而強調「有皇帝而廢爲匹夫者，亦有匹夫而起爲皇帝者，此乃天意」。崇德元年四月，皇太極稱帝，朝鮮使臣於受尊號禮時不拜，乃致書責其國王李倧，曰：「匹夫有大德，即爲天子；天子若無德，即爲獨夫」，且「邦國強可弱，小可大，原靡常也」。他的立論，則是借用《尚書》「皇天無親，惟德是輔」，「民罔常懷，懷於有仁」。

對「天命」的論點，從期待「天意眷佑」，轉變為「有德者主之」，皇太極的目的原在勸說朝鮮不必「以南朝為君父，攬南朝之禍為己禍」，卻跳脫過去訴諸家族仇恨和族群對立的局限，當更具說服力。降及崇德七年，清軍在松山、錦州戰役接連獲勝，皇太極再次申述「從來帝王，未有一家相傳不易位之理」；明朝無視「我朝兵強國富，尚且諄諄願和」，又「自以為天之子，鄙視他人」，則必須為「致億萬軍民，死於塗炭」負責。

仁義之師

順治元年三月，當清方獲知流寇李自成攻佔北京的消息，內院大學士范文程便判斷流寇逼死崇禎皇帝、刑辱縉紳、燒殺擄掠的惡行，必招致天怒、士忿、民恨，乃疏言：「我當任賢以撫眾，使近悅遠來」；新降的明薊遼總督洪承疇（一五九三—一六六五）也主張應向明人宣示「不屠人民，不焚廬舍，不掠財物之意」。攝政王多爾袞採納兩人意見，將清軍形塑成紀律嚴明、弔民伐罪的部隊。

與此同時，明山海關總兵吳三桂因京師陷落，淪為亡國之臣，原擬投降李自成，卻因獲悉其父吳襄（？—一六四四）下獄、愛妾陳圓圓（一六二四—一六八一）被奪，轉向清軍求援。多爾袞回覆曰：「明主慘亡，不勝髮指，用是率仁義之師，沉舟破釜，誓不返旋，期必滅賊，出民水火。」對於吳三桂引清兵入關的動機，雖然吳偉業〈圓圓曲〉以文學手法渲染為「衝冠一怒為紅顏」，時人仍肯定他「倡義復仇」，清軍則是「仗義助兵」；至少能接受這是「先國讎之大，而特釋前嫌；借兵力之強，而盡殲醜類」的做法。

順治元年五月，多爾袞進北京，立刻下令為崇禎皇帝服喪三日。南京福王政權大學士史可法致書多爾袞，曰：「為我先帝、后發表成禮，掃清宮殿，撫輯嫠黎」，「凡為大明臣子，無不長跪地而頂禮加額」，顯然為明朝「報君父之仇」的策略奏效。稍後，雙方展開議和，多爾袞在致史可法書中則言：「國家之撫定燕都，乃得之於闖賊，非取之於明朝」，以凸顯入主北京的正當性。

祭祀歷代帝王

致祭古代帝王，始於唐玄宗（李隆基，六八五—七六二，七一三—七五六在位）在長安城建三皇五帝廟，並逐漸成為傳統。明洪武年間，於南京欽天山建歷代帝王廟，奉祀開國之君；嘉靖朝時，另在北京城西建歷代帝王廟，並罷南京廟祭。

順治二年，清朝沿襲前代祭祀歷代帝王舊例，惟因明初立廟，將元世祖（忽必烈，一二一五—一二九四，一二六〇—一二九四在位）入廟享祀，卻無遼、金各帝，而有調整。

禮部指出，宋與遼、金分統南北，且「未有世祖入廟，而可遺太祖者」，多爾袞下令將遼太祖（耶律阿保機，八七二—九二六，九一六—九二六）、金太祖、金世宗（完顏雍，一一二三—一一八九，一一六一—一一八九在位）、元太祖、明太祖及重要功臣增入，以示對非漢民族統治中國的重視，也反映當時尙處於南北分治的現實。

迨順治十七年，御史顧如華疏言，帝王廟「皆係開創之主，不及守成賢君」，建請應予並祀。順治皇帝同意增列守成之君，另以遼、金、元三朝太祖「原未混一天下，且其行事，亦不及諸帝王」，停止與祭。是時，南明桂王已奔逃緬甸，清朝一統天下的時代即將到來，此舉更切近漢族以「大一統」爲「正統」的指標。

降及康熙朝晩期，再次檢討帝王廟的崇祀原則。康熙皇帝認爲，「前代帝王，曾爲天下主，後世之人，俱分屬臣子」，不可輕肆議論，乃交禮部研議。康熙六十一年議定，除無道被弒、亡國之君、偏據一方，以及不應崇祀者之外，將歷代帝王廟原祀二十一位，增列一百四十三位，共計一百六十四帝。在康熙皇帝刻意放寬標準下，古來帝王有半數得以入廟；有朝一日，清朝皇帝也都有資格入祀帝王廟，成爲「正統」的一部分。

明亡於神宗

清朝在循例祭祀歷代帝王的同時，又下詔纂修《明史》。自唐太宗爲前朝開館編修紀傳體史書以來，官修正史漸成慣例，也是新政權取得正統地位的象徵。清修《明史》，至乾隆四年始成，前後九十五年，是「二十四史」歷時最久的一部；論「明之亡」，則亡於神宗或流賊，迥異於其他正史將責任歸咎於「末世亡國之君」。

清承明制，諸帝皆因「我朝見行事例，因之而行者甚多」，並「不似前人輒譏亡國」。順治皇帝認爲，崇禎皇帝「尚爲孜孜求治之主，祇以任用非人，卒致寇亂，身殉社稷」，不同於「失德亡國」者，乃於順治十四年爲之立碑。順治十六年（一六五九），復諭禮部追贈謚號，曰「莊烈愍皇帝」。究其所以，一方面是爲維護崇禎皇帝所代表的君主專制體制；另一方面，則是再次強調天下得之於流寇而非明朝，正當性無庸置疑，自然可以賜予哀榮。

縱使明朝典制恢弘、政善俗淳，終不免敗亡，康熙皇帝分析其原因，在於明神宗怠忽政事，放任宦官、朋黨交相傾軋，政爭造成士風澆漓，重稅導致民心渙散，是以「闖賊以烏合之眾，唾手燕京」。既然明朝滅亡的癥結在神宗、導火線爲流寇，則大可不必藉由否定勝朝來肯定自我。其後，在處理「應入廟崇祀帝王」時，康熙皇帝又指示，「有明天下，皆壞於萬曆、泰昌、天啓三朝」，將神宗、光宗、熹宗列爲「不應入崇祀之內」，「明之亡，非愍帝之咎」，不宜與亡國之君同論。因此，崇禎皇帝成爲唯一入祀歷代帝王廟的「亡國之君」。

官修正史常將末代皇帝形塑爲昏君或暴君，惟《明史・莊烈帝本紀》的「論贊」，充滿同情和惋惜，曰：「即位之初，沈機獨斷，刈除奸逆，天下想望治平。惜乎大勢已傾，積習難挽」，加以「用匪其人，益以僨事」，無法避免「祚訖運移，身罹禍變」。官方敢於透過正面評價崇禎皇帝形成「公論」，以彰顯「聖朝盛德度越千古」，係因「翦滅闖寇，入承大統」，故康熙皇帝自詡「自古得天下之正，莫如我朝」。

不諱「夷狄」

「得國之正」和「承統之正」，是漢族檢視正統的標準。清朝皇帝既以「爲大明報怨雪恥」、「並非取天下於明」，闡述其「得國之正」，亦就「夷狄之名，本朝所不諱」，辯證其「承統之正」。

對於「夷狄入主中國」，雍正皇帝引述《孟子》「舜，東夷之人也；文王，西夷之人也」之語，說明並非史無前例，且無損其「聖德」。然而，後世往往懷挾私心，不欲歸美於外來君主，反而造成「人心世道之害」；唯有秉公直書中、外君主的作爲，使其知所比較和競爭，方有助於治道。反觀本朝，「所承之統，堯舜以來，中外一家之統也；所用之人，大小文武，中外一家之人也；所行之政，禮樂征伐，中外一家之政也」，內而直省臣民，外而周邊諸部，「莫不尊親，奉以爲主」，正統地位不容質疑。

雍正皇帝又發現，本朝人刊寫書籍凡遇胡虜、夷狄等字，每作空白，或改易形聲，如以「夷」爲「彝」、以「虜」爲「鹵」，殊不可解。他認爲這類刻意刪改以避忌諱者，自以爲是尊敬君父，其實已犯大不敬之罪。乾隆皇帝繼續宣揚不諱「夷狄」之說，指出「夷狄二字，屢見於經書，若有心改避，轉爲非禮。如《論語》夷狄之有君，《孟子》東夷、西夷，又豈能改易，又何必改易」；唯有此大前提得到確認，始能解釋清朝的正統地位。

關於正統，乾隆皇帝的定義是：「繼前統，受新命」，重點在於得天下是否爲「正」，而與種族無涉，亦與強弱無關。中國歷史上幾次大分裂時代，正統所繫，須稟遵「《春秋》大一統之義，尊王黜霸」，「使名正言順，出於天命人心之正」。因此，南北朝時期，即使北魏地大勢強，正統不得不屬之宋（四二〇—四七九）、齊（四七九—五〇二）、梁（五〇二—五五七）、陳（五五七—五八九）；南宋偏處臨安，遼、金、元相繼起於北邊，「宋雖稱姪於金，而其所承者，究仍北宋之正統」，至元世祖滅宋，「始有宋統當絕，我統當續之語」。換言之，在漢人傳統的正統意識下，當元朝可以被納入正統，便可以爲滿洲統治中國提出合理的解釋，是以乾隆皇帝重申，「我朝爲明復仇討賊，定鼎中原，合一海宇，爲自古得天下最正」。

值得注意的是，乾隆三十二年（一七六七）敕撰《御批歷代通鑑輯覽》。是書起自伏羲氏，迄於明季，乾隆皇帝特命俟弘光元年（一六四五）「福王於江寧被執，而後書明亡」。他自認以「大公至正」的態度，「存福王建國之號一年，使其能保守南都，未嘗不可如南宋之承統，綿延不絕」。雖然乾隆皇帝願意承認明統尚存的聲明，只是假設性的說法，卻足以說明清朝統治的正當性，已臻於不可動搖的境地。

二、巡幸與治理

「移動」的傳統

橫亙中國北方的長城，不僅是分隔農業民族和游牧民族的族群界線，也是兩種不同氣候、生態、經濟、文化的邊界。十世紀初，「逐水草畜牧」的契丹族崛起，在統治華北期間，遼朝皇帝仍保持部落時期「隨水草就畋漁」的習慣，「四時各有行在之所，謂之『捺鉢』」。

「捺鉢」意爲「行營」，是遼朝皇帝出行居止的帳幕。《遼史·營衛志》載：春捺鉢，皇帝往鴨子河濼，「鑿冰取魚」，「縱鷹鶻捕鵝雁」；夏捺鉢，多在吐兒山避暑，與臣僚議國事，暇日游獵；秋捺鉢，赴伏虎林，令獵人「吹角效鹿鳴，既集而射之」；冬捺鉢，則在廣平淀「坐冬」，並會議國事、校獵講武，兼受諸國禮貢。遼朝雖建有五京管理地方，諸帝卻甚少停駐，而是在四捺鉢間移動，國政則有隨行的契丹、漢人官員處理。

遼的捺鉢，亦見於金、元兩朝。金初，「循契丹故事，四時遊獵，春水秋山，冬夏剌鉢」。元世祖在上都（開平）即位，自定都大都（今北京）後，諸帝皆夏、秋出塞避暑，春、冬留在大都，政治中心則隨著皇帝所在轉移。特別的是，元世祖在大都城的中心地區建立高牆，牆內氈帳林立，並劃出飼養牲畜的牧場，皇室繼續以蒙古人的方式生活於其中。至於清朝，康、乾二帝頻繁前往熱河避暑、圍場秋獮，亦是其舊俗的延續。

對游牧民族而言，捺鉢兼具經濟、政治等多重意義。宋人指出，「北人打圍，一歲間各有處所」，周而復始，「如南人趁時耕種」；金人則認爲「坐夏打圍」，「實欲服勞講武」，以示「戰不可忘，畋獵不可廢」。雖然漢族也有和捺鉢形式相近的「巡幸」或「巡狩」，但臣下常以「天下無道，人主以逸樂而忘憂勤」爲由，勸阻皇帝舉行這類活動，甚至批評遼朝皇帝「四時無定，荒于遊獵，內耗郡邑，外擾鄰封」，「所以亡也」，實無視游牧民族的傳統。

北巡與木蘭秋獮

生活在關外的滿洲，難以忍受北京的溽暑。順治七年七月，攝政王多爾袞下令在塞外的喀喇河屯（今河北灤平）建城，「以便往來避暑」，他的想法來自「遼、金、元曾於邊外上都等城，爲夏日避暑之地」。是年十二月，多爾袞因「有疾不樂」，往邊外狩獵，卻於喀喇城驟逝。次年四月，順治皇帝首次巡行塞外，亦駐蹕喀喇城。

康熙十六年，康熙皇帝前往遵化孝陵（世祖）展祭後，便展開第一次「巡狩沿邊內外」的行程；途中，蒙古科爾沁、喀喇沁、翁牛忒、土默特各部落王公相繼來朝。康熙二十年（一六八一），康熙皇帝第二次北巡，因諸部敬獻位於承德府北四百里的牧場，經派員調查地勢，乃分圍場七十餘所，名曰木蘭圍場（今河北圍場縣），設總管一員負責管理，直屬理藩院。

「木蘭」（*muran*）係滿語，意爲「哨鹿」，每年秋分前後，是鹿群繁殖期，獵人在黎明前頂著鹿頭、披著鹿皮，進入山林，吹起木製長哨，模仿雄鹿求偶的聲音，吸引母鹿前來。「圍場」爲狩獵之地，亦指「圍獵」。打圍時，隨駕八旗官兵密布四周，各至指定圍場後，形成方圓數十里的包圍，再從四方漸次逼近，稱爲「合圍」。騎兵驅趕狐、兔、麋鹿等野獸至圍中，由皇帝自行狩獵或令眾人出擊，過程聲勢浩大，猶如戰鬥。

自木蘭圍場設置後，康熙皇帝幾乎每年都來此舉行「秋獮」，形成四、五月間啓蹕巡幸，九月間回鑾返京的慣例；在康熙四十年以前，「秋獮出古北口，皆駐喀喇河屯行宮」，其後則改駐蹕熱河避暑山莊，所定北巡期程亦爲諸帝所遵循。康熙皇帝在位期間，出塞五十一次，在木蘭圍場行圍四十五次，而秋獮至少四十次；乾隆皇帝北巡四十九次，秋獮四十次；嘉慶皇帝到避暑山莊十九次，秋獮僅十一次，惟嘉慶二十五年七月在抵達避暑山莊次日即病逝。此後，只有咸豐皇帝於咸豐十年（一八六〇）以假借「秋獮木蘭」名義前來，但這次「北巡」，是爲躲避第二次英法聯軍進攻北京的戰禍。

皇帝頻繁北巡、秋獮，動員的人力、物力必然可觀；興築避暑山莊，沿途建設七十二景，不免勞民傷財。行宮中「茂木修竹，綠草如茵，涼風習習」，而承德一帶，城狹屋小，「戶竈銜接，炎熱實甚」，故在乾隆年間民間有諺曰：「皇帝之莊眞避暑，百姓仍是熱河也」。然而，北巡與秋獮實具有「行獵訓武」和「綏來遠藩」的功能。

圖6-1　〔清〕郎世寧繪《木蘭圖卷》中的「合圍」。

在行獵訓武方面，康熙二十一年，議政大臣奏陳口外一年兩次行獵講武事宜，康熙皇帝認爲是行軍和布陣的訓練，每年應派兵一萬二千名，分爲三班，於四月、十月、十二月，令其前往行獵；不諳騎射的部院衙門官員也派出，令其嫻習騎射。乾隆皇帝則指出，

「屢次出師，所向無敵，皆由平日訓肄嫺熟，是以有勇知方，人思敵愾」。在綏來遠藩方面，清人咸以「本朝撫綏蒙古之典，以木蘭秋獮爲最勝」，諸帝則將之歸功於「祖功宗德」。乾隆皇帝描述蒙古王公踴躍從獵情形，內、外扎薩克「不下百餘旗，我朝中外一家之盛，實史冊所未見」。即使在位期間從未舉行秋獮大典的雍正皇帝，也誇耀康熙皇帝北巡的成就，曰：「一人臨塞北，萬里息邊烽」。

東巡與緬懷創業

康熙十年，康熙皇帝東巡，由京師啓程，直奔山海關，經寧遠、錦州等地，抵達盛京，拜謁福陵（太祖）、昭陵（太宗），是清入關後皇帝首次回到「龍興之地」。順治皇帝在位期間，便有東行謁陵計畫，屢因「盜賊未靖，師旅繁興」被勸阻，如今天下底定，康熙皇帝得以實現父親遺願。繼之，康熙皇帝在平定三藩、親征朔漠告成後，於康熙二十一年、三十七年舉行第二次和第三次東巡；另有乾隆皇帝四次（八年、十九年、四十三年、四十八年〔一七八三〕）、嘉慶皇帝二次（十年、二十三年〔一八一八〕），道光皇帝一次（九年〔一八二九〕），共計十次。

康熙皇帝在規劃第二次東巡時，增加自盛京往撫順、薩爾滸至興京，再從興京經鐵嶺、開原、葉赫舊城赴烏喇（吉林）的行程，遍歷太祖、太宗的創業史蹟，嗣後諸帝東巡也大致循此路線。其中，興京是「祖宗發祥舊址」，康熙皇帝致奠永陵（肇、興、景、顯四祖），「敬想祖宗開疆非易」，並撫綏邊境，兼以畋獵講武；在烏喇松花江畔，則遙拜長白山，「以展望祀之典」。長白山爲女眞民族的聖山，康熙皇帝刻意將之塑造成「本朝祖宗發祥之地」，先於康熙十七年（一六七八）仿漢族封禪泰山之禮，「敕封長白山神，祀典如五嶽」，確立滿洲的正統地位；再透過「望祀」的公開展演，凝聚滿洲的故土意識。

在謁陵的同時，康熙皇帝也派遣王公大臣祭祀盛京宗室、功臣四十餘人，以示崇敬追念；尤其第三次東巡，特地親臨武勳王揚古利（舒穆祿氏，一五七二—一六三七）、直義公費英東、弘毅公額亦都三位開國功臣之墓致祭，開「君臨臣墓，親行奠酒」先例，都成爲東巡必行的儀式。乾隆皇帝第二次東巡時，則專爲配享太廟諸王立「賢王祠」，「永昭我朝宗功元祀之鉅典」。宗室、功臣子孫的祖墳俱在盛京、興京，他們因扈從御駕前來，方能歲時祭掃以展孝思，使乾隆皇帝「以祖宗之心爲心者，天下無不睦之族人」的期待得以實現。

盛京是清朝「肇基之地」，在遷都北京後，宮殿因閒置多有損壞，直到康熙皇帝恭謁祖陵，才漸次修繕，其「陪都」與「帝鄉」氣象方得重現。自乾隆皇帝第一次東巡開始，於謁陵之後，舉行崇政殿慶賀典禮、大政殿君臣筵宴，以及清寧宮薩滿祭神等活動，盛京舊宮顯得狹窄和簡陋，故而展開長期的重葺和擴建工程；第三次東巡，爲恢復陪都壇廟之制，又有重修天壇、地壇，以及移建太廟之舉。另一方面，爲恭貯北京移送大量宮廷器物、圖書典籍、古玩珍寶等，也有增建的必要。乾隆四十六年，新建正宇、大小各房一百六十餘間，存放《四庫全書》，名曰「文溯閣」，乾隆皇帝更賦予「不忘祖宗創業之艱，示子孫守文之模」的深遠寓意。

諸帝東行謁陵的目的，在緬懷祖先創業維艱，令子孫體認守成之難，始能兢兢業業，永保勿墜。因此，乾隆皇帝要求日後入承大統者，當「睠懷遼、瀋舊疆，再三周歷，蘄於祖宗遺緒，身親而目睹」；若有輕視故都而憚於遠涉，或偶詣祖陵而漠不動心，則是「忘本而泯良」。繼位的嘉慶皇帝恪遵父訓，兩度至盛京謁陵；迨道光九年，道光皇帝循例拜謁關外三陵，在盛京宮廷舉行慶賀、筵宴、祭神典禮後，東巡便告終止。

南巡與治河理民

康熙二十三年，康熙皇帝展開首次南巡，此行與視察治理黃河有關。自古以來，黃河水濁多淤，「既善徙，決無常處，治之亦無常法」，威脅民生。另一方面，京師軍國之需仰給江南漕運，在江蘇北部係利用黃河之水，若「漕艘有悞，關係非輕」。然而，從順治元年至康熙十五年（一六七六）間，黃河連年決口改道，影響至鉅。

康熙十六年，康熙皇帝以治河經驗豐富的安徽巡撫靳輔（一六三三－一六九二）爲河道總督。他沿用明朝治河名臣潘季馴（一五二一—一五九五）「築堤以束水，束水以刷沙」之法，至康熙二十二年已漸有改善；是時，對三藩、臺灣的戰爭已經結束，康熙皇帝乃「欲親至其地，相度形勢，察視堤工」。其後，又分別在二十八年、三十八年（一六九九）、四十二年（一七〇二）、四十四年、四十六年（一七〇七）南巡，共計六次；第一次自直隸經山東、抵江蘇，第二次以後更南至浙江。

第一次南巡時，康熙皇帝至江寧，親謁明孝陵（太祖）、過明故宮；回程往山東曲阜孔廟，在大成殿行三跪九叩禮，向漢族士人傳達「和解」與崇儒的意向；也在江寧八旗教場數以萬計的士民前親射，展現對滿洲傳統與尚武精神的重視。第二次南巡時，康

圖6-3　〔清〕王翬等繪《康熙南巡圖卷》，治河。

熙皇帝說明「稽古省方」的目的爲「咨求治理」，既以江南、浙江人文萃集，廣其學額以弘獎文教；又軫念江寧、鎮江、杭州駐防八旗官兵久鎮要地，特予恩賚以彰優恤；並於所經過地方，對犯罪官員赦罪宥過，對縴夫供役量給恩賞，對士農商賈蠲豁租賦。以上種種，亦爲歷次南巡的主要內容，康熙皇帝藉由實際行動，將自己形塑成施仁政的明君。

乾隆皇帝向以祖父的功業爲典範，在位期間也於乾隆十六年（一七五一）、二十二年、二十七年、三十年、四十五年、四十九年六次巡幸江南。乾隆十四年，乾隆皇帝預告將在兩年後有南巡之舉，原因包括：一、江南督撫、紳耆士庶「望幸心殷，合詞奏請」。二、廑念江浙戎政、河務、海防、海塘工程，以及閭閻疾苦。三、欽慕聖祖恭侍皇太后（博爾濟吉特氏，孝惠章皇

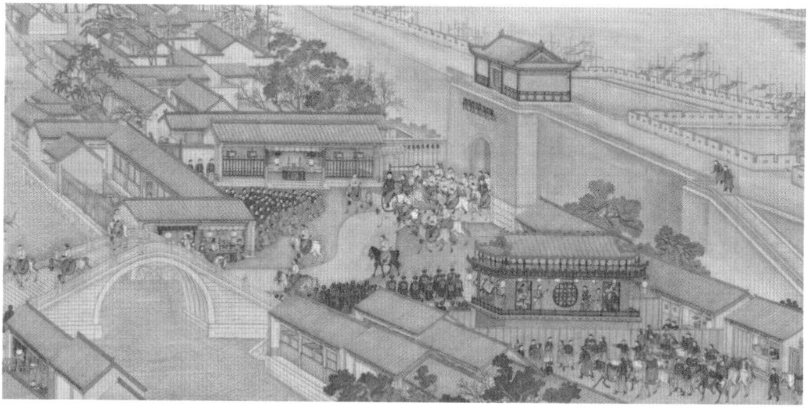

圖6-4　〔清〕徐揚等繪《乾隆南巡圖卷》（第六卷：大運河至蘇州，局部），大都會藝術博物館提供。

后，一六四一—一七一八）南巡，來年聖母皇太后（鈕祜祿氏）六旬萬壽，可「上以廣承歡之慶，下以慰望幸之忱」。整個行程，如同康熙年間南巡的重現，但動員的規模更加盛大。

第四次南巡後，乾隆皇帝下令編纂《南巡盛典》，收錄南巡期間皇帝的恩詔、御製詩，以及詳述途中蠲免租賦、巡視水利與海塘、祀典與恩賞、選拔人才、檢閱官兵、風土名勝等，無不備舉，可窺其盛況。同時，也留下許多圖像資料，乾隆皇帝在多數的場合中總是騎在馬上，周圍則是身著鮮豔軍服的官兵，令人印象深刻。第六次南巡時，乾隆皇帝親撰〈南巡記〉，曰：「臨御五十年，凡舉二大事，一曰西師，一曰南巡」，將有效治理文化、經濟高度發展的江南地區，與征服天山南、北路的軍事價值並舉，可見其重視程度，其實也是向世人展示統治帝國的成就。

乾隆皇帝每次南巡，隨行官員和扈從二千餘人，徵調民工數萬名，馬五、六千匹，大小船隻千餘艘；六次動用的經費，總數多達二千萬兩。乾隆皇帝晚年，曾面諭軍機章京吳熊光（一七五〇—一八三三），曰：「朕臨御六十年，並無失德。惟六次南巡，勞民傷財，作無益，害有益。將來皇帝如南巡，而汝不阻止，必無以對朕。」

巡幸與政務運作

皇帝巡幸各地，須研議、勘察行經路線和駐蹕地點、修築道路和預備交通工具，以及安排扈從人員。這類事務，由八旗王公大臣擔任總理，並從八旗各營挑選「深明輿圖者」負責實際任務，名爲「嚮導」。乾隆元年，爲安排皇帝行圍事宜，奉旨設立「總理行營處」，專設總理行營王大臣六人，掌管行程、圍獵、駐蹕、守衛等事。大約在乾隆朝前期，又成立「嚮導處」，遇車駕時巡，預先率所屬官軍掌握路況、排除沿途障礙、計算路程；每日駐蹕後，則開列次日行程和駐蹕地點，交行在兵部曉諭全營。

清朝皇帝率皆勤政，「巡幸所至，日理萬機，未嘗稍輟，與在宮中無異」；乾隆十二年木蘭秋獮，乾隆皇帝也留下「只有孜孜勤政意，無分塞外與宮中」的詩句。爲使皇帝離京期間政務仍如常運作，不僅部分內閣、部院官員隨行，行在也設有批本處、奏事處、軍機處等辦公區域。康熙皇帝第二次南巡時，「命部院本章，仍日送內閣，內閣彙齊，三日一次，驛送行在辦理」。乾隆年間，又有「遇車駕巡幸進呈本章，若駐蹕口內，間一日送本；口外，間二日送本」的規定；「口內」指長城以南的東陵（今河北遵化）、西陵（今河北易縣）一帶，大約距京師二百餘里。

另一方面，皇帝指派親信官員在京留守，協助處理政務。較早的紀錄在康熙三十四年（一六九五）北巡，時準噶爾問題尚未解決，康熙皇帝指示大學士阿蘭泰（？—一六九九）

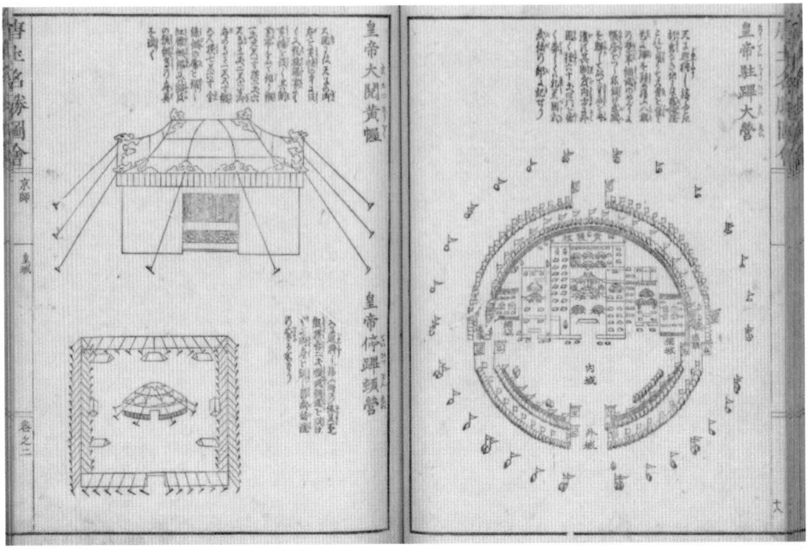

圖6-5　皇帝駐蹕大營。〔日〕岡田友尚等編繪，《唐土名勝圖會》，大阪龍章堂刊朱墨套印本，〈京師．皇城〉。臺北國立故宮博物院提供。

「蒙古事情，爾須看過馳奏」，「雖諸奏章，亦必開看，然後奏聞」。其後，形成輪流值宿辦法，略爲：留京王大臣每日至文華門辦事，卯刻（上午六時）四人同入，非值班者，申初（下午三時）散出；值宿班者，在內廷「合符」（查驗符信），俟次日清晨交接，合符後始出。

巡幸途中，不免會安排一些遊憩、飲宴或演戲的娛樂活動，但不致耽誤政事；對深居九重的皇帝而言，透過巡幸活動，另有整飭地方、察吏安民的作用。康熙皇帝嘗言：「臣下之賢否，朕處深宮，何由得知？緣朕不時巡行，凡經歷之地，必咨詢百姓，是以知之。」乾隆皇帝臨幸各省，對沿途道府州縣官員，「必一一親詢政績民瘼」，藉以甄別勝任與否，亦有督撫先行奏劾不適任官員，足見「入疆考績，裨益良多」。

三、學術正統的確立

學術與政治

漢武帝（劉徹，前一五六—前八七，前一四〇—前八七在位）接納董仲舒（前一七九—前一〇四）「諸不在六藝之科、孔子之術者，皆絕其道，勿使並進」的建議，而有「罷黜百家，表章六經」之舉；又「立五經博士，開弟子員，設科射策，勸以官祿」。在帝王扶植和利祿勸誘下，儒家的著述被奉為「經」，其學說成為主流；獨尊儒家的學術研究，在兩漢稱為「經學」。清人認為，漢儒治經的特點有二：一、「前漢重師法，後漢重家法」；二、經學因文字之異，有今（隸書）、古（大篆）之分，而有今、古文之爭，但都與政治關係密切。就師法、家法而言，係名異實同，學者皆上承師法，下傳家法，經師被選為「博士」，始有師法可言，反之則無。就「爭」而言，今文經學長於微言大義，古文經學詳於章句訓詁，惟兩派學者並非勢如水火，而是已立學官的今文經學，不願與古文經學共享利祿之爭。

唐太宗時，因科舉取士，命前中書侍郎顏師古（五八一—六四五）考定《五經》，頒行天下；又詔國子祭酒孔穎達（五七四—六四八）與諸儒撰成《五經正義》，令天下傳習，是官方對經學的總整理。降及宋代，官方將五代十國遺留的大量經書版片整理、補刊，各經書經過不斷校勘成爲定本，並廣泛流傳。即使宋儒已開創「不惑傳注」、「發明經旨」的「理學」，科舉考試仍以漢、唐注疏爲標準。

理學家講實用、重義理，建立道統傳承，強調修身養性的新說，加以朱熹合《論語》、《孟子》、《大學》、《中庸》，在《五經》之外建立「四書學」，都讓人耳目一新，也帶動學術風氣的轉變，惟其影響力仍有待國家功令支持始能擴散。元仁宗（愛育黎拔力八達，一二八五—一三二〇，一三一一—一三二〇在位）下詔恢復科舉，將《四書》納入考試範圍，明定用朱熹《四書章句集註》，《五經》亦以宋儒爲主而兼用古注疏，理學的地位大爲提升。迨明成祖時，官方編撰《五經大全》、《四書大全》、《性理大全》，全採宋儒學說，並指定爲考試用書，也爲清初科舉所沿用，理學乃定於一尊。《四庫全書總目》梳理歷代儒學發展脈絡，曰：「要其歸宿，則不過漢學、宋學兩家，互爲勝負」，而經學與理學的消長，則與政權支持與否有關。

皇帝對儒學的興趣

自宋代以後，儒家學術有漢、宋兩大支柱；清朝前期民間的學風，則有從清初的「漢、宋不分」，到乾、嘉時期「漢、宋對立」的轉變。順治、康熙二帝皆沖齡即位，知識學習往往受身邊漢官的影響；漢官多爲科舉出身，自然崇尚理學，而當時的學術環境亦能兼治經學。

順治皇帝在儒家典籍中，似對《孝經》和《易經》最感興趣。他以「孝治天下」自任，推崇《孝經》「言近而旨遠，理約而該博，本之立身以行道，推之移風而易俗」，親撰《御定孝經注》，不用漢儒孔安國（前一五六—前七四）本，「息今、古文門戶之爭」，也不用宋儒朱熹刊誤本，「杜改經之漸」。其次，他盛讚《易經》「義精而用博，範圍天地萬物之理」，命大學士傅以漸（一六〇九—一六六五）等廣蒐漢、唐以來諸家刻本，「鎔鑄眾說，薈粹微言」，撰成《易經通注》。從「御注」或「敕撰」的版本擇定與注疏取捨來看，並無漢、宋之分。

熱中學術的康熙皇帝，將青少年時期由翰林院官員按日進講的《四書》、《五經》講章纂輯成書。其中，《四書》爲朱熹所定，《日講四書解義》自以朱注爲本；《日講書經解義》、《日講易經解義》、《日講禮記解義》率皆「取漢、宋以來諸家之說，薈萃折衷」；《日講春秋解義》以宋儒胡安國（一〇七四—一一三八）《春秋傳》爲宗，《日講詩經解義》

則「立說一準於考亭（朱熹）」，大致上仍是漢、宋兼習。

在理學大臣熊賜履、李光地等人引導下，康熙皇帝也逐漸形成「羽翼《六經》，發揮聖道者，莫詳於有宋諸儒」的看法，更推崇朱熹的見解「皆明白精確，歸於大中至正」。是以康熙皇帝在中年以後，學術興趣已完全轉向宋學，且反映在康熙朝後期敕撰的儒家典籍，例如：《御纂周易折中》以程頤（一〇三三—一一〇七）、朱熹注疏爲本；《春秋傳說彙纂》則旨在發揮朱熹「明道正誼，據實書事，使人觀之，以爲鑑戒」之論。

相較於順、康二帝，雍正皇帝對於儒家，只是反覆申論「至聖先師孔子，以仁義道德，啓迪萬世之人心」，未明確表達其對漢、宋的態度。至於乾隆皇帝，在皇子時期受上書房師傅大學士朱軾（一六六五—一七三六）影響，亦偏愛理學，主張「經術之精微，必得宋儒參考而闡發之」，強調非程、朱「無以傳孔子之道」。然而，乾隆皇帝即位後，爲踵繼祖父「表章群經」而「《三禮》未就」的志業，於乾隆十三年纂成《三禮義疏》，其注疏卻回歸經學。

孔穎達認爲，「《禮》是鄭學」，是指後世必欲申漢儒鄭玄之說而不取別解；清人則云：「《三禮》以鄭氏爲專門，王肅（一九五—二六五）亦一代通儒」，顯然經學家闡釋《周禮》、《儀禮》、《禮記》有獨到之處。因此，乾隆皇帝接納儒臣的意見，另闢以漢學爲主、宋學爲輔的研究取向，日後官修的《詩義折中》、《周易述義》、《春秋直解》，皆屬折中漢、宋之作。此一變化，雖是大臣影響所致，亦可視爲乾隆皇帝個人學術興趣的轉換。若據〈欽定三禮義疏序〉所言，「朕御極之初，儒臣上言，今當經學昌明，禮備樂和之會，宜纂輯《三禮》，以蒇《五經》之全」，他也察覺士人關注漢學的學風已然形成。

學術政策的調整

在順治年間，無論是攝政王多爾袞宣布的尊孔子、開經筵、祀闕里、行科舉等措施，或是順治皇帝標舉的「崇儒重道」大政方針，基本上都是在「以漢治漢」思維下的「仍明舊制」。迨康熙六年，康熙皇帝親政前夕，內弘文院侍讀學士熊賜履奏請，令各省學政統率士子「講明正學」，即儒家經典與宋儒之學，始有明確的學術政策。

康熙皇帝傾心理學，另有鞏固政權的意圖。他自認治天下的理論全得自於宋儒，而能「闡發聖賢之精微，可施諸政事，驗諸日用，實裨於身心性命者」，惟有朱熹。因此，朱熹的學說是康熙皇帝柔遠懷近、治漢撫民的工具，也是勸勉臣民忠君親上的利器。康熙五十一年，又將朱熹從「配享孔廟，本在東廡先賢之列」，「升於大成殿十哲之次」，更加強化理學在官方學術政策中的地位。是以「當時宋學昌明，世多醇儒耆學，風俗醇厚，非後所能及也」。

另一方面，康熙皇帝第一次南巡歸途，親詣曲阜孔廟瞻仰，特書「萬世師表」匾額，懸掛大成殿中。康熙三十一年（一六九二），重修孔廟告成，康熙皇帝於次年遣皇三子胤祉致祭，並親撰〈告祭文〉，曰：「朕惟道統與治統相維，作君與作師並重」，闡明學術與政治相輔相成的關係。雍正皇帝對其父尊孔的態度深表景仰，而他本身不僅親祭孔子、隆重祀典，又追封孔子先世五代爲王爵、敬避孔子名諱等，可說是達到無以復加的境地。

對於孔子的學術，雍正皇帝自有見解。聖人之道，固然「爲福於群黎也甚溥」，雍正皇帝則著眼於「爲益於帝王也甚隆」的一面；孔子之教，在「明倫紀，辨名分，正人心，端風俗」，他卻毫不諱言儒家學說有利君主統治，並直指尊孔崇儒的最大受惠者「尤在君上」。相較於漢武帝以來的君主，莫不「內多欲而外施仁義」，以「陽儒陰法」的策略治國，雍正皇帝不僅對儒家的本質有深刻認識，也能坦言其尊孔的目的。

乾隆皇帝將治統、道統的「相維」關係，深化爲「治統原於道統」。他以宋儒周敦頤（一〇一七—一〇七三）、程顥（一〇三二—一〇八五）、程頤、張載（一〇二〇—一〇七七）、朱熹之學，得「孔、孟之心傳」爲前提，闡述「崇正學，則可以得醇儒」的治國理念；提倡理學，則「國家收端人正士之用，而儒先性命道德之旨，有功於世道人心者，顯著於家國天下」。

值得注意的是，乾隆十四年，乾隆皇帝以「崇尚經術，良有關於世道人心」爲由，下令保舉「潛心經學」的人才。獨尊理學的政策既經調整，開啓漢學重興的契機，且自乾隆朝中期以後，科舉考試也將經學列入。影響所及，學風爲之丕變，「一時耆儒夙學，布列朝班，而漢學始大著，齷齪之儒，自踡足而退矣」；然其末流，「黠者詬詈正人，以文己過；迂者株守考訂，訾議宋儒」。

論者以爲，宋學代表官方學術，漢學則是民間學術，乾隆皇帝的學術政策轉向，是朝廷提倡的學風被民間自然發展的學風壓倒，也帶動乾嘉考據學興起。然而，對乾隆皇帝而言，「崇儒重道」是統治的策略，提倡學術有個人興趣和控制需要，面對儒學分爲漢、宋兩派，遂採二元並重之策，以一統學術。

刊刻經籍與樹立權威

康、乾二帝纂輯闡釋經義的著作，都收入《四庫全書》，雖說是滿足個人學術興趣，惟經四庫全書館館臣引申，又有主導學術觀點的用意。例如：康熙皇帝〈周易折中序〉曰：「上律《河》、《洛》之本末，下及眾儒之考定，與持論之不可易者，折中而取之」；〈提要〉則言：「數百年分朋立異之見，至是而盡融；數千年畫卦、繫詞之旨，乃至是而大彰」。乾隆皇帝〈周易述義序〉僅低調表示，「異其體而宗其義，庶無忝乎祖述之旨」；〈提要〉卻大張旗鼓，曰：「於宋《易》、漢《易》酌取其平，探羲文之奧蘊，以決王（弼，二二六－二四九）、鄭（玄）之是非。千古《易》學，可自此更無異議」。由此，皇帝的權威，便從政治領域延伸至學術領域，而乾隆皇帝石刻《十三經》，亦有其象徵意義。

先是，兩漢經書使用文字有別，各家解釋互異。東漢靈帝（劉宏，一五六－一八九，一六八－一八九在位）時，由政府主導正定當時應試經典，據今文經刊刻《熹平石經》，成爲官定教科書。其後，受歷代官學政策變動影響，各朝刊刻不同「注本」的儒家經典。例如：曹魏的《正始石經》，改今文經爲古文經；唐朝的《開成石經》，綜合今、古文經學的義理和訓詁；十國後蜀（九三四－九六五）的《廣政石經》，則建立「十三經」的系統，都是官方利用《石經》來展現學術的主流。

乾隆三年（一七三八），國子監奏稱，太學所貯《十三經注疏》版片年久模糊，請詳加校正，重新刊刻。乾隆皇帝指示莊親王允祿，於武英殿御書處等處查辦。乾隆十二年，重刻《十三經注疏》告成，乾隆皇帝御製〈序〉說明原委，曰：「於經文誤字，以及傳注箋疏之未協者，參互以求其是，各爲考證，附於卷後，不紊舊觀，刊成善本」，意在「嘉與海內學者，篤志研經，敦崇實學」。時值乾隆皇帝的學術興趣轉爲經學，也藉以揭示他對「經義明而儒術正，儒術正而人才昌」的期待。

在此之前，工於書法的江南金壇貢生蔣衡（一六七二－一七四三），在雍正四年發願仿唐《石經》繕寫《十三經》，歷時十二年始成，共五十函三百冊；乾隆四年，由河道總督高斌（一六八三—一七五五）進呈御覽。然因蔣衡並非經師，所據乃爲坊本，而未受重視，原本遂藏於懋勤殿。直到乾隆五十六年，乾隆皇帝以歷代皆刻《石經》，「考定聖賢經傳，使文字異同歸於一是」，乃下令將蔣衡所進手書，「刊之石版，列於太學，用垂永久」；惟奉旨參與纂修工作諸臣，對蔣衡手書底本舛訛甚多，頗有批評。即便如此，迨乾隆五十九年（一七九四）《石經》竣工，乾隆皇帝仍誇耀是「出一人之手，經諸臣之目，視歷代爲加詳」，堪爲「千秋萬世崇文重道之規」，「使天下萬世學者有所師承遵守」。

誠如嘉、道年間經學名臣阮元（一七六四—一八四九）所言，清朝學術正統的確立，是建立在「崇宋學之性道，而以漢儒經義實之」的基礎上。這個學術政策的構想，形成於康熙時期，而由乾隆皇帝將之具體化。

四、滿洲傳統的重建

「漢習」與「舊制」

清朝皇帝強調「八旗爲國家根本」，惟旗人在關內居之漸久，而有「漸染漢習」的現象。所謂「漢習」或「漢俗」，是指漢人的習氣或習俗，皇太極曾以金朝「效漢人之陋習」，國遂滅亡爲鑑，告誡子孫切勿「忘舊制、廢騎射以效漢俗」。入關之後，旗人卻專尙讀書，難免「讀漢書，入漢俗，漸忘我滿洲舊制」。

「舊制」是與「漢習」相對立的概念，包括清語、騎射的民族技能，以及「淳樸」的民族特質。雍、乾二帝一方面將清語、騎射深化爲旗人不可懈廢的「根本」，曰：「凡屬滿洲，以騎射爲根本」，「清語爲旗人根本」；另一方面，又將抽象的「淳樸」特質具體化。例如：「滿洲舊俗，見義必赴，臨陣必先」；「滿洲舊俗淳厚，於骨肉宗族中，最爲親睦」；「滿洲舊習樸誠，肫然有尊君親上之意，凡遇差使，均能奮勉」。簡言之，旗人社會風俗淳美，人人急公好義、勇於任事、注重倫理、忠君守法。

諸帝又推衍出旗人有背離「舊制」者，必定是「漸染漢習」所致。康熙皇帝觀察到駐防官兵一旦「漸習漢俗」，不僅「騎射生疏」，淳樸的本性也漸趨虛浮。雍、乾二帝延續此一論點，認爲旗人原以「淳樸儉約爲尙」，卻因「沾染漢人習俗」，以致「諸凡用度皆涉侈靡，不識樽節之道，罔顧生計」，或「稍解章句」，即「妄爲詩歌，動以浮夸相尙」。因此，旗人擯棄母語、荒廢騎射、風氣敗壞的癥結，全在「沾染漢習」，而「漢習」幾乎成爲「惡習」的同義詞。

其實，「漢習」一詞，原本沒有價值判斷的意味。「舊制」的滿文讀作「*fe doro*」（舊道），「漢習」則爲「*nikan i doro*」（漢人之道），而「*doro*」（道）是指常規、常儀或常例，並無優劣之分。惟官書的「效漢人之陋習」（*nikan i doro be dabahabi*，從漢人之道），漢文文義卻有貶抑之意。究其原因，當與旗人「沾染漢習」的情況愈演愈烈有關，諸帝先將各種病象歸咎於「漢習」，進而採取全面否定的態度。

「根本」的鬆動

清初，「王公諸大臣無不彎強善射，國語純熟」。對八旗滿洲來說，「國語本應不學而能，而騎射亦須童年練習」，並無廢弛與否的問題。就八旗蒙古而言，雖然滿、蒙「語言各異」，但滿文係脫胎自蒙文，故兩者有相近和互通之處。至於構成八旗漢軍主體的遼東漢人，早已「浸染胡俗」，出現相當程度的「滿化」。無論如何，早期旗人的騎射技能是無庸置疑的，且「綜滿洲、蒙古、漢軍皆通國語」。

當從龍入關的第一代八旗勁旅日漸凋零，旗人的「根本」也隨之鬆動，而首當其衝者，則為戰力衰退與紀律渙散。三藩戰爭期間，吳三桂便指出：「清朝軍中向者舊臣皆勇猛，今甚衰弱矣」。康熙皇帝斥責駐防杭州滿兵，「漸染陋俗，日打馬吊（紙牌）為戲，不整容束帶而靸履行者甚多」。八旗之中，又以漢軍「平日好自安逸」，「漸以庸懦，皆似綠營」。八旗官兵「平時職業，惟在騎射當差」，因兵丁怠惰偷安、官員敷衍苟且，以致「滿洲體面盡失」。

其次，關於清語，皇太極早有「未有棄其國語，而反效他國者也」之論；順、康二帝也意識到「後生子弟漸習漢語，竟忘滿語」的可能。在康熙朝晚期，新生代已有「字句偶有失落，語音或有不正」的問題。雍正皇帝屢次降旨嚴飭八旗兵丁，「凡集會値班之處，俱令清語，不許漢語」，但他們總以漢語交談。降及乾隆年間，旗人「嫺於漢字者，或更多於諳習清字之人」，抄寫滿文，「或圈、點多寡不合，任意長短違式」，簡直「不識清字」。然爲遷就旗人語文能力衰退的事實，以及方便行政業務的處理，大臣奏事逐漸改用「滿漢合璧」的形式，傳統上使用滿文的公文書也陸續改用漢字。

在「漸染漢習」的過程中，「根本」一詞在乾隆朝又有新內涵。一是從維護傳統習俗的觀點，指旗人姓氏而言，所謂「姓氏乃旗人根本，甚關緊要，若不整頓，必致各忘本姓而不知」。旗人多將鈕祜祿氏（*niohuru hala*）改爲郎姓、瓜爾佳氏（*gūwalgiya hala*）改爲關姓、富察氏（*fuca hala*）改爲傅姓，乾隆皇帝認爲「滿洲舊姓將來必至泯沒」。他舉出大學士傅恆以「傅字姓其諸子」（傅靈安〔？—一七六七〕、傅隆安〔一七四六—一七八四〕、傅康安），「經朕令改福字」（福靈安、福隆安、福康安）；大學士阿桂父阿克敦（一六八五—一七五六），子阿迪斯（一七四〇—一八一五）、阿彌達（一七四四—一七九一），「雖俱係清語，究屬三代沿用，恐其家遂以阿爲姓」，令其孫不必沿用。滿洲的姓氏與名字多不並舉，而以名字通用於各種場合，「今妄效漢姓，不特遺忘根本，觀之亦甚不雅」。一是從維護清語騎射的觀點，則指關外重地而言，所謂「東三省乃滿洲根本地方」，或「盛京爲我朝根本重地」，兵丁皆知恪守舊制，「嫻騎射以裕武備」。惟自乾隆初年起，盛京已「漸染流俗」；迨乾隆朝中期，吉林日趨於下，「致失滿洲舊俗」，乾隆皇帝也警覺到「若不亟爲整頓，則黑龍江亦必漸染漢人習氣」，故再三強調關外的「根本」地位。因此，當旗人「漸染漢習」且愈陷愈深之後，關外遂被視爲保持民族傳統的最後根據地。

「淳樸」的淪喪

按照皇帝的看法，旗人「淳樸」風氣因「漸染漢習」而淪喪，主要表現在用度奢靡和行爲放縱。有關用度奢靡，在服色上，八旗官兵喜著緞紗絲綢縫製的衣靴，常爲此耗費數月錢糧。在飲食上，官兵每飯必欲食肉，「多有以口腹之故，而鬻賣房產者」。在喪葬上，更極盡鋪張，甚至「竟日徹夜演戲」。這類康熙皇帝以爲是漢軍獨有的喪葬陋俗，實源自漢人社會，惟在雍正年間已不分旗、民，「有力者踵事增華，無力者亦效尤竭蹶，間有儉樸從事者，親朋輩即以不孝譏之」，則見風俗澆漓。

關於行爲放縱，八旗官兵每喜「往遊園館，縱飲妄爲」，亦因嗜酒，「以致面貌改常，輕生破產」。軍營聚飲情形普遍，與之相隨者則爲聚賭，坊間盛行的鬥雞、鬥鵪鶉、鬥蟋蟀等，兵丁沉溺其中，往往「規避官差，結附匪人，典衣棄產，以償負欠」。又有耽湎宴樂者，旗人不僅迷戀梨園，且好聽廉價而內容盡是「艷語淫聲」的「小唱」。面對旗人行徑日趨下流，縱使雍正皇帝表示不能「遂其不肖之念」，也不能坐視其「不得衣食，毫無顏面」，卻只能以恩賞銀兩、豁免積欠等方式，暫時紓減旗人生計困境。

旗人風俗已壞，人心亦爲之丕變。雍正皇帝察覺，滿洲兵丁以往「凡關君上公務，不計得失，一意向前隨去，矢誠效力」的「淳樸」特質，已漸爲「得則歡欣踴躍，失則規避怨望」的漢人惡習所取代。乾隆年間，陸續查得八旗官員毫無淳樸誠實之心，遇事即設法飾非卸罪，甚至與下賤書役以兄弟相稱，共同行賄作奸；八旗兵丁不守淳樸舊習，爲謀私利，膽敢挾持上官；滿洲世家子弟竟與市井匪徒交結，訛詐平民等情。乾隆皇帝歸納其原因，認爲：「乃近來八旗生齒日繁，漸染惡習，浮靡囂薄，殊失國初渾厚之風」。

傳統的新論述

對於滿洲逐漸忘卻傳統，康熙皇帝晚年感慨地說：「見今八旗得見舊日風景者，已無其人，而能記憶祖父之遺訓者亦少，以致風俗日奢，人心不古。」當旗人因「入漢俗」而導致「根本」動搖、「淳樸」變質，皇帝一方面勸誡、嚴懲，以維護滿洲傳統；另一方面，則是設法將「漢習」納爲滿洲傳統的一部分。

就違反「淳樸」風俗的喪葬而言，雍正元年，正白旗滿洲副都統祁爾薩（？—一七四六）奏稱，從前滿洲遇有喪事，「親友饋送粥、茶弔慰」，如今卻「多備豬羊，大設餚饌」。雍正皇帝也表示，饋粥「乃我朝滿洲人篤於居喪，至廢飲食，是以親友相恤，特饋粥以食之，並非筵宴」。事實上，居喪期間親友饋粥，在漢族社會行之已久，朝鮮人李民寏在赫圖阿拉目睹的滿洲習俗則是「子孫族類咸聚會，宰牛馬，或哭或食，蒙白二、三日除之」。雍正朝君臣所關切者，在喪葬「過爲侈費」，及其衍生的生計問題；皇帝期待的解決之道，竟是「協諸經書義理」，而非回復滿洲「舊制」。經八旗大臣研議，咸以「我朝甚重喪禮」，「蓋行古之道也」，奏請嚴禁假饋粥之名的鋪張靡費，違者從重治罪。

這類移植漢文化特徵作爲本民族傳統的論述，並非特例。乾隆皇帝即位之初，御史常祿密奏，旗人「葬其親者，往往必先火化，然後撿骨掩埋」，係「殘毀親屍」的陋俗，請嚴飭禁止。皇帝特爲頒布〈旗民喪葬禁令〉，並解釋火葬舊俗係因關外遷徙無常，「遇父母之喪，棄之不忍，攜之不能，故用火化」，如今「祖宗壚墓，悉隸鄉土，喪葬可依古以盡禮」。惟據李民寏所見，「死則翌日，舉之於野而焚之」，則火化不是情非得已，而「依古」的土葬，毋寧是指漢族的傳統。

就妨礙清語、騎射的讀書而言，乾隆皇帝以爲，「滿洲未經讀書，素知尊君親上之大義。即孔門以詩垂教，亦必先以事君、事父爲重」。是刻意將滿洲「大義」比附於孔門「本意」，以訓誡族人「傳統」的價值實與聖人之教相當，這也是皇帝操作「傳統」的慣用手法。又康熙皇帝嘗言：「我朝舊制，多合經書古典。滿洲例，帶馬必以右手，牽犬必以左手，《禮記》即然，如斯類者儘有。」《禮記》是指呈獻牲畜時，基於禮節和動物習性所形成的規範，由於犬有攻擊性，故空出右手以爲防備；不論滿洲舊例的用意是否相同，重要的是發現兩者的相似性。

清朝皇帝面對漢族，會展現出儒家的姿態；對待本民族，則要求他們保持「舊制」，上述二例卻是藉助儒家經義解說傳統。對此現象，「漢化」或許是最直接的解釋，惟與皇帝們強調並維護民族傳統的立場嚴重衝突。《欽定八旗通志．學校志序》闡明「讀聖賢之書」的目的，在教人明大義、識大體，即使「不能大成」，亦「凜然不敢妄爲，而不失開國敦龐之舊俗」，也是實踐滿洲傳統的手段。其立論基礎，在於異民族的文化有其一致性，正是呼應皇帝的論述。

傳統的塑造

從乾隆皇帝所撰的兩篇〈御製序〉，可以看出他爲滿洲傳統與漢文化「相似」現象所作的鋪陳。一、〈西域同文志序〉以「天」爲例，指出各族群的語言不同，賦予「天」的名稱自然不同，但所敬的「天」卻是相同。二、〈滿珠蒙古漢字三合切音清文鑑序〉說明「語萬殊」而「理則一」的道理，如此則「無不是是而非非，無不尊君上而孝父母，無不賢賢而惡小人」。經過這番闡釋，原本漢族自認爲獨有的價值觀，在各族群的傳統中便有跡可循，也將移植、比附漢文化的論說合理化。

清朝皇帝身為統攝天下的君主，在各種場合都必須堅持滿洲的主宰地位，以維護少數統治多數的優勢；身為懷保萬民的帝王，則要超越族群界線，將個人形塑為普遍統治的、多元文化的中心，並視各族群文化為帝國文化的一部分。乾隆皇帝對滿洲傳統的見解，既踵繼父祖，又有所發明，即不全然著眼於「事實」，而是營造有利治理的情境，於是提出滿洲得以宰制天下，全賴與生俱來的高尚德行，且內涵恰與儒家教化一致。子弟普遍讀書，熟知儒家倫理教條，皇帝藉以宣諭滿洲傳統，可收事半功倍之效；縱有偏離「事實」，當皇帝視漢文化為滿洲文化的一部分，也就不足為怪。

又乾隆四十二年（一七七七），乾隆皇帝閱讀《金史》，見女真先祖出自「白山黑水」，主張即是長白山、黑龍江之間，正與本朝肇興東土相合；同時，也對漢人史書對東北民族多有曲解、舛誤表示不滿，特命編纂《滿洲源流考》，以「昭傳信而闢群惑」。奉旨修書的大學士阿桂、于敏中（一七四一－一七七九）等，便展開「考據異同，訂析訛誤，博稽史傳，參證群書」的工作。是書的觀點係「仰禀聖裁」，內容分為部族、疆域、山川、國俗四門，每門「以國朝為綱，而詳述列朝，以溯本始」，用以證明滿洲的歷史文化淵遠流長，且都見諸漢文文獻。

以祭祀為例，《滿洲源流考．國俗》將「自漢以後史傳所載，祭天、祀神有與本朝舊俗相近，足資考證者」，逐一臚列，便能呼應諸帝強調滿洲「舊制」符合「古禮」的論述。影響所及，清人或從地緣因素，或就文化現象，析論滿、漢自古以來的關係。乾、嘉之際，索寧安（鈕祜祿氏，一七四八—一八一〇）《滿洲四禮集》認爲，「上古之禮遭秦火坑儒之變」，滿洲因遠處東方未受波及，「是以古法尙賴滿洲之禮猶存」。其後，禮親王昭槤《嘯亭雜錄》斷言，滿洲的薩滿跳神儀式，「實沿古明堂之舊制」。清末，震鈞（瓜爾佳氏，一八五七—一九二〇）《天咫偶聞》則曰：「《儀禮》古人傳爲殷禮，然則滿洲禮固殷禮也。雖行之久，未必無訛，然大端具在。」

清朝肇基東土，其地理位置和上古時代來自東方的商民族接近；薩滿跳神的信仰內涵，也與商人多神崇拜、重視祭祀、凡事問卜的宗教形式相似，由此不難「考證」出「滿洲禮固殷禮」的「事實」。値得注意的是，他們的說法並非出自想像或臆測，而是以官方論據爲基礎。因此，所謂的滿洲傳統，不全然建立在「事實」之上，而是帶有創造、發明成分，並以「相信」爲基礎所形成的共識。

五、徵書、編書與禁書

右文之治

天聰三年，皇太極以漢族士人評價政權的標準，提出「自古國家文武並用，以武功勘禍亂，以文教佐太平，朕今欲振興文治」的政治願景。漢族標舉的「文治」，包括正人心、厚風俗、倡學術、育人才等，當時金國處於武功建國階段，實無推行文治的條件。迨順治十二年，天下漸定，順治皇帝揭示「興文教、崇經術」的政策，使「右文之治」有實現的可能。

康熙皇帝賡續文教治國的理念，於康熙九年頒布「不以法令爲亟，而以教化爲先」的「聖諭十六條」，期能達到「化民成俗」的目標。另一方面，康熙十七年初，清軍在三藩戰爭已扭轉劣勢，康熙皇帝便以「朕萬幾餘暇，游心文翰，思得博學之士，用資典學」爲名，詔開「博學鴻詞」特科，展現「求賢右文之意」。他在位期間致力塑造「聖君」形象，不但結合文治與武功成就於一身，更設法實現「以文德化成天下」的理想；史臣總結其功業，曰：「古今崇文治者，斯時稱獨聖矣。」

以「遵守舊章」自任的雍正皇帝，對於順、康時期「戶習詩書，家敦禮樂」的政績，甚表景仰。是以在興學校、端士品、正文風的前提下，雍正皇帝擬定「表揚忠孝節義，崇祀先聖先賢，訪求山林隱逸，搜羅名蹟藏書」的文教方針。他一再表示，「朕待天下，惟有一誠，而崇儒重道之心，尤爲篤切」，讀書人若能確實「誦法聖賢」，則在朝「必能爲國家宣猷樹績，膺棟梁之選」；居鄉「亦必能教孝勸忠，爲眾人之坊表」。

乾隆皇帝在皇子時期，便經由讀史歸納出「右文」立國的重要性，認爲「治天下之道，當以正風俗、得民心、敦士行、復古禮爲先」；嗣統之後，對於父、祖開創「右文之盛」的業績，也宣示「以是爲學，亦以是爲治」的意向。因此，每遇重大戰事告蕆，乾隆皇帝即效法父、祖祭告文廟、勒石太學、編修《方略》，藉以傳達「始之以武，終之以文」的理念。雖然諸帝反覆申論「右文」的政治理想，但是乾隆皇帝毫不諱言其目的更在「聿資治理」。

徵書與編書

徵訪遺籍與纂輯群書，是歷代帝王彰顯文治的常用方法。順治十四年，順治皇帝命直省學政購求遺書，目的在「校讎成卷，用備大觀」，作爲「右文之一端」，係清朝最早的徵書令。康熙二十五年，康熙皇帝欲廣徵「藏編善本」，乃師法古來帝王「博採遺書，用充秘府」的做法，命各省督撫廣爲訪輯，並訂定「給値採集」、「借本抄寫」的辦法，「務令搜羅罔軼，以副朕稽古崇文之至意」。

降及乾隆六年，乾隆皇帝同樣以「稽古崇文」的名義，下令督撫、學政「留心采訪，不拘刻本、鈔本，隨時進呈，以廣石渠、天祿之儲」。迨乾隆三十七年（一七七二），他再次下令官員「及時採集」，「在坊肆者，或量為給價；家藏者，或官為裝印。其有未經鐫刊，祇係鈔本存留，不妨繕錄副本，原書給還」。順、康兩朝徵集圖書的成果已不得而知，但從乾隆皇帝兩次頒布徵書令來看，成績應屬有限。

乾隆三十八年（一七七三）二月，乾隆皇帝決定編纂《四庫全書》，旋即展開新一波購訪遺書的活動。他為化解官民對朝廷徵書動機的疑慮，公開表明決不「顧於書中尋摘瑕疵，罪及收藏之人」。於是，在地方督撫設立書局聘專人辦理、透過書商多方查訪，加以江南藏書家陸續呈獻，以及乾隆皇帝提供獎勵下，短短一年半的時間，便徵得圖書一萬三千餘種。皇帝的獎勵辦法，包括：一、賞書，進書五百種以上者，賞給《古今圖書集成》一部；一百種以上者，賞給《佩文韻府》一部，並「製詩親題卷端，俾其子孫世守」。二、題詠，進書百種以上者，擇其中精醇之本進呈，「親為評詠，題識簡端」，即將原書發還，「俾收藏之人，益增榮幸」。三、記名，各省進到之書，凡一人收藏百種以上者，將其姓名附載於《四庫全書總目》各書「提要」末；其他亦將係某省督撫、某人採訪所得，附載於後，使讀者知其由來。

另一方面，順、康、雍、乾四朝官方纂修書籍多達二百餘種，書名多冠以「御注」、

「御定」、「御選」、「御製」、「御批」、「御編」、「欽定」等字樣，以示皇帝對編定群書的關心和參與。就諸帝纂輯圖書的特色而言，順治皇帝以天下初定，側重倫理道德的宣揚，而多結合儒家思想之作；康熙皇帝知識淵博，雅好文學，並能統攝中、西曆象數理精要，故敕編之書種類繁多；雍正皇帝將個人熱衷禮佛的傾向，表現在釋教經典的選編。至於乾隆皇帝，不僅類別、總數超越父、祖，更有長篇鉅製的「叢書」，以及因徵書、編書而來的「目錄」。

官方編書的內容性質和數量多寡，不單取決於皇帝的知識興趣和重視程度，也需要國家人才昌盛、內府藏書豐富、中央財政健全等外在條件的支持。諸書編定後，依例頒賜王公大臣，如有士子宜誦習者，則交付直省布政使刊刻，轉發各級官學，又需地方行政與經費的配合。爲使書籍廣爲流傳，政府亦鼓勵坊間書肆翻刻刷賣，書賈的誘因，更植基於社會文風鼎盛、經濟繁榮，以及民眾的文化消費能力。由於中央投入與地方貫徹，政府提倡和民間應和，遂造就官方蓬勃的圖書編纂事業。

表6-1 順、康、雍、乾四朝官方編書一覽表

四庫分類		順治朝	康熙朝	雍正朝	乾隆朝	小計	合計小計	收入四庫全書合計	收入四庫全書合計小計
經	易	1	2		2	5	43	4	30
	書		1		1	2		1	
	詩			1	2	3		2	
	禮				5	5		4	
	春秋		1		3	4		3	
	孝經	1		1		2		2	
	五經總義				2	2		1	
	四書		1		2	3		1	
	樂		1		3	4		4	
	小學		3	1	9	13		8	
史	正史				3	3	97	2	71
	編年		1	1	10	12		3	
	紀事本末		2		9	11		11	
	別史		1		2	3		3	
	雜史				1	1		1	
	詔令奏議			1	12	13		11	
	傳記				7	7		4	
	時令		1			1		1	
	地理		2		11	13		9	
	職官				3	3		3	

				子										集			叢書	合計
	政書	目錄	史評	儒家	農家	醫家	天文算法	數術	藝術	譜錄	類書	釋家	道家	別集	總集	詞曲		
				5									2					9
	3			3			2	2	1	1	4				9	2		43
	1			3							3	10		1	1			24
	18	6	2	3	1	1	3	1	4	4		12		4	5		2	153
	22	6	2	14	1	1	5	3	5	5	7	22	2	5	15	2	2	229
				65										22			2	229
	19	2	2	9	1	1	4	2	2	4	6			5	13	2	合計	
				29										20			150	

說明：「叢書」兩種，分別為《四庫全書薈要》、《四庫全書》。

資料來源：〔清〕鄂爾泰等編纂，《國朝宮史》，北京：北京古籍出版社，一九九四年。

〔清〕清高宗敕撰，《四庫全書總目》，臺北：藝文印書館，一九八九年。

〔清〕慶桂等編纂，《國朝宮史續編》，北京：北京古籍出版社，一九九四年。

寓禁於徵？寓禁於編？

禁制出版、焚燬經籍，是歷代帝王展現威權和禁錮思想的重要手段。同樣的，清朝皇帝為統治上的需要，對書籍內容進行檢查，構成蒐集中帶有清查用意，編印中帶有控制目的的圖書政策。

順治九年，朝廷通令直省學政，將《四子書》、《五經》、《性理大全》等書，責成教官課令生儒誦習講解，並命坊間書賈「只許刊行理學政治有益文業諸書，其他瑣語淫詞通行嚴禁」，開啓干預民間出版先聲。順治十六年，官員舉發坊刻有若干「譏訕先賢，崇尚異說，得罪名教不小」之作，奏請毀版，又成為禁燬書籍政策的雛形。惟此時所禁之書，係與科舉教育相牴觸者，與官方的編書或徵書政策，尚無直接關連。

康熙皇帝頒布徵書令後，為避免蒐羅過濫，將內容限定在「關係修齊治平，助成德化」者，其他「異端詖說」，概不准收錄。由於有所選擇，勢必嚴查「敗壞風俗，蠱惑人心」之書，官民私行刻賣者，一律從重治罪。因此，在徵書令與禁書令兩相配合下，形成「嚴絕非聖之書」的圖書檢查政策，並為雍、乾兩朝所遵循；但禁書是因徵書所衍生的結果，而非動機。

其次，乾隆朝編修《四庫全書》期間，追查禁書的工作也如火如荼地展開。乾隆三十九年八月，當為編書而徵書的活動獲致佳績之際，乾隆皇帝竟以民間私藏諸書「或有忌諱妄誕字句，不應留以貽禍後學者」爲由，責成督撫逐一詳查；並諭令如有不應存留者即速交出，「復有隱諱存留，則是有心藏匿僞妄之書，日後別經發現，其罪轉不能逭」。此舉雖未違背先前不罪及收藏者的承諾，卻發展爲遍及全國、長達十九年的查辦禁書「運動」。

當時查禁的範圍，略可歸納爲：一是針對書籍的內容，如未避廟諱、謗議君主、眷懷故國、譏訐聖賢，以及述及清初歷史等；一是針對書籍的作者，如反清人物、倖進官員、有虧臣節者的著作，都在禁燬之列。這場因編書而導致的禁書，奏繳應燬書籍有三千多種，超過十五萬部，是空前的文化浩劫。

徵書與禁書、編書與禁書，雖然在確定政策和推行時間上多所重疊，論者每以「寓禁於徵」或「寓禁於編」視之，但是否能以「陰謀」論斷，則有待商榷。其實，不論因徵書而禁書或從編書變爲禁書，都各有發展趨勢和轉變歷程，縱使結果合而爲一，論其意圖則不必混爲一談。徵書、編書展現諸帝講求文治的一面，在此過程中發現有違反政令者，便用強制手段展現統治權威。

《四庫全書》的纂修

乾隆三十七年頒發的購訪遺書詔令，進展不如人意。是年年底，安徽學政朱筠提出

「輯佚」的想法，將內府秘藏的《永樂大典》，「擇取其中古書完者若干部，分別繕寫，各自爲書」，與徵書異曲同工，引起乾隆皇帝注意。

《永樂大典》的體例屬「類書」，是裁章截句，保留原文，再分類抄撮，以便於檢閱資料的工具書。朱筠的建議，經大學士劉統勳（一七〇〇—一七七三）等議覆，奏請先清查《永樂大典》內「尚可集成全書者」，俟各省所採書籍進呈時，再詳細校定，「依經、史、子、集四部名目，分類彙列」。乾隆三十八年二月，乾隆皇帝批准劉統勳等「校核」《永樂大典》的計畫，並指示：「將來辦理成編時，著名《四庫全書》」，規模空前的「叢書」編修活動於是展開。

由徵書而輯佚、校核，卻因清點《永樂大典》時發現，原有一萬一千餘冊，僅存九千八百餘冊，促使乾隆皇帝於三月間頒發給限半年的徵書令。與此同時，乾隆皇帝也將《四庫全書》的纂修構想擴大化，其收錄書籍的來源不限於《永樂大典》，還包括本朝敕撰本、明代以來內府藏本、各省採進本、私人藏書家進獻本，以及當時流傳的通行本等。叢書彙集多種著作成一編，爲使《四庫全書》的編排系統化，又參考《隋書．經籍志》、《舊唐書．經籍志》的分類法，將體例定爲：經部分十類、史部分十五類、子部分十四類、集部分五類，再按性質細分子目；所錄諸書各以時代爲次，帝王著作則冠各代之首，具條理分明、便於檢尋的優點。

因纂修《四庫全書》，又派生出《四庫全書薈要》，以及四種「目錄」類書籍。《四庫全書》開館伊始，乾隆皇帝便殷切期盼盡速蕆工，於五月初指示「於《全書》中擷其菁華，繕爲《薈要》」，「得以隨時流覽」。《薈要》的圖書來源、作業程序、編輯體例等，與《全書》略同，惟《全書》「極其博」，《薈要》「取其精」，故收書數量有明顯差別，分類法也不盡相同。究其所以，係因當時乾隆皇帝已年逾六旬，而有「逢會略嫌遲歲月，就將惟亹願觀成」的急切心理。

其次，有關徵書、編書的上諭或奏摺中，君臣多次提到編撰「總目」的必要，館臣也逐一將「經、史、子、集內，分晰應刻、應抄及應存書名三項。各條下俱經撰有提要，將一書原委，撮舉大凡，並詳著書人世次里爵」，輯成《四庫全書總目》。惟《總目》收錄各書提要萬餘種，翻閱不易，乾隆皇帝又要求「只載某書若干卷，註某朝某人撰，則篇目不煩，而檢查較易」，館臣乃依《總目》體例，撰就《四庫全書簡明目錄》。在編纂叢書的過程中，館臣簽注的考訂意見頗爲詳盡，乾隆皇帝也下令排刊爲《四庫全書考證》，「既不虛諸臣校勘之勤，而海內承學者，得以由此研尋」。此外，《薈要》輯錄諸書亦另撰提要，並編成《四庫全書薈要總目》，其各部之前有小序、各類之後有按語的形式，雖與《總目》同，但書目解題卻甚簡略，則近於《簡明目錄》。

《四庫全書薈要》有二萬餘卷，係供乾隆皇帝幾暇御覽之用，乾隆四十二年告成時，即另繕寫一部，分貯於紫禁城摛藻堂與長春園味腴書屋。《四庫全書》共七萬九千餘卷，最初僅計畫分繕四部，庋藏於紫禁城文淵閣、盛京文溯閣、圓明園文源閣、熱河文津閣，外界原本無緣窺其盛美。迨乾隆四十六年（一七八一）年底，第一分書完成，乾隆皇帝欣喜之餘，於次年降旨將再繕寫三分，分貯揚州大觀堂文匯閣、鎮江金山寺文宗閣、杭州聖因寺文瀾閣，並允諾日後士子可以「陸續領出，廣爲傳寫」，使「茹古者得睹生平未見之書」，實爲彰顯文治的盛舉。

《四庫全書》與文化專制

纂修《四庫全書》與乾隆朝晚期禁燬書籍的關係密切，其關鍵又在乾隆三十八年館臣研擬辦理章程時，奏請將《永樂大典》摘出之書，「分別應刊、應抄、應刪三項」。從時間因素來看，是年二月二十一日，乾隆皇帝決定纂輯《四庫全書》；三月二十八日，傳令各省督撫給限半年迅速購訪遺書。一九三〇年代出版的《辦理四庫全書檔案》，將館臣奏明辦理章程的時間繫於三月十一日，由此便可推論乾隆皇帝先有「應刪」的定見，才發布訪書詔令，是「寓禁於徵」的立論根據。一九九〇年代，又有重新蒐集、整理的《纂修四庫全書檔案》問世，編者將該份奏摺與《軍機處上諭檔》所錄諭旨比對，指出正確時間是「閏三月十一日」。因此，乾隆皇帝下令徵書、編書在前，於接納館臣「應刪」的意見後，始逐漸形成禁書的想法。換言之，從「因徵而編」發展為「因編而禁」，較符合當時的決策情境；禁書是事實，但不必視為「陰謀」。

既然《永樂大典》中有「應刪」者，表示若干書籍經勘定後，並無流傳的價值，便以「存其書名」的方式處理。影響所及，為修《四庫全書》所徵集者，也比照辦理；倘有干冒忌諱、觸犯當道者，自然一併禁絕。乾隆皇帝對違礙悖逆書籍的關注程度，與官員呈繳銷燬的頻率、數量成正比；亦即官員愈是認眞查辦，皇帝的要求也隨之提高。官員為邀功爭寵或挾怨報復，查禁的範圍務求其廣，禁與不禁之間漫無標準，以致株連甚廣，使得保護文化遺產的徵書活動或維護政權穩定的禁燬措施，都成為擾民的政策。

直到乾隆四十三年，館臣針對查驗明末清初詩文集的處理原則，擬定〈查辦違礙書籍條款〉，將違礙書籍分為：一、凡有「抵觸本朝」或「妄肆狂狺」的著述，即將之「全燬」。二、各書載入被斥為「臣事本朝，復敢肆行誹謗」的錢謙益，「倖生畏死，詭託緇流」的屈大均（一六三〇－一六九六）等人議論者，應行「抽燬」。三、與諸「首惡」詩文合選成書者，或違礙書籍內仍有可取者，予以「抽存」或「摘存」。四、少數字句觸礙忌諱者，則加以「改正」。全燬、抽燬的目的，在抹除人們的記憶；一書既經抽存或摘存，已不復成書，必須重新編輯繕錄，官方便可趁機植入符合其意識形態的內容，而改正也有同樣的效果。

清朝皇帝在徵書時，是文化的保護者；編書時，是文化的贊助者；禁書時，則是文化的專制者。乾隆皇帝對《四庫全書》抱有「非徒博右文之名，蓋如張子所云：『爲天地立心，爲生民立道，爲往聖繼絕學，爲萬世開太平』」的深刻期許，然爲鞏固統治，一再對書籍內容展開清查與銷燬，造成文化莫大斲傷。影響尤鉅者，絕非僅限於遭禁、遭燬的全面破壞，更在於受到刻意抽燬、刪改而被保留下來的部分，是藉由提倡文治的方式，達到專制的目的。此後，眾人所學習、認知的「中國文化」，都將是符合皇帝價值標準的「中國文化」。

第七章

正信與異端——宗教信仰及其統制

一、薩滿信仰

薩滿信仰的內涵

薩滿信仰源自北亞民族的自然界多神崇拜，是一種巫覡信仰。南宋徐夢莘《三朝北盟會編》曰：「珊蠻者，女眞語巫嫗也」。「珊蠻」即「薩滿」，滿語讀作「*saman*」，意爲「巫人」，清朝官方譯做「祝神人」或「司祝」，是向神祇乞求、禱祝之人。薩滿多由女性擔任，她們在「跳神」做法的儀式中，受到自我暗示或某種刺激後，將神靈引進自己的軀體或進入魂靈出竅的狀態，從而產生超自然力量，並透過占卜、祭祀、禱祝等方式，達到驅祟治病、過陰追魂、禳災祈福的目的。所謂「跳神」（*samdambi*），指巫人戴神帽、束腰鈴，扭腰搖擺地邊打神鼓邊走的樣態。

北亞民族的薩滿信仰，相信萬物有靈，一切事物都有神主司，他們認爲狩獵、採集的收穫是神的賜予，遇有災難則需要神的救護。其次，初民社會常認定某些動、植物與本氏族有某種特殊關係，而產生圖騰崇拜，滿洲始祖神話中的神鵲，也是薩滿信仰的內容。再次，薩滿信仰亦包含氏族的祖先崇拜，凡是自己直系血親的祖先神祇都是善的，會庇佑家族成員平安。因此，不同的部落、氏族崇奉的神祇及其原因，各有不同。

薩滿信仰多神崇拜的特徵，也能接受外來宗教的元素。滿洲入關前，佛教的釋迦牟尼佛、觀世音菩薩，以及道教的關聖帝君，都已加入薩滿信仰的神祇行列。十七世紀以後流傳的滿文《尼山薩滿傳》，描述尼山薩滿受託前往「死國」救回重病身亡少年魂魄的過程，其中提到勸善懲惡、因果報應、轉世輪迴、地獄審判等，實與佛、道二教思想接近。

至於薩滿信仰是否可稱爲「宗教」，迄今莫衷一是。有認爲薩滿文化只是一種巫術，屬於迷信的範疇；也有主張滿洲的「薩滿教」在發展過程中，已經形成完整的儀式、祭器和神諭，故具備宗教基本要素。然而，薩滿信仰沒有寺院、經典、教義，即使清朝官方曾整理並規範薩滿祭禮的程序、祭器、祝辭，民間也將自家的儀式、祭辭記錄下來，漢語稱爲「神本子」，仍不能視爲是宗教的教義和經典。

薩滿的產生與類別

薩滿是由特定的人來擔任，不僅要通曉祭祀程序、向族人講述部落神話傳說，也需具備占卜預言的能力。北亞各民族的薩滿產生方式不一，主要是由薩滿神選擇，獲選者通常有某些徵兆，如出生時有異常現象、久病不癒，或是有精神方面疾病。新薩滿在老薩滿帶領下，學會「領神」，即經過一連串的跳神訓練、學習誦唸祝辭、熟悉儀式內容，才能成爲通靈的薩滿。

薩滿有不同的分類，依氏族社會的性質，可分爲「穆昆薩滿」（*mukūn saman*，氏族薩滿）和「德勒庫薩滿」（鄂倫春語，流浪薩滿）。每個氏族都有本氏族世代相傳的一位穆昆薩滿，是祖先神的代表，權力大、威望高，能爲族人治病和祈求平安。德勒庫薩滿往來於不同氏族之間，領的是流浪於山裡的神，法力小，只能治療一般小病。

依照薩滿的神力，又可分爲大薩滿、二薩滿。要成爲大薩滿，必須通過考核，例如：錫伯族的薩滿要接受上刀梯的考驗，徒弟在老薩滿指導下，赤腳、面朝南，攀登約二十五級的刀梯；到達頂層後，背朝北向後倒下，掉落在事先預備好的網子上，再到旁邊滾燙的油鍋，徒手撈取炸熟的油餅分給在場的人。此後，徒弟便成爲「易勒圖薩滿」（*iletu saman*，公開的薩滿）至於未上過刀梯或失敗者，則稱作「布土薩滿」（*butu saman*，隱晦的薩滿）。所謂二薩滿，又稱做「札立」（*jari*），是薩滿跳神時在旁傳遞祭器、祭品，打手鼓、助唱神歌的人，必須配合薩滿的音調、節奏，才能使薩滿的法力發揮作用。

滿洲的薩滿祭祀

滿洲薩滿信仰的祭祀活動，有擇時遇事的家祭和祈祐禳災的野祭。家祭由「伯依薩滿」（*booi saman*，家薩滿）主持，包括春秋大祭、祭祖、背燈祭（夜間跳神後熄燈再次祈祝）、許願祭、還願祭、辦家譜等，有「皆隨土俗，微有差異」的特色。其中辦家譜一項，係因「神本子」除記載神話、神歌外，也有家族族源、分支等歷史資料，其後雖逐漸吸收漢人的家譜形式，但用滿文書寫，且無論初修或續譜，都要請薩滿舉行祭祀。

野祭指家祭之外的祭祀活動，保留薩滿信仰的原始特徵。相較於家祭的氣氛和諧、肅穆、歡欣，野祭中的薩滿或靈魂出竅，或神靈附體，有時模擬各種動物的動作，有時則耍弄各式刀械，顯得熱鬧、驚險、神奇。野祭的目的，主要是由薩滿向神靈祈求護佑和幫助，其次則是治病或逐祟驅邪。然而，這類祭祀活動在滿洲政權建立後逐漸受到限制，例如：舉行祭神、還願等活動，不許宰殺供人騎乘、役使的牛、馬、騾、驢；禁止薩滿與人家跳神拿邪、妄言禍福；官員招請薩滿治病，甚至議罪論死。

清朝皇室的薩滿祭祀，有堂子祭天和宮廷祭神之分，是清朝禮制中少數仍保持故俗的項目。堂子原為女眞部落祭祀的場所，努爾哈齊在赫圖阿拉、遼陽、瀋陽的都城皆建有堂子，每逢元旦、征戰，即率八旗諸王、大臣叩謁；皇太極禁止民間私設，堂子祭祀遂為愛新覺羅家族專有。滿洲入關後，也在北京城玉河橋東建堂子。至於皇室的薩滿家祭，原在盛京后妃居住的清寧宮設神位以祭佛、菩薩和眾神；遷都北京後，將明朝皇后的寢宮坤寧宮仿照清寧宮改建，並定祭神之禮。

堂子祭天

清朝堂子祭祀的規制，初訂於崇德元年。在祭祀內容方面，除部落時期祭堂子、祭神的傳統外，增加「仿古大典」的祭天典禮，是有意識導入漢族政權的儀式。在祭祀時程方面，每月初一日祭堂子，以及春、秋兩季在堂子內舉杆致祭，不准時常前往。在與祭人員方面，則規定爵位在固山貝子以上的愛新覺羅家族成員方得參加，且須事先齋戒。滿洲入關後，在堂子舉行的祭祀可分爲：一、國家祀典，如元旦、出征、凱旋，由皇帝主祭，滿洲王公大臣和從征將士陪祭。二、皇室祭典，如月祭、立杆祭天、浴佛祭、祭馬神，皇帝通常派遣所司代表致祭。

又皇家堂子立杆祭天之禮，所用「還願神杆」（*somo*）極爲講究，多選貴重質細的楠木，或派人往直隸延慶州砍取松樹，並對神杆擺放位置、神杆數目多寡、致祭

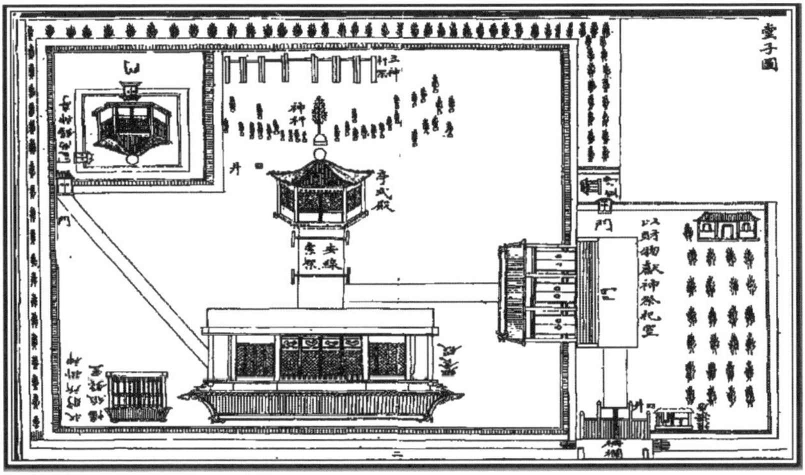

圖7-1　堂子圖。出自〔清〕允祿等奉敕撰，阿桂、于敏中等譯漢，《欽定滿洲祭神祭天典禮》，收入《景印文淵閣四庫全書》。

日期順序等，都依爵秩嚴格限制，無爵秩宗室不准進入致祭。雖然官民家中不准私立堂子，但各家莫不立杆設祭。居住京城而欲請神杆者，由於堂子牆外松柏成林，可「具呈禮部，任擇其一，仍以稚者補之」，故無匱乏之虞。其實，滿洲人等於所到之處皆可舉行，只要尋找潔淨的木頭做爲「還願神杆」，在末尾處放上裝祭肉的「神杆斗」（*hiyase*），或綁上草一束，購豬、灑米以祭。

對漢人而言，祭堂子既陌生且充滿神秘色彩，官方不僅未加解釋，遇有祀典也不讓漢官隨行，甚至滿洲官員也不能言其詳，遂爲京城「不問」之事。

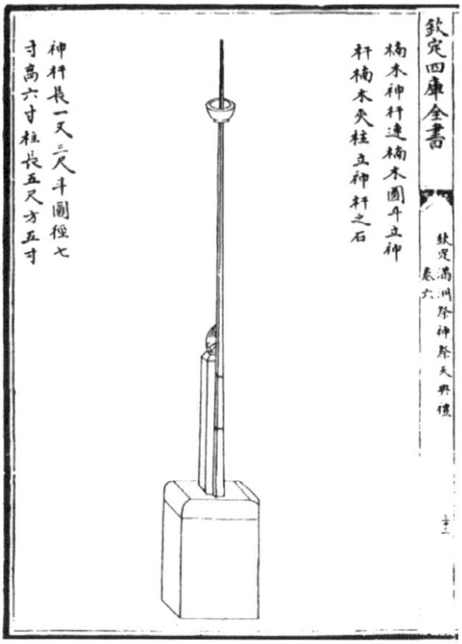

圖7-2　楠木神杆。出自〔清〕允祿等奉敕撰，阿桂、于敏中等譯漢，《欽定滿洲祭神祭天典禮》，收入《景印文淵閣四庫全書》。

坤寧宮祭神

民國初年，清朝末代皇帝溥儀（宣統皇帝，一九〇六－一九六七，一九〇九－一九一一在位）的堂弟溥佳（一九〇八－一九四九），曾在太監帶領下去坤寧宮看跳神。據他的回憶：在正殿當中，放著兩張長桌，上置銅鈴鐺、琵琶、三絃、大鼓、搖鼓、檀板、神刀、神劍等物。不一會，進來兩個「薩滿太太」，身穿繡花長袍，頭戴鈿子，足登繡花厚底鞋，一個彈起三絃，另一個腰間繫上成串的銅鈴鐺，一手拿著搖鼓，另一隻手拿著檀板，就跳了起來。她先在中央跳，後又向四方跳，口裡不住地用滿文喃喃歌唱，唱的無非是向天地神祇和四海神靈祈福求祿、驅魔祛病的意思。

在坤寧宮舉行的薩滿祭祀名目甚多，包括：一、每天舉行的朝祭、夕祭，稱爲常祭；二、特定日期舉行的每月祭天、每歲春秋二季的報祭和大祭、四季獻神；三、不定期舉行的求福，各有不同的目的與作用。其中月祭、大祭，以及歲末年初恭請神位、浴佛等，則先在宮中請神至堂子，禮畢再請神還宮。

在溥佳的記憶中，宮裡每天都會見到有人趕著兩口祭薩滿神用的豬進蒼震門；祭完神的肉，太監還偷偷朝外賣。他在好奇心驅使下，也去買了三塊錢的肉，留下「那肉吃起來倒很肥美可口」的印象。據太監們說，祭神用的肉，是坤寧宮「神鍋」煮出來的，更誇稱那口鍋從入關以來一直沒停過火，湯還是二百多年前的「原湯」；溥佳吃的，應是常祭的祭肉。

常祭時，皇帝、皇后親臨行禮，如遇皇帝、皇后不行禮之日，則由薩滿叩頭。皇帝親臨，即率皇后受胙，或率王大臣等食肉；如遇皇帝不受胙，則令值班大臣、侍衛等入內食之。雍正皇帝重視祭肉品質，曾指責司胙官辦事全不經心，以致「坤寧宮祭神肉，近來頗覺無味」。祀神祭肉「理應潔淨熟煖」，當皇帝不親臨行禮、食胙，太監便每將整塊好肉私行偷用，以冷肉及瘦瘠殘剩皮骨分給大臣、侍衛充數，即便乾隆皇帝再三訓斥，仍難以遏阻太監私藏好肉。

皇家祭神以坤寧宮爲固定場所，內務府掌儀司設有專人辦理。惟康熙皇帝駐蹕暢春園、熱河日久，即在該處「張掛神幔，設佛亭、神位以祭」。據說是按久居在外的滿洲人家有欲祭神者，採取「於臥室內以繩貫於新衣，飾如神幔，照平日祭神之禮，以酒、餑（*efen*，餑餑）與豬祭之」的變通方式。

《欽定滿洲祭神祭天典禮》的編譯

乾隆八年，乾隆皇帝首次東巡，也在盛京「懸掛神幔，設佛亭、神位以祭」。畢竟是時隔百年後皇帝再度在清寧宮祭神，盛京內務府官員爲確認儀式與祝辭、張羅供獻與器用，以及人員的揀選與演練等大費周章。乾隆皇帝則有感於滿洲傳統祭祀因時空環境變遷，司祝「於贊祝之原字、原音，漸至淆舛」，不僅王公之家「家各異辭」，大內舉行祀典時，「亦有與原字、原韻不相脗合者」，爲避免「日久訛漏滋甚」，而有整理舊儀的想法。

莊親王允祿等承旨辦理，著手蒐集資料。儀注部分，薩滿祭儀經查係遵舊制，自應以宮中現行「條例」爲準。祝辭部分，來源有三：一、抄錄內廷祭神、背鐙、禱祝、贊、祈等辭；二、令各旗王公將各家祭神辭章錄送；三、令各司祝家內舊存祝禱辭章悉行錄呈。承辦官員等即據以定誤補闕，刪複去冗，恭呈御覽。乾隆皇帝則「親加詳覈酌定，凡祝辭內字韻不符者，或詢之故老，或訪之土人」，並指示繪製祭器形式。

乾隆十二年，滿文《*manjusai wecere metere kooli bithe*》告成，頒布時在書名前冠上「*hesei toktobuha*」（欽定）字樣，直譯作「欽定眾滿洲的跳神還願條例書」，清人亦稱爲「滿洲跳神還願典例」或「祭祀條例」。全書共分六卷，首列奏議二篇、彙記故事一篇（卷一）；次爲儀注十九篇、祝辭十九篇、贊辭二篇，計有四十篇（卷一至卷四）；再是器用數目，分堂子、坤寧宮、祭馬神室三大類（卷五）；殿以器用形式圖，共一百二十幅（卷六），是了解官方頒布的薩滿祭祀儀式的重要材料。乾隆四十二年，乾隆皇帝再指派大學士阿桂、于敏中將該書譯成漢文，定名曰《欽定滿洲祭神祭天典禮》，是唯一一部先以滿文編寫，專爲纂入《四庫全書》而改譯漢文者。

《滿洲祭神祭天典禮》一書，官方賦予隆重國家儀制、展現立國規模、宣揚滿洲傳統等政治文化意義。尤其將此書與記騎射的《欽定開國方略》、載語言的《御製增訂清文鑑》並列，《滿洲祭神祭天典禮》非但詳儀式，更呈顯「稟性篤敬，立念肫誠」的淳樸特質，而騎射、清語、淳樸三者，即是滿洲的核心價值。

二、藏傳佛教

藏傳佛教的發展

藏傳佛教又稱喇嘛教，「喇嘛」一詞，按乾隆皇帝的解釋：「西番（藏）語謂『上』曰『喇』；謂『無』曰『嘛』，喇嘛者，謂『無上』，即漢語稱僧為『上人』之意」。藏傳佛教主要有寧瑪、薩迦、噶舉、格魯等四大派，盛行於西藏、青海、甘肅、四川、蒙古等地，是蒙、藏民族重要的宗教信仰。各派的特色為：

一、寧瑪派，十一世紀時興起，偏重密法，崇信密咒，不重戒行，僧人戴紅色法帽，亦稱紅教。所謂密法，又稱密教或密宗，即不公開的秘密教習之法，係以父子相傳。

二、薩迦派，創於十一世紀，以薩迦寺得名，因主寺圍牆塗紅、白、黑三色條紋，亦稱花教。十三世紀時，領袖八思巴（一二三五—一二八〇）與元世祖往來密切，受封為「帝師大寶法王」，不僅總管全藏政務，且管理全國佛教事務；其後，「大寶法王」成為元、明兩代對西藏宗教領袖的最高封號。薩迦派的教法係由昆氏家族男性世代相傳，是以家族中會留一人娶妻生子以延宗嗣，後因統領西藏政教大權，其傳承方式漸由血緣轉為師徒。

三、噶舉派，亦始於十一世紀。「噶舉」有師長直接傳授眞言之意，注重密法修練，由師傅口傳，門徒心受，僧人著白色僧裙，亦稱白教；由於支持門徒另立支系，故而發展迅速。十三世紀末，噶舉派發展出以「活佛轉世」作爲遴選宗教領袖的辦法，並成爲各教派普遍採行的制度。

四、格魯派，由宗喀巴所創。十四世紀後期，藏傳佛教各派僧眾戒律廢弛，且多偏重一經一法，宗喀巴師徒推動改革，提倡生活起居皆按戒律行事，並結合顯宗、密宗，提出完整的經典學習程序，吸引大批追隨者，寺院遍布西藏。宗喀巴捨棄各派傳統的深紅色僧帽，改戴傳授戒律祖師所用的黃帽，故稱黃教。他在拉薩創建噶丹寺，自任第一任池巴（寺主），即將圓寂時，將衣帽傳給弟子賈曹傑（一三六四—一四三二）爲第二任池巴；另一名弟子克珠傑（一三八五—一四三八）再繼爲第三任池巴，日後被格魯派追認爲第一世班禪呼圖克圖。另一方面，十六世紀中，宗喀巴大弟子根敦珠巴（一三九一—一四七四）的繼承人根敦嘉措（一四七五—一五四二）圓寂後，根據宗喀巴的遺囑轉世，形成達賴喇嘛的轉世系統，根敦珠巴也被追認爲第一世達賴喇嘛。此後，格魯派便有達賴喇嘛、班禪呼圖克圖兩大活佛。

元、明時期，蒙古已接受藏傳佛教的信仰；明中期以後，蒙古勢力進入河西、青海、西藏，與新興的黃教接觸後，更普遍信奉黃教。皇太極曾批評蒙古過度崇奉喇嘛，曰：「自棄蒙古之言，冒喇嘛之名，而學其語，卒至廢亡。」其用意雖在自我警惕，但亦見藏傳佛教對蒙古影響深遠。

興黃教以安眾蒙古

清朝與藏傳佛教建立關係，始於關外時期。崇德年間，皇太極派察漢喇嘛出使西藏，五世達賴喇嘛也遣使者伊拉古克三呼圖克圖來盛京。雖然皇太極為結好蒙古，刻意禮敬、保護喇嘛，但不容許有「假以供佛持素為名，姦淫婦女，貪圖財物，逆行惡道」等劣行。日後諸帝更奉行順治皇帝「我以禮敬喇嘛，而不入喇嘛之教」的原則。

值得注意的是，皇帝對黃教領袖的冊封。先是，順治九年，五世達賴喇嘛進京，順治皇帝招待他住在太和殿，為他修建西黃寺；次年，達賴喇嘛離京，順治皇帝授以金冊、金印，封為「西天大善自在佛所領天下釋教普通瓦赤喇怛喇達賴喇嘛」，將黃教地位提高為西藏的最高教派。康熙五十二年，康熙皇帝又照達賴喇嘛之例，封五世班禪呼圖克圖為「班禪額爾德尼」（*erdeni*，珍寶），給予金冊、金印，使班禪在政治上和宗教上取得與達賴喇嘛平行的地位。清朝兩次冊封的目的，是藉由尊崇黃教領袖，以維持對西藏、蒙古的影響力；雍正皇帝即表示：「欲約束蒙古，則喇嘛之教亦不可棄」。

朝廷既以扶持黃教爲政策，不免打擊其他教派，首當其衝者，則是被指爲「以吞刀、吐火炫俗，盡失戒、定、慧宗旨」的紅教。紅教喇嘛若有犯罪，官府或勒令還俗，或解京移至內地安插，甚至命其改宗黃教，並分派至各大寺，交由「堪布」（類似漢傳佛教的「住持」）嚴加管束。即使黃教已被奉爲「正教」，朝廷仍對蒙古「惟信喇嘛，一切不顧」的過度迷信行爲，表達憂心。

乾隆皇帝晚年撰〈喇嘛說〉，總結清初以來的治蒙政策，指出天下黃教總司於達賴喇嘛、班禪額爾德尼，必須善加禮遇，方能令各部蒙古歸心，故強調：「興黃教，即所以安眾蒙古，所繫非小，故不可不保護之」。至於時人的見解，禮親王昭槤支持官方觀點，認爲是安邊良策，曰：「故以神道設教，藉仗其徒，使其誠心歸附，以障藩籬。」治西北史地的學者魏源（一七九四－一八五七）則主張是明朝以來的政府，有意藉黃教的力量柔馴蒙古，而有「不獨明塞息五十年之烽燧，且本朝開二百年之太平」之論，亦見不同身分（官、民）、不同族群（滿、漢）對政策理解的落差。

興修寺廟

蒙古因分裂而呈現部落林立狀態，藏傳佛教的教義，成爲維繫游牧社會安定和秩序的主要力量；藏傳佛教的寺廟，則是蒙古文化保存和傳習的重要場所。在利用宗教作爲懷柔手段的前提下，為藏傳佛教興修寺廟，以展現保護者的形象，便成為清朝招徠蒙古的有效工具。

元世祖時，國師八思巴以金鑄「嘛哈噶喇」（*mahag'ala*，大黑天，蒙古護法佛）佛像，奉祀於五臺山，後輾轉傳於察哈爾林丹汗。天聰八年，金國擊敗林丹汗，墨爾根喇嘛又載佛像至盛京。皇太極認為是天意所歸，於崇德元年下令興建實勝寺，寺中立有以滿、漢、蒙、藏四體文字敘明建廟緣由的石碑，以示取得黃教的護法地位。

藏傳佛教寺廟的分布，不僅在蒙、藏民族的生活領域，更以北京為中心，北有熱河承德，西有山西五臺山，用以連結蒙、藏民族。康、雍、乾時期，由清廷出資建造和改建的黃教寺廟，在北京即有三十餘座；在承德避暑山莊周邊，共有十二座；五臺山是藏、漢佛教交會處，清廷將漢傳寺廟改為信奉藏傳者，也有二、三十座之多。

北京的藏傳佛教寺廟，以雍和宮最為重要。雍和宮原為雍親王藩邸，乾隆九年改建為喇嘛廟，終乾隆之世持續施工，規模最為宏偉，主建築仍維持宮殿輪廓，窗門、殿飾則採唐古忒（西藏）式，挹注經費超過三十萬兩。雍和宮由理藩院管理，是黃教的教學和研究中心，經常有數百名喇嘛從事誦經活動，並舉辦各種宗教儀式。

承德是北京之外的另一個政教中心，此地的皇家寺廟以「外八廟」之名著稱，除溥仁寺、溥善寺是康熙年間興建，其他都建於乾隆朝，且動用的經費超過四百八十萬兩。其中羅漢堂、廣安寺、普樂寺不駐喇嘛，由內務府管理；其餘的溥仁寺、溥善寺、普寧寺、普佑寺、安遠廟、普陀宗乘之廟、殊像寺、須彌福壽之廟、廣緣寺等九座，歸理藩院所屬的八個機構管理，由朝廷派駐喇嘛，他們的錢糧則仰賴朝廷賞銀。乾隆朝修建各寺，皆仿造其他地方寺廟，具有拉近與蒙、藏地方距離的用意。尤其乾隆四十五年建造的須彌福壽之廟，係因六世班禪額爾德尼入覲朝賀乾隆皇帝七旬萬壽慶典，清廷特別仿班禪駐地日喀則的扎什倫布寺而建。

五臺山又稱清涼山，是著名的佛教聖地，歷代帝王朝拜絡繹不絕。清朝皇帝巡幸五臺山稱爲「西巡」，康熙皇帝五次、乾隆皇帝六次、嘉慶皇帝一次，共計十二次。五臺山在蒙古信眾心中的神聖地位，堪與西藏相比，蒙古王公經常前往朝聖，香火鼎盛，皇帝西巡也在此接見漠南、漠北的宗教領袖。康熙朝晚期，承德逐漸成爲政教中心之後，朝廷撥給五臺山寺廟的修建經費通常不過二、三千兩，其重要性已受影響。

另從各地藏傳佛教寺廟的御製碑文中，亦見其統制策略。例如：康熙三十年，康熙皇帝在多倫諾爾會盟蒙古四十八家貴族，建彙宗寺，立碑曰：「家各一僧，佛法無二，統之一宗，……猶江、漢朝宗於海」；康熙四十四年，建廣仁寺於陝西，立碑曰：「顧念久安長治，務在因俗宜民」，顯示他以政馭教、以教馭蒙古的用心。雍正五年，在多倫建善因寺，立碑曰：「稽古聖王之治天下，因其教不易其俗，使人易知易從，此朕纘承先志，護持黃教之意也」；簡言之，雍正皇帝已將康熙皇帝「因俗宜民」的原則，確定為「因俗而治」的政策。因此，乾隆皇帝認為清朝護衛黃教的目的，正與《禮記．王制》「修其教不易其俗，齊其政不易其宜」相合，是敬佛而非佞佛，是策略而非迷信，也是「新、舊蒙古畏威懷德」的關鍵。

金瓶掣籤

清朝掌管外藩的理藩院，也負責辦理藏傳佛教事務。其中，柔遠清吏司承辦呼圖克圖、喇嘛等年班請安進貢，以及各寺廟喇嘛錢糧、草豆、烤炭、銀兩等；典屬清吏司負責在京喇嘛考列等第、陞遷調補、箚付（職務委任書）、度牒（身分證明）、路引（通行證）等，以及各寺廟工程；理刑清吏司則緝拿內外寺廟喇嘛私自逃逸、違法犯罪等事。同時，朝廷對喇嘛多所防範，其寺廟規模大小、僧眾人數多少都有規定，並嚴禁喇嘛與蒙古各部私相往來。

藏傳佛教的特色之一，是以輪迴轉世理論為依據，發展出「活佛轉世」傳承法，即「呼畢勒罕」，「其俗謂死而不失其眞，自知所往，其弟子輒迎而立之」；確認身分後，將靈童迎至寺廟，舉行隆重的「坐床」典禮，即為呼圖克圖。達賴喇嘛、班禪額爾德尼以及各大呼圖克圖的呼畢勒罕，均由職業宗教人員「吹忠」降神指示。惟行之既久，吹忠「或受賄恣意舞弊，或偏庇親戚妄指，或達賴喇嘛、班禪額爾德尼暗中授意，令其指誰」，亦有蒙古王公覬覦寺廟資產而請託者，以致呼畢勒罕率出一族，與世襲爵祿無異。

乾隆五十七年，清廷查辦喀爾喀土謝圖汗車登多爾濟（？—一八一六）欲使一子襲汗爵、一子爲呼畢勒罕而賄賂吹忠案屬實。是時，第二次廓爾喀之役已近尾聲，乾隆皇帝爲加強對西藏的控制，下令整飭流弊。於是，製一「金奔巴瓶」（金瓶），設於拉薩大昭寺，俟將來西藏出達賴喇嘛、班禪額爾德尼，以及大呼圖克圖呼畢勒罕時，「將報出幼孩內，擇選數名，將其生年月日、名姓，各寫一籤入於瓶內，交達賴喇嘛念經，會同駐藏大臣公同籤掣」；北京雍和宮內，亦設一金奔巴瓶，如蒙古出呼畢勒罕，「即報明理藩院，將年月、名姓，繕寫籤上，入於瓶內，一體掣籤」，建立「金瓶掣籤」制度。

實施金瓶掣籤，充分說明清廷阻止蒙、藏貴族干涉活佛轉世，以及對吹忠指認呼畢勒罕的極端不信任；名爲抽籤，實則是由清廷掌握指定和封授呼圖克圖的權力。然而，吹忠降神由來已久，係活佛轉世不可或缺的部分，經清、藏雙方反覆商議，最後採取折衷辦法：將認定靈童出生方向、尋訪和決定候選靈童的人數，由吹忠降神決定，再以金瓶掣籤最後確定眞正的靈童。另一方面，爲防範呼圖克圖與地方勢力結合，清廷也採取類似官員任職必須「迴避本籍」的辦法，規定：掌管漠北的哲卜尊丹巴轉世靈童，須在西藏尋認；掌管漠南的章嘉呼圖克圖轉世靈童，須在甘肅、青海尋認。

三、佛教與道教

漢人社會與佛、道

佛、道二教在漢人社會流傳已久，皆屬正信宗教，歷經宋代與儒家相互滲透、影響後，形成以儒爲主，佛、道爲輔的「三教合一」特徵。清初思想家顏元（一六三五－一七〇四）歸納世人接受佛、道信仰，進而爲僧、道的原因：一、本人或父母貧寒不能度日；二、禍患迫身或兵亂離家；三、父母爲求子女長壽而在寺廟寄名；四、妄信出家爲脫離苦海，認爲信奉者多因無知而「誤走一條路」。

明清之際，漢族士人紛紛「逃禪」以避禍，久之不免沉溺其中，甚至拋棄儒者經世濟民的使命，佛、道兩教乃遭知識階層排斥。對儒者來說，「惑世誣民者，有兩家，曰老，曰佛」，源自本土的道教，其始祖老子「視仁義太小」；佛教爲外來宗教，尊奉者無異「夷狄」，皆不可取。在此天崩地解的時代，「一治一亂，非老、釋所能理，是以乾坤筦鑰，專歸於儒」。

即便如此，佛、道信仰早已深入民間。清初漢傳佛教的發展，雖不及受政治力支持的藏傳佛教，但屬於禪宗南派的臨濟宗高僧憨璞性聰、玉林琇、木陳忞等，與順治皇帝往來密切，故盛極一時。另一較有影響力的教派，是以念佛往生淨土爲目的的淨土宗，當時法師公開講解經卷，吸引信眾追隨，所倡彌陀淨土、觀音菩薩、地藏菩薩等信仰普及社會，佛教紀念日也融入歲時節日，成爲人們生活的一部分。例如：農曆二月十九日爲觀音菩薩誕辰，北京城內外廟宇不下千百，皆誦經聚會，六月十九日登蓮臺（得道）、九月十九日傳妙道（出家）亦同。四月初八日爲釋迦牟尼佛誕，蘇州各寺院「以小盆坐銅佛，浸以香水，復以花亭、鐃鼓遍行閭里，迎往富家，以小杓澆佛，提唱誦偈，男婦布捨錢財，居人持齋禮懺，名日浴佛」。

清朝的道教，延續元、明以來的兩大系統，一是在南方總合符籙念咒的正一派（天師派），一是在北方代表丹鼎煉養的全眞派。在正一派方面，順治六年，清廷封張眞人第五十二代孫張應京爲「正一嗣教大眞人」，其後歷代天師都接受敕封，足見朝廷籠絡道教領袖的用心；惟《大清律例》禁止「書符咒水，扶鸞禱聖」，正一派的主要宗教活動受到限制而漸衰。在全眞派方面，提倡出家離俗，勸人斷捨愛緣，看破富貴功名，但也強調忠孝等倫理的實踐，王常月（？—一六八〇）將全眞派傳至江南，從者數千人，被稱爲中興之祖。全眞派道士中，頗有以高壽、氣功、異能著稱者，出現一批有影響力的高道，直到清末勢力仍盛，宮觀寺院遍布各地。

道教本爲多神崇拜，明清時期又將民間信仰中受歡迎的文昌帝君、媽祖、關帝等神祇納入，從而獲得更多民眾的信奉。其中，又以忠勇、重義形象受尊崇的關羽（一六〇—二二〇）最爲流行，關帝廟遍及各地。順治九年，清廷敕封關羽爲「忠義神武關聖大帝」，嗣後屢有加封。

皇帝對佛、道的態度

順治皇帝在與佛教人士接觸之前，一度質疑佛、道脫離現實，近乎迷信，無益世道人心。惟佛、道畢竟是勸善去惡的正教，不必與惑眾罔民的旁門左道並論，故而以三教合一爲前提，於順治十三年宣示其統制宗教的原則，曰：「儒、釋、道三教並垂，皆使人爲善去惡，反邪歸正，遵王法而免禍患。」希望藉由宣揚儒家思想以教化民智，提倡正信宗教以淨化人心，進而摒斥邪說異端，達到鞏固政權、穩定社會的目的。

繼位的康熙皇帝深受程朱理學影響，並奉爲行止、施政圭臬，早年常發表批判宗教的言論，認爲釋、老之書皆屬虛幻，無益於政治；對歷代帝王崇佛信道者，也多所批評，而以孔、孟爲正學，視仙、佛爲異端。隨著統治閱歷增長，康熙皇帝逐漸體認宗教撫慰、勸化人心的社會功能，可與聖人經義並行不悖。即使他始終認爲佛、道遠不及儒家來得務實，應敬而遠之，但是以統治者的立場，仍將宗教視爲「因俗宜民」以安定社會的工具。

與順、康二帝相比，雍正皇帝對於宗教活動，尤其在崇佛、用佛方面，表現得極爲熱中，甚至以和尚自居，在宮中親自主持法會；也在圓明園內供養道士、修煉丹藥。在思想上，他一方面遵循「三教並垂」的觀點，認爲「三教各有所宗，究之三教之用雖殊，而其體則一」；另一方面，則繼承康熙皇帝「黜異端以崇正學」的理念，對「釋中以狂空欺世，道中以邪術愚人」的末流左道，則施以嚴厲打擊。

篤信藏傳佛教、以文殊菩薩轉世自居的乾隆皇帝，不僅對漢傳佛教殊無好感，即位之初更下令驅逐宮中道士。然而，「誦讀經書而罔顧行檢者，其得罪聖賢視異端尤甚」，是以乾隆皇帝認爲，佛、道固爲異端，若能利用其「勸善戒惡，化導愚頑」的社會功能，於治道「亦不無小補」。

清初諸帝對佛、道的態度，實以裨益治理爲首要考量，允許「三教並垂」也是策略運用，當統治已經穩固，便會進行干涉。例如：華北各省盛行「三教堂」，立堂設像，佛踞中，老子、孔子在左右而略小，由僧、道奉祀，僅河南一省便多達五百九十餘處。乾隆九年，河南學政林枝春認爲「使萬世之師，屈居釋、道之下，舉事不經，誣民實甚」，遂奏准嚴行禁止，並將其「祠宇改稱寺觀，三教額碑悉行撤去」，或改爲書院、義學。

朝廷對僧、道的管理

清朝對僧、道二教的管理，沿用明制，建立僧官、道官制度。「凡民有出家爲僧、道者，置首領以約束之」，在京師爲僧錄司、道錄司，由禮部揀選出家眾，移吏部補授；在直省，府曰僧綱、道紀，州曰僧正、道正，縣曰僧會、道會，由直省挑取樸謹的僧侶、道士，咨禮部給箚。僧官、道官負責究治僧、道不守規律者，以及發給僧、尼度牒和道士、女冠執照。

自清初以來，朝廷對出家有若干限制，主要有：一、禁止罪犯爲僧、道，以防匪徒逃避法律制裁，擾亂佛門、道觀。二、本戶不及三丁和男子十六歲以上，不許爲僧、道，違例者治罪，以確保社會勞動力和國家財政收入。其次，嚴查並懲治未領度牒而私自剃度爲僧、道者，其家長、寺觀住持、受業師知而不舉，亦一體治罪。

度牒由官府核實發給，僧、道則須按例納銀，具防奸僞、廣財源的雙重作用。順治年間，朝廷要求各住持詳查呈報寺廟、庵觀數量和僧、道人數，對於是否納銀卻反覆不定；至順治十七年，始議准免其納銀。康熙初年，因僧、道人數尚屬有限，又有玉林琇等高僧約束徒眾，遂自康熙十五年起停止發給度牒。

管制既鬆，弊病隨之而生。例如：有號爲「應付僧」者，「各分房頭（家庭），世守田宅，飲酒食肉，並無顧忌，甚者且畜妻子」，在家修道的「火居道士」也有類似情形；又有無業之徒遁跡空門，名爲「帶髮修行」，「以不僧不俗之身，潛居菴觀，勾引爲匪，花消寺產」，造成管理和治安的問題。乾隆皇帝斥之爲「既耗民財，復溷民俗，在國家則爲游民，在佛、老教中亦爲敗類」，而於乾隆元年宣布「酌復度牒」，「令有所稽考，亦如民間之有保甲，不致藏奸；貢監之有執照，不容假冒」，並規定各省督撫於年終造冊匯報變動情形。

關於清初的僧、尼、道人數，康熙六年清查的結果，計有十四萬一百九十三名。乾隆元年至四年，順天、奉天、直隸各省共發出度牒三十四萬一百十二件，其後使停止頒發，管理的重點則在收繳和銷毀，是以持有度牒的人數漸少。至乾隆十七年前後，各省督撫奏報僧、尼、道數目，合計約二十萬人，實際情形卻是「舊照日就繳銷，僧道多係私充」，地方政府已無法掌握。因此，乾隆皇帝原欲藉度牒限制並削減僧、道人數的措施，無法發揮預期作用，乃於乾隆十九年下令停止督撫奏報所減實數。迨乾隆三十九年，再以度牒「不過相沿舊例散給，仍屬具文，而稽查實虞煩擾，自以不辦爲妥」爲由，宣布永遠停止。

皇帝與道術

道教具有養生和長生的功能，是儒、佛所不能及，對皇帝有莫大的吸引力。雖然清朝皇帝多以理性自詡，自認不信仙、佛，卻也留心道術。

康熙皇帝在青年時期，認爲「煉丹修養長生，及師巫自謂知前者，皆妄誕不足信」；晚年時，似對道家坐功運氣產生興趣，《宮中檔》有康熙皇帝派人嘗試靜坐入定的摺件，可供參考。先是，康熙皇帝曾留意道士王眞人（王楨）的靜養功夫，派人探訪其練功情形。范弘偲回奏，曰：「言皆根據先天，貫通三教，毫無勉強造作、勞苦搬運之煩，純以自然無爲、存神順化爲本」，「唯得效之緩急強弱，試後方知」。據王楨的說法，功夫得效與否視資質而異，「最下亦不踰月，必見端倪」。康熙皇帝仍有懷疑，乃指示范弘偲「先試一、二人光景如何」。

於是，范弘偲如法靜坐，並將入定情形繕摺奏聞，略謂：「初時，目前一片空明境界；片晌，覺目前有大片黃、黑相戰。腹中煖氣騰起後，但見純黃色，而煖氣竟不斷絕。覺一時辰後，便身心晦冥，似睡非睡，又明朗如初，此似道家杳冥之說也。大約一時之頃，必杳冥一回，而杳冥之候，尚不滿杯茶之久。」出定後，詢問王楨，得知是「將會合兆也」。康熙皇帝覽奏，僅批「再看」，大約是擔心「功夫到時，恐悞政事；已入道之後，又怕不能脫身」，可看出他對道術的態度已有些改變。

又雍正十三年八月二十三日凌晨，雍正皇帝逝世。然而，《起居注冊》記八月二十一日，「上不豫，仍辦事如常」，隔日竟暴卒，自然引起許多揣測。野史指向是遭呂留良（一六二九－一六八三）孫女呂四娘刺殺，實屬無稽；金梁《清帝外傳》則言：「世宗之崩，相傳修煉餌丹所致，或出有因」，近來學者主張「丹藥中毒」之說者亦多，可以參考。

雍正皇帝在藩邸時，便對道教的丹藥感到興趣。在位期間，他不僅自己服食丹藥，也將御用「既濟丹」賞賜雲貴總督鄂爾泰、河東總督田文鏡（一六六二－一七三二）等，強調「考其性，不設寒熱溫涼；徵其效，亦不在攻治疾病，惟培補元氣，是乃專功」，並諭知田文鏡：「此丹修合精工，奏效殊異，放膽服之，莫稍懷疑，乃有益無損良藥也」。

雍正八年初，雍正皇帝出現「寒熱往來，飲食不似平時，夜間不能熟寢」等症狀，諭令地方督撫留心訪問內外科好醫生，與深達修養性命的道士等。當時，宮廷引進一批道士，例如：全眞派賈士芳（？—一七三〇）以「口誦經咒，並用以手按摸之術」爲皇帝治病，「比時見效奏功，無不立應」；惟不過月餘，雍正皇帝察覺「其治病之處，預先言之，莫不應驗，而伊遂欲以此脅制朕躬」，乃將他處斬。正一派婁近垣（一六八九—一七七六）則專爲皇帝設醮禱祈、除祟，甚得雍正皇帝賞識，封爲「妙應眞人」；雍正十二年，婁近垣獲賜巨額帑銀，遂返回江西龍虎山，「鼎建殿閣，添設道院，招選道眾，置買香田」。

另有擅長「爐火修鍊」之術的道士張太虛、王定乾，則在紫禁城西苑煉藥。値得注意的是，雍正皇帝去世後兩天，嗣君乾隆皇帝即下令將張、王等「驅出，各回本籍」，並警告他們若「捏稱在大行皇帝御前一言一字，以及在外招搖煽惑」，「定嚴行拏究，立即正法」。同日，又以「恐皇太后聞之心煩」爲由，傳諭太監、宮女、各處執事人「不許閒風妄行傳說」，違者「定行正法」。論者以爲，乾隆皇帝急於驅逐宮廷道士，且爲其父申辯「未曾聽其一言，未曾用其一藥」，非比尋常；所謂太后心煩、外間傳說，不免令人聯想與雍正皇帝的死因有關，故而推論是死於丹藥中毒。

四、天主教與伊斯蘭教

西教與西學

明清之際，天主教隨著歐洲各國海外擴張東來，其中以組織紀律嚴明，且注重學術研究的耶穌會傳教士居多。他們大都是飽學之士，常以學術爲傳教媒介，爭取中國官紳認同。滿洲入關後，耶穌會教士多供職內廷，從事纂修曆法、測繪輿圖、進講西學、製作工藝等工作。

明萬曆年間，初入中國的耶穌會士選擇以佛教用語翻譯天主教經典，也接受中國官員將天主教歸爲僧、道的做法，故而剃髮、著僧服，首位獲准居留的羅明堅（Michele Ruggieri，義大利人，一五四三－一六〇七）自稱爲「天竺國僧」。其後，利瑪竇（Matteo Ricci，義大利人，一五五二－一六一〇）則改戴儒冠、著儒服，以「西儒」的姿態與官員往來，並將天主教義與儒家學說相互參照，進行「合儒」與「補儒」的工作，逐漸受到士大夫歡迎。另一方面，利瑪竇認爲中國古籍中的「天」、「上帝」，與教中的「天主」並無區別，且不以漢人敬天、祭祖、祀孔爲迷信的寬容態度，也有助於吸引民眾入教。

當時前來亞洲的耶穌會士，不論在日本、印度或是中國，都努力學習當地的語言和文化，並願意入境隨俗，此一調適策略使傳教事業得以展開。明末清初，耶穌會在中國的信徒人數有明顯成長，萬曆四十五年（一六一七）有一萬三千人，至康熙三年（一六六四）已超過二十四萬八千人，教堂共一百五十九處。

其次，利瑪竇介紹西方的科學技術知識，不僅令士大夫折服，他所進呈的自鳴鐘、樂器、世界地圖，也博得明神宗的歡心，是他傳教獲致成功的原因之一。順治元年，湯若望用西洋新法推算日蝕，向清廷證明其法較沿用已久的《大統曆》、《回回曆》精確，遂被任命為欽天監監正，主持編修《時憲曆》。順治十年，順治皇帝賜湯若望「通玄教師」稱號，天主教堂亦獲頒「通玄佳境」匾額，使他成為耶穌會傳教的中流砥柱。

湯若望受寵遇愈隆，攻擊者亦愈烈。順治皇帝去世後，輔政大臣鰲拜等不喜西教，徽州新安衛官生楊光先（一五九七－一六六九）既仇西教，又惡西學，乃於康熙三年告發湯若望潛謀造反、曆法荒謬，湯若望及其助手南懷仁等被拏問待罪，各省傳教士則送往廣東候處，是為「曆獄」。次年四月，輔政大臣審擬將湯若望凌遲處死，其餘教士處以杖責或徒流；旋因天空出現彗星，北京連日地震，被認為天象示警，輔臣遂赦放其他教士，但欽天監官員三十餘人仍遭處斬、流徙或革職。湯若望因孝莊太皇太后代為求免而獲釋，惟已猝患痿痺，口舌結塞，翌年即病故。

曆獄之後，楊光先任欽天監監正，盡廢西法，復用《大統曆》，嗣因不夠精密，改用《回回曆》。事實上，楊光先不諳曆法，他的反對不過出於意氣，嘗言：「寧可使中國無好曆法，不可使中國有西洋人」。康熙八年，鰲拜以專擅獲罪，南懷仁等即呈告楊光先依附鰲拜、誣陷湯若望謀叛，經王大臣等議覆，將楊光先革職，湯若望等人獲得平反，並命南懷仁重回欽天監任職。此後，專用西洋新法編製的《時憲曆》。

曆法之爭使康熙皇帝認識西學的價值，但禁止直隸各省「立堂入教」，地方大吏則視天主教爲邪教。康熙三十年，浙江巡撫張鵬翮（一六四九－一七二五）下令杭州地方官拆毀天主堂，欲將之逐出境外。時任治曆大臣的耶穌會士徐日昇（Tomás Pereira，葡萄牙人，一六四五－一七〇八）聞訊後，具題懇請解禁。康熙皇帝指出，西洋人「並無爲惡亂行之處」，諭令內閣會同禮部議奏。次年，始議定天主教「並非左道惑眾，異端生事」，禁令遂得解除。

禮儀之爭與禁教

在傳教事業出現轉機之際，天主教內部對耶穌會寬容中國敬天、祭祖、祀孔禮俗的傳教方式，即「禮儀問題」的爭論愈演愈烈。先是，十五世紀末，耶穌會獲得海外勢力強大的葡萄牙贊助，掌握在中國、日本傳教的權利；羅馬教廷對利瑪竇遷就中國禮俗的策略，採取妥協的態度。十六世紀前期，由西班牙支持的多明我會（Ordo Praedicatorum）、方濟各會（Ordo Fratrum Minorum）先後進入中國福建傳教，便不斷對利瑪竇的做法提出異議；十六世紀後期，法國也加入海外傳教勢力的爭奪，在福建的巴黎外方傳教會（Missions étrangères de Paris）更嚴禁中國教徒祭祖、祀孔。爭論的背後，實涉及各修會的本位主義、海上強權的利益衝突，以及教廷與世俗政權為爭奪保教權而對抗等因素。

康熙四十三年，教皇格勒門得十一世（Clemens PP. XI，一六四九－一七二一，一七〇〇－一七二一在位）發布祭祖、祀孔「禁約」，並於次年派特使多羅（Garlo Tommaso Maillard de Tournon，一六六八－一七一〇）攜帶禁約來中國交涉。康熙皇帝強調，敬天地、事君親、敬師長，是天下通義，諭令傳教士應謹守法度，並規定他們必須領取「永居票」，始能長期居住中國。多羅為阻止傳教士領票，在準備回歐洲時，於南京發布教皇禁約，要求傳教士必須執行，否則革除教籍。康熙皇帝遂逮捕多羅，將他拘禁於澳門，並頒旨諭西洋人，曰：「若不遵利瑪竇的規矩，斷不准在中國住，必逐回去。」對康熙皇帝而言，教皇禁約實侵犯其皇權，於是對天主教的政策漸趨嚴格。

康熙五十九年，教皇再派特使嘉樂（Carlo Ambrogio Mezzabarba，義大利人，一六八五－一七四一）前來，提出兩項要求：一、允許嘉樂管理在中國傳教的西洋人；二、准許中國入教之人俱依教皇禁約。康熙皇帝表示，「爾教王條約，與中國道理大相悖戾」，且

「中國人非爾教王所可禁止」，當他批閱特使進呈的禁約後，大為憤怒，決心禁教。

雍正皇帝繼位後，對天主教的管制更嚴。以往多將雍正皇帝禁教，歸因於傳教士涉入儲位政爭，實則是康熙末年禁教政策的延長，以及採納官員的奏請。雍正元年，議定禁教的措施有：一、各省西洋人除通曉技藝願赴京效力者，其餘俱安插澳門或廣州。二、將各地天主堂改為公所，「悞入其教者，嚴行禁飭」。然而，西洋傳教士潛居內地傳教，私從天主教者亦多，雍正七年再次密諭督撫嚴查，禁止內地民人入教，並將天主堂拆毀，西洋傳教士被押往澳門，傳教事業遭受重大打擊。

降及乾隆、嘉慶年間，民間秘密宗教盛行，地方大吏取締左道異端不遺餘力，天主教雖無悖逆情事，但潛匿傳教，創建教堂、禮拜誦經，遂被視同「異端邪教」，一體查禁，是以教難迭興。自嘉慶十六年（一八一一）起，朝廷比照〈禁止師巫邪術〉條例，制定西洋人傳教治罪專條，凡有私自刊刻經卷、倡立講會、蠱惑多人等，為首者擬絞立決或絞監候；僅止聽從入教不知悛改者，則發新疆，給額魯特或回城伯克為奴。由於律例中有禁止天主教的條文，各省督撫嚴拏懲辦，中外教案交涉事件遂層出不窮。

宮廷中的傳教士

康熙初年的曆法之爭，造成耶穌會在中國傳教的危機，此事與湯若望過度涉入政治有

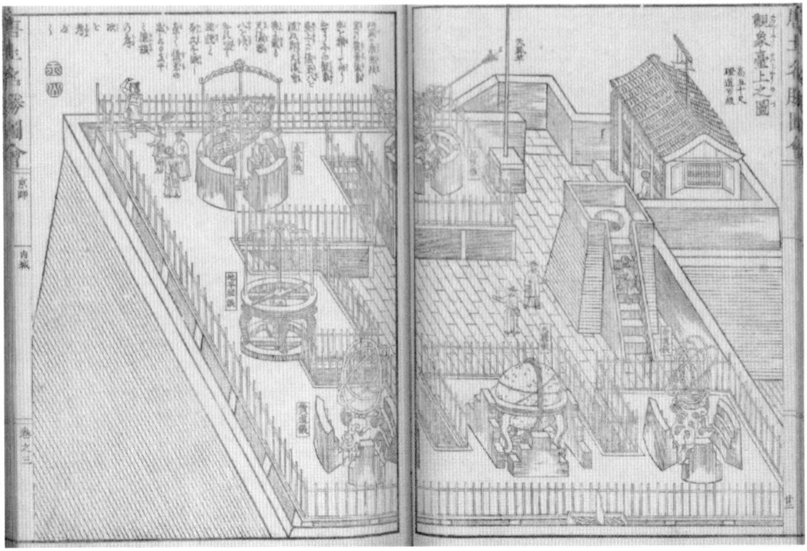

圖7-3　《唐土名勝圖會》中的「觀象臺上之圖」。〔日〕岡田友尚等編繪，《唐土名勝圖會》，文化二年（1805）大阪龍章堂刊朱墨套印本，〈京師．內城〉。臺北國立故宮博物院提供。

關，引起會內人士對他的質疑與責難。案件平反後，在廣東的傳教士獲准回到他們的傳教據點，耶穌會士清楚地知道康熙皇帝對他們的態度是友善的，也就不排斥爲清廷服務。例如：南懷仁曾奉康熙皇帝之命，製作大型天文儀器，置於北京觀象臺頂部；三藩戰爭期間，南懷仁又鑄造新式火炮數百尊，增強清軍的戰力；清、俄簽訂《尼布楚條約》時，徐日昇、張誠隨行擔任翻譯人員，有居間調停之功。

當康熙皇帝喜愛科學的消息傳到歐洲，法王路易十四便派遣以洪若翰（Jean de Fontaney，法國人，一六四三—一七一〇）爲團長的耶

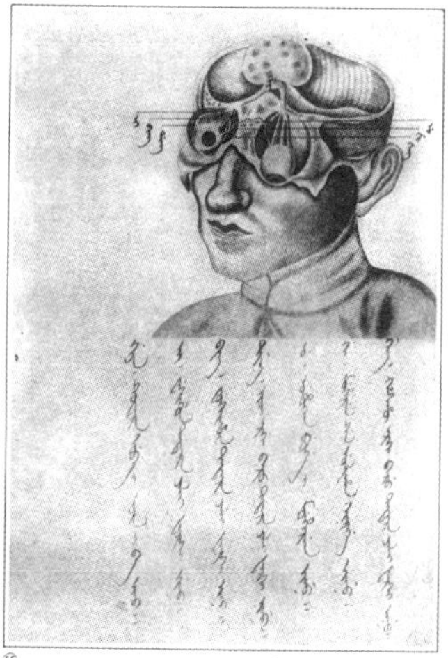

66

Plate 33

a. Junction of optic nerves [optic chiasma].

b. The elevating muscle [Superior Rectus muscle].

c. The depressor muscle * [incorrectly translated from Bartholin].

d. The abductor muscle [Lateral rectus muscle].

e. The ring of soft cartilage [Trochlea].

f. Tendon passing through the cartilaginous ring [Superior oblique tendon passing through the trochlea].

g. The abductor muscle [Medial Rectus muscle].

[The illustration is taken from Thomas Bartholin's *Anatomia*, Tab. IX, p. 507. The translators of Bartholin's text have erroneously placed their indicator* on the tendon of the superior oblique as it passes under the superior rectus muscle. It is intended to show the inferior oblique muscle as correctly indicated by the letter L in the original illustration.]

圖 33

甲、視神經之交叉點〔視神經交叉〕。
乙、昇肌〔上面之直肌〕。
丙、壓低肌。
丁、外展肌〔直肌支〕。
戊、軟骨環〔軟骨輪〕。
己、經過軟骨環之筋〔經過軟骨輪之上面斜筋〕。
庚、外展肌〔中直肌〕。

67

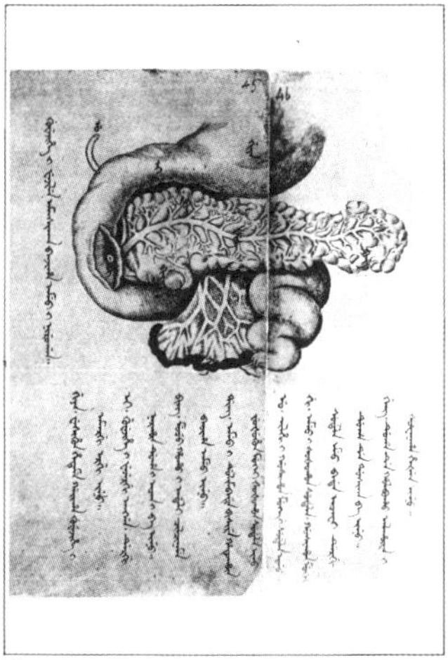

90

Plates 45 and 46

[In Chinese at middle of plate "45", numbered "76"]

[Plates 45 and 46 are two parts of the same illustration derived from Thomas Bartholin "*Anatomia*, Lib. I, Plate opposite, p. 114 and numbered Folio 114. When placed together the two plates illustrate the pyloric region of the stomach, the duodenum pancreas and its duct, biliary and common bili duct, the duodeno-jejunal junction and the mesenteric vessels entering the mesentery. Since the marginal labels on 2 separate sheets, they will be treated independantly to avoid confusion.]

Plate 45

a. The posterior wall of the stomach [correctly the fundus of the stomach] retracted upwards.

b. The inferior orifice of the stomach [pylorus] beginning of the duodenum.

c. The pancreas resembling a bunch of grapes and having the functions of a gland.

d. Duct [Pancreatic] in the middle of the pancreas, containing a sharp and salty liquid.

Plate 46

e. The vessel [bile duct] containing the yellow-bile liquid.

f. The entrance [Ampulla of Vater] of both the vessel containing the yellow-bile, [bile duct,] and the duct [Pancreatic] of the pancreas.

g. The cut end of the membrane [mesentery] carrying the intestine.

圖 45

〔左中有"七十六"中文數目字〕。
甲、胃之後壁〔應為胃之基部〕縮回而上旋。
乙、胃之內孔〔幽門〕，十二指腸之始。
丙、有腺功能之葡萄形胰臟。
丁、在胰臟中排泄鹹辣味管。

圖 46

戊、含有黃膽汁之脈管〔膽汁孔〕。
己、含有黃膽汁與胰臟之入口〔內耳壙〕。
庚、維持大小腸之腸系膜。

91

圖7-4　今人譯註《康熙硃批臟腑圖》。出自桑德史（John B. deC. M. Saunders）、李瑞爽（Francis R. Lee）合著，《康熙硃批臟腑圖考釋》（The Manchu Anatomy and Its Historical Origin）。黎明文化出版社授權提供。

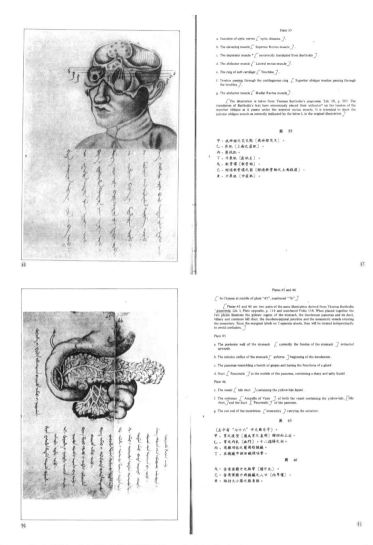

穌會團體，於康熙二十八年抵達北京。他們先學習滿文和漢文，經過甄試再進入內廷爲皇帝服務，成員之一的白晉曾向法王報告：「上帝通過科學和藝術，把幸福的傾向灌輸進他的心靈，以及他對宗教的興趣」，但康熙皇帝傾心者，只在於西洋科學的知識性與實用性。

康熙皇帝向傳教士學習科學等知識，他似乎對數學、醫學特別感興趣。白晉、張誠用滿文爲皇帝講解幾何學，在五、六個月的時間裡，他就熟練地掌握幾何學原理。當傳教士注意到康熙皇帝想要了解醫學原理，也爲他講解人體結構和化學方法製藥。康熙三十二年，康熙皇帝罹患瘧疾，中醫久治不癒，服用傳教士進呈的金雞納霜，藥到病除，使他崇信西醫、醫藥，並在宮中特闢製藥場所，供皇室以及賞賜親信臣工之用。

雍正皇帝與傳教士的往來並不密切，認爲「西洋教宗天主，亦屬不經」，但「西洋人精於曆法，國家用之」，「其善亦不可泯」，著眼於實用的一面。乾隆皇帝大致延續其父的做法，據傳教士的觀察，「他確確實實是仇恨基督教，但出於禮貌，他又謹慎地與我們打交道」，「這是由於他害怕與其父皇之間的差異過分惹人注目」。擔任宮廷畫師的王致誠自認「受到了中國皇帝的善待」，但也了解各省傳教士的處境，必須「採取一切措施以使自己不被發現，僅於夜間行使其聖職」。

乾隆皇帝對科學知識不感興趣，也無心學習，優遇在宮廷服務的傳教士，主要是爲滿足他消費性的享樂需求。例如：沙如玉（Valentin Chalier，法國人，一六九七—一七四七）發明的報更自鳴鐘、安有鐘錶的自行轉動風扇；由郎世寧設計變化多端、賞心悅目的噴泉裝置；楊自新（Gilles Thebault，法國人，一七〇三—一七六六）根據皇帝的旨意，製作一隻有自動裝置的獅子，能像普通走獸般行走百步。以發條驅動的各種「西洋法子」陳設，在宮中大受歡迎，乾隆皇帝甚至要求會做鐘錶的席澄源（Sigismond de San Nicola，法國人，一七一三—一七六七）研發「自行人」，惟「發條不好」，未能完成。

然而，乾隆皇帝不因享受西洋科學、藝術的文明成就，便放鬆對天主教的戒心。乾隆十六年抵達北京的錢德明（Joseph-Marie Amiot，法國人，一七一八—一七九三）很快便發現，乾隆皇帝一面禮遇傳教士以供其驅策，一面毫不留情地打擊天主教傳布的手法。禁教政策日益嚴厲，在乾隆朝後期，已無傳教士呈請進京效力；至嘉慶年間，留在北京的西洋人只有七人。

清初的伊斯蘭教政策

伊斯蘭教在中國的傳布與發展由來已久，明清時期稱為「回教」，信奉伊斯蘭教的穆斯林，統稱為「回民」，主要聚居在西北地區。清朝西北回民問題複雜，為區分其族屬、語言或風俗，習慣上將居於陝、甘等內地，主要使用漢語者，稱為「漢（裝）回」；將分布在天山南路，使用突厥語系的維吾爾族等，稱爲「纏（頭）回」。漢回、纏回是一種似是而非的他稱，清人有時爲避免混淆，更用「回子」這類具有貶抑性的稱謂。

回民的信仰、習俗自成系統，易與內地居民產生隔閡，甚至時起紛爭，部分地方官員無法理解其社會文化特質，常視爲左道異端。雍正二年，山東巡撫陳世倌指回民「不敬天

圖7-5　漢回（上圖），〈安西廳哈密回民〉（右）、〈肅州金塔寺魯古慶等族回民〉（左）。纏回（下圖），〈愛烏罕回人〉（右）、〈霍罕回人〉（左）。〔清〕謝遂，《職貢圖》，臺北國立故宮博物院藏。

地，不祀神祇，不奉正朔，不依節序。另立宗主，自爲歲年日。日用豬肉，指爲禁忌，而椎牛共饗，恣其貪饕。人家餚饌，絕不入口，而宰割物類，另有密咒。身故之日，寸絲不掛，舉殯之時，空棺撤底」，可見他對伊斯蘭教的教義、曆法、飲食、喪葬等內容懵然無知，逕自斥爲「邪教」。雍正皇帝卻較爲謹慎，批諭曰：「奏中之論，皆太過矣」，彼等並未造成危害，實無禁絕的必要。

其後，屢有封疆大吏密奏回民「異言異服，且強悍刁頑，肆爲不法」，要求懲治約束。雍正皇帝曉諭群臣，曰：「回民有禮拜寺之名，有衣服、文字之別，要亦從俗從宜，各安其習」，「亦不過如各省村邑祟奉其土俗之神」，不應故意苛求，並警告官員若有妄行瀆奏者，必嚴加處分。表面上，雍正皇帝對待伊斯蘭教較爲寬大，強調一視同仁的原則，其實是因回民人數有限，其教「不能惑眾」。

前開齋與後開齋

乾隆初年，河州回民發生「前開」、「後開」之爭。伊斯蘭教齋戒月（回曆九月）時，穆斯林須齋戒一個月，雞鳴破曉後勺水不入口，日落見星辰始進食，稱爲「把齋」。據《循化廳志》記載，「前開者，先開齋而後禮拜也；後開者，先禮拜而後開齋也。其始不知何時，然教遂自是分而爲二」。前開齋「簡而便，趨之者眾，顧其異者，即節目之不同」，不涉及教義問題。

先是，雍正年間，甘肅河州回民馬來遲（一六八一－一七六六）赴麥加（Makkah）朝聖，並在中東學習奉行禁慾思想和具有神祕主義傾向的蘇非派（Sufism）學理，雍正十二年自海路返國，在河州等地傳教，創立花寺門宦。「門宦」一詞，是援引自漢族社會的「宦門」或「門閥」，指明末清初蘇非派傳入中國後，在西北地區發展出具有中國特色的宗教組織，並形成虎夫耶、嘎的林耶、哲赫忍耶、庫不忍耶等四大門宦，其內部尚有近四十個支系門宦，花寺門宦屬虎夫耶的一支。

馬來遲編纂《冥沙經》傳教，提倡前開齋，並簡化宗教儀式。乾隆十二年，河州南鄉馬家集清淨禮拜寺掌教馬應煥「遵祖父所傳古教」，赴京控訴馬來遲「另立邪教惑眾」。從馬應煥的供稱中，可以了解兩者的差異：一、禮拜日數，「古教」每月禮拜七日，「花寺」六日；二、禮拜儀式，古教先禮拜後開齋，花寺先開齋後禮拜；三、喪葬儀式，古教念經、炸油香（回民傳統麵餅）、放布施，先辦喪事後吃油香，花寺不念經、不炸油香、不放布施，先吃油香後辦喪事。回民吉凶之事，必請阿訇（宣教師）誦經，「謝以銀錢，謂之布施」，花費甚多；相較之下，花寺因「簡而省費，又新其耳目」，不免影響「古教」的信徒人數及其經濟利益。

負責訊問的步軍統領舒赫德指出，馬應煥係以地方官「不許另立別教」的告示呈訴，惟其中不無挾仇誣指的可能，而河州地處邊疆，建請交由軍機處密寄甘肅巡撫留心查辦。據巡撫黃廷桂調查，州屬回民三萬餘戶，「前開居十分之七」，無論前開、後開，「均係回民祖輩傳留，相習至今，並非馬來遲另立邪教」；不但河州以前開齋居多，西寧、寧夏、鞏昌等處俱是如此。

此案經黃廷桂審理，將馬應煥依誣告律坐反；爲避免衝突擴大，下令「前開、後開，各遵祖教」，遇事不許一起延請兩造念經，滋生事端。其後，馬來遲和其子馬國寶（一七二四－一七七三）轉往循化傳教。循化位於甘肅、青海交界處，爲信奉伊斯蘭教的撒拉族聚居之地，主要流行後開齋。馬來遲父子進入後，花寺門宦迅速在當地取得優勢，惟未幾便受到馬明心（一七一九－一七八一）傳入的哲赫忍耶門宦的挑戰。

伊斯蘭教的新、舊之爭

馬明心爲甘肅階州人，早年赴麥加朝覲，在中東傳承哲赫忍耶的宗教義理，返國後於乾隆二十六年在河湟（甘肅河州）一帶傳教。他對宗教儀式有所簡化，強調阿訇應將布施所得周濟窮人，吸引不少撒拉族信徒；並針對馬來遲將教權傳給其子馬國寶，主張應傳賢不傳子，也得到部分花寺人士擁護。乾隆二十七年，馬明心在循化講經宣教時，偶遇馬國寶，雙方發生爭辯，最後皆被官府「逐回各原籍，不許在番地生事」。

馬國寶、馬明心都屬蘇非派，前者被稱做「舊（老）教」，後者則爲「新教」，皆是恪遵《古蘭經》，只是部分宗教儀式有所差異。據乾隆三十六年才轉奉新教的馬復才的說法，「這《經》來歷都是一樣，只是念的不同，舊教是小聲默念，新教是大聲高念，或搖頭跳舞」。造成新、舊之爭的關鍵，實爲教派上層不斷爭取信眾，並積極擴張勢力；加以雙方在循化的競爭，當地撒拉族「俗介番、回之間，鷙悍好鬬」，衝突在所難免，且有擴大之勢。

新、舊教在循化的對峙，愈演愈烈，械鬥時起，馬明心的徒弟蘇四十三更揚言「盡殺老教」。乾隆四十六年，陝甘總督勒爾謹（一七一九—一七八一）爲避免事態惡化，派員前往查辦，卻因偏袒舊教，激起新教憤怒，蘇四十三等乃將之殺害，旋率回民攻陷河州城。當馬明心遭逮捕並押解蘭州消息傳來，蘇四十三便圍攻蘭州城；甘肅布政使王廷贊（一七二三—一七八一）原欲令馬明心登城說服回民退兵，豈料攻勢更加激烈，遂於城上殺之。乾隆皇帝命大學士阿桂領兵進剿，並將勒爾謹革職，改派李侍堯（？—一七八八）爲陝甘總督。乾隆皇帝認爲，舊教相沿已久，而新教則如白蓮等邪教，惑眾滋事，遂採「用舊教而除新教」的策略。因此，事件弭平後，清廷除將蘇四十三等人家屬於省城盡行正法外，新教所建禮拜寺概行拆毀，如有私行傳習者，照邪教律從重辦理。

工部侍郎德成（？—一八〇一）認爲，新、舊二教爭端起釁，在於「舊教念經需用羊隻、布疋，新教念經僅取懺錢五十六文，小民希圖省費，是以易歸新教」，建議「不必崇舊斥新，紛紜擾攘」，惜未被採納。然而，清廷各種杜絕新教的措施，無法瓦解其反抗勢力。乾隆四十九年，馬明心舊部田五等人見甘肅地方官「查治新教餘黨，吏胥肆騷」，欲爲馬明心報仇，乃率徒眾於石峰堡起事。陝西巡撫畢沅（一七三〇—一七九七）原本認爲「內地回民，非撒拉爾可比，尙易撲滅」，「俱係新教餘孽，不過以烏合之眾，膽敢糾聚滋事」，其實規模較蘇四十三事件爲大。在阿桂、李侍堯等率軍連番追剿下，田五兵敗陣亡，餘部猶堅守石峰堡；阿桂則以圍困、砲擊並用的方式，始將之攻克。石峰堡之役極爲慘烈，回民被殺者，至少一萬名以上，「自是永禁回民不得立新教」。

乾隆朝後期伊斯蘭教的新、舊之爭，清廷並未釐清其本質，率以新教惑眾起事，指爲異端邪教，而袒護舊教；舊教動輒赴官控告，使新教對其仇恨愈深，終於釀成大亂。是以乾隆皇帝「用舊除新」之策，無疑是重大失誤，而蘭州、石峰堡二役，實爲「官逼民反」所致。

五、民間秘密宗教

源流與發展

明清時期，民間秘密宗教大盛，教派林立。民間宗教糅雜儒、釋、道的義理和儀節，並將之通俗化，形成流行於下層社會有教旨、有組織的宗教團體。這類民間宗教組織常「邀集結黨，夜聚曉散」，或「男女雜遝，喧填衢巷」，官府認定其肆行無忌，甚至陰謀不軌，視為「異端」、「邪教」而加以禁制，只能轉為秘密傳布。

明代盛行的秘密宗教教派中，對清代影響較大者有二：一是始於南宋初年吳郡（今江蘇）茅子元（？—一一六六）所創的白蓮宗，係由佛教淨土宗衍生的教派，元代又吸收「彌勒救世」思想，形成白蓮教，流傳極廣，成為明清民間秘密宗教的代名詞。一是明中期由羅夢鴻（一四四二—一五二七）在北直隸摘引大量佛教典籍，以「清淨無為創教」，被稱為無為教；又因教內尊羅夢鴻為「羅祖」，而稱羅祖教，簡稱羅教，信徒主要是漕運水手。根據官方查獲的教案資料，教派名稱有二百六十多種，有些是傳自明代，有些屬於新興教派，且彼此輾轉衍化，源流難以釐清。

民間秘密宗教不乏獨自創立教派者，而有「經非一卷，教不一名」之說。以往的研究認為，各教派都是由白蓮教轉化衍生而來，因白蓮教遭政府取締，為避人耳目而改易教名。就清朝官方立場而言，舉凡「竊取佛、老之說，別立名號，或幻稱因果，或假託修持，勸人食素誦經，燒香結會，不過圖騙錢財」，均屬「邪教煽惑愚民，敗壞風俗」，甚至「念經祈福，即爲惑眾之漸」，皆在禁制之列，即使改換新名，仍難逃官方取締。清朝除白蓮教以外，另破獲青蓮、黃蓮、紅蓮等教派，雖然各教教名相近，卻未必相關。例如：青蓮教又稱「齋匪」，起源與龍華會有關，而龍華會實爲羅教的一支。

清代屬於羅教系統的教派，有大乘教、無爲教、三乘會（糍粑教）、龍華會等。另一個常見的名稱爲齋教，係因平素勸人吃齋從教，聲稱可以成佛，各處吃齋聚會皆有齋堂，持齋的教徒互稱「老官」，故亦稱老官齋教。清中期以後，因運河淤阻，無法承擔漕運任務，運糧船隻改走海道，南方漕運水手全被遣散，遂聚集於蘇北兩淮鹽場，組織「安清道友」，販運私鹽，或以劫掠爲生，進而形成「青幫」。關於青幫名稱由來，有各種不同說法，多屬穿鑿附會，且常與異姓結拜的秘密會黨混爲一談。其實，青幫的「幫」，是由漕運糧船的船幫組織而來，「青」則是因官員稱滋事的水手爲「青皮」而得名。「青皮」的本義爲皮膚刺青，引申爲無賴、流氓、地痞或遊手好閒之徒。

在新興教派方面，以流行於華北的八卦教影響最大。清初，白蓮教頭目劉佐臣之子劉漢儒傳授收元教（五葷道），教中信徒分隸乾、坤、震、巽、坎、離、艮、兌八卦，遂有八卦教之稱。各卦長自行傳教，其中以離卦教、震卦教、坎卦教的信徒較多，勢力尤大。

在八卦教發展過程中，曾有清水教、天理教、九宮教等不同教名；某些支派另與其他教派融合，又出現義和門離卦教、一炷香離卦教等名目，呈現民間秘密宗教傳承分化、各自創生的特性。

一般多以「北教南會」，作為民間秘密結社團體的地域特徵，亦即秘密宗教多出現在黃河流域，秘密會黨則活躍於南方省分，但這只是相對的說法。從官方歷次偵辦教案的檔案來分析，八卦教的確是以北方為根據地，官方偵破的案件也集中在直隸、山東、河南；但青蓮教源自四川，案件多發生在四川及其鄰近的湖北、湖南，其他各省之中，也只有直隸未有查獲的紀錄。

寶卷與教義

民間秘密宗教為傳布其教義，多編有寶卷，供信眾誦習。所謂「寶卷」，是由唐代佛教「變文」發展而來的說唱形式文學，以韻文為主，內容多是摻雜儒、釋、道經典，或勸世文、民間故事，用以宣揚因果報應。羅教創始人羅夢鴻在悟道後，便以口授的方式，由弟子記錄整理，編成《苦功悟道卷》、《嘆世無為卷》、《破邪顯證鑰匙卷》（分上、下冊）、《正信除疑無修證自在寶卷》、《巍巍不動泰山深根結果寶卷》，合為「五部六冊」，為本教建立完整的教義經典，也擴大其社會影響力。

圖7-6　《破邪顯證鑰匙經》頁首扉畫，哈佛圖書館館藏提供。

寶卷的內容通俗生動，易爲識字不多的善男信女所接受，成爲下層社會常見的宗教讀物。例如：《伏魔寶卷》因關聖帝君受敕封爲「神威遠振天尊三界伏魔大帝」而得名，講述關聖帝君顯靈滅妖、佑民護國傳說，以及善因自種、福慧自修等勸善內容，並稱念誦《伏魔寶卷》可以保佑居家安寧，增福延壽。各種寶卷經由抄寫、翻刻，流傳甚廣，然因地方官員奉旨嚴厲取締民間秘密宗教，寶卷亦遭禁燬，是以留存的品類既少，數量也有限。

秘密宗教的派別雖多，但教義彼此影響、發明，主要的內容有：

一、劫災說，佛教中的「劫」是一種時空概念，指宇宙所經歷的時空和成敗往返的過程，是大小劫數和無數災難的組合，每一劫末又是另一劫數的開始，循環不已，直到「末劫」。八卦教將劫變系統化爲青陽（過去）、紅陽（現在）、白陽（未來），末劫（紅陽）一過，天下太平，理想世界隨即到來。這類三階段的劫災說，亦見於其他教派，用以號召入教避劫，達到擴大信眾的目的。

二、彌勒降世說，秘密宗教普遍信仰彌勒佛，並與劫災說結合，形成三世說。寶卷中常將世界分爲過去、現在、未來三階段，由三佛輪流掌世，無極爲燃燈佛、太極爲釋迦佛、皇極爲彌勒佛，稱爲三極世界。彌勒佛是未來佛，當彌勒佛降臨時，理想世界便得實現，秘密宗教的教首遂多自稱是彌勒佛的化身，對人們有很強的說服力。

三、無生老母信仰，羅教以無極淨土爲宇宙的本源，結合道家的無爲思想和佛教的空無宇宙觀，提出「眞空家鄉，無生父母」的信仰。「無極」指的就是「眞空家鄉」，是阿彌陀佛的極樂世界，回到淨土，目的是要認識自己的本來面目。「無生」是指無形生命的永生，「老母」最初作「父母」，是非男非女、亦男亦女，後來被塑造成最高的女神「老母」，人們以呼喚無生老母來消除對生存的恐懼。眞空和無生都是永恆而圓滿的，入教信眾往生後即度往西方天宮，永無生死。

「眞空家鄉，無生老母」八字眞言，多見於各教派念誦的寶卷，反映對無生老母的崇拜，已成爲秘密宗教的共同信仰。此一信仰的本質，是用彼岸思想來否定現實世界，要證實眞空和無生境界的永恆性，引導人們拋棄現實、追求永生。

組織與活動

民間秘密宗教組織模擬血緣宗族制度的倫常秩序，教首和信徒之間如同父子，是縱向的統屬關係。各教派開創後，教首的傳承多採世襲制，其中不乏有女性掌教者，他們必須善於詮釋經典，並展現預知禍福、醫治病症、厭勝驅魔等能力，建立民眾信仰中心。

信徒入教時，通常由教首、教師直接「口傳密授」，並以燒香施符作爲招攬徒眾的必要手段。入教有一定程序：一、受戒，傳授教內戒律，一般有所謂「三皈五戒」，即皈依佛、皈依法、皈依師，以及戒殺、戒盜、戒淫、戒酒、戒誑語。二、傳訣，各教派內容不一，而以傳「眞空家鄉，無生老母」八字眞言最爲普遍。三、唱誓願文，即上香宣誓，表示入教的決心。四、上表掛號，書寫入教者姓名，焚燒該紙向所供奉的最高神祇報告，以取得日後昇天許可。入教後，信徒要吃齋誦經、定期集會，並繳納會費。

教首舉行儀式後，信徒必須致送本師謝禮，稱爲根基錢或栽根錢。各教派常以收取的數目，決定該信徒在教中的地位，白蓮教「多則稱爲『掌櫃』，婦女曰『師母』」。或以影響日後福報相誘，白蓮教出五兩者可免一身災難，五十兩以上者免劫。其次，信徒修行須交香錢或禮錢，視其給過銀錢多寡，決定傳授教法的內容。許多教派假藉各種名義向信眾需索銀錢，故官方指責秘密宗教惑眾斂錢，嚴加究辦。惟信徒從宗教中獲得心靈慰藉，相信「要求來生福，還須今世財」，大多樂意奉獻積蓄。

下層社會的貧苦大眾身心遇有疾病，通常依賴民俗醫療，秘密宗教教首多具備這方面的知識和經驗，爲人消災除病，故能吸引信徒追隨。常見的方法有：一、茶葉治病，紅陽教將茶葉供佛禱祝，然後熬水給病人飲用，或將茶葉嚼爛敷在傷口。二、按摩針灸，儒理教教主李思義擅長用揉掐的方法治療疾病；紅陽教、八卦教等更因擅長針灸，入教信徒尤多。三、坐功運氣，是各教派普遍的修行功夫，具有身心治療、卻病延年的功效，往生後可以不入輪迴，使善男信女趨之若鶩。四、念經誦咒，各教派傳習的經咒不同，其去祟治病的作用各異，人們因久病不癒或心理挫折時，念誦咒語的方法便成爲重要的精神依託。

各教派最普遍的咒語是「眞空家鄉，無生老母」，念誦即可求得無生老母的救助。

秘密宗教提供貧困無依者養生送死的救濟措施，也是在官府嚴密查緝下，仍能立足的重要因素。以羅教爲例，在江南運河兩岸糧船停泊處多建有庵堂，因糧船水手俱係山東、直隸各處人氏，回空（空載返回）時無處住歇，疾病身死亦無處掩埋，故創設各庵，「俾生者可以託足，死者有地掩埋」，解決流寓外地的水手年老退休、疾病相扶、意外相助的切身問題，故皈依者眾。

取締與鎮壓

清初，沿襲明朝律例，制定〈禁止師巫邪術〉條文，指巫師「假降邪神，書符咒水，扶鸞禱聖」，或有「妄稱彌勒佛、白蓮社、明尊教、白雲宗」等組織，均視爲「左道異端」。並不許有「隱藏圖像，燒香集眾，夜聚曉散」等行爲，亦不准「裝扮神像，鳴鑼擊鼓，迎神賽會」，違者處以絞、杖、流不等的刑罰。

所謂「師巫邪術」、「左道異端」，適用對象包括各種宗教和民間信仰。隨著秘密宗教蓬勃發展，教案層出不窮，清廷乃針對各教派頻繁修訂條例，而在條文中出現白陽教、白蓮教、八卦教、紅陽教，離卦教等字樣。朝廷爲整飭人心風俗，通令地方官員嚴加查緝，教首、信眾抗官拒捕在所難免，於是衝突屢生。

乾隆三十九年，山東壽張爆發清水教起事。清水教與白蓮教或八卦教的關係密切，教首王倫擅長拳棍，習得打坐運氣、念誦咒語之術，平日替人醫治疾病，頗得眾人信服。王倫信奉「無生父母」，揚言將有四十五天劫數，唯有入道運氣、不吃飯的人才能避過劫數，並派遣徒弟往各州縣糾人入教。

關於王倫聚眾起事的原因，一說是地方官諱災不報，反而額外加徵賦稅，以致不法之徒，乘機起釁；一則是眾人見王倫多日不吃飯，拳棒又好，就跟著他密謀「造反」。是年八月，王倫得悉有人出首邪教，官府即將查拏，便高倡劫數已至，自稱「夢見得龍，將來大貴」，召集數百人提前起事，旋即攻陷在大運河邊的臨清舊城。雙方交戰時，王倫教人口誦「千手擋，萬手遮，青龍白虎來護喈」等咒語，就不怕鎗礮刀箭。當地綠營兵聞教眾有妖法，皆惴惴不安，乾隆皇帝乃令大學士舒赫德率八旗軍進攻臨清城。九月底，在清軍包圍下，王倫兵敗，於城中自焚死。

王倫在短時間內連下數縣，且切斷大運河運輸路線達一個月之久，清廷動用八旗勁旅近八千人，始將事件弭平。雖然以往將王倫起事描述爲清朝盛世不能持久的預兆，但是其規模甚小，破壞程度有限，清水教也被徹底剷除，如與日後的川楚白蓮教（一七九六—一八〇四）、太平天國（一八五〇—一八六五）、義和團（一八九八—一九〇〇）等宗教起事相比，實未構成帝國統治的重大危機。

第八章

集權與極權——康雍乾三帝的治術

一、文字獄與言論控制

文字獄的性質

道光五年（一八二五），龔自珍（一七九二—一八四一）〈涼史〉詩云：「避席畏聞文字獄，箸書都為稻粱謀。」是時，清廷對士人的言論控制已較前期寬鬆，但他在字裏行間仍透露出心有餘悸。所謂「文字獄」，指以文字觸犯當道禁忌而招致禍端，見於史書的詩案、史獄、表箋禍、逆書案等，率皆屬之；其定罪名目大多是「莫須有」，涉案人常遭嚴厲刑罰。

趙翼《廿二史箚記》析論前代「文字之禍」，指出南宋秦檜（一〇九一—一一五五）「贊成議和，自以為功，惟恐人議己，遂起文字之獄」，「附勢干進之徒，承望風旨，但有一言一字，稍涉忌諱者，無不爭先告訐」，「文字」成為打擊政敵的工具。趙翼又以明太祖因「學問未深」，「往往以文字疑誤殺人」為例，說明帝王對文人善譏諷的猜忌與反制。惟深究明太祖的動機，不能排除是因個人好惡或政治需要，刻意曲解或斷章取義而羅織成獄，則「文字」又是控制言論的利器。

清朝文字獄案的解釋模式，主要有：一、忠誠前朝，受清末反滿革命運動影響，指出清廷鎮壓知識界的殘酷，並強調漢族士人對明朝的忠誠，及其對滿洲統治的仇恨，是多數史家接受的看法。二、宗教審判，認爲文字獄和西方中古時期教會的宗教審判有相似之處，凸顯政府對文化的壓制與對文人的迫害，一度流行於西方史學界。三、文化專制，著眼於官方對文字獄的專斷，導致懲處不公、株連無辜，以及造成知識分子精神生活不正常，更扼殺其文化創造力，是中國學者對其政府在文化大革命期間（一九六六－一九七六）政策的反思。四、製造異己，主張統治者爲鞏固權位，刻意扭曲所謂觸犯禁忌的文字，作爲政治鬥爭的手段，進而達成控制言論的目的，則是晚近出現的觀點。

從治術的角度來看，發動文字獄以整肅異己，是專制君主慣用的手法，並非清朝所獨有，不過此時變得更爲殘酷激烈，甚至形成訐告之風。乾隆皇帝繼位之初，監察御史曹一士（一六七八－一七三六）奏請禁止挾仇誣告事，指出民間往往「挾睚眦之怨，借影響之詞，攻訐私書，指摘字句」，官員則「見事生風，多方窮鞫，或致波累師生，株連親族」。然而，縱令其情可憫，皇帝並不因此而放鬆管制，每以涉案者有不軌、叛逆、訕謗等「實跡」定罪。

清朝的文字獄集中在前期，大約有一百四十至一百八十起，以乾隆朝超過一百一十起最多。案件數量眾說紛紜，其不易估算的原因，除受資料限制外，對於查辦邪教妖書、追繳違礙書籍的事件是否應納入，各家認定不一。論者以爲，文字獄與禁書緊密結合，是清朝言論控制政策的重要特徵，尤其在乾隆朝中期纂修《四庫全書》期間更加明顯。雖然兩者都涉及發表形諸文字的「不當言論」，「白紙黑字」是其罪證，結果也都遭禁燬，固然可視爲一體兩面，若仔細界定，其中仍有差別。

就查禁的性質而言，禁書是與國家政令相牴觸者，都在查禁之列；雖然文字獄的檢驗標準略同，但更加注意議論時政、誹謗朝廷的言論。就追究的時間而言，遭禁諸書雖多集中於明末清初的著作，但不因成書年代久遠而縱放；至於文字獄，則多是偵辦案件發生當時的言論。就查辦的對象而言，禁書的重點在書，未必罪及與書相關的人；文字獄的主體在人，可能是擅發議論者，或是悖逆文字的持有者，涉案關係人常遭嚴厲懲處。雖然禁書的涵蓋範圍遠大於文字獄，但就言論控制的效果及其影響，則文字獄又勝於禁書，因爲文字獄意在殺一儆百，禁書往往是亡羊補牢的救濟措施。

禁制反清意識

清軍入關之初，局勢尚未穩固，施政以籠絡人心爲主，對於懷有故國之思或抱持夷夏之防的言論，未加干涉，是以順治朝文字獄不多。降及康熙年間，案件仍屬有限，但有兩件大案，一是康熙二年（一六六三）莊廷鑨（？—一六六〇）《明史輯略》案，一是康熙五十一年戴名世（一六五三—一七一三）《南山集》案。

莊廷鑨，浙江湖州人，雙目失明，有志效法左丘明著史，購得明大學士朱國禎（一五五七—一六三二)《明史》書稿，便招攬賓客進行增補，名曰《明史輯略》。未幾，莊廷鑨病逝，其父莊允城出資以莊廷鑨的名字刊印。該書有直書清太祖努爾哈齊名諱，使用明朝年號紀年等問題，遭因貪贓被革職的前歸安知縣吳之榮(?—一六六五)向刑部告發，輔政大臣鰲拜等即下令嚴辦。康熙二年，審訊終結，莊廷鑨按大逆律剖棺戮屍，在該書列名以及參與刻印、販賣，甚至購買者，都受牽連，一說殺七十餘人，一說二百餘人，「妻子族屬之徙邊不返者，且數倍焉」。此案不僅是政治意識的壓迫，更在於入關後第一代滿洲統治階層對江南漢族精英的文化活動與社會風氣，存有深刻的猜忌與厭惡。

戴名世，安徽桐城人，康熙四十八年進士，授翰林院編修。他熱中治明史，認爲南明諸王地方數千里，首尾十七、八年，按《春秋》之義，「豈遽不如昭烈(劉備，一六一—二二三，二二一—二二三在位)之在蜀，帝昺(趙昺，南宋少帝，一二七二—一二七九，一二七八—一二七九在位)之在崖州」？此說事涉清朝正統地位，加以所著《南山集》採用方孝標(一六一七—?)《滇黔紀聞》只書永曆年號，遂遭左都御史趙申喬(一六四四—一七二〇)參劾。康熙五十一年，刑部審擬，戴、方兩家「族皆棄市，未及冠笄者發邊」，其他作序、捐資刊印、藏板相關人等，分別治罪。康熙皇帝指示：「戴名世從寬免凌遲，著即處斬」，其他涉案人「得恩旨全活者三百餘人」，可知原本株連甚眾。雖然康熙皇帝展現愼刑的一面，但親政以來寬仁的政治氣氛就此結束。

與否定清朝統治和堅持華夷之辨相關的文字獄，當以雍正六年曾靜「逆書」案最著。湖南人曾靜因受理學家呂留良華夷思想影響，遣門徒張熙前往西安投書，勸說川陝總督岳鍾琪舉兵反清。雍正皇帝接獲岳鍾琪密報，一面令湖南官員逮捕曾靜等人；一面在浙江大興獄案，將已去世的呂留良「剉屍梟示」，著作盡行焚燬，其子孫、學生遭連坐處死者極多，十五歲以下男子及妻妾姊妹等發配為奴。至於曾靜，雍正皇帝向官員表示，遇此「怪物」、「異獸」，「自然有一番奇料理」。

曾靜「逆書」的內容，主要有：一、主張「華夷之分，大於君臣之倫」。二、申述雍正皇帝有謀父、逼母、弒兄、屠弟、貪財、好殺、酗酒、淫色、懷疑誅忠、好諛任佞等十大罪狀。三、指稱近年寒暑易序，旱澇時聞，清朝氣數將盡。雍正皇帝的「奇料理」，是就曾靜的指控逐條批駁，再命大臣收集曾靜在獄中受審的供詞，加上皇帝的上諭，合編為《大義覺迷錄》，令其認錯並赴各地宣講，為皇帝闢謠。雍正皇帝給予曾靜自新的機會，並保證「朕之子孫，將來亦不得以其詆毀朕躬，而追究誅戮之」。不過，乾隆皇帝登基後，便將曾靜處死，也下令銷燬《大義覺迷錄》。

整肅官僚集團

雍正年間的文字獄，多與打擊官僚、剷除朋黨有關。例如：撫遠大將軍年羹堯自恃功高，又得雍正皇帝寵信，而有種種越權枉法行為，於雍正三年遭議政大臣舉發九十二條罪狀，並衍生汪景祺（一六七二—一七二六）、錢名世（一六六〇—一七三〇）兩起文字獄。汪景祺因仕途不得意，以詩文諛附年羹堯，宣稱「當吾世而不一瞻仰宇宙之第一偉人，此身誠虛生於人世間」。當朝廷派員查抄年家時，找到汪景祺寫的《讀書堂西征隨筆》，不僅詩詞譏訕，且〈功臣不可為論〉語多狂悖。雍正皇帝見之大怒，在書上親批：「悖謬狂亂，至於此極。惜見此之晚，留以待他日，弗使此種得漏網也」，遂將汪景祺「立斬梟示」，兄弟族屬或發遣或革職。

翰林院侍講錢名世係與年羹堯鄉試同年，於雍正二年賦詩贈之，有「鼎鐘名勒山河誓，番藏宜刊第二碑」之句，且自注云：「公調兵取藏，宜勒一碑，附於先帝平藏碑之後」。年羹堯被處決後，錢名世的詩文便成為鑽營罪證。雍正皇帝下令將他革職，發還原籍，並特書「名教罪人」四字，製匾張掛其宅；又命京官「各為詩文，紀其劣蹟，以儆頑邪」，收集後交由錢名世刊刻進呈，並分發直省學校，「使天下讀書人知所激勸」，處分的方法頗為特別。

雍正四年，又有查嗣庭（一六六四—一七二七）「試題案」。查嗣庭先獲總理事務大臣隆科多推薦，任內閣學士；復得都察院左都御史蔡珽（？—一七四三）保舉，兼掌禮部侍郎，因出任江西鄉試正考官，被告發出題荒謬，被捕下獄，旋即病死獄中。是時，隆科多、蔡珽正因失寵被法辦，雍正皇帝將查嗣庭定死罪後，便指隆、蔡結交「大逆不道之查嗣庭」，坐實三人互為因果，顯然此案與雍正皇帝打擊異己有關。

一般多以查嗣庭因試題「『維』民所『止』」，暗指「雍正無頭」獲罪。其實，是雍正皇帝指責他「命題顯與國家取士之道，大相悖謬」，尤其《易經》次題「『正』大而天地之情可見矣」，《詩經》次題「百室盈『止』，婦子寧止」，因前用「正」、後用「止」，讓他聯想到汪景祺〈歷代年號論〉攻擊「雍正」之「正」，有「一止之象」，引起不快。其後，另查出查嗣庭的日記、詩文有心懷怨望等情，是以查嗣庭雖已亡故，仍處以「戮屍梟示」，兄弟子侄流放三千里。

由於汪景祺、查嗣庭都是浙江人，雍正皇帝鑑於「浙江文詞甲於天下，而風俗澆漓，敝壞已極」，遂指示「將浙江人鄉會試停止，俟風俗漸趨淳樸，再降諭旨」。雍正皇帝以「為久安長治之計」，令浙江舉子一體連坐，可見控制言論是鞏固皇權的必要手段。

文網嚴密及其影響

乾隆朝是文字獄發生最頻繁的時期，時間集中在乾隆二十年至五十年（一七八五）。乾隆皇帝即位之初，曾表示「從不以語言文字罪人」，促使他改變的主要原因，可能與乾隆十六年的偽造工部尚書孫嘉淦（一六八三—一七五三）奏稿案有關。先是，乾隆十五年

（一七五〇），江西千總盧魯生（？—一七五三）、守備劉時達（？—一七五三）假託素有官聲的孫嘉淦名義，編造指斥皇帝、遍詆大臣的奏稿，意圖製造輿論，阻止乾隆皇帝南巡；次年，經雲貴總督碩色（一六八七—一七五九）密奏，始知僞稿已傳抄各省。此案緝捕傳抄者千餘人，處分督撫大員十餘人，至乾隆十八年初仍查無結果，只得將正犯盧、劉處死，草草結案。

在處理僞稿案期間，由於乾隆皇帝嚴厲警告「不得存稿」，只知內有「五不解、十大過」。然從他草木皆兵的反應來看，內容大概極爲不堪，且感受到太平表象下的暗潮洶湧，故而決心遏阻奸徒傳播流言，具體措施便是加強思想檢查和言論控制。自此，獄案屢興，尤其乾隆朝中期在禁書政策主導下，更愈演愈烈。迨乾隆四十七年，即第一分《四庫全書》告成的次年，乾隆皇帝宣布：「朕凡事不爲已甚，豈於語言文字，反過於推求？各省督撫，尤當仰體朕意，將此通諭中外知之。」嚴密的文網始漸鬆弛。

就乾隆朝懲辦對象而言，除繼續以往的政策外，更從士大夫階層延伸到平民，其中較爲特別的是二十多起「瘋漢案」。這類因精神狀態異常而誤蹈文網者，多是屢試不第，加上喪親、貧困等打擊而罹患瘋病；乾隆皇帝並未網開一面，反而認定彼等「怙病妄行」，視爲統治的潛在危機，是以犯首常以凌遲或杖斃處置，且累及家屬。

瘋漢以筆墨觸法，殊屬無心，當與現實政治無涉，其他百餘起案件，則不免有複雜的成因。即如曹一士的分析，一是散播叛逆言論而查有實據者，係屬罪有應得；一是民間的挾怨誣告或官員積極求表現所致，不僅有冤獄之虞，更對人心、士風衝擊至鉅。歸納康、雍、乾三朝文字獄案成立的具體罪名，約有：一、私修明史，指斥本朝；二、恃功不臣，懷有貳心；三、攀援門戶，黨翼諸王；四、妄議朝政，謗訕君上；五、隱寓譏諷，詆訕怨望；六、詆毀程朱，倡爲異說；七、妄爲著述，不避聖諱；八、捏造妖言，狂誕不經；九、收藏禁書，隱匿不首；十、惑亂人心，潛謀大逆等，管制可謂鉅細靡遺，人民搖手觸禁、動輒得咎。影響所及，凡涉及政治議題，文人、書商、讀者「皆望風覘景」，不待國家法令約束而自我禁抑，以致「消剛正之氣，長柔媚之風」。

二、打擊朋黨與擴張皇權

朋黨之害

在君主專制時代，官僚常因意氣相投、利害與共，透過門生、故吏、同年、同鄉等人際網絡，結爲政治集團，是爲朋黨。同黨中人，先是相互攀緣，繼而黨同伐異；黨派之間，初以政見相持，演成意氣之爭，都造成政局不穩定。北宋黨爭激烈，雖然歐陽修（一〇〇七—一〇七二）〈朋黨論〉認爲，「朋黨之說，自古有之，惟幸人君辨其君子、小人而已」；王夫之（一六一九—一六九二）《宋論》則批評：「朋黨之興，始於君子，而終不勝於小人，害乃及於宗社生民，不亡而不息」，影響至鉅。

康熙二十三年，康熙皇帝南巡途經南京，撰〈過金陵論〉，曰：「萬曆以後，政事漸弛，宦寺、朋黨交相構陷，門戶日分而士氣澆漓。」清初懲於明亡的教訓，以內務府取代宦官機構，避免閹宦亂政，卻無法制止官員結黨。乾隆四十五年，乾隆皇帝七旬萬壽，御製〈古稀說〉，云：「前代所以亡國者，曰強藩，曰外患，曰權臣，曰外戚，曰女謁，曰宦寺，曰奸臣，曰佞倖，今皆無一彷彿者。」他獨漏朋黨，似有意迴避「分門植黨」對本朝政治秩序的破壞。

清初以來，朝臣結黨分派、明爭暗鬥，屢見不鮮。表面上滿、漢各自為黨，也有南、北地域之見，實則滿洲常結納漢官壯聲勢，漢官欲攀附滿洲為奧援，且南、北之間亦非截然兩分，其複雜情形遠勝前代。諸帝對臣僚邀朋結黨的行為戒飭再三，尤以雍正皇帝御製〈朋黨論〉措辭最為激烈。他抨擊歐陽修「君子以同道為朋」之論，實提供小人「得假同道之名，以濟其同利之實」的「邪說」，宣稱：「設修在今日而為此論，朕必誅之，以正其惑世之罪」，並期望大小臣工能「盡去其朋比黨援之積習」。

諸帝為鞏固統治，對付黨人不遺餘力，惟君子、小人區分不易，植黨之風實難杜絕。值得注意的是，康、雍、乾三帝在懲治朋黨的同時，也對用人、行政有所調整，使皇權得以伸張，並朝向康熙皇帝所堅持的「國惟一主」和「天下大權，當統於一」的目標發展。

對閣臣結黨的防範

康熙八年，康熙皇帝清除鰲拜集團勢力，第一代滿洲統治階層已全面退出政治舞臺；議政王大臣會議的議政範圍也日益縮小，內閣大學士的地位漸趨重要。是時，索額圖、明珠（一六五三—一七〇八）先後擔任大學士，成為朝中兩股新興勢力。

索額圖原任一等侍衛，係輔政大臣索尼之子、赫舍里皇后之叔，因擒捕鰲拜居首功，擢升為大學士兼戶部尚書。康熙十二年，駐防廣東的平南王尚可喜疏請歸老遼東獲准，坐鎮雲貴的平西王吳三桂、福建的靖南王耿精忠為消除中央疑慮，也先後疏請撤藩。雖然以索額圖為首的多數大臣持反對意見，康熙皇帝仍堅持「撤亦反，不撤亦反，不若先發制之」的立場，引發歷時八年的三藩戰爭。

戰事初期，索額圖猶受重用，是因皇后所生的皇二子胤礽於康熙十四年獲冊立為太子。然而，貴為皇儲之戚的索額圖，非但未察覺反對撤藩可能造成君臣關係裂痕，反而變本加厲地排除異己。康熙皇帝為防患未然，於康熙十六年任命支持撤藩的吏部尚書明珠入閣，以為制衡，並警告索額圖，「分立門戶，私植黨與，始而蠹國害政，終必禍及身家」。恃寵而驕的索額圖猶渾然不知，依舊我行我素。迨康熙十九年，戰事接近尾聲，康熙皇帝便逼迫索額圖辭職，改任內大臣。

明珠的家世並不顯赫，雖然姪女是康熙皇帝的惠妃（納喇氏，？—一七三二）、皇長子胤禔生母，但遠不及「生而貴盛」的索額圖。兩人作風明顯不同，索額圖「性倨肆，有不附己者顯斥之」，且「性貪黷，一時下屬多以賄進」；明珠則「務謙和，輕財好施，以招來新進，異己者以陰謀陷之」，但都以權位相尚，在朝中交結滿、漢官員，樹立門戶，「一時氣勢熏灼」。坊間盛傳：「要做官，問索三；要講情，問老明。」索額圖「罷相」後，明珠成為內閣的核心，其他大學士多承其風旨，即有舛錯亦莫敢駁正。

自康熙二十四年起，康熙皇帝陸續發現，朝中用人，「獨內閣之人即善」；懲處官員，不從公議，瞻顧徇庇；九卿不據實具議，草率苟且等情，顯非尋常。次年，在討論治理黃河問題時，康熙皇帝傾向安徽按察使于成龍（一六三八—一七〇〇）「開濬海口故道」的建議，由明珠主持的九卿會議卻支持河道總督靳輔「築堤束水以注海」的意見。當康熙皇帝主張「海口關係民生，自應開濬」的態度明朗化，廷臣又有將靳輔革職之議。康熙皇帝判斷大臣敢於「挾私意，縱偏論」，當與明珠結黨有關。

此事紛擾年餘，至康熙二十七年初，江南道御史郭琇（一六三八—一七一五）先參劾靳輔治河多年，毫無成效；旋即彈劾明珠專擅、市恩、植黨、鬻官、索賄等情，明珠及其追隨者均受懲處。剷除明珠黨一事，按翰林院掌院學士李光地的說法，是由康熙皇帝策畫，他先召見詹事府少詹事高士奇查明事證，並命其逕行舉發。高士奇乃與都察院左都御史徐乾學（一六三一—一六九四）商議，由徐起草疏稿，交郭奏陳，另有兩名給事中亦上疏，三份疏稿都先進呈康熙皇帝改定。此案因康熙皇帝念及明珠等在三藩戰爭期間曾儁勞績，僅以行政處分結案。五位大學士中，只有「不植黨援」的王熙留任，其餘皆被撤換，原本強勢的內閣遂遭壓制。

對言官黨同伐異的制止

高士奇、徐乾學皆曾入值南書房，此時成爲打擊明珠黨的發動者；惟兩人原亦依附明珠，即便交惡，仍「互爲黨援，交通營納」。他們的分合關係錯綜複雜，以高士奇爲例，先因索額圖得官，旋與明珠對付索額圖，再與徐乾學聯手傾軋明珠，又與明珠、左都御史王鴻緒共同排擠徐乾學。當明珠被罷黜，言官見機不可失，主動將矛頭指向高、徐、王等人，導致他們去職，而明珠餘黨也伺機反撲。

言官乃「耳目之官，職在察姦剔弊」，係六科給事中和十五道監察御史的統稱。清初承明制，設吏、戶、禮、兵、刑、工六科給事中，是自成一署的獨立衙門，爲皇帝規諫進言，並稽查六部百司事宜；在都察院之下，則按省區設十五道監察御史，分核各省刑名，稽查京中各衙門政事。清朝懲於明末言官「挾私言事」之害，順治皇帝要求「不得摭拾風影，挾私妄訐」；康熙初年，「不許以風聞浮詞，擅行入告」，更明定凡事不據實陳奏者，降級調用，監察權頗受限制。

康熙二十八年至三十年間，參劾事件接連發生，且從中央蔓延到地方，不少漢官「雖業已解職投閒，仍復吹求不已」，尤其以「直聲震天下」的郭琇，也因結黨獲罪。先是，山西道御史張星法疏參山東巡撫錢玨（一六三三—一七〇三）貪惡穢跡，錢玨反指係未接受郭琇等人私行囑託山東知縣人事，以致無罪被糾。事經吏、刑二部審實，康熙皇帝認定張星法等人黨附甫升任都察院左都御史的郭琇，連同郭琇在內，共有八名言官受降革處分。未幾，明珠黨也展開報復，當兩江總督傅拉塔（？—一六九四）糾彈徐乾學家族在地方害民舞弊、貪贓納賄等案，山東巡撫佛倫（？—一七〇一）獲悉郭琇彈劾明珠係出自徐乾學指使，也舉發郭琇任吳江縣令時曾侵呑公款，情況愈演愈烈。

由於接納徐乾學開「言路」之議，康熙皇帝得以瓦解明珠集團，卻衍生內外各官「彼此傾軋，伐異黨同」，且言官奏事，「或受人囑託，或懷私賣本」，則是始料未及。事態發展至此，康熙皇帝不得不出面制止，乃諭令諸臣應「盡蠲私忿，共矢公忠」，若仍執迷不悟，「悉坐以交結朋黨之罪」。影響所及，言官紛紛自我設限，故而「條奏參劾章疏寥寥」，「從實直陳者甚少」。

康熙皇帝雖知「言路斷不可壅」，但不喜言官「風聞言事」，至晚年仍一再強調，若任其「互相標榜，援引附和，其勢漸成朋黨矣」。迨雍正元年，雍正皇帝藉「整飭綱紀」之名，將六科改隸都察院，剝奪其獨有的「封駁」權，使之與監察御史無異。即便給事中「連章爭競」，惟在雍正皇帝「嚴加懲儆」之下，監察權遂失去對皇帝諫諍的作用。

儲位之爭的效應

索額圖失勢後，便以親屬的身分「善事皇太子」，逐漸形成以他爲首的太子黨，惟附從者多是失意或待罪的官僚。康熙四十二年，索額圖以議論國事、心懷怨尤、結黨妄行等因被處死，太子黨乃隨之式微。康熙四十七年，發生廢太子事件，固然暴露出皇帝與儲君衝突，以及諸皇子競逐儲位等問題，而下五旗王公捲入這場政爭對八旗制度的影響，亦値得注意。

清朝入關後，原有的「八王共治」體制和八旗和碩貝勒世襲本旗的權力，因皇帝集權而逐步消失，但本旗王公（管主）與旗下屬人之間的領屬關係仍繼續維持，是以遇事所屬無不各爲其主。康熙皇帝親政後，將兄弟封入下五旗，並從親領的上三旗撥出滿洲佐領六、蒙古和漢軍佐領各三給受封親王，以擴大皇帝對各旗的影響力。迨康熙三十七年冊封年長皇子入旗，封郡王者，分給佐領數比照親王；封貝勒者，則給滿洲佐領三、蒙古佐領一、漢軍佐領二，但都不再由上三旗撥給，而是令其分佔下五旗王公的佐領，顯示皇權更加深入各旗。

諸皇子受封入旗、擁有佐領，雖有箝制各旗王公的作用，也因此獲得爭取繼承權的政治資源，是造成日後紛爭不斷的原因。康熙四十八年，康熙皇帝第二次立胤礽為太子，將諸皇子爭奪儲位歸咎於下五旗王公「於朕諸子間，肆行讒譖，機謀百出」。但康熙皇帝並未處置他們，而是再次將皇子封入下五旗，並分佔其佐領。直到康熙五十一年第二次廢太子後，康熙皇帝才逐漸體悟到眾皇子「已經分封，其所屬人員，未有不各庇護其主者」。

康熙五十七年，康熙皇帝為進一步打破各旗內部的私屬關係，便以都統、副都統「專意徇庇」為由，指派皇子胤祐、胤祿、胤祹分別跨旗辦理正藍、正黃、正白三旗所屬滿洲、蒙古、漢軍三個旗分的旗務，意在削弱管主在本旗的地位，使該旗直屬皇帝管轄。惟康熙皇帝臨終前命胤祹兼鑲黃旗滿洲都統，以致雍正皇帝繼位時，面對的是屬於皇帝的上三旗卻由諸弟管理，且掌握正黃旗的胤禩，更是主要政敵胤禩支持者的困境。

雍正皇帝為樹立權威，即位後便解除三位皇弟管理旗務的職務，並陸續更換八旗二十四個旗分的都統、副都統。先是，負有典兵重任的都統、副都統例由本旗內選授，康熙皇帝藉口下五旗王公「掣肘辦事」，乃於康熙三十六年宣布，嗣後以左（鑲黃、正白、鑲白、正藍）、右（正黃、正紅、鑲紅、鑲藍）兩翼內不論旗分補授，此舉使皇帝得以介入各旗的人事權，且成為雍正皇帝重組八旗人事的依據。經過一番調動，雍正皇帝得以剪除諸弟在八旗的羽翼，進而在雍正三年對胤禩及其附從者展開整肅。

另一方面，雍正皇帝繼續任命親信的下五旗王公或諸弟管理各旗，但是任期都很短，且管理的是某旗「都統事務」而非「旗務」，目的仍在改變八旗的領屬關係。至於都統的職權，則限定在「宣布教養，整詰戎兵，以治旗人」，即使是親王管都統事務，也不至於被誤認爲私屬關係。因此，非但皇帝親領的上三旗「只知有君上」，下五旗「雖各有該管之主，而其心亦只知有君上，不知有管主」，所有的旗人都逐漸轉化爲皇帝私屬的「世僕」。

對重臣植黨的裁抑

康熙皇帝第一次廢太子時，曾說：「從前索額圖助伊潛謀大事，朕悉知其情，將索額圖處死」；第二次廢太子時，又指索額圖「懷私倡議，凡皇太子服御諸物，俱用黃色，所定一切儀注，幾與朕相似」，實爲「本朝第一罪人」。索額圖結黨獲罪固然咎由自取，但康熙皇帝事後才加諸陰謀、僭越的罪名，不無爲教養太子失當事卸責，卻也藉以宣示皇權不容侵奪

雍正皇帝即位之初，川陝總督年羹堯、步軍統領隆科多備受重用，他自認與年羹堯甚爲相得，嘗言「我二人做個千古君臣知遇榜樣，令天下後世欽慕流涎」；又盛讚隆科多

「眞聖祖皇考忠臣，朕之功臣，國家之良臣，眞正當代第一超群拔類之希有大臣」，史家認爲關鍵在於「世宗之立，內得力於隆科多，外得力於年羹堯」。

然而，年羹堯恃功而驕，聚歛財貨，「在西域行營，引用私人，但咨吏部，不由奏請」，謂之「年選」，自然引起雍正皇帝的猜忌，不僅婉言勸諭曰：「爾等功臣，一賴人主防微杜漸，不令致於危地；二在爾等相時見機，不肯蹈其險轍；三須大小臣工避嫌遠疑，不送爾等至於絕路」；甚至警告他：「可惜千載寄逢之君臣遇合，若不知悔，其可惜處不可枚舉」。至於隆科多，亦如年羹堯「貪詐負恩，攬權樹黨」，自康熙六十一年年底任吏部尚書以來，所辦銓選官員，皆自稱爲「佟選」（隆科多姓佟佳氏），導致君臣關係丕變。

雍正三年，雍正皇帝指兩人「招權納賄，擅作威福，敢於欺罔，忍於背負」，並將之解職。未幾，年羹堯即因觸犯大逆、欺罔、僭越、狂悖、專擅、貪瀆、侵蝕、忌刻、殘忍等大罪九十二條，令其自裁，「以爲人臣負恩罔上者戒」。至雍正五年，隆科多被定以大不敬、欺罔、紊亂朝政、姦黨、不法、貪婪等重罪四十一款，永遠禁錮，諭知臣下「切勿自恃有功，舉動或致放恣」。

雍正朝後期，平定雲貴苗疆的滿大學士鄂爾泰「志秉忠貞，才優經濟」；長於籌畫機務的漢大學士張廷玉「器量純全，抒誠供職」，雍正皇帝遺詔特別加恩，將來二人著配享太廟。鄂、張權勢高重，惟「嗜好不齊，門下士互相推奉，漸至分朋引類」，而有「滿黨」和「漢黨」之爭。乾隆皇帝登基後，亦知「事之大者，莫過鄂爾泰、張廷玉門戶之習」。鄂爾泰功高而倨傲，結交滿、漢官僚，黨人屢對漢黨發動攻擊，乾隆皇帝為削弱其勢，對處事恭謹的張廷玉較為迴護，「既不使一成一敗，亦不使兩敗俱傷」。

乾隆十年，鄂爾泰去世，其影響力仍在。乾隆十三年，鄂爾泰的親信川陝總督張廣泗奉命征大小金川失利，乾隆皇帝乃將他處死，並以親自拔擢的大學士傅恆取代。迨乾隆二十年，乾隆皇帝更藉鄂爾泰門生內閣學士胡中藻（？—一七五五）《堅磨生詩鈔》悖逆譏訕之語甚多，發動文字獄。此案株連甚廣，鄂爾泰之侄甘肅巡撫鄂昌（一七〇〇—一七五五）與胡中藻唱和，所作〈塞上吟〉有「稱蒙古為『胡兒』」詆毀之語，令其自盡；與鄂昌相厚的大學士史貽直（一六八二—一七六三），以原品休致，勒令回籍；原奉准配享太廟、入賢良祠的鄂爾泰，則撤出賢良祠以示懲罰，滿黨遂潰散。

至於張廷玉，於乾隆十四年以年老乞休，時任大學士的門生汪由敦（？—一七五八）告知，史貽直曾奏陳「張廷玉將來不應配享太廟」；他「恐至身後不獲蒙配享大典，免冠嗚咽，請一辭以為券」。乾隆皇帝雖賜詩以安其心，但其中有「漫愁鄭國竟摧碑」之語，意指唐太宗雖為鄭國公魏徵（五八〇—六四三）立碑，然因懷疑他私下結黨，仍下令摧毀親書的墓碑；旋就張、汪結黨事，下令削去張廷玉伯爵，革去汪由敦大學士等職。次年，張廷玉又因黨人徇私提攜、作弊用人等諸事並發，不僅罷其配享，又追回歷來恩賜物件，漢黨在皇權連番打擊下，其勢幾乎蕩然無存。乾隆二十年，張廷玉在悔恨中去世，乾隆皇帝爲表示眷念舊臣、恪遵皇考遺命，仍准其入廟，是清朝唯一配享太廟的漢族大臣。

年羹堯、隆科多得以「竊弄權柄」，雍正皇帝實難辭其咎，對此他亦深切自責，曰：「朕深恨辨之不早，寵之太過，愧悔交集，竟無辭以謝天下。」誠如乾隆皇帝〈君子小人論〉所言，爲君者若有定見，則人臣「自不得以君子、小人樹其黨」。

三、密奏制度與強化皇權

公題私奏

清初沿明舊制，臣工奏事，公事用「題本」，須用印；私事用「奏本」，則不用印，違者參處。依規定，舉劾屬官，以及錢糧、兵馬、命盜、刑名等皆屬公事，照例用題本；各官到任升轉、加級紀錄、寬免降罰，或降革留任，或特荷賞賚謝恩等，則均用奏本。惟官員的公、私事務很難分清，使用時十分混亂。

題本由內閣辦理，地方官員所上題本，先送通政使司校閱格式後送內閣，稱「通本」；中央部院衙門本章則逕送內閣，稱「部本」。內閣接到本章之後，由漢本房登記，

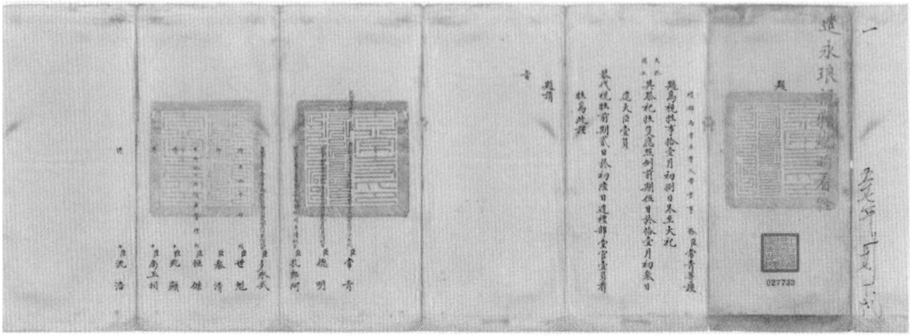

圖8-1　題本。〈禮部尚書兼管太常寺事常青．題為十一月初八日冬至大祀天於圜丘其祭祀牲隻應照例前期五日於十一月初三日遣大臣一員恭代視牲前期二日於初六日遣禮部堂官一員看牲〉，乾隆五十七年十月二十五日。中央研究院歷史語言研究所提供。

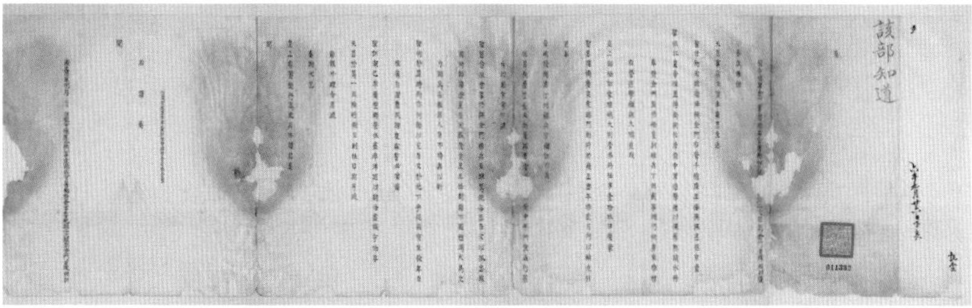

該部知道

圖8-2　奏本。〈福建金門總兵官陳祖訓．奏為調任福建金門總兵官恭謝天恩〉，雍正六年八月十五日。中央研究院歷史語言研究所提供。

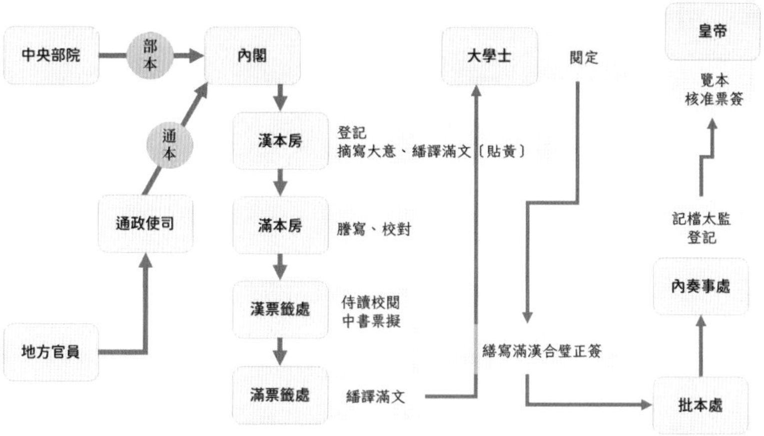

圖8-3　題本進呈御覽流程示意圖。

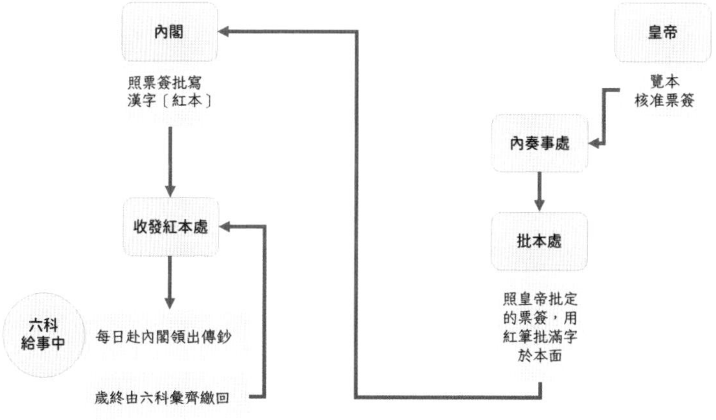

圖8-4　題本發回流程示意圖。

並將無滿文的通本摘寫大意，譯成滿文，黏貼在後，是為「貼黃」，送滿本房謄寫、校對，再送漢票籤處。漢票籤處將收到的通本、部本，交侍讀校閱漢文，中書按規定式樣票擬漢文草籤；侍讀校閱後，交滿票籤處中書繙成滿文，呈大學士閱定，再發滿、漢票籤處分別繕寫滿、漢文合璧的正籤，由滿票籤中書送批本處。批本處按進本日期，送內奏事處，發記檔太監登記，進呈御覽。遇有外藩各部文字本章，則交蒙古房繙譯。

皇帝核准票籤後，發下內奏事處，再轉批本處。批本處翰林中書照皇帝批定的滿文票籤，用紅筆批滿字於本面，交回內閣，再由漢學士按票籤批寫漢字。題本經「批紅」後，稱為「紅本」，即交收發紅本處。每日，由六科給事中赴內閣領出，傳鈔各部；歲終，由六科將紅本彙齊繳回。

題本的處理流程，缺點有二：一是過程繁複，容易耽擱誤事；一是經手者眾，難免洩漏機密。奏本進呈的程序雖較為簡單，但須先送通政使司，仍不易保密。清初諸帝為加強統治，逐漸發展出可以直達御前，由皇帝御覽親批、機密性高的奏摺制度。

「奏摺」的由來

關於奏摺制度的起源，清人多認為係雍正皇帝「慮本章或有所洩漏，故一切緊要政典俱改命摺奏，皆可封達上前，無能知者」；由於「簡易速覽，遠勝題本」，故諭令臣工將要事改用奏摺。事實上，早在康熙年間，康熙皇帝已命臣工用摺奏事。《清史稿・聖祖本紀》將此事繫於康熙五十一年，曰：「命內外大臣具摺陳事，摺奏自此始。」惟從現存臣工繳回宮中的滿、漢文奏摺來看，其奏事時間在康熙五十一年以前者，件數頗多。

早在關外時期，漢官已用明朝通行的奏本形式向滿洲君主上書言事。入關之初，曾就文書制度進行調整，攝政王多爾袞要求臣工上奏時，「但將時宜事務，明切敷陳」，「惟以迅速爲尚」；順治皇帝親政後，改良文書傳遞方式，令科道及在京各官奏本「徑詣宮門陳奏」，若干章奏改由皇帝親閱，以增加奏事的實際效果。這些新措施，對日後奏摺制度的形成意義重大。

康熙年間，出現臣工參照題本或奏本的形式，加上「奏摺」字樣，或將奏本內「爲此具奏」改爲「爲此繕摺」，將「謹具奏聞」改書「爲此謹具奏摺以聞」等。現存的滿文奏摺，於封面居中上方書「*wesimburengge*」（奏），首幅頭行先書官銜、姓名，下書謹奏爲某事，摺尾書「*erei jalin gingguleme wesimbube*」（爲此謹奏）或「*erei jalin donjibume wesimbube*」（謹此奏聞）等字樣，除使用的文字和文體不同、由左至右書寫之外，其餘格式亦與題本、奏本相似。因此，奏摺可說是以明代本章制度爲範本，再經因革損益的產物。

「奏摺」的「摺」，字面上有「摺疊成本」的意思，惟題本、奏本亦然，可見奏摺並非因此得名。清初史料中，有許多「摺子」的記載，例如：康熙二十五年，諭大學士曰：

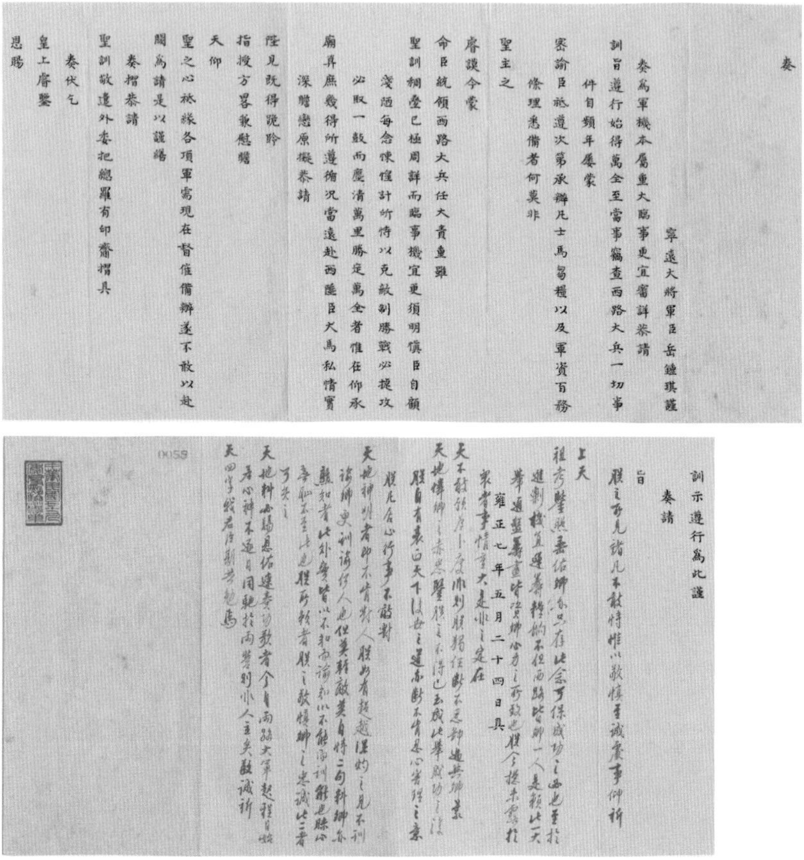

奏
寧遠大將軍臣岳鍾琪謹
奏為軍機本屬重大臨事更宜審詳恭請
訓旨遵行始得萬全至當事竊查西路大兵一切事
件自頻年屢蒙
密諭臣祗遵次第承辦凡士馬芻糧以及軍資百務
條理悉備者何莫非
聖主之
睿謨今蒙
命臣統領西路大兵任大責重雖
聖訓稠疊已極周詳而臨事機宜更須明慎臣自顧
淺陋每念陳憶計所恃以克敵制勝戰必捷攻
必取一鼓而靈清萬里勝定萬全者惟在仰承
廟算庶幾得所遵循況當遠赴西陲臣犬馬私情實
深瞻戀原擬恭請
陛見既得跪聆
指授方畧兼慰瞻
天仰
聖之心祗緣各項軍需現在督催備辦遂不敢以赴
闕為請是以謹繕
奏摺恭請
聖訓敬遵外委把總羅有印齎摺具
奏伏乞
皇上睿鑒
恩賜
訓示遵行為此謹
奏請
旨
雍正七年五月二十四日具

圖8-5　奏摺。〈寧遠大將軍岳鍾琪・奏請聖訓摺〉，雍正七年五月二十四日。臺北國立故宮博物院提供。

「各省晴雨，不必繕寫黃冊，特本具奏。可乘奏事之便，細字摺子，附於疏內以聞。」奏本以細字體書寫，所謂「摺子」（*jedz*），原指「清單」，上諭是命臣工將晴雨清單附於本章內進呈。滿文摺疊的「摺」，讀做「*bukdambi*」，「摺子」讀如「*bukdari*」；値得注意的是，清初滿文中的「摺子」，是按漢文音譯爲「*jedz*」，而非「*bukdari*」。滿文「奏摺」一詞，按漢文字義譯做「*bukdari*」或「*wesimbure bukdari*」，是清中期以後的事。是以「奏摺」一詞，當是由「奏本」和「摺子」組合而成，臣工在上本章時，爲求簡便，將清單繕入本章正文內，不另附清單，久之遂稱爲「奏摺」。

表 8-1　題本、奏本、奏摺文書格式比較表

名稱＼格式	每幅行數	每行字數	第一幅	第二幅首行
題本	六	二十（平寫十八）	上方正中書「題」	具題人官銜、姓名、「謹」字
奏本	六	二十四（平寫二十二）	上方正中書「奏」	具奏人官銜、姓名、「謹」字
奏摺	六	二十（平寫十八）	上方正中書「奏」	具奏人官銜、姓名、「跪」或「謹」字

第二幅次行	擡高一格書「題」字，接寫事由，再敘正文	擡高一格書「奏」字，接寫事由，再敘正文	擡高一格書「奏」字，接寫事由，再敘正文
文尾	書「謹題請旨」	1. 書「謹具奏聞」或「右謹奏聞」 2. 奏文之後，用大寫數字寫明全文字數、紙張數，以防被人篡改	書「謹奏」
末幅	正中寫具題年月日，下寫具題人官銜、姓名	無	正中寫具奏年月日
是否印用	首、尾各蓋官印一顆	不用印信	不用印信

說明：行文遇有天地、皇帝、宮殿、陵寢等字樣，須「擡寫」，以示尊敬，其餘內容用「平寫」。

密奏制度的建立

康熙朝中期，言官涉入政爭，失去爲人君耳目的作用；地方官員「誠心爲民者甚寡，一切務虛名而無實效」；皇子、大臣則「交相比附，傾軋黨援」。康熙皇帝面對內、外政情震盪，傳統的章奏制度無法適應需要，一種新的、秘密的奏摺制度於是產生。

皇帝爲廣諮博採，指示臣工凡有聞見，無論公私事件，俱得據實奏聞，特別是涉及機密，都可透過親寫奏摺上達，以便皇帝集思廣益。奏摺對皇帝而言，是刺探外事的工具；

對臣工來說，則是在公事之餘爲內廷效力的私事。由於具有「私」的性質，相較於題本必須用印，例由驛站馳遞，奏摺則不用印信，且須差遣親信自僱腳騾呈送，再交內廷太監轉呈御覽。

所謂「密奏」，康熙皇帝認爲，「惟所奏之人知之，朕獨知之，方可言密」，是君臣間非公開的通訊。爲求保密，康熙皇帝諭令具奏人應「親手寫來」，「但有風聲，關係匪淺」，一再提醒當事人要「小心、小心」。他也親自批諭、「親手密封發回」，曾因「右手病，不能寫字，用左手執筆批旨，斷不假手於人」。凡是奏摺在進呈途中疑似有「拆看更改」跡象者，康熙皇帝一概不予批答；皇帝用硃筆批示意見，稱爲「硃批諭旨」。

最初獲准密摺奏事者，均爲康熙皇帝的親信。例如：內務府包衣出身的曹寅（正白旗漢軍，一六五八—一七一二）和李煦（正白旗滿洲），分別於康熙三十一年、三十二年出任江寧織造、蘇州織造，在江南任職長達二十餘年，經常用「請安摺子」兼報地方雨水、錢糧、治安情形。兩人在八旗制度下的身分，是皇帝的「家奴」，自然盡心盡力爲「主子」服務；康熙皇帝也交代他們，「有聞地方細小之事，必具密摺來奏」，或「有疑難之事，可以密摺請旨」。其後，從地方督撫乃至在京滿、漢大員，亦陸續奉准用摺密奏。臣工繕摺既畢，即封入「摺子封套」，再用紙加封，或用夾板固封，亦有放入木匣用黃布包裹者，便派人遞送；至雍正元年，則改「以內製皮匣並鎖匙發交諸臣，令封鎖奏達，以昭縝密」。

面對盤根錯節的政務，康熙皇帝藉由密奏以洞悉政情，便成爲他駕馭臣下的重要手段。在實際運用上，密奏的效能主要有二：

一、使臣僚彼此監督、相互牽制，皇帝可確實掌握下情。康熙四十五年，康熙皇帝爲了解京城官員優劣，命「理事極清，而且有決斷」的甘肅巡撫齊世武（？－一七二四）「親寫奏來」；齊世武遵旨回奏，康熙皇帝批示曰：「爾所奏事情，朕從別處亦打聽到了」。康熙皇帝早已對齊世武的爲人「遍加探訪」，猶不願輕信，係因「密奏亦非易事，稍有忽略，即爲所欺」；透過不同消息來源的比對，「便可知其虛實」。因此，「諸王文武大臣等，知有密摺，莫測其所言何事，自然各加警懼修省」。

二、凝聚臣下的向心力，建立以「君爲元首」，大臣爲心腹、爲股肱、爲耳目、爲爪牙的「君臣一體」關係。康熙四十七年，戶部尚書王鴻緒密奏官員不法、會審者畏其權勢案，向皇帝輸誠，曰：「臣蒙皇上密委以耳目，亦豈肯依附朝臣爲之心腹，而不以所聞密陳，有負天恩」，然因懼怕遭報復，復言：「此奏摺關係臣身家，伏祈聖主密覽批發，以絕洩漏」。康熙皇帝硃批曰：「朕覽，甚密，無一人知」，以安其心。其後，康熙皇帝也公開表示：「一概奏摺，不遲時刻，皆不留稿，朕親自手批發還。凡奏事者，皆有朕手書，證據在彼處，不在朕所」，要求眾臣據實密陳，「大貪大奸之輩，不知誰人所奏，自

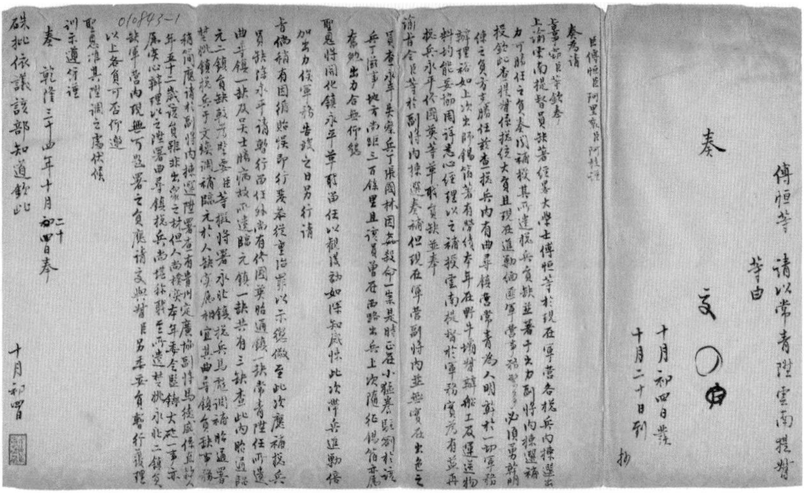

圖8-6　奏摺副本。〈傅恆等．請以常青陞雲南提督等由〉，乾隆三十四年十月初四日。臺北國立故宮博物院提供。

知畏懼」，則「君臣一心，無有異意」可期。

密奏制度的發展

康熙皇帝施政寬仁，臣工屢有怠於公務。雍正皇帝亟欲整飭政風，御極之初，即命臣工照舊用摺奏事；復令各科道等官，每日一人以密摺輪班奏事；旋准地方督撫之下的藩（布政使）、臬（按察使）二司亦得專摺具奏。惟藩、臬二司奉准密奏尚未成爲定制，故於抵任時，必先請示可否准其摺奏；至雍正六年，雍正皇帝始傳諭直省藩、臬一體用摺具奏。藩、臬初次具摺奏事，可逕至景運門交奏事人員轉奏；下次則應遵奉御批，交大學士張廷玉、蔣廷錫或怡親王允祥等轉奏，以避免其遭受「越級上奏」的質疑。

雍正年間，大幅放寬臣工的密奏權，內而六部、九卿、翰林、科道，以及八旗大臣；外而督撫、將軍、藩臬、提鎮，甚至地方微員，都准使用奏摺。究其原因，既是鑑於傳統本章制度有非壅即洩之弊，更欲使地方文武官員之間，以及中央與地方之間，維持一種制衡作用。雍正皇帝進一步析論密奏制度在統治上的作用：藉由奏摺，「以廣諮諏，其中確有可採者，即見諸施行，而介在兩可者，則或敕交部議，或密諭督撫酌奪奏聞」，以收「明目達聰」、「公聽並觀」之效；透過硃批，「示以安民察吏之方，訓以正德厚生之要，曉以福善禍淫之理，勉以存誠去僞之功」，使臣工貫徹皇帝的意志。

其次，康熙年間已有回繳硃批奏摺的要求，惟限於事關機密者。雍正皇帝繼位後，下令：「所有皇考硃批諭旨，俱著敬謹封固進呈」，以防止「不肖之徒，指稱皇考之旨」，「於皇考聖治，大有關繫」，並規定「若抄寫、存留、隱匿、焚棄，日後發覺，斷不寬宥」；「嗣後朕親批密旨，亦著繳進，不可抄寫、存留」，於是有「恭繳硃批」的規定。奉硃批的奏摺，官員或乘便呈繳，或於年底彙齊呈繳，都存放宮中，即今日所稱的《宮中檔》。

雍正十三年，乾隆皇帝繼承大統，於守喪期間停罷軍機處，成立總理事務處，諭令除密封陳奏摺件外，其餘先送總理事務王大臣閱看，再交奏事處官員轉奏；迨軍機處恢復建置後，奏摺亦由奏事處接遞。奏摺送至景運門時，由外奏事官員接收，轉交內奏事處太監進呈御覽，奏事官員多由內務府人員充任，並派御前侍衛一員負責管理。

自乾隆朝開始，軍機處在辦理奏摺的流程中扮演重要角色。奏摺經皇帝批覽發下後，由內奏事處發交軍機處；軍機大臣閱看後，凡事涉部院應辦者，即「發抄」（傳抄各有關單位）。至於原摺，在京部院衙門存軍機處彙繳，各省專差賷遞奏摺經「錄副」後，交內奏事處封發，由驛站馳送者，則交兵部由驛站遞回。

又在軍機處成立之前，臣工奏摺已因事件內容，有交部抄錄存案之例。其後，直省臣工奏摺奉硃批後，除謝恩、陛見、請安等奏摺不抄錄副本存查外，其他不論發抄與否，皆由軍機處方略館供事照原摺以行草書體逐字抄寫，錄副存查。抄錄的奏摺副本，係按月分包儲存，稱爲「月摺包」。在京各部院衙門大臣奏摺雖未奉硃批，亦將原摺歸入月摺包內儲存。

就文書制度而言，奏摺原非正式公文，硃批亦非正式命令。臣工奏摺奉硃批後，若欲付諸施行，須另行具本謹題，並待皇帝正式頒旨後，始能生效。是以皇帝常會在奏摺上批示「還該具題」、「著即具題」等字樣，且諭令臣工不得擅自將密奏內容和硃批密諭引入題本內。隨著奏摺通行既久，奏本已失去功能，乾隆皇帝於乾隆十三年下令，「將向用奏本之處，概用題本，以示行簡之意」。奏本廢除後，題本成爲臣工向皇帝奏事的唯一正式文書。

惟自軍機大臣奉旨承辦摺奏事件後，奏摺已趨於公開化和形式化，漸失密奏本意，且內容多屬例行性質，實與題本的功能接近，而例應具題者，亦多改用奏摺。其後，雖將向用題本之處陸續裁減，奏摺在文書制度的重要性日增，但在制度上仍未取代題本。降及光緒二十六年（一九〇〇），八國聯軍攻進北京城，慈禧太后、光緒皇帝「西狩」，例應議覆的具題事件，因西安行在無檔案可供查照，乃將題本暫緩辦理，為使政務繼續運作，遂一律「改題為奏」。次年，光緒皇帝指示將「向來專係具題之件，均著改題為奏。其餘各項本章，即行一律刪除，以歸簡易」，始正式廢除題本。

皇帝的硃批

密奏制度的推行，既提高行政效率，皇帝更以親批章奏強化其乾綱獨斷的權力。康熙皇帝曾說：「凡批答督撫摺子，及硃筆上諭，皆朕親書。」雍正皇帝批摺尤勤，「一日之間，嘗至二、三十件，或多至五、六十件，皆朕親自覽閱批發，從無留滯」，只有充分掌握政事，方能立即對臣工具體指授。他經常熬夜工作，硃批偶有「燈下率筆所書，寫畢自看，不禁發一大笑，莫哂」；「燈下所批，筆字草率，可笑之至」等語，亦見勤政的一面。至於乾隆皇帝，由於奏摺作業逐漸透明，雖多先由軍機大臣共同處理，再向皇帝請示，仍「親閱本章，折衷酌定，特降諭旨，皆非閣臣所能參與」。

在奏摺的末幅或字裡行間，多奉有硃筆御批，分別稱爲「尾批」、「夾批」。硃批奏摺除一般常見的詞彙，例如：「覽」、「朕安」、「依議」、「已有旨」、「知道了」、「無庸再議」之外，也可看出諸帝性情不同。康熙皇帝謹慎清約，硃批常是簡明扼要，保持人君尊嚴，江寧織造曹寅奏報雨水調順，百姓歡慶，僅以「朕覽此摺，自覺精神百倍」，表達喜悅之情；陝甘提督李林盛（正黃旗漢軍，？—一七一四）滿文文理不通，奏請准以漢字具奏，硃批曰：「此漢文亦未必爾自能作也」，已屬較苛刻的用詞。

雍正皇帝嚴刻好辯，「每摺或手批數十言，或數百言，且有多至千言者，皆出一己之見」。福建巡撫黃國材（？—一七三一）奏陳，年老力衰，「惟恐思慮不到，難免錯悞」，批答以：「君臣中外原係一體，只要公正眞實，上下一德同心，彼此據誠即是。人非聖賢，孰能無過，錯誤二字何妨乎」，展現寬容的態度；刑部右侍郎莽鵠立（一六七二—一七三六）奏摺文理不通，遭斥責曰：「所奏東一句，西一句，不成個奏摺，胡說之極」，則甚爲嚴厲。他的個性喜怒不定，硃批不乏用「獃迂」、「無恥」、「孽障」、「不是東西」、「禽獸木石」、「朽木糞土」、「滿臉混帳氣」等粗鄙激烈的文辭，實令臣工無地自容。

皇帝硃批的用語，大約以「知道了」（*saba*）、「朕，知道了」（*bi, saba*）最爲常見。臣工爲皇帝打聽消息，必須據實奏報所見所聞，這類奏摺多奉硃批「知道了」，表示皇帝對其始末原委都已清楚。其後，地方有應興應革事宜，其是否可行、應否具題，臣工即繕摺請旨，康熙皇帝批示「知道了」，多屬不宜付諸施行的事務。科道言官奉旨各就所見，據實條陳，若可行，即批「准行」字樣；如不可行，俱批「知道了」。雍正皇帝的硃批，也常有「知道了」，其旨意亦延續康熙朝的用法。

降及乾隆朝，乾隆皇帝的治術不同，已少有長篇累牘訓諭臣工的硃批諭旨；臣工辦事請旨所奉硃批的「知道了」，含義也出現變化。乾隆四十三年，大學士阿桂奉旨查楊四假充官役擅自鎖拏買米民人，希圖索詐錢文案，具摺奏請交刑部按律辦理，並將負責監糶失職以致生事的工科給事中陳慶升（？—一七八〇）一併交部議處，乾隆皇帝硃批：「知道了，著交部」，表示准其所請。此一改變，可以說明題本的功能在當時已漸爲奏摺取代的趨勢。

四、整飭吏治與懲辦貪汙

官員的收入

順治元年，攝政王多爾袞接納戶科給事中劉昌（？—一六七〇）「頒俸祿」的建議，以安定歸降官員之心。惟滿洲政權本無俸祿之制，向來是將掠奪所獲的財物、土地、人口，按官職、功次分給，於是依明舊例，定在京文武官員每歲俸銀、俸米，是清朝俸祿制度的濫觴。其後，幾經調整，文職無論是旗員、漢官或京官、外官，其歲支銀、米額數在雍正朝已按品秩劃一；八旗駐防、綠營武職的俸祿，則至乾隆年間成爲定制。

明制官俸極其微薄，難以「養廉」，是官員侵貪、吏治敗壞的癥結，清朝也遭遇同樣問題。以七品知縣爲例，歲支俸銀四十五兩，平均月支三．七五兩，「一家一日，粗食安飽，兼餵馬匹，亦得費銀五、六錢。一月之俸，不足五、六日之費」，是以「不取之百姓，勢必饑寒」。初任官時，係「不得已略貪」，「日久贓多，自知罪已莫贖，反恣大貪」，故清初以來便有「俸祿不增，貪風不息，下情不達，廉吏難支」之論。

表 8-2　官員歲支俸祿一覽表

項目 / 品級	中外文員、八旗官員 俸銀（兩）	中外文員、八旗官員 俸米（石）	八旗駐防官員 俸銀（兩）	八旗駐防官員 家口米石（石）	中外綠營官員 俸銀（兩）	中外綠營官員 薪銀（兩）	中外綠營官員 蔬菜燭炭（兩）	中外綠營官員 心紅紙張（兩）	中外綠營官員 合計（兩）
正一品	180	90	180	120					
從一品					81.693+	144	180	200	605.693+
正二品	155	77.5	155	105	67.575+	144	140	160	511.575+
從二品					53.457+	144	72	108	377.457+

正三品	130	65	130	90	39.339+	120	48	36	243.399+
從三品					39.339+	120	36	36	231.339+
正四品	105	52.5	105	60	27.393+	72	18	20	137.393+
從四品									
正五品	80	40	80	42	18.705+	48	12	12	90.705+
從五品					18.705+	48	12	12	90.705+
正六品	60	30	60	36	14.964+	33.035+			47.999+
從六品					14.964+	33.035+			47.999+
正七品	45	22.5			12.471	23.529			36.000
從七品									
正八品	40	20							
從八品									
正九品	33.114	16.557							
從九品	31.520	15.750							
未入流									

說　明：中外綠營官員俸銀尾數係「有奇」，以「+」表示。

資料來源：〔清〕于敏中等纂修，《欽定戶部則例（乾隆朝）》（收入故宮博物院編，《故宮珍本叢刊》，第二八四—二八六冊，海口：海南出版社，二〇〇〇年），卷九一，〈廩祿・中外文員俸〉，頁七a—八a；同書，卷九一，〈廩祿・八旗駐防官員俸〉，頁十一a；同書，卷九一，〈廩祿・中外綠營俸〉，頁十三a—十四a。

當時京官「以裘馬聲色爲娛，所入俸糈，不充谿壑之費，故多逋券山積，難以度日」。既然正俸不足應付，於是京官收受外官以各種名目的饋贈作爲補充，「夏則有冰敬，冬則有炭敬，出京則有別敬」，金額全視官階大小、交情厚薄而定；京官「廉者有所擇而受之，不廉者百方羅致」。又有「部費」，即地方向中央主管部門呈審、呈核或奏銷等案，須奉上額外費用供承辦官吏朋分。以吏部爲例，「領憑有費，領照有費，引見亦有費，或數兩，或百數十兩」，這些都屬「陋規」，卻是官場常態。

至於外官，赴任往往攜眷，又有幕友、長隨等，動輒十數口乃至百餘口，督撫大員甚或不下千人，實非正俸所能負擔。朝廷「慮外官貪汙」，自康熙二十五年起，規定漢督撫除兄弟妻子外，准帶家人五十名，旗員則不許過五百人。然以督撫二品俸銀一百五十五兩，既要賄送朝中要人、上級長官，又要維持家用、豢養奴僕，絕無可能，只能仰賴收受各種名目的「節禮」，甚至違法侵貪。於是上司索求下屬，州縣則侵用錢糧、收取陋規，甚至科派民間。

康熙四十八年，河南巡撫鹿祐（一六四八—一七二二）陛辭時，康熙皇帝諭之曰：「奉職循理，本無所難，每因部費繁多，以致不能潔己」，顯然深悉問題所在；並告以「清廉不專在一己，必使布、按以下，一併爲廉吏，始能有益於民」之理。然而，康熙皇帝對「廉吏」另有一番詮釋，言：「所謂廉吏者，亦非一文不取之謂。若纖毫無所資給，則居官日用及家人、胥役，何以為生？」

追查虧空錢糧

清朝州縣經徵錢糧，「運解布政使司，候部撥用，曰起運」，「扣留本地，支給經費，曰存留」。財賦歸中央控制，「州縣有司，無纖毫餘剩可以動支」，因而「挪移正項」，造成虧空。雖然制度設計有其缺陷，但是人為因素更不容忽視，包括：一、官員侵欺，督撫貲費向由藩庫取用，每藉盤查庫帑，威制勒索；州縣各員則仰承藩司鼻息，任其耗蠹公帑。二、胥吏侵漁，胥吏熟悉地方錢糧款項，了解長官侵挪冒銷，故能上下其手。三、人民逋欠，民戶因無力或抗拒繳納，而州縣瞻徇、督撫姑息，遂至拖欠累累。地方官員為解決虧空問題，或挪新補舊，或移緩濟急，或加派私徵，積年累月，形成惡性循環。

康熙年間，因三藩戰爭、用兵準噶爾，地方督撫多於藩庫挪用兵餉，虧空既多，歷時亦久。對於直省虧空錢糧，雖有官員主張應令巡撫以下官員按職分賠，但康熙皇帝認為此事非由一、兩任官員所致，「倘急於行查，地方官情迫，必致派取民間」，未深究官員侵貪的責任。因此，官員「每恃寬容，毫無畏懼，恣意虧空，動輒盈千累萬」。

雍正皇帝在藩邸時，已知中央戶部、地方藩庫虧空嚴重，繼位後旋即展開清查。他一方面揭露錢糧種種積弊，例如：督撫明知虧空，「曲相容隱，及至萬難掩飾，往往改侵欺爲挪移，勒限追補，視爲故事」；新就任之官，在上司威逼下被迫承受既有虧空，遂藉此挾制上司，「任意侵蝕，輾轉相因，虧空愈甚」。另一方面，下令直省督撫清查錢糧，嚴懲虧空官員，勒令「三年之內，務期如數補足，毋得科派民間，毋得借端遮飾」，否則從重治罪。

其次，戶部對各省上繳稅銀或奏銷開支，無部費者，稍有不符，百般刁難；一有部費，「即糜費錢糧百萬，亦准奏銷」，顯係明目張膽欺盜國家錢糧。雍正皇帝設立專責稽核審計的會考府，由怡親王允祥等辦理查核地方和各部動用錢糧奏銷事務。會考府在雍正三年便告停止，時間雖短，仍辦理事件五百五十件，駁回九十六件。

雍正元年，清查歷年虧空錢糧銀額，戶部、八旗、直省合計超過一千七百三十萬兩，而當年徵得地丁銀總額不過三千餘萬兩，可見虧空對國家財政的蠹蝕。凡涉及虧空案件的官員，必須賠補，如係侵貪，一律革職離任。雍正皇帝爲展現決心，即便是皇弟也不寬免。履郡王允祹管理內務府事務，虧空錢糧，私用官物，責令賠補；允祹爲表示不滿，「將器用小物，鋪列大街出賣，以示窮促」。

爲確保追回款項，雍正皇帝下令「凡虧空官員題參時，一面嚴搜衙署，一面行文原籍官員，封其家產追變，庶不致隱匿寄頓」；當事人畏罪自殺，仍要追賠，以免其「一死抵賴」，是以招致議論甚多。雍正皇帝嘗言：「朕即位以來，外間流言有謂好抄沒人之家產者」；當時「市井中鬭牌名色，有稱『抄家湖』者」，坊間公然於賭博遊戲之中譏刺朝政，可見激烈程度。至於抄家所得，多繳進內務府、撥給戶部或酌留地方；其中解交內務府者，係宮中財政的重要來源，亦即皇帝的私產，無怪乎社會上有「好抄家」、「貪財」的流言。

耗羨歸公與養廉銀

「耗羨」指地方官徵收田賦時，以運送糧米有雀、鼠偷食的「雀耗」、「鼠耗」，或將小錠碎銀鎔銷改鑄有「火耗」等耗損為由，向民眾加收的附加稅。清朝州縣徵收錢糧係用銀，地方正項不得輕易動支，又不許私派浮收，官員遂藉口種種名目，加添火耗。康熙年間，各省多私徵火耗以彌補虧空，康熙皇帝對督撫奏請增加火耗者，一概不准，惟深知「若禁絕了，恐州縣官又別生弊端取錢」，遂默認其事實。雖說「州縣官止取一分火耗，此外不取，便稱好官」，實際上州縣火耗每兩加二、三錢者，比比皆是；「巧立名色，恣其苛派」者，每兩更加至四、五錢。

康熙六十一年，山西巡撫德音（?－一七二九）有「提取耗羨以為公用」之舉。雍正元年，諾岷（?－一七三四）接任後，酌減火耗，「如原未及加二（錢）者，照舊徵收；加二以外者，盡行裁去」。山西通省火耗銀約五十萬兩，諾岷除給各官養廉及各項公費計三十萬兩外，以扣存銀二十萬兩彌補虧空，並將辦理經過具摺奏聞，此即「耗羨歸公」的肇端。河南巡撫石文焯（？－一七三五）也採行類似辦法，並於雍正二年繕摺析論其利：一、虧空可以補完，庫帑不致懸欠；二、所給養廉足資食用，不但永無虧空，並可砥礪廉隅；三、上下俱有養廉，可專心供職，勒索之事亦可永絕；四、耗歸公貯，州縣不能額外加增，百姓自無重耗之累。雍正皇帝覽奏，夾批曰：「以上妙不可言」，遂有擴大辦理的想法。

內閣雖遵旨會議覆奏，然以火耗由來已久，奏請禁止提解火耗。惟內閣之見，是州縣可取火耗於民間，上司不能提火耗於州縣，無法解決問題。山西布政使高成齡對此提出異議，「耗羨與節禮原屬相因」，只有提解耗羨，並按諾岷的做法，則州縣無人能侵吞。簡言之，將火耗公開，可禁絕私派，此即雍正皇帝所言，「與其存火耗以養上司，何如上司撥火耗以養州縣」。如此一來，「州縣有所藉口而肆其貪婪，上司有所瞻徇而不肯查參」的積弊便可剔除，吏治自然澄清。

雍正皇帝亦知此爲權宜之計，指示「將來虧空清楚，府庫充裕，有司皆知自好，則提解自不必行，火耗亦可漸減」。同時，他也同意「各省能行者聽其舉行，不行者亦不必勉強」。耗羨歸公之議既定，各省情況不同，實施次第雖不一致，但火耗徵收率多降至百分之十至二十之間，錢糧多的浙江更只有百分之五、六。實施數年之後，各省虧空陸續彌補，地方公用也有來源，地方督撫紛紛奏陳此法於地方有益，請照舊提解，並仿效諾岷在山西將耗羨贏餘酌給養廉的做法。雍正皇帝同意「於耗羨中酌定數目，爲日用之資」，於是明立「養廉銀」辦法。

早在康熙朝後期，默認州縣官徵收火耗爲合法，其入己的部分已被視爲「養廉」，但私相授受，形同中飽。諾岷的辦法，至少有兩點改革：一、官員養廉銀定額化；二、由官員自取改爲全省統一支給。直省議准支給養廉銀的時間先後不同，其銀兩數目的分派，亦因地方事務繁簡不一，稅額多寡各有差異，大約是官員正俸的數倍至一、二百倍不等。迨乾隆七年，乾隆皇帝命內外各官檢討耗羨歸公辦法，大學士鄂爾泰等咸認爲，「一切陋習悉皆革除，上官無勒索之弊，州縣無科派之端，小民無重耗之累，法良意美，可以垂諸久遠」。因此，原屬權宜措施，從此成爲定制。

當地方推行養廉銀制度後，京官薄俸的問題亦亟待解決。先是，自雍正六年起，朝廷給予部分京官雙俸；至乾隆二年，更將在京大小文員俸銀加一倍賞給，「令其用度從容，益得專心於官守」。其後，京官、旗員也有養廉銀，經費則來自各省解部銀兩、贏餘銀或其他款項，惟非普遍發給，正俸仍是京官的重要收入。

表8-3 雍正十二年定直省官員支給養廉數目一覽表

單位：兩

地區＼職銜	總督	巡撫	學政	布政使	按察使	道員	知府	同知	通判	知州	知縣	佐雜
直隸	15,000		4,000	9,000	8,000	2,000	2,000-2,600	700-1,000	600-700		600-1,200	31-200
江南	30,000	12,000	4000	8,000-9,000	8,000	1,500-6,000	2,500-3,000	500	400	1,200-2,000	1,000-1,800	60-200
安徽		10,000	4,000	8,000	6,000	2,000	2,000	500	400	800-1,000	600-1,000	60
江西		10,000	2,400	8,000	6,000	2,600-3,800	1,600-2,400	600-900	600	1,400	800-1,900	60
浙江		10,000	2,500	7,000	4,000	2,000-6,000	1,200-2,400	400-1,500	400	800	500-1,800	60-80
福建	18,000	13,000	4,000	8,000	6,000	1,600-2,400	1,600-2,800	500-1,200	500	1,200	600-1,600	20-240
湖北	15,000	10,000	3,000	8,000	6,000	2,500-5,000	1,500-2,600	600-750	500-625	800-1,000	600-1,600	60-100
湖南		10,000	3,600	8,000	6.500	2,000-4,000	1,500-2,400	600-1,000	500-800	900-1,300	600-1,200	60-200
山東		15,000	4,000	8,000	6,059	4,000	3,000-4,000	800-1,000	600	1,000-2,000	1,000-2,000	60-300
山西		15,000	4,000	8,000	7,000	4,000	3,000-4,000	840-1,200	840-1,200	800-1,500	800-1,000	60-80

河南		15,000	6,666+	8,000	8,444+	3,857+-4,229+	3,000-4,000	800-1,000	600	1,800	1,000-2,000	60-150
四川	13,000		3,000	8,000	4,000	2,000	2,000-2,400	400-1,000	400-1,000	600-1,200	600-1,200	80-220
陝西	20,000	12,000	2,400	8,000	5,000	2,000	2,000	800	600	600-1,000	600	60-100
甘肅		12,000	1,600	7,000	4,000	3,000	2,000	800	600	600-800	600	60-300
廣東	15,000	13,000	4,500	8,000	6,000	3,000	1,500-2,400	500-800	500-800	600-1,200	600-1,200	60-240
廣西		10,000	2,000	6,000	4,920	2,400	1,000-2,000	600-900	500-700	705-2,265	705-2,265	80-576
雲南	20,000	10,000	4,000	8,000	5,000	3,500-5,900	1,200-2,000	400-1,000	400-900	700-2,000	700-2,000	60-400
貴州		10,000	2,700	5,000	3,000	2,000-2,500	800-1,500	500-1,000	400-800	500-800	400-800	60-300

說　明：1. 江南有蘇州、江寧二布政使，蘇州布政使九千兩，江寧布政使八千兩。
2. 河南學政、按察使、道員養廉銀尾數係「有奇」，以「+」表示。

資料來源：〔清〕嵇璜等奉敕撰，《皇朝文獻通考》（收入《景印文淵閣四庫全書》，第六三二—六三八冊，臺北：臺灣商務印書館，一九八三年），卷四二，〈國用考・俸餉・百官俸祿養廉之制〉，頁十四 a—二十四 a。

貪風與肅貪

朝廷撥給各級衙門的公費銀有限，官員經常用捐俸的方式來解決；加以內外官員皆有爲數不少的幕友、長隨等私屬，開銷極爲可觀。以州縣官的幕友爲例，普遍都有「刑名」協理司法、「錢穀」協管稅賦、「徵比」辦理徵稅、「掛號」掌管登記、「書稟」負責通信等。在雍、乾年間，掛號和書稟每年的薪酬約四十兩至一百兩，而刑名、錢穀的薪水是前者的二至五倍不等，即使有養廉銀，仍不易應付。是以官員接受餽贈、收取規費，乃至勒索、貪汙的問題，始終難以遏止。

相較於康熙皇帝寬仁、雍正皇帝嚴刻，乾隆皇帝登基後，宣布：「治天下之道，貴得其中，政寬則糾之以猛，猛則濟之以寬」的統治原則。最初他爲調整雍政朝過於嚴苛的作風，採取「寬」的策略，對於貪汙案多處以革職，惟乾隆六年年初接連查獲四起案件，乃轉而爲「猛」。先是，山西巡撫喀爾吉善（？—一七五七）奏報布政使薩哈諒「收兌錢糧，加平入己」，「給領飯食銀兩，恣意剋扣」等情事；旋即疏參學政喀爾欽（？—一七四一）「賄賣文武生員，贓證昭彰」。繼之，又有左都御史劉吳龍（一六九〇—一七四二）參劾浙江巡撫盧焯（一六九三—一七六七）「營私受賄」，御史仲永檀參奏步軍統領、兵部尚書鄂善（？—一七四一）貪銀萬兩。其中，薩哈諒、喀爾欽、鄂善三案，速審速決，分別處死；僅盧焯案審理年餘，始判絞監候，秋後處決結案，後盧焯以「完贓減等」，發往軍前效力。乾隆皇帝在一年內連辦大案，足以展現懲貪的決心，尤其鄂善係「倚用之大臣」，更有警示作用。

然而，虧空、侵貪案件仍接連發生。乾隆皇帝認爲，虧空漸熾，係因「往往從寬，遂一以縱弛爲得體」；侵貪纍纍，皆以「知其必不正法，不過虛擬罪名」。是以自乾隆十二年起，這類案件凡判「緩決」者，俱「令限滿即入情實冊內候勾」，亦即認定罪情屬實者便應付諸執行，方稍有改善。即便如此，官場積習已成，從乾隆二〇年代開始，幾乎每隔兩、三年就有貪案爆發，就個案的處理而言，乾隆皇帝的態度明快而嚴厲；從發生的頻率來看，並未發揮殺一儆百的作用。

貪汙案的類型

乾隆皇帝認爲，貪汙案件大致不出「官官相護」、「上下和同」兩種情形。「官官相護」，以督撫黨庇下屬、同儕交結幫襯最爲常見，而段成功案堪稱複雜。乾隆三十年年底，原任江蘇巡撫莊有恭（一七一三－一七六七）參劾蘇州同知段成功（？－一七六六）婪索苛派，卻以段成功「抱病被朦」，爲之開脫；新任兩江總督高晉（一七〇三－一七七九）亦稱該員「因患瘧昏迷，不能檢點案牘」，以致家人、書吏婪贓，引起乾隆皇帝懷疑，認爲有庇護情事，指派新任江蘇巡撫明德（一六九七－一七七〇）、刑部侍郎四達（?—一七七〇）等查實速奏。次年初，明德奏陳，段成功對家人滋擾民間「俱屬知情，其中尚有染指之處」；當時負責審理的蘇州同知孔傳炣（一七一三—一七七九）、按察使朱奎揚（一七〇三—?）「明知其裝病，瞻徇未究」，乾隆皇帝下令將涉案人等交四達再審，查明詳情，以及莊有恭「市恩」緣由。四達回奏指出，「此案之上下相朦，俱由莊有恭授意指使」，目的在迴護保舉段成功的陝西巡撫和其衷（?—一七六八），而和其衷爲明德弟兄，「恐事發累及舉主，有礙顏面，遂爾心存瞻顧，上司屬員意會色授，各相喻於不言」。

追查期間，又訪得段成功在山西陽曲縣知縣任內虧空帑銀。經山西巡撫彰寶（一七二四—一七七七）徹查，段員「在陽曲半載，輒虧空銀一萬兩」，「上司知情彌補，俱屬確實」，該上司即時任山西巡撫的和其衷；且查出庫簿所載，幫銀彌補州縣共三十二處，也證實乾隆皇帝對「何以各上司竟無一人舉發其事」，「早知其平日必有交結饋遺之事」的推測。這起被乾隆皇帝稱爲「大奇」的案件，事關督撫「徇庇欺朦」，最後將段成功處死，總督高晉革職留任，巡撫莊有恭、和其衷斬監候，另有涉案的江蘇、山西兩省官員近百人交部議處。

其次，「上下和同」，則是集體貪瀆，以乾隆四十六年的甘肅捐監冒賑案最爲驚人。先是，乾隆三十九年，陝甘總督勒爾謹奏請在甘肅允許童生捐納銀穀以取得國子監生員的身分，藉以籌集糧食，以備災荒時賑濟救急。乾隆皇帝聽從管理戶部大學士于敏中建議，同意只准納糧捐監，並調浙江布政使王亶望（一七三〇—一七八一）爲甘肅布政使前往協助。大約半年左右，王亶望奏稱捐監人數超過一萬九千人，收各色糧八十二餘萬石，惟甘肅「地瘠民貧，戶鮮蓋藏」，乾隆皇帝認爲「其情理多有不可解處」。經勒爾謹解釋，係因「新疆開闢，商賈流通，兼路遠物稀」，人民「獲利倍厚」，加以近年糧價平減，故捐監者「倍形踴躍」，乾隆皇帝乃告知以「既身任其事，勉力妥爲之可也」。

至乾隆四十二年，據稱甘肅已有十五萬商民捐監，收到監糧六百餘萬石，是當地全年錢糧收入的七、八倍；王亶望因功擢爲浙江巡撫，由道員王廷贊接任甘肅布政使，捐監事也繼續進行。王亶望在甘肅期間，連年奏報旱災，也奉旨開倉賑災，前後賑出糧米多達七、八百萬石；乾隆皇帝曾派遣欽差前往盤查監糧，卻未發現情弊。直到乾隆四十六年，甘肅回民蘇四十三起事，督辦軍事的大學士阿桂抵甘後，奏報連日下雨延誤用兵，與該省「年年報旱」的情形不同，乾隆皇帝乃諭令阿桂和陝甘總督李侍堯仔細訪查，並遣閩浙總督陳輝祖（一七三二—一七八三）查訊在浙丁憂的王亶望。

案情大致爲勒爾謹、王亶望自始便未遵照收納監糧的命令，而是要求交銀捐監，並規定每人應付五十五兩；假借賑災名義，將帳面上的監糧連同各倉存糧一併發放，冒銷所得銀兩全被大小官員朋分。官員又以捐糧過多，共二十六次奏請添建倉廒；復以賑災運糧爲

表8-4　乾隆四十六年議處甘肅捐監冒賑案情形表

犯行	罰刑	總督	布政使	道員	知府	同知	通判	州縣	不詳	小計	備註
懲處人數		職銜與人數									
四萬兩以上	斬決，子發配	1	2		2		1	10		16	州縣中有二人因浮銷倉銀重懲
二萬兩以上	斬決，子革職				1	2		18		21	
一萬兩以上	斬監候，秋審已入情實			1	1	4		28		34	其中十一人後續查出虧空逾二萬兩，入斬立決；五人因狡供加重處置
一千兩以上	斬監候			3	3	2	4	33		45	
一千兩以下	杖一百、流三千里			1	1	1	2	4		9	五人從重發遣新疆
辦理捐監及捏結	革職查抄			8	7	1		6	3	25	
辦理捐監	革職留用							5	31	36	八年無過方准開復
合計		1	2	13	15	10	7	104	34	186	

說　明：職銜「州縣」，包括知州、州同、州判、知縣、縣丞等。
資料來源：中國第一歷史檔案館編，《乾隆朝懲辦貪污檔案選編》（北京：中華書局，一九九四年），第二冊。

名，向中央請得運費補助，所得銀兩亦盡皆中飽。當年欽差查糧時，回報「俱係實貯在倉，委無虧短」的原因，則是只能「簽量廒口數尺之地」，「裏面進深處所，下面鋪板，或攙和糠土，上面鋪蓋穀石」，故遭矇蔽。

由王亶望主導的貪案，是「一氣通下上」，「從來未有之奇貪異事」。調查的結果，涉入甘肅捏報災賑侵蝕帑項的官員人數多達一百八十六人，其貪贓者一百二十五人之中，按例超過一千兩應處死者一百一十六人；經乾隆皇帝再三斟酌，陸續正法五十六人，免死發遣四十六人。甘肅當時所屬八府、五直隸州、七十四廳州縣，可說是「通省大小官員，無不染指有罪」的集體貪汙大案。關於贓銀總數，始終無法確定，大約侵吞一千餘萬兩，是國家全年總收入的三分之一。據軍機處統計，在甘肅案期間報捐者共計三十餘萬人，以每人納銀五十五兩計，可得銀一千六百五十餘萬兩。

至於王亶望從中獲取的不法利益，負責查抄王亶望家產的陳輝祖奏報有三百餘萬兩；其中應包括王家的既有財產，不過已遭陳輝祖等人趁機吞沒一部分，可見其總財產數應不只如此。乾隆四十七年，乾隆皇帝發現王亶望家產呈覽物件「大率不堪入目」，下令詳查，始知陳輝祖有「將金易銀，抽換挪掩」情事，進而查知閩、浙兩省州縣倉庫虧缺等種種積弊，遂令其自盡，「以爲封疆大臣廢弛地方者戒」，則是由甘肅案衍生出的案件。

另有一種類型，是乾隆皇帝沒有提到的，即中樞大員爲地方貪官護航，以及督撫等被迫依附要員求得庇護的「在內隱爲驅迫」。乾隆朝中期以前，軍機大臣「非特不與外吏接也，即在京部院官亦少往還」。及于敏中入値軍機處，「初尚矯廉能以蒙上眷，繼則廣接外吏，頗有簠簋不飾之議」。于敏中在甘肅案發生前已病故，雖然乾隆皇帝在事後指出，若非于敏中爲之主持，勒爾謹、王亶望等豈敢肆行無忌；「于敏中擁有厚貲，亦必係王亶望等賄求賂謝」，卻表示「不加深究，曲示矜全」。

又乾隆四十一年，乾隆皇帝擢升善伺上意的年輕御前侍衛和珅（一七五〇—一七九九）爲戶部侍郎、軍機大臣、內務府總管，旋兼管天下貨物進出京師稅務的崇文門監督，後更升任戶部尙書，幾年內便集國家、內廷的財政大權於一身，是以「內而公卿，外而藩闢，皆出其門。納賂担附者，多得清要；中立不倚者，如非抵罪，亦必潦倒」。乾隆皇帝對於大臣過失，向來不假辭色，竟聽任和珅「弄竊作威福」，於是督撫或「恃爲奧援，剝削其下以供所欲」；或「畏其傾陷，不得不輦貨權門」，乾隆朝晚期的重大貪污案件，大多與和珅有關。

乾隆皇帝懲貪，執法未嘗不嚴，卻姑息縱容中央權要營私，是造成「誅殛愈眾，而貪風愈甚」的關鍵。持平而論，「非其時人性獨貪也，蓋有在內隱爲驅迫，使不得不貪者也」。

五、社會組織與社會控制

人口成長與地方治理

明末，連年戰亂和災荒，造成大量人口死亡、流離，以及田地荒蕪。清朝推動招徠流亡、獎勵墾荒、蠲免田賦等措施，使經濟生產逐漸恢復，人口也隨之增加。明萬曆二十八年的人口數，大約在一·三億至一·五億之間，其後銳減至六千多萬。清初以來的人口統計，都是以徵稅的「丁」（十六至六十歲成年男子）爲單位，例如：順治八年首次記錄的「人丁戶口」爲一〇六三萬；經過六十年之後（康熙五十年）則有二四六二萬。由於各省對人丁的清查不徹底，督撫只奏報輸納丁銀人數，且普遍有少報的情形，加以丁與口的比例又有一：四、一：五或一：六等多種算法，不僅無法確知實際丁數，更遑論人口數。

雍正朝初期，官員指出當時人口「較之康熙初年，不啻加倍」，雖不精確，仍能反映快速增長的趨勢。自乾隆六年開始，官方人口統計以「大小男婦」爲對象，當年度的人口數爲一·四三億人，乾隆二十七年則突破二億，然因各省執行情況不一，實際人口數可能比官方統計數高出百分之二十。至乾隆四十年，隨著保甲制度功能漸臻完善，戶部要求各州縣按現行「保甲門牌底冊」造報每歲民數，其後調查的可信度便大爲提高。乾隆五十五年，人口數已超過三億；降及道光朝晚期，更高達四·二五億。

人口大幅成長，勢必對社會經濟造成影響。就人口與耕地的關係而言，順治年間每人平均的耕地面積約爲八．五九畝，乾隆朝中期降至三．六九畝，而「一歲一人之食，約得四畝」，糧食供應顯已不足。自康熙朝晚期以來，各省陸續出現「生齒日繁，地不加廣，貧民資生無策」的問題，土地兼併卻愈演愈烈，自耕農或成爲佃農，甚至淪爲游民，成爲地方治理上的不穩定因素。

然而，清朝的行政組織並未因人口倍增而相對擴大。劉獻廷（一六四八—一六九五）《廣陽雜記》整理歷代官員人數，略爲：東漢初七千五百餘員，唐朝一萬八千八百餘員，明成化年間僅武職官員便多達八萬一千員；清初的職官數相對精簡，不含八旗武職，文、武官員共一四六〇四員。至道光朝晚期，全體官員總數則爲二六四〇八員。清朝統治的疆域面積與人口數遠遠超過前代，其官缺卻是在有限度擴充的情況下，維持國家對社會的管理。

另一方面，自漢朝以降，歷代政府都設縣以治理地方，且二千年來縣級單位的數量沒有太大變化。清中期以後，全國有一三六〇個縣級單位，每個縣管理的人口，較過去多出許多。漢朝一個縣平均管理五萬人，清朝則超過三十萬人，若按照漢朝的規模，清朝需要有八五〇〇個縣。如此一來，必須增設道、府層級的衙門，以便維持對縣的管理，則將使官員及其附屬人員大量增加，勢必造成通訊網絡的負擔或癱瘓，以及行政機構間協調的困難。因此，透過由地方精英領導的民間或半官方組織，便成爲國家維繫社會控制力的重要途徑。

表8-5 歷代人口數與縣級單位數一覽表

人口與縣＼朝代	漢朝	隋朝	唐朝	宋朝	元朝	明朝	清朝
人口高峰期人數	六千萬		八千萬	一·一億		二億	四·二五億
實際縣數	一一八〇	一二五五	一二三五	一二三〇	一一一五	一三八五	一三六〇
五萬人規模的縣數	一一八〇		一六〇〇	二二〇〇		四〇〇〇	八五〇〇

說　明：明朝人口高峰期在萬曆朝初期，其後因戰爭和災荒導致人口減少。表中的「二億」，是據施堅雅引用萬曆十三年的人口數據；若以何炳棣對明朝人口的估算，萬曆二十八年約一·五億人，則五萬人規模的縣數為三千個。

資料來源：施堅雅（G. W. Skinner）著，王旭等譯，《中國封建社會晚期城市研究——施堅雅模式》（長春：吉林教育出版社，一九九一年），頁三十九—四十一。何炳棣著，葛劍雄譯，《明初以降人口及其相關問題（一三六八—一九五八）》（北京：生活·讀書·新知三聯書店，二〇〇〇年），頁三一〇—三一一、頁三二八—三三〇。

地方政府與地方精英

縣與同級的州、廳，是地方行政的基層單位。七品的知縣掌一縣政令，是親民之官，舉凡「平賦役，聽治訟，興教化，厲風俗」，無所不理。知縣的佐貳官有縣丞（八品）、主簿（九品），分掌糧馬、徵稅、戶籍、河防、巡捕諸事；縣的屬官有「監察獄囚」的典史（未入流）、「緝捕盜賊，盤詰奸僞」的巡檢（從九品）等。這類助理、僚屬之官，不僅數量少，且非普遍設置。各縣另有儒學，由「掌訓迪學校生徒，課藝業勤惰，評品行優劣」的教諭（正八品）負責，以訓導（未入流）佐之。

縣衙門日常執行公務，由徵募自當地的書吏、衙役承當。書吏須具備讀寫能力，依業務性質被編爲吏、戶、禮、兵、刑、工六房，規定的員額爲六至三十名，但實際雇用人數常多達數百名。衙役則分爲州縣官出巡時作前驅的皂隸、執行傳喚和逮捕的快手、緝捕盜賊的捕快、看守倉庫或監獄的民壯，另有門子（門衛）、仵作（法醫）、更夫（巡夜）等差役，員額一般在百人上下，惟不乏有超過千人者。吏役的地位低、待遇差，即便官員「以奴隸使之，盜賊待之」，但願意當差者仍大有人在，主要是在辦事時可以收取陋規，或藉機勒索錢財。知縣受限於任期三年、迴避本籍，難以熟悉地方事務，必須依靠吏役來執行，也就不得不承受其貪腐。

地方官爲求施政順利，爭取支持或尋求合作的對象，是一群稱爲「仕紳」或「紳士」的地方精英。學者對仕紳身分的界定各自不同，或指退休、暫時離職而居鄉的官員，或以包括考試、捐納的功名有無爲標準，或是具舉人功名、貢生頭銜而有任官資格者，以上的

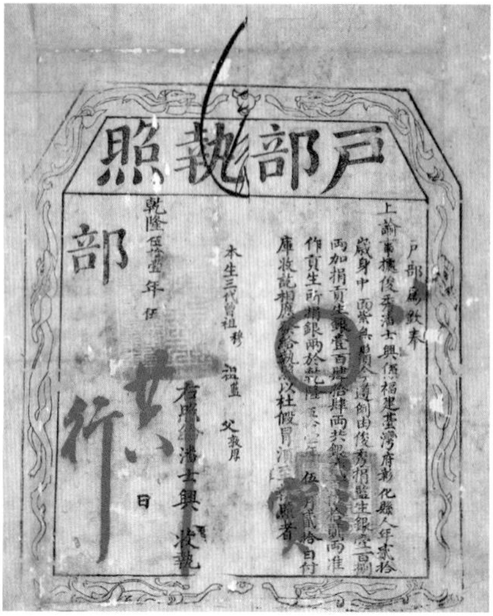

圖8-7　乾隆五十一年（1786）戶部頒給福建臺灣府彰化縣俊秀潘士興捐納貢生執照。國立臺灣博物館提供。

共通點在於以受教育爲先決條件，並取得科舉功名。又商人、地主可以透過捐納取得虛銜或實缺，即擁有經濟實力亦能躋身仕紳之列，但也有許多人是成爲仕紳之後才獲致財富。

仕紳參與地方行政，發揮社會影響力，包括：領導宗族、保甲等各種社會組織，資助公共工程與社會救濟，興辦學校與宣導教化，以及維護社會治安等，贏得民眾尊敬和官員禮遇。他們也享有某些特權，例如：未經皇帝許可，官員不得對仕紳進行審訊；法律規定仕紳可豁免徭役，實際上往往擴及其親屬。雖然仕紳與本地民眾休戚與共，會向地方官提供與本地需求相關的訊息和建議，但不免以個人和家族利益爲優先，也不乏營私不法情事，甚至「恃勢武斷，凌虐桑梓，欺侮鄰民」。

仕紳對地方治理而言，扮演聯絡官民、溝通國家與社會的中介角色；對社會影響的程度，則取決於功名成就高低、人際網絡強弱，以及視當地情形而定。如某地有功名者少，即使只是生員，也能佔有主導地位。仕紳與官員的同質性極高，即使發生利益衝突，卻從未造成既定社會秩序發生變化，係因雙方必須相互依賴以維持現狀。若將州縣官視為皇權在地方的代表，仕紳則是皇權在地方社會的延伸。

血緣組織

家庭是以婚姻和血緣關係為基礎的社會單位，漢人社會在宗法制度影響下，由若干個源自共同祖先的家庭，按照父系關係結合而成的同姓聚居組織，則稱為「宗族」。鄉村聚落以農業人口為主，居民較少流動，血緣紐帶較易維繫，於是宗族成為村落的主要社會組織模式。

明清時期，宗族組織普遍出現。每個宗族都會公推一名管理事務的「宗長」或「族長」，通常是由族中具影響力的仕紳擔任，原則上以「貴貴為主，先進士，次舉、貢、生、監；貴同，則長長；長同，則序齒；無貴者，或長長，或賢賢」。在族長的領導下，宗族的主要功能有：

一、興修祠堂與編訂族譜。宗族成員有共同的祖先、墳塋，有規模的宗族為凝聚內部向心力，都興建祠堂以祭祖，編修族譜以溯源。宗祠的建設，需要富有的族人捐獻錢財或土地，仕紳通常樂於慷慨解囊，在管理上自然有較大的發言權。其次，擁有族譜的宗族，成員中常有相當數量的官員；族譜的續修，需要有知識能力者參與和資金支持，是以不能排除仕紳，他們也藉此提高自身威望。

二、周濟族人與興辦教育。置辦祭田、族田，或稱爲義莊，是宗族的經濟基礎，在維持宗祠祭祀之外，可用來照顧年老、孤貧的族人。同時，也以族田收入設立族學、家塾教育年輕族人，並支助他們進入仕途，從而取得較高的官位，以保護宗族利益。

三、解決爭端與懲罰犯罪。明中期以後的宗族多制定族規，以維護族內秩序，並賦予族長處理族內爭端之權；清代的宗族延續此一做法，「宗規」內容則多反映《聖諭廣訓》的訓示。對於違反宗規情形嚴重者，族長會召集族人在祠堂進行審問，藉由公開犯行使其他人知所警惕；懲罰方式有訓斥、鞭笞、罰款、驅逐，甚至處死。族長行使司法權，並未經過官方批准，但地方官一般未加干涉。

地緣組織

清朝爲加強對鄉村社會的控制，在行政系統之外，又有兩種整編家戶居住地的基層組織，一是推動治安控制的保甲，一是協助徵收賦役的里甲。清朝的保甲組織，源自北宋王安石（一〇二一—一〇八六）以十家爲一保、五十家爲一大保、十大保爲一都保，具有地方自衛意義的保甲之制。順治元年，攝政王多爾袞下令：「各府、州、縣、衛所屬鄉村，十家置一甲長，百家置一總甲」，凡遇盜賊姦宄事故，即行層層上報，不得隱匿。

康熙四十七年，浙江、江蘇分別爆發以「朱三太子」（朱慈炯，一六三三—？）爲號召的起事，朝廷以既有的保甲功能不彰，而將其組織擴大爲一千戶，並從二級制增爲三級制，略爲：「十戶立一牌頭，十牌立一甲頭，十甲立一保長」，「無事遞相稽查，有事互相救應」；若村莊的人戶較少，則「就其少數編之」。同時，「戶給印信紙牌一張，書寫姓名、丁男口數於上。出則註明所往，入則稽其所來，面生可疑之人，非盤詰的確，不許容留」，官方將保甲視爲監看和清查居民數量、遷移的工具。

雍正、乾隆兩朝，保甲制度的實施範圍進一步擴大。自雍正元年起，陸續「豁除賤籍」，包括：山西、陝西從事吹彈歌唱的樂戶，江南行乞爲生的丐戶，在江西、浙江、福建三省交界山區搭棚謀生的棚民，廣東窮民入山搭寮的寮民，廣東以船爲家的蜑戶，以及西南邊省的熟苗、熟獞等，均按保甲之例，按戶編查。迨乾隆二十二年，更定保甲法，舉凡旗民雜處村莊、邊外蒙古地方種地民人、在內地經商的客民、鹽場竈戶、礦場丁戶、甘肅番子（藏族），以及改土歸流各處，都納入保甲管理。簡言之，在官方主導下，保甲遍及設有州縣之處和漢人聚集之地。

其次，清朝的里甲組織沿用明洪武十四年（一三八一）編賦役《黃冊》時，「以一百十戶爲一里，推丁糧多者十戶爲長，餘百戶爲十甲，甲凡十人」，「在城曰坊，近城曰廂，鄉都曰里」的辦法，於順治五年正式設置。甲長將調查田畝丁數、編造賦役冊籍、催辦錢

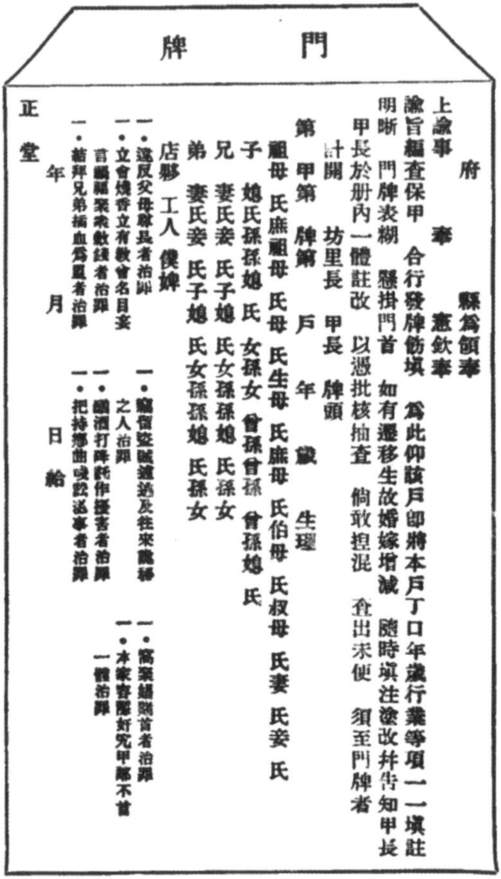

門牌

府　　縣爲頒牌事

上諭事　奉　憲欽奉

諭旨編查保甲　合行發牌飭塡　爲此仰該戶卽將本戶丁口年歲行業等項一一塡註

明晰　門牌表糊　懸掛門首　如有遷移生故婚嫁增減　隨時塡注塗改幷告知甲長

甲長於册內一體註改　以憑批核抽查　倘敢揑混　査出未便　須至門牌者

計開　坊里長　甲長　牌頭

第　甲第　牌第　戶　年　歲　生理

祖母　氏庶祖母　氏母　氏生母　氏庶母　氏伯母　氏叔母　氏妻　氏妾　氏

子　媳氏孫孫媳　氏　女孫女　曾孫曾孫　曾孫媳　氏

兄　妻氏妾　氏子媳　氏女孫孫媳　氏孫女

弟　妻氏妾　氏子媳　氏女孫孫媳　氏孫女

店夥　工人　僕婢

一．違反父母尊長者治罪　一．窩留盜賊遊匪及往來匪棍之人治罪　一．窩藏娼賭者治罪

一．立會燒香立有教會名目妄言禍福聚衆斂錢者治罪　一．酗酒打降訛作擾害者治罪　一．本家容隱奸宄甲鄰不首一體治罪

一．結拜兄弟插血爲盟者治罪　一．把持鄉曲唆訟送事者治罪

年　月　日給

正堂

圖8-8　清代保甲門牌式樣。出自聞鈞天，《中國保甲制度》。

糧的資料，繳給里長、坊長或廂長，再上繳到當地衙門。里甲和保甲在組織上有相似之處，但目的、功能不同，係各自獨立的系統。

里甲與稅制關係密切，清朝正賦分爲地糧、丁銀兩項，爲使賦役徵收正常，每五年「編審人丁」一次。惟無田之人難以負擔丁銀而被迫逃亡，地方仕紳卻利用特權規避丁役，造成差徭不均；且人口激增而人丁編審不實，更使國家稅收損失。康熙五十一年，康熙皇帝欲知「各省人民之實數」，宣布「滋生人丁，永不加賦」，即以康熙五十年的人丁數爲徵收丁銀基準，不再將新增人丁編入丁冊服役。於是漸有採行以州縣爲單位，將丁銀攤入地畝徵收的「丁隨地起」（攤丁入地）辦法，從雍正朝開始更全面將地糧和丁銀合併，即所謂的「地丁合一」。

由於徵收辦法改變，自雍正六年起，另有「順莊編里」法，將人戶按村莊（保甲）編排，每人擁有的田土，即便分散在數甲、數都，一律歸併到本人名下，並在所住村莊繳納田賦。因此，乾隆朝以後，不僅編審人丁成爲虛文，里甲制度的職能也隨之消失。

仕紳在地緣組織中的角色，也不容忽視。就保甲而言，朝廷爲防範仕紳形成地方勢力，堅持將之「一體編次，聽保甲長稽查」，且不准擔任甲長等職；然爲利用他們在地方的影響力，又給予「免充役」的特權。就里甲而言，仕紳不僅運用特權拖欠稅賦，並將應繳份額轉嫁給民眾，甚至「包攬錢糧」，將耗羨盡入私囊，獲取非法利益。縱使朝廷屢申禁令，但在地方官員、衙門僚屬縱容、包庇下，始終無法消除仕紳的不法行爲，也使里甲組織難以正常運作。

同業與同鄉的組織

明代商品經濟發達，同業之人前往他鄉經商或勞動時，爲對抗當地人壓迫和保障自身利益，組織成「幫」，並建立「會館」，或稱爲「公所」；同一會館中，有時會有幾個不同行業的幫。是以會館既爲同鄉團體，也是同業組合，係同鄉停留聚會或拓展業務的場所，另有管理流寓人口的作用。

清代人口流動較以往頻繁，尤其丁隨地起辦法施行後，無地之人轉赴外地謀生者日眾，會館的管理功能益形重要。京師的會館，最初是同鄉官員聚會之所，也供應試舉子旅寓之用，亦不乏同鄉商人參加；其他城市的會館，則以同鄉的工商業者爲主，但也有宦遊之人和過路舉子。

會館的設立經費，通常由官員、富商捐助；創設時，須得當地政府許可。擔任會首者，通常有政治地位或雄厚財力，以其威望約束會員行爲，並擔任會員間糾紛的仲裁者，只有在會館無法調解時，才會到官府控訴。會館也提供若干服務，例如：成立公共墓地、救助貧病會員、興辦學堂、金錢借貸等。因此，會館成爲管理流動人口、維護社會秩序的組織，並作爲官方控制社會的補充。

由同業關係和同鄉關係組成的會館，兼具業緣和地緣的雙重性質，此一特性與兼具血緣和地緣性質的宗族相似，且兩者都與保甲、里甲高度重疊。國家便透過這些縱橫交錯的社會組織，將控制力延伸到社會的各個層面。另一方面，自順治朝開始，官方也利用各地的鄉約組織，每月朔、望日召集民眾宣講儒家倫理規範，以達到管制意識形態的目的。總之，皇帝驅策官員管理國家，官員聯合仕紳治理地方，仕紳操縱社會組織控制人民，皇權由此無遠弗屆。

第九章

危機與守成——局勢的惡化與遏止

一、乾嘉之交的治道

古稀天子

乾隆三十八年，乾隆皇帝向臣下表示，雖已年過六十，「精力強盛如常，不憚萬幾之勞勩」，要等到八十歲以後才考慮「稍安頤養」。迨乾隆四十五年八月十三日，七旬萬壽節，乾隆皇帝在熱河避暑山莊接受王公大臣、外藩使節慶賀。他用杜甫〈曲江〉「人生七十古來稀」詩句，刻「古稀天子之寶」璽，並撰〈古稀說〉。

在〈古稀說〉中，乾隆皇帝細數古來帝王，「爲天子而壽登古稀者」，僅漢武帝、梁武帝（蕭衍，四六四－五四九，五〇二－五四九在位）、唐玄宗、宋高宗（趙構，一一〇七－一一八七，一一二七－一一六二在位）、元世祖、明太祖六人。然而，漢武帝「失德頗多」，其大過更在以防範女主爲由，藉故殺太子弗陵（漢昭帝，前九七－前七四，前八七－前七四在位）生母鉤弋夫人（趙氏，前一一三－前八八）；梁武帝接納東魏（五三四－五五〇）來降將領侯景（五〇三－五五二），「自貽傾覆」；唐玄宗改元「天寶」後，「志滿心驕頓」；宋高宗南渡，「國仇未復而遽圖逸，身未老而稱太上皇」，皆「不足爲法」；至於元、明二祖，「爲創業之君，禮樂政刑，有未遑焉」。若與歷代相比，本朝「得國之正，擴土之廣，臣服之普，民庶之安」，雖未臻於儒家理想的「大同」，猶可謂「小康」；前代所以亡國，無非強藩、外患、權臣、外戚、女寵、閹宦、奸臣、佞倖等，「今皆無一彷彿者」。言下之意，他是唯一的古稀明君，也開創「古稀」盛世。

雖然乾隆皇帝營造出太平治世的景象，但是海內並非晏然。乾隆四十三年至四十九年間，黃河下游六次決口，沿河地區民生經濟遭受重創；尤其乾隆四十六年河南儀封河決，徵調山東民伕萬人前往當差，引起聚眾衝進縣衙、拆平房屋等大規模「抗違」事件。同年，甘肅發生回民蘇四十三在蘭州起事，以及駭人聽聞的捐監冒賑案；四川則有由外省流民和本地遊民組成的秘密團體「嘓嚕」，糾眾滋事，嚴重擾亂治安。即使乾隆皇帝在古稀之年猶以「竭力敬天、法祖、勤政、愛民」自我惕勵，朝廷也能迅速敉平變亂、徹查弊案，仍暴露出國家治理已面臨危機。

迨乾隆五十一年至五十七年間，清軍先後在臺灣之役、安南之役、兩征廓爾喀取得勝利，乾隆皇帝將之與準噶爾、回部、金川、緬甸諸役，合為「十全武功」，並御製〈十全記〉一篇，繙寫滿、漢、蒙、藏文，建蓋碑亭，「以昭武功而垂久遠」。十大戰役誠非全係犁庭掃穴、摧枯拉朽，也不乏廟謨失算、諱敗揚勝者，故是篇常遭後世評為志得意滿、好自矜誇之作。惟乾隆皇帝在文中訓諭子孫「不可徒言偃武修文，以自示弱」，則值得深思。

太上皇與嗣皇帝

乾隆六十年九月初三日，乾隆皇帝在圓明園勤政殿召集王公大臣，共同閱看乾隆三十八年「所定密緘嗣位皇子之名」，宣布立皇十五子嘉親王永琰（顒琰，清仁宗）爲皇太子，以明年爲嗣皇帝嘉慶元年。雖然乾隆皇帝在乾隆四十三年東巡途中，爲澄清「貪戀寶位」的流言，公開表示在踐阼之初曾焚香告天，曰：「昔皇祖御極六十一年，予不敢相比，若邀穹蒼眷佑，至乾隆六十年乙卯，予壽躋八十有五，即當傳位皇子」。但他接著說：「今朕春秋六十有八，康彊尚如昔時，自當代上天愛養億兆，董治百官，以期無負祖宗付托之重」，「尚十有七年，爲日甚長，若朕精力始終不懈，惟當日慎一日，兢業守成」，形同宣告並無「歸政」之意。

隨著時間推移，傳位之日終於到來。然在歸政前半年，乾隆皇帝察覺官員已經開始假意迎合，乃特爲聲明：「一日不至倦勤，即一日務存兢業」，即便歸政，也不可能置政事於不問。因此，乾隆皇帝在冊立永琰爲皇太子時，也安排歸政後新的政務運作模式：凡遇軍國大事、用人行政，「仍當躬親指教，嗣皇帝朝夕敬聆訓諭」。是以乾隆皇帝依舊大權在握，凡「敕旨頒發書太上皇帝者」，還是用「乾隆」紀年。

當時，朝鮮進賀使李秉模（一七四二—一八〇六）向國王李祘（正祖，一七五二—一八〇〇，一七七六—一八〇〇在位）報告，太上皇帝派大學士和珅宣旨：「朕雖然歸政，大事還是我辦」；新皇帝「狀貌和平灑落，終日宴戲，初不遊目，侍坐太上皇，上皇喜則亦喜，笑則亦笑」。在有名無實的處境下，嘉慶皇帝只能以小心敬慎的態度應對，所幸表現獲得太上皇讚賞，曰：「皇帝自受政以來，夙夜仰體朕意，承觀孝養」，「朕心深爲欣悅」。

和珅擅於揣摩、長於聚斂，是乾隆皇帝晚年的寵臣，非但對他「所言必聽」，「諸皇子亦憚畏之」。對於嘉慶皇帝「受禪」，和珅竟「以擁戴自居，出入意頗狂傲」；嘉慶皇帝則厚待和珅，遇有向太上皇奏事，往往「託其代言」。據朝鮮使臣的描述，嘉慶三年（一七九八）時，「太上皇容貌氣力，不甚衰耄，而但善忘比劇，昨日之事，今日輒忘」，而和珅的專擅，則「甚於前日，人皆側目」，嘉慶皇帝卻能「沈默持重，喜怒不形」，其權術實有可觀之處。

嘉慶初政

嘉慶四年正月初三日，乾隆皇帝以八十九歲高齡去世；在養心殿御榻前，嘉慶皇帝「捧足大慟，擗踴呼號，仆地良久」。其實，眾人心裡早有準備，皇城內「晏如平日，少無驚動之意」，皆曰：「此近百歲老人常事。且今新皇帝，至孝且仁，太上皇真稀古有福之太平天子。」

次日，嘉慶皇帝下令褫和珅軍機大臣、九門提督兩職，命與戶部尚書福長安（？—一八一七）「守値殯殿」，並發布一道措辭嚴厲的上諭。他指出近年白蓮教滋事，皆由地方官激成，內外臣工仰恃「皇考聖壽日高，諸事多從寬厚」，伊等「每次奏報打仗情形，小有斬獲，即鋪敘戰功，縱有挫衄，亦皆粉飾其辭」，並警告「若仍蹈欺飾怠玩故轍」，「惟按軍律從事，言出法隨，勿謂幼主可欺也」。是時，嘉慶皇帝已年屆四十，竟以「幼主」自稱，顯然是發洩太上皇聽任和珅等老臣凌駕其上的情緒。

未幾，嘉慶皇帝便將和珅、福長安革職，下獄治罪，並由吏科給事中王念孫（一七四四—一八三二）等發動參劾。朝廷旋即公布和珅有洩密、僭越、欺蔽、專擅、蓄積財貨等二十大罪，其中涉及貪汙者有六條，嘉慶皇帝遂宣布「著加恩賜令自盡」，其附從者福長安等，則予從寬處理。從《春冰室野乘》抄錄和珅的部分供詞來看，他大多坦承不諱，而此案從逮捕到定罪，前後不過十日，可知嘉慶皇帝早已掌握確切罪證。

嘉慶皇帝自陳：「朕所以辦理和珅者，原因其蠹國病民，專擅狂悖。和珅一日不除，則綱紀一日不肅。」惟清人筆記載有查抄和珅財產清單，其贓賄等項沒入者凡一〇九號，內已估價者二十六號，合算共計銀二萬二千三百餘萬兩；甚至宣稱「八百兆有奇，以二十年之宰相所蓄，當一國二十年歲入之半額而強」。因此，坊間流傳「和珅跌倒，嘉慶吃飽」，較劇惡鋤奸更引人注目，遂認爲與嘉慶皇帝覬覦和珅家產有關。

上諭公布的查抄內容，略爲：珍珠手串二百餘串，寶石不計其數，家內銀兩衣服數逾千萬，夾牆藏金二萬六千餘兩、私庫藏金六千餘兩、地窖埋藏銀兩百餘萬，以及當舖、錢店資本不下數十餘萬等，雖和傳世「籍沒清單」出入甚大，但與和珅的口供有相符之處。近人則綜合官書、檔案記載，除去難以估價的珍寶、古玩、字畫之外，和珅擁有的金銀、土地、屋房等，約在一、二千萬兩左右。然而，不論和珅搜刮所得多少，誠如他在獄中賦詩所云：「百年原是夢，卅載枉勞神」。

朝廷沒入的和珅家產實屬有限，且非「悉以輸入內府」，有部分用作賞賜，亦用於應急賑災，主張嘉慶皇帝「爲錢」懲處和珅的看法，有待商榷。朝鮮人從「旁觀者」的立場，以「三達德」評價嘉慶皇帝對和珅案的處置：一、智，「知和珅之必欲謀害，凡於政令，惟珅是聽，以示親信之意，俾不生疑懼」；二、勇，「一日裁處，不動聲色，使朝著一新，奸究屏息」；三、仁，「不治黨與，無所株連，使大小臣工，洗心滌慮，俾各自安」，可供參考。是以嘉慶皇帝不僅藉和珅案以「立威」，一紓在嗣皇帝期間的壓抑，也爲親政開啓改革的契機。

咸與維新

嘉慶皇帝在賜死和珅後，再次宣諭「和珅任事日久，專擅蒙蔽，以致下情不能上達。

若不立除元惡，無以肅清庶政，整飭官方」。他以此案業經辦結，「不復追咎既往，凡大小臣工，無庸心存疑懼」，並期勉從前「熱中躁進，一時失足」的官員，能遷善改過，「以副朕咸與維新之治」。「咸與維新」，語出《尚書》，意指一切除舊更新，說明嘉慶皇帝有改革的企圖，時人亦有「今上親政之始，政治維新」之語。然為避免臣民有違反「祖制」的質疑，嘉慶皇帝仍強調是採行「以皇考之心為心，以皇考之政為政，率循舊章」的施政路線。

所謂「維新」，具體表現在廣開言路、崇儉黜奢、尚勤務實三方面。就廣開言路而言，「治天下之道，莫要於去壅蔽」。嘉慶皇帝曉諭九卿科道有奏事之責者，「於用人行政，一切事宜，皆得封章密奏」。為鼓勵臣工暢所欲言，嘉慶皇帝規定「陳

圖9-1　嘉慶皇帝像。

奏事件，俱應直達朕前，俱不許另有副封關會軍機處；各部院文武大臣，亦不得將所奏之事，豫先告知軍機大臣」。他又以各省職司巡察的道員，「目擊本省政務民情」，較科道風聞糾劾更爲眞知灼見，亦准其密摺封奏。是以官員多能指陳時弊，爲乾隆朝晚期以來暮氣沉沉的官場注入活力。

其次，「崇儉黜奢，治道所尙」。嘉慶皇帝個性「素喜儉樸」，親政之初即降旨「停止貢獻，禁絕苞苴，以期轉移風氣，日就敦龐」。他認爲珍寶玩品「饑不可食，寒不可衣」，官員備辦貢物，「名爲奉上，其實藉以營私」，「最爲吏治之害」。因此，「在朝大吏，無不屛聲色，滅騶從，深衣布袍」，「往昔皆以聲色自娛者，近乃絕口不談樂律」，官場風氣爲之一變。

又「勤政爲愛民之本」，「有實心而後有實政」，是致治的不二法門。嘉慶皇帝指出，國家當前的隱憂，在於臣工「全身保位者多，爲國除弊者少；苟且塞責者多，直言陳事者少」。嘉慶皇帝既以「孜孜圖治，不敢暇逸」自我要求，對「委靡不振，自暴自棄」的官員，則嚴加整飭，並宣示寧受「薄待大臣之名」，「必挽回乃止」。

「咸與維新」的要旨並非創新，早已見於清初以來諸帝訓誡群臣的上諭，惟其意義在改變乾隆皇帝長期執政所衍生的官場積習。縱使後世以「率循舊章」批評嘉慶皇帝無所作爲，但是從《朝鮮王朝實錄》的記載來看，「皇帝深懲上皇末年威權下移，事無大小，躬自總攬，每至日晏忘食，夜分始寢，刑賞法制，一遵雍正故事」；「大抵以勤儉見稱，觀於宮殿之多樸陋，可謂儉矣；紀律頗嚴，事務無滯，亦可謂勤矣」，仍有可觀之處。

二、苗事與洋盜

苗事的成因

雍正朝在雲南、貴州、四川、廣西、湖廣等地，推行「改土歸流」政策，並稱該區域為「苗疆」。土司制度相沿數百年，土官與土民間的「主僕之分最嚴」，其權威往往凌駕朝廷派遣的流官，不易治理；加以改土歸流對舊勢力衝擊甚大，一旦委官不當，則易生變亂。

雍正十二年，貴州古州流傳「出有苗王」之語，苗民一呼百應，即於次年糾眾舉事；朝廷調集大軍征剿數月，卻徒勞無功。是時，「中外畏事者，爭咎前此苗疆之不當闢，目前苗疆之不可守」。雍正皇帝不僅承認經理苗疆失策，曰：「若云貪其土地，則其地本在吾版圖之中。縱使日久之後，苗眾抒誠向化，輸納錢糧，計算尚不及設汛養兵萬分之一，然則國家果何所利而為此哉？」甚至有「棄置新疆」的想法。

乾隆皇帝繼位之初，面對「前功幾盡失，全局幾大變」的苗事，降旨強調「苗疆用兵，乃目前第一要務」，即指派熟悉苗務的湖廣總督張廣泗率兵往剿，於乾隆元年將古州之變戡定。是役苗民傷亡慘重，先後燬除一千二百餘寨，斬一萬七千餘人，史稱「未有滌盪廓清，若斯之烈者」。

戰後，乾隆皇帝宣布「將正賦悉行豁除」，使苗民「既無官吏需索之擾，并無輸糧納稅之煩」。至於治理方式，則經過兩年多的討論，乾隆皇帝於乾隆三年指示在苗疆增添官兵、實施軍屯。次年年底，古州鎮總兵韓勳奏稱，地方官勸導苗民種植雜糧，俱有收穫；屯軍在農隙時，除操練技藝外，亦開墾山坡荒地；另興立場市，各寨苗民、商販按期交易，軍、苗「實屬樂業」。乾隆皇帝覽奏，甚表欣慰，曰：「若能行之以實，則將來永遠安謐矣。」

又苗疆原有民人不准擅入苗寨的條例，惟「日久懈弛，往來無禁」。迨乾隆朝晚期，湖南、貴州、四川三省交界處的乾州、鳳凰、永綏、松桃等廳，漢民移居苗境者日眾，尤其永綏城外苗地幾盡爲所占，苗民生活領域日蹙。另一方面，地方官、當地漢人見苗民「柔弱易欺，恣行魚肉」，又有外來客民侵占地畝、任意欺凌等事，以致苗民不堪其虐。因此，「驅逐客民，奪回田地」之說，「哄動群苗」，亂端遂起。

苗疆生變及其善後

乾隆六十年年初，湖廣提督劉君輔（一七四一—一八一七）奏稱，松桃廳苗民聚眾起事，永綏廳苗民亦糾眾搶劫，爲防止其相互勾結，正調兵二千名速往辦理。乾隆皇帝原本認爲，「不過糾眾仇殺，止當訊明起衅緣由」，斥責劉君輔反應過當。旋因湖廣總督福寧（一七三九—一八一四）奏報乾州城被圍、官員殉難，乾隆皇帝聞訊後態度丕變，諭曰：「逆苗等聚眾不法，膽敢搶城傷官，必須痛加勦除」，乃派雲貴總督福康安、四川總督和琳（一七五三—一七九六）前往督辦。福康安係大學士傅恆子、孝賢純皇后（富察氏，一七一二—一七四八）侄，自幼在內廷接受乾隆皇帝教養，在金川、石峰堡、臺灣、廓爾喀諸役屢立戰功，深獲寵用；和琳是和珅的胞弟，亦善戰。

戰爭初起，湖南三廳兩縣，「俱被賊苗滋擾，蔓延百數十里」；黔、楚交界，「從逆之苗，無慮數百寨」。雖然朝廷調集兩廣、兩湖、雲南、貴州、四川七省官兵五、六萬應援，但戰事陷入膠著。究其原因，統兵將領初以苗人不足爲患，及師老無功，則頻以暴雨、山潦漲阻爲辭；即使招降數萬苗民，卻旋撫旋叛，而「軍士不習水土，中暑毒死日眾」。時人認爲，福康安「欲養賊自重，以邀封拜，乃頓兵不進」，與和琳「日夜飲酒聽樂」，是不能迅速解決苗變的主因。

在戰況尚未明朗之際，乾隆皇帝竟將福康安由一等嘉勇公晉封固山貝子，是清朝唯一受封宗室爵位的異姓大臣，和琳也由一等男晉封一等宣勇伯。嘉慶元年，福康安、和琳分別於五月、八月在軍前病逝，福康安更獲贈郡王銜，和琳則晉贈一等宣勇公，皆配享太廟。由是觀之，乾隆皇帝既知客民侵奪是激起苗變的主因，卻將權貴群集於此，實欲令其

圖9-2　《平定苗疆圖》中的「明亮攻克平隴圖」。清乾隆間單色銅板墨印紙本冊頁，臺北國立故宮博物院提供。

建功，以遂其封拜私心；福康安、和琳則「恃搏象之力搏兔，以爲功成指顧」，以致事態難以收拾。

和琳死後，嘉慶皇帝改以將軍明亮（一七三六—一八二二）、提督鄂輝（？—一七九八）接掌苗疆軍務，先後攻陷乾州、平隴，並於嘉慶元年年底宣告「苗疆悉平」。事實上，係因川、陝、楚白蓮教起事，其勢正熾，諸將「草草奏戡定」。嘉慶皇帝便藉「蕆功完善」之名，「移征苗之師而北」，以應燃眉之急。即使朝廷於嘉慶二年依湖廣總督畢沅所奏，議定「苗疆善後事宜」，貴州、湖南仍變亂屢生，直到嘉慶十一年（一八〇六）始「邊境銷兵」。

清朝能有效治理苗疆，鳳凰廳同知傅鼐（一七五八—一八一一）功不可沒。傅鼐自嘉慶元年就任後，提出興屯田、建碉堡的對策，使「兵民相輔」，「且耕且戰」，「自衛自養」，則「邊無餘隙，環苗以成圈圍之勢」。在嘉慶皇帝支持下，傅鼐的主張得以漸次施行，實現「使兵、農爲一以相衛，使民、苗爲二以相安」的目標。傅鼐專司苗疆十餘年，修置碉堡千餘所、屯田十二萬餘畝、收卹流民十萬餘戶、屯兵練勇八千人，也由同知逐步晉升至湖南布政使。

關於苗疆「蕆功」的時間，官書繫於嘉慶元年。次年正月，太上皇與嘉慶皇帝在重華宮茶宴群臣，席間君臣作「平定苗疆聯句」，以記其盛。其中，內閣學士那彥成（一七六四—一八三三）以「久著十全贏樹績」詩句，歌頌太上皇「睿謨廣運，指示先機」；太上皇用「重以加酬尙覺輕」，讚揚福康安、和琳「協心剿賊，忠藎堪嘉」；嘉慶皇帝則以「同心勁旅剋期行」，推崇皇父「知人善任，先幾驅策」，並將「蕆功」的榮耀歸於太上皇。

然而，嘉慶皇帝誅和珅時，便追究和琳「會剿苗匪，牽掣福康安，師無功，命撤出太廟」，並革其子承襲的公爵之位。至於福康安在軍中「習奢侈，犒軍金幣輒巨萬」，早爲人詬病，嘉慶皇帝念其爲勳戚重臣，雖未追奪其封賞，但「屢下詔戒諸將帥毋濫賞，必斥福康安」。凡此，可知嘉慶皇帝對苗事得失自有定見。

洋盜的性質

浙、閩、粵沿海的洋盜活動，由來已久，在明代統稱爲「倭」；至明末，則以亦商亦盜的鄭芝龍（一六〇四－一六六一）、鄭成功父子勢力最強。康熙二十二年，清朝攻克臺灣，並於次年停止「海禁處分之例」，開始經營海疆，鼓勵滿、漢人民「出洋貿易，以彰庶富之治」。是時，洋盜一度消聲匿跡，史稱「航天萬里，鯨鯢不波」。至乾隆朝晚期，在海上劫掠或走私的洋盜勢力復熾，不僅遇船即劫，甚至「上岸行劫，擄捉事主，勒銀取贖」，危害地方治安。影響所及，「商賈往往裹足不前，海船到關者較少」，也造成國家關稅收入銳減。

乾、嘉之際，又有安南暗中支持的「艇盜」。安南西山阮氏政權（新阮，一七七八－一八〇二）建立後，國內連年戰爭，國王阮光平（阮惠，光中皇帝）、阮光纘（景盛皇帝，一七八一－一八〇二，一七九二－一八〇二在位）父子爲籌措軍費，乃「招瀕海亡命，資以兵船，誘以官爵，令劫內洋商船，以濟兵餉」。艇盜行蹤飄忽不定，起初爲患粵地，繼而與內地土盜相結，遂深入閩、浙，形成「土盜倚夷艇爲聲勢，而夷艇恃土盜爲嚮導」，官軍非但疲於奔命，且「夷艇高大多礮，即遇亦未必能勝」。因此，「粵省匪船，遂有假裝服飾，稱爲安南夷人，乘風入閩」；「閩省洋盜充斥，並勾結安南夷船」。

嘉慶元年前後，苗變與白蓮教兩事並發，清軍陷入苦戰，「未遑遠籌島嶼，以故賊氛益惡」。經兩廣總督覺羅吉慶（一七五三—一八〇二）調查，得知洋盜藏匿安南境內，「且有該國隱匿賊匪之情」；另據拏獲「夷匪」羅三亞供稱，「安南烏艚（廣東船，係中式帆船），有總兵十二人，船一百餘號」，「皆得受該國王封號」。嘉慶二年，嘉慶皇帝下令，閩、粵、浙三省洋面，「遇有外洋駛入夷匪，無論安南何官，即行嚴辦。再此後拏獲安南盜匪，審明後當即正法」；並以太上皇的名義敕諭安南國王阮光纘，迫使交出六十餘名洋盜及其船械，解送內地查辦。由於洋盜漸失庇護，乃陸續接受廣東地方官的招撫。

與此同時，安南國內情勢也發生變化，遭西山阮氏推翻的廣南阮氏（舊阮，一五五八—一七七七），其後裔阮福映（阮世祖，一七六二—一八二〇，一八〇二—一八二〇在位）趁西山政權內亂起兵。嘉慶六年年底，阮光纘危亡在即，受安南封爲總兵的著名巨盜陳添保攜眷投降，嘉慶皇帝更加確定「積年洋盜滋擾，皆由安南窩留所致」。次年，阮福映擒阮光纘，即「遣使恭進表貢」，並縛送洋盜莫觀扶等三犯，經「訊取供詞，均係內地盜犯，該國招往投順」。嘉慶皇帝痛斥阮光纘，「豢養盜賊，通同劫掠，負恩背叛」，也有警告阮福映切勿重蹈覆轍的用意。嘉慶八年，清朝封阮福映爲越南王，史稱「新受封，守朝廷約束，盡逐國內奸匪，由是艇賊無所巢穴」。

蔡牽崛起及其覆沒

阮福映建國後，越南不再與洋盜相通，惟洋盜已獲得凌駕官軍之上的船械，其在福建者，皆爲同安人蔡牽（一七六一—一八〇九）所併，仍爲海疆巨患。早在嘉慶三年，蔡牽已是朝廷亟欲緝捕的「盜首」。此時，他既得夷艇、夷礮，又有水澳、鳳尾兩幫洋盜餘黨來附，「凡商船出洋者，勒稅番銀四百圓，回船倍之」；且結陸地會黨，濟其船械、米糧，成爲官方眼中「一日不除，洋面一日不靖」的「洋盜巨惡」。

官造戰艦，笨重粗劣，不能放洋，只能雇用商船載兵。嘉慶五年（一八〇〇），兩廣總督覺羅長麟（一七四九—一八一一）「依商船米艇式樣，於通省各官養廉內捐造」，共有百餘號，「遇盜即擒，聲勢頗爲雄壯」。浙江巡撫阮元亦率官商捐金十餘萬，交水師提督李長庚（一七五〇—一八〇七）赴閩建造配有大礮的大艦三十，曰「霆船」，海防力量大幅提升。

嘉慶八年，蔡牽帶領部眾至浙江定海，往普陀山進香，遭李長庚率霆船追擊，在逃到福建海上途中，向閩浙總督玉德（一七四二—一八〇九）乞降，並要求浙江水師勿在上風處相逼。玉德不疑有詐，下令官兵「收港勿出」，蔡牽因獲得喘息機會，便重新整備，旋即遁走。是役使蔡牽認識霆船的戰鬥力，乃用重金委託閩商建造能越洋的「大海舶」，以「載貨出洋，僞報被劫」的方式陸續交船，其聲勢得以復振。嘉慶九年（一八〇四）至十一年間，蔡牽憑藉船隻優勢，不僅聯合走私出身的廣東洋盜朱濆（一七四九—一八〇八），更自號「鎮海王」，「聚百餘艘，復犯臺灣」。雖然官兵作戰折損甚多，但在李長庚連番追擊下，蔡牽亦無重大斬獲。

洋盜問題不能徹底解決，與總督、提督意見不協，閩省、浙省彼此掣肘有關。李長庚奏陳「蔡逆未能殲擒」的原因，「實由兵船不得力，接濟未斷絕所致」，各鎮總兵願預支養廉銀捐造大船，而總督玉德卻以「造船需數月之久，借帑四、五萬兩之多」，不肯具奏，嘉慶皇帝乃將玉德革職治罪，陞湖南巡撫阿林保（一七四六—一八〇九）代之。時福建官員「以不協剿、不斷岸奸，懼獲罪，交譖長庚於新督」。阿林保即連疏密劾李長庚，反而引起嘉慶皇帝懷疑，便密詢浙江巡撫清安泰（一七六〇—一八〇九），始知他「熟悉海島形勢、風雲沙線」，以及戮力從公等情。因此，嘉慶皇帝下令：「嗣後剿賊專倚長庚，儻阿林保從中掣肘，玉德即前車之鑑。」

嘉慶十二年，李長庚在廣東、福建連敗蔡牽；是年年底，李長庚率福建水師提督張見陞（？—一八一三）追剿蔡牽殘部至黑水外洋，竟遭洋盜船礮擊中陣亡。當時閩、粵水師數十倍於洋盜，卻因張見陞庸懦怯戰，錯失良機。嘉慶皇帝接到李長庚身故的消息，爲之「心搖手戰，震悼之至」，即重新安排人事，任命李長庚部將王得祿（一七七〇—一八四二）爲福建提督、邱良功（一七六九—一八一七）爲浙江提督，合剿蔡牽。嘉慶十三年，朱濆遭金門總兵許松年（一七六七—一八二七）轟斃，廣東洋盜勢力遂衰。嘉慶十四年

（一八〇九），閩、浙水師將蔡牽圍困在定海的漁山海面，蔡牽「知無救，乃首尾舉礮自裂，其船沉於海」，餘黨和小股海賊皆陸續被官軍肅清。

嘉慶皇帝認爲，「國家經理大事，總當握其要領」，「辦理洋匪，則以杜絕接濟爲要」，而有效處理地方大員不和也是關鍵。又當海事未靖，澳門葡萄牙人備兵船二、英國備兵船四，各願助戰，廣東大吏則以「中朝無借助外洋之理」拒絕。魏源以爲，「不借外洋之戰艦，可也。不師外洋之長技，使兵威遠見輕島夷，近見輕屬國，不可也」，實發人深省。

三、民間秘密組織的擾動

秘密會黨

清代民間的秘密組織，在研究上統稱爲「秘密社會」，但因組織型態、思想信仰、社會功能等方面的不同，分爲「秘密宗教」和「秘密會黨」兩大範疇。秘密宗教是雜糅儒、釋、道思想所產生的各種民間宗教，由於未獲官方認可，頻遭取締，只能秘密傳教。秘密會黨則是由民間異姓結拜組織發展而來的團體，藉由盟誓維繫成員間的橫向關係，另有秘密會社、秘密幫會或秘密結社等名稱，官書或奏摺則常見「結會樹黨」字樣。

清初以來，律例並無「結會樹黨」治罪的專法，但有「異姓人歃血訂盟，焚表結拜弟兄」，「照謀叛未行律，爲首者擬絞監候」的規定。乾隆二十九年，福建巡撫定長（一七〇五—一七六八）具摺詳述閩省「結會樹黨之惡習」，其特徵有：一、成員，「里巷無賴匪徒」；二、組織，「創立會名」，「有以年次而結爲兄弟者，亦有恐干例禁而並無兄弟名色者」；三、目的，「皆圖遇事互相幫助」；四、影響，「彼此樹敵，城鄉效尤」，「小則魚肉鄉民，大則逞兇械鬥，抗官拒捕」。經刑部議覆，增訂律例，凡有結會樹黨情事，「爲首者照兇惡棍徒例，發雲貴、兩廣極邊烟瘴充軍」。因此，各會黨的活動都與律例相牴觸，同樣遭到官方禁止。

關於會黨起源，以往多採民族主義觀點，主張與「反清復明」關係密切，晚近則傾向是社會變遷的產物。秘密會黨盛行的地區有二：一是地狹人稠的閩、粵沿海，當地多聚族而居，以血緣爲聯繫的各宗族間，常因經濟利益引發械鬥事件，大姓欺壓小姓，小姓爲求自保，則連結相抗。小姓取「萬眾一心」、「四海一家」等寓意，以「萬」爲姓、以「海」爲姓，化異姓爲同姓，進而結盟拜會，蔚爲風氣。二是地曠人稀的臺灣、廣西、雲貴等邊陲地區，祖籍地緣成爲移民形成聚落的基礎，在同鄉意識驅策下，患難相助，疾病相扶。由於邊區生存競爭激烈，移民爲求立足異地，多創立會黨；土著因客籍結會，恐被擾害，也爭相成立會黨與之抗衡。

至於會黨的性質，官方查獲的會黨名目繁多，其性質不盡相同，可分爲：一、互助性質，雍正六年，福建總督高其倬（一六七六－一七三八）查禁臺灣諸羅縣的「父母會」，係縣民陳斌在湯完家招人結會，「每人出銀一兩拜盟，如有父母老了，彼此幫助」，是爲父母年老身故而預籌喪葬費用。二、自衛性質，乾隆四十八年，福建水師提督黃仕簡（一七二二－一七八九）赴臺灣查辦彰化「小刀會」，其滋事原因乃兵丁「結夥肆橫，凌辱民人」，「該處居民畏其強暴，相約結會，各持小刀，計圖抵制」，可知「係兵丁激成」。三、械鬥性質，嘉慶二十一年（一八一六），貴州巡撫文寧（一七六五－一八二三）破獲開泰縣民王開機赴古州歃血結拜「邊錢會」，將銅錢三枚砍爲六半，用五色絲線纏紥，作爲號令會眾信物，欲「誘賭竊劫，逞兇訛詐，欺壓苗民」，則屬械鬥團體。

「天地會」的活動

在諸多秘密會黨中，大約以「天地會」最爲人熟知；「十全武功」之一的臺灣之役，即與天地會有關。彰化一帶的早期聚落，係來自福建泉州、漳州移民分庄而居。乾隆四十七年，泉、漳民人因賭毆鬥，泉人遭漳人毆斃，爆發大規模分類械鬥；參與械鬥的漳州庄大里杙林姓族大丁多，被官府指爲起事首惡，成爲懲治的主要對象。乾隆四十八年，與林爽文同鄉的漳州府平和縣人嚴烟渡海來臺，在彰化開布店，並傳授天地會。林爽文見天地會人多勢眾，便於糾搶，便要求入會。

是時，諸羅縣捐職州同楊文麟的養子楊光勳與親生子楊媽世，時因爭財吵鬧。乾隆五十一年，楊光勳糾人至養父臥室搬取財物，遭楊媽世率眾趕逐，益懷憤恨，乃起意結會樹黨，招得七十五人，「意欲弟兄日添，則爭鬭必勝」，名曰「添弟會」。楊媽世聞知，爲防搶奪，也邀得二十四人，「以光勳不肖，必被雷擊死」，故名「雷公會」。雙方械鬥過程中，殺害把總陳和，成爲官府嚴拏的要犯，雷公會成員遂紛紛逃匿大里杙庄內。由於地方官查辦過激，牽連天地會，加以兵丁藉端索詐，焚燬民房，大里杙天地會爲求自保，遂邀約各漳州庄於是年年底共同抗拒官兵，旋即攻破彰化縣城，釀成歷時年餘的大變亂，直到乾隆五十三年初才平息。

事後，嚴烟被捕，據他的供詞，天地會名目，「因人生以天地爲本，不過是敬天地的意思」，「原爲有婚姻、喪葬事情，可以資助錢財；與人打架，可以相幫出力；若遇搶劫，一聞同教暗號，便不相犯」。經逐步追查，清廷確認天地會起源於福建漳州漳浦縣，由洪二和尚（俗名鄭開，僧名提喜，？—一七七九）於乾隆二十六年倡立，是來自下層社會的異姓結拜團體。洪二和尚制訂獨特的結拜儀式、詩句歌訣和隱語暗號，例如：以「三指訣」爲聯絡暗號，以「五點二十一」暗隱「洪」字等，發展出獨具特色的天地會。在乾隆三〇年代的天地會抗官事件中，因「無辭惑眾」，乃捏造是宋朝後裔趙良明，另有假稱朱振興爲明朝後裔者，開始以「復明」相號召。

迨嘉慶年間，天地會衍生出許多新的名目和分支，在南方省分廣為流傳。嘉慶十一年，江西破獲「三點會」，會首周達濱供稱，「以天地會名目犯禁」，該會係洪二和尚起立，「洪字偏旁三點，即改名三點會」。天地會為躲避官方的取締，不僅不斷改換名稱，包括洪門、三合會等，也出現「反清復明」的口號，逐漸成為具有政治色彩的秘密組織。此外，活躍於四川的「嘓嚕」，則陸續進入貴州、湖南等地，更從十百成群、以犯罪為生的鬆散流民團體，朝向會黨組織轉化，甚至以「哥老會」名稱出現，成為天地會以外的另一股重要勢力。

川陝楚白蓮教起事

相較於秘密會黨對地方治安的侵蝕，嘉慶元年至九年秘密宗教大規模起事，則幾至動搖清朝統治。乾隆朝晚期，川、陝、楚等省「多有持齋念佛，背誦經咒之人」，混元教、三陽教、白蓮教及其支派活動頻繁，教案迭興；未幾，爆發蔓延四川、陝西、湖北、甘肅、河南五省，通稱為白蓮教的事變。

關於白蓮教起事原因，時人以當地賦繁役重，「窮民流而為盜賊」，官員為求表現，調鄉勇征討，惟「繩以峻法，糧餉又不給，鄉勇悉變為盜賊」。據被捕教犯的供詞，另指向在官府查拏時，胥吏動輒勒索，「賄賂即為良民，無錢財即為教匪，混行擅殺，抄擄家財，作賤婦女」，是不容忽視的因素。嘉慶皇帝則認爲，習教者「其初不過爲斂錢起見，並未敢糾眾滋事，若地方官設法勸禁，原不難消患未萌」，地方官卻「任聽胥役訛詐恐嚇」，使彼等無容身之地，率以「官逼民反爲詞」，造成攘奪、焚掠事件層出不窮。

由於投訴無門，白蓮教信徒乃透過血緣和地緣關係，擴大組織，擇期起事。乾隆六十年，教眾相傳「明年三月是辰年辰月，定起黑風，死人無數」，山西有個李犬兒，「是戊戌年生的，他是神將轉世，將來我們同教的人都要保護他在河南立業」。湖北教首張正謨、聶傑人等，「原擬嘉慶元年三月初十日辰時，是辰年辰月辰日辰時起事，爲的是興旺意思。原想用一色干支，使同教人看得新奇」，卻因官府查拏甚緊，適值各處官兵俱往湖南征苗，於是提前在正月十一日起事，年號「天運」。川、陝、楚等省白蓮教起事各股，分營、分寨管轄，有軍師、都督、元帥、先鋒等職稱，各豎旗號。教首之一的劉之協，豎「天王」旗號，被官府指爲「揑稱明代後裔，誘惑愚民，有心謀逆，實屬罪大惡極」。

四川至湖北間有「巴山老林」，陝西至湖北間有「南山老林」，天然資源豐富，鄰省無業貧民大量湧入，墾荒種地、伐木採礦或傭工爲生，他們在山林間搭蓋草棚而居，被稱作「棚民」，是白蓮教的基本信眾。當地高山深谷、千巒萬壑，清廷調動大隊兵馬進剿，然因「教匪」晝伏夜出、蹤跡無定，官軍往往只能尾追，不能迎擊。自嘉慶元年至四年間，接連更換幾位總統軍務的大臣，皆徒勞無功，而「通計所發餉項，及各省協撥銀兩，不下萬萬」。

嘉慶四年，嘉慶皇帝採納甘肅蘭州知府龔景瀚（一七四七—一八〇二）「用堅壁清野之法，令百姓自相保聚」，以及「山地用寨，平地則用堡」，行保甲之法，使「無地非堡寨，則無民非兵」的建議，命各督撫「曉諭州縣居民，扼要團練，使賊無可擄掠，與官軍犄角」。同時，改派戰爭經驗豐富的額勒登保（一七四八—一八〇五）爲經略大臣，他主張「宜招撫以散其眾，然必能剿而後可撫，必能堵而後可剿」，即剿、堵、撫並用的策略。

論者以爲，「三省教匪之平」，關鍵在堅壁清野、鄉勇守堡之策。自嘉慶六年起，官軍的形勢逐漸有利；迨次年年底，三省蕩平，嘉慶皇帝不僅大肆論功行賞，並將受戰禍波及各州縣「逋欠錢糧，普予豁免」。惟潛伏老林山區的教眾於嘉慶八年重新集結，他們「皆百戰之餘，悉官軍號令及老林路逕」；又有戰後遣散的鄉勇與之合流，因彼等與留軍者「相識相訴」，故官軍所屬鄉勇多「臨陣觀望」，以致「三省不得解嚴」，直到嘉慶九年始告戡定。此時，嘉慶皇帝改以戒慎的態度，飭令各鎮將仍帶兵分駐，並命成都將軍德楞泰（一七四九—一八〇九）在居中扼要之區「多駐數月」，俟「地方實已敉寧，防兵可以徹遣時，再回成都」。

白蓮教起事，歷時九年、席捲五省，清廷動支軍費達二億兩，副將、參將以下陣亡四百餘員，提督、總兵、侍衛等一、二品大員戰歿二十餘人，「奏報殺賊數十萬計，而官兵、鄉勇之陣亡，與五省民之罹毒者無得而稽」。事後，嘉慶皇帝將引發變亂的關鍵，歸諸吏治敗壞，曰：「視官階爲利藪，不恤國計民生，惟思保位謀利，苟且因循，遷延疲玩。守牧既如此處心積慮，又何能體察小民之疾苦」，故而「任吏胥作奸犯科，錙銖較量，以致眾怨沸騰，激而生變，官逼民反之說，信非謬也」。

天理教與「禁城之變」

苗疆、洋盜、教案接連平定，顯示清廷對地方的控制力並未完全喪失。嘉慶十六年春，嘉慶皇帝「舉西巡狩之典，幸五臺，示得意」。是年八月，彗星見西北方，欽天監從天象研判主兵兇，奏請將嘉慶十八年的閏八月改至次年二月行閏。此事爲天理教利用，認爲天象示警，必不利於清朝，並據「二八中秋，黃花落地」的讖語，推算出兩年後第二個中秋閏八月，即癸年、戌月、寅日、午時，是紅陽末劫，白陽當興，彌勒降生，故定於兩年後的九月十五日起事。

天理教又名八卦教，遍布華北各省，教首在河南爲滑縣李文成（？—一八一三），在直隸爲大興林清（？—一八一三），史稱「聚眾斂財，愚民苦胥吏者，爭與焉」。入教者何以能不爲胥吏侵剝，不得其詳，或與胥吏多奉教，入教便可藉以保身家有關。當舉事日期確定後，李文成和林清商議，由林在京城發動攻勢，李則在河南爲外援。

嘉慶十八年，歲次癸酉。七月，嘉慶皇帝按慣例北巡，秋獮木蘭，並命皇次子綿寧（旻寧，清宣宗）等往熱河隨駕行圍。皇帝離京，宮禁警衛不免鬆弛，天理教遂有機可乘。豈料消息走漏，李文成等在九月初被捕，滑縣教眾乃率先起事，攻陷縣城，直隸、山東各縣同時響應，聲勢浩大。當時木蘭圍場一帶持續陰雨，嘉慶皇帝決定提前回鑾，並遣綿寧等先行回京。返程途中，嘉慶皇帝接獲亂事的奏報，即指示直隸總督溫承惠（一七五五—一八三二）安定民心和戰守事宜，特別是藉助民力進行堅壁清野，但嚴禁招募鄉民隨營打仗，可見是記取三省教案的教訓。

另一方面，林清在北京傳教時，吸收宮廷太監劉得財、劉金等入教，又結交獨石口都司曹倫（正黃旗漢軍）、曹福昌父子，以為城中內應。當河南會眾倉促起兵，已不及赴林清之約；曹福昌另告以嘉慶皇帝將於十七日駐蹕白澗，諸王大臣皆往迎鑾，可趁虛發難，惟林清堅信讖語，不願改期。事實上，林清的密謀早已外洩，卻因官員怠忽，未能及時制止。

九月十五日午時，埋伏多時的天理教徒二百餘人，直衝紫禁城宮門，由內監帶領分犯東華門、西華門。進東華門的一路，護軍覺察較早，教眾僅十餘人闖入，旋被擒殺；入西華門者八十餘人，則關門以拒官軍，並轉往隆宗門。時諸皇子在上書房聞變，綿寧急命進撒袋（盛弓、箭之袋）、鳥銃、腰刀，連續擊斃兩名欲攀牆進養心門者，貝勒綿志（一七六八—一八三四）也「以銃殪賊」。經兩天一夜，搜捕教眾略盡，通謀內監亦皆就擒，是爲「禁城之變」，或稱「癸酉之變」。

十七日，嘉慶皇帝下詔罪己，曰：「變起一時，禍積有日，當今大弊，在因循怠忽四字」，以致釀成古來未有的巨變；又以功封綿寧智親王、綿志進郡王銜，諸大臣賞黜有差。十九日，嘉慶皇帝還宮，京城秩序恢復正常。數日後，嘉慶皇帝親訊教眾，下令將林清「寸磔」，涉案太監等凌遲處死；「習教從逆」的旗員曹倫父子，亦凌遲梟示，全家削除旗籍，並載入簡冊，「俾令遺臭萬年」。

至於天理教在河南、山東的活動，李文成被救出後仍據滑縣，稱「大明天順李眞主」，雖因在獄中「刑斷其脛」，仍以輕車率眾與官軍對抗。嘉慶皇帝派陝甘總督那彥成調集在鄰近各省的吉林兵、索倫兵，全力進攻河南，山東則命副都統蘇爾愼（？—一八二二）助剿。嘉慶十八年年底，李文成兵敗，舉火自焚，其餘各股勢力也相繼潰散，天理教起事終於平定。

癸酉年的「禁城之變」，對嘉慶皇帝打擊甚大。他深切檢討，並歸納出三點原因：一、官民交困，「百姓困窮，爲致變之源，而其本又在州縣亦多困窮」；地方財政困難的癥結，則在虧缺、民欠、攤捐，「有此三困，難爲清官」。二、痼疾已成，「承平日久，生齒日繁，物價騰貴」，「官多疲玩，兵盡怠慵，文不能辦事，武不能操戈」。三、泄沓成風，逆謀已三年之久，王公大臣、將弁兵士「竟無一人出首者」，足見其「視國事漠不相關，積陋習牢不可破」。所論無不切中要害，卻只有「欺朕甚易，欺天甚難」；「我君臣各思奮勉，或可挽回汙俗」之類的道德勸說，而未研議除弊對策。因此，嘉慶皇帝雖能化解危機、維持統治，但「朕遇斯時，大不幸也」的心態，已然失去處理難題的動力。

四、對外關係的變化

「天朝」與「四夷」

滿洲在建國的過程中，與周邊民族建立對等的或部落聯盟的關係；在統治漢地之後，則沿用明朝的「朝貢」制度，以及由此所建立以「中國」皇帝為中心的「世界秩序」。順治四年，清軍征服浙、閩、粵等沿海省分，即頒詔明初以來遣使朝貢各國，「有能傾心向化，稱臣入貢者，朝廷一矢不加，與朝鮮一體優待」，即是在漢官「普天之下，莫非王土」意識影響下，開啓以「天朝」自居的想像。

在乾隆朝中期以前，清朝將有往來的國家或民族，統稱為「四夷朝貢之國」。依各國與清朝的關係，可分為：一、有政治隸屬關係的屬國，有朝鮮、琉球、蘇祿（今菲律賓民答那峨蘇祿群島）、安南、暹羅、緬甸、南掌（老撾），由禮部管理。二、被稱為「西北番夷」的蒙、藏部落，由理藩院接待；惟各部在乾隆年間陸續成為清朝的「藩部」，不再列爲朝貢國，仍歸理藩院管轄。三、通商貿易的西洋諸國，包括葡萄牙、義大利、英國，相關事務也由禮部負責。比較特別的是，清朝視爲「朝貢國」之一的荷蘭，並未列入西洋諸國，係因認爲「其國在西南海中（今婆羅洲以西），後占據噶喇吧（爪哇雅加達），遂分其眾居之，仍遙制於荷蘭國」。

就朝貢制度而言，只有上述第一類國家具實質的「封貢」關係。各朝貢國國王接受清朝的冊封後，便依貢期、貢道的規定，定期朝貢；清朝則沿用「厚往薄來」的傳統，給予賞賜。各國「遇有嗣位者，先遣使請命於朝廷。朝鮮、安南、琉球欽命正、副使，奉敕命往封；其他諸國，以敕授來使齎回，洒遣使納貢謝恩」。在此體制下，清朝是永遠的宗主國，即使未受封的「四夷」，仍須遵守「天朝」制度；對積極尋求海外市場的西洋諸國來說，若不遷就，便無法發展商業關係。

十五世紀末，新航路發現，歐洲國家以軍事征服與武力掠奪，在非洲、美洲、南亞建立殖民地，並試圖與遠東國家進行貿易。在外交上，歐洲各國的往來方式，是以使節交涉、締約結盟來維護國家利益，並認爲通商是互通有無、彼此受惠的活動。然而，「天朝」既無平等外交的概念，又自認「物產豐盈，無所不有」，對西洋「奇巧之器，亦不視爲珍異」，與「四夷」通商只是「施以小惠」，故而多設限制。

表9-1 清朝朝貢各國貢期、貢道一覽表

國名＼規定	貢期	貢道	備註
朝鮮	一年四貢	鳳凰城至盛京入山海關	崇德二年敕封爲朝鮮國王
琉球	二年一貢	福建閩安鎮	順治十一年敕封爲中山王
安南	三年一貢	廣西憑祥州入鎮南關	康熙五年敕封安南國王；嘉慶七年安南改國號「越南」，敕封越南國王
暹羅	三年一貢	廣東虎門	順治十年遣使請貢；康熙十二年敕封暹羅國王
蘇祿	五年一貢	福建廈門	雍正四年遣使入貢；雍正五年欽頒敕諭賜該國王
南掌	五年一貢	雲南普洱府	雍正八年奉表入貢；乾隆六十年敕封南掌國王
緬甸	十年一貢	雲南騰越州	乾隆十五年奉表入貢；乾隆五十五年敕封緬甸國王

說　明：未受封的荷蘭、西洋諸國，「貢無定期」，荷蘭由廣東虎門、西洋諸國由廣東澳門。

資料來源：（清）托津等奉敕撰，《大清會典（嘉慶朝）》（收入《近代中國史料叢刊三編》，第六四輯，第六三一—六四〇冊，臺北：文海出版社，一九九一年），卷三一，〈禮部．主客清吏司〉，頁二a—三a、頁四a。

清、俄的商務交涉

從陸路前來與清朝通商貿易的國家中，以俄國最爲重要。先是，自康熙二十八年清、俄簽訂《尼布楚條約》後，准許俄國每三年派人來北京貿易一次，以八十日爲限，人數不得超過二百人，「一應貨物不令納稅，犯禁之物不准交易」；也允許俄國派傳教士和留學生，前來北京學習滿、漢文。其後，因俄國暗中支持準噶爾部與清朝對抗，清方乃於康熙六十一年下令俄國商隊離開北京，並不得在蒙古庫倫進行貿易。

迨雍正五年，清、俄重啓交涉，簽訂《恰克圖條約》，主要內容是：一、劃定清、俄在喀爾喀蒙古地區以恰克圖河爲界，北岸的恰克圖歸俄國所有；二、以尼布楚、祖魯海圖，以及恰克圖爲貿易之所，並「兩無榷稅」；三、俄商、傳教士、留學生前往北京的規定，仍照《尼布楚條約》之例辦理。條約簽訂後，清朝在恰克圖對岸修建「買賣城」，作爲雙方互市場所，是以俄商可逕由買賣城、經張家口抵達北京，不必再從黑龍江東來。由於俄國與蒙古接壤，其事務劃歸理藩院管轄，恰克圖貿易也由理藩院負責。

在恰克圖貿易的商品，從俄國進口的貨物以毛皮爲大宗，清朝出口則以絲綢、棉布、茶葉爲主，尤其茶葉銷售量快速成長，形成「彼以皮來，我以茶往」的盛況。惟在乾隆年間，清朝三度關閉恰克圖互市，原因分別是：一、乾隆二十九年至三十三年，俄國屢次「不遵舊制，違背近約」，而以「私增貨稅」爲導火線。二、乾隆四十三年至四十五年，俄國頭目瑪玉爾有應會審「夷犯」，卻「妄自尊大」，並不即時會辦。三、乾隆四十九年至五十六年，庫倫商民前往烏梁海游牧貿易，被俄人劫去貨物。清朝認爲，「互市於中國初無利益」，俄國皮貨「專售中國」，對其國計所關甚鉅，全因該國「屢次卑詞懇請」，「大皇帝普愛眾生」，「施恩復准開市」，在在顯露「天朝上國」姿態。

另一方面，自乾隆二年起，清朝限定俄國的貿易在恰克圖一地，居住京城者嚴禁貿易，惟俄國亦託外國船隻帶貨至廣東。嘉慶十年，兩艘俄國商船爲節省運費，擅自載貨到廣州試作買賣。粵海關監督延豐以「懷柔遠夷」爲由，准其進港卸貨。嘉慶皇帝得知後，認爲向例止准在恰克圖通市貿易，俄船「越關卸貨，自應照例駁回」，下令將延豐革職，並宣布嗣後「毋得擅准起卸貨物，以昭定制」。此事件的意義，不只是延豐等人違反「定制」，更反映清朝對「外夷」的防範。

防範「外夷」

清朝自康熙二十三年解除海禁後，即以雲臺山（連雲港）、寧波、廈門、廣州爲通商口岸，並分設江南、浙江、福建、廣東四大海關進行管理，並沿用明朝辦理對外貿易的行會組織，由各家行商代辦官府和洋商的交涉事宜。西洋諸國可到沿海口岸進行貿易，實際上多集中在廣州；當地行商仍用明代「十三行」的舊稱，實際數量時有增減，在乾隆朝初期則有洋行二十六家。

乾隆二十一年，地方官奏報近來洋船專爲貿易而至寧波者漸多，係因寧波稅額較廣州爲輕，稽查亦較寬鬆。乾隆皇帝不願見「寧波又多一洋人市集之所」，指示「照廣省海關現行則例，再爲酌量加重，俾至浙者獲利甚微」。次年，乾隆皇帝又以「浙民習俗易囂，洋商錯處，必致滋事，若不立法杜絕，恐將來到浙者眾」爲由，諭令「嗣後口岸定於廣東，不得再赴浙省」，通商口岸遂由四處縮減爲廣州一地。自此，清朝的對外關係進入「粵海一口通商」的「閉關」時期。

限制通商一事，引起英國東印度公司不滿，派通事洪任輝（James Flint，一七二〇—？）交涉。乾隆二十四年，洪任輝赴天津向清朝要求開放寧波，並呈控粵海關監督李永標勒索陋規，乾隆皇帝認爲「事涉外夷，關係國體」，下令徹查。此案審理結果，將李永標革職，廢除海關陋規，重申洋船不可赴寧波貿易；洪任輝則因勾串內地奸民代寫訴狀，「希冀違例別通海口」的罪名，在澳門圈禁三年，期滿驅逐回國。

爲解決貿易違例事件，清朝頒布〈防範外夷條規〉五條，內容包括：一、禁止「夷商」在廣州過冬。二、「夷人」到廣州後，應居住在官方指定的商館，由行商管束稽查，以防私相交易。三、禁止行商、民人借領「外夷」資本，不准接受其聘僱役使。四、嚴禁「外夷」雇人傳遞信息，以防與內地奸商往來交結。五、在「夷船」停泊處，撥派官兵

「彈壓稽查」。「防範外夷」的重點，全在防止雙方有所接觸。

馬戛爾尼與禮儀之爭

乾隆五十八年六月，英國全權特使馬戛爾尼（George Macartney，一七三七—一八〇六）率領使節團七百餘人抵達天津。此行的目的，據英國東印度公司致函兩廣總督的說法，是爲增進雙方友好往來和臣民商業關係，並表示「特使將攜帶英王（George III，一七三八—一八二〇，一七六〇—一八二〇在位）陛下贈送貴國皇帝的一些禮物」。然信件經譯漢後，卻成爲「（貢使）帶有貴重貢物進呈天朝大皇帝，以表其慕順之心，惟願大皇帝施恩遠夷，准其永遠通好，俾使中國百姓與外國遠夷同沾樂利」等語。乾隆皇帝接到署理兩廣總督郭世勳（一七一九—一七九四）進呈的奏摺和譯稿，「閱其情詞，極爲恭順懇摯，自應准其所請」。

馬戛爾尼使節團在天津登岸後，前往北京，主要團員於七月底赴熱河避暑山莊謁見乾隆皇帝。在英使停留北京期間，乾隆皇帝指示負責接待的直隸總督梁肯堂（一七一七—一八〇一）、長蘆鹽政徵瑞（一七三四—一八一五）告知該使臣，「應遵天朝法度」，「到天朝進貢觀光者，不特陪臣俱行三跪九叩首之禮，即國王親自來朝，亦同此禮」。馬戛爾尼則將一份備忘錄轉交給大學士和珅，要求：「貴國皇帝欽派一位同本使地位、身分相同的大員穿著朝服，在英王陛下御像前，行使本使在貴國皇帝面前所行的同樣禮節」。儘管雙方爲覲見禮儀爭執不下，乾隆皇帝仍在避暑山莊萬樹園接見使節團，他們也參加乾隆皇帝的八十三歲萬壽大典。

關於馬戛爾尼等人以何種禮儀入覲，據英國副使司當東（George Leonard Staunton，一七三七－一八〇一）所述，在萬樹園時，「特使通過禮部尚書的指導，雙手恭捧裝在鑲著珠寶的金盒子裡面的英王書信於頭頂，至寶座之旁拾級而上，單腿下跪，簡單致詞，呈書信於皇帝手中」；祝壽時，「全體祝壽的人根據指揮，舉行了三跪九叩禮。特使及其隨從行深鞠躬禮」，而「皇帝本人，則如天神一樣，自始至終沒有露面」。按清朝官方記錄，軍機處擬定在避暑山莊接受英使呈遞表文的流程：「（和珅）帶領暎咭唎國正、副使，臣等恭遞表文，……即令該貢使等向上行三跪九叩禮」。隨侍皇帝在避暑山莊的軍機章京管世銘則賦詩云：「一到殿廷齊膝地，天威能使萬心降。」並自註曰：「西洋暎咭唎國使當引對，自陳不習拜跪，強之，止屈一膝。及至殿上，不覺雙跪俯伏」。

當事人或各說各話，現代史家則聚訟紛紜，未獲定論。晚近，大量史料影像化、數位化，並透過網路廣泛流通，黃一農利用「大數據」的資料優勢，獨創「e考據」方法，解決各種在早年學術環境下無法解答的問題。針對禮儀之爭，他比對各方敘事後，提出新解，略爲：八月初十日，在御幄外迎接鑾輿時，是單膝下跪三次，每次三俯首深鞠躬；覲見皇帝時，先在寶座的平臺前行雙膝下跪三次、每次俯首向地之禮；拾級登上寶座平臺時，則以單膝下跪禮呈遞國書。八月十三日賀壽時，因皇帝隱身簾幕之後，禮儀或與迎接鑾輿時相同。

乾隆皇帝接受英使「進貢」後，連頒兩道敕諭，一是「嘉許」英王「傾心嚮化」，但以不合天朝體制為由，拒絕其派人「住居天朝，照管爾國買賣」之請。一是逐項否決英方提出的多口通商、在北京設洋行、給予小海島收存貨物、在廣東省城附近撥給地方居住、貨物不上稅或少上稅、傳教士自由傳教等要求。九月初，馬戛爾尼使節團在清朝官員護送下離京，沿運河至杭州，再改道江西，由梅嶺至廣州；十二月初，從廣州返國。

馬戛爾尼在《日誌》中寫下對此行的印象之一，是「他們天生猜忌多疑，……因為對洋人充滿偏見。關於洋人的奸詐和兇殘，有許多可笑的故事在傳播，多半刻意受到政府的支持，其政策看來是要百姓相信，他們本身已經完美，因此不可能從洋人那裏學到甚麼。……一個國家如不進步，必定倒退，最終淪為野蠻和貧困」。

阿美士德事件

十八世紀末，歐洲各國為對抗大革命（一七八九）後的法國，形成「反法同盟」（一七九二—一八一五），英國在同盟中扮演重要角色。嘉慶十年，英國為避免歐陸戰爭影響其在遠東的商業利益，並防範法國挑撥清、英關係，乃「呈進貢表」；時蔡牽聲勢方殷，又假借「幫同緝捕洋盜」，派兵船、炮艦隨商船進入內洋。

對於英國主動表示「效力」，嘉慶皇帝斷然拒絕，認爲「焉有借助外藩，消除奸匪之理」，命兩廣總督那彥成「修明武備，整頓營伍，使奸徒聞風自遠，以懾外夷而靖海疆」。對於英王「犹表抒誠，極陳愛戴」，嘉慶皇帝則敕諭曰：「爾國王慕義向化，深所褒嘉，是用頒敕獎勵，並錫賚文綺等物」，仍以「天朝上國」自居。

清朝對來京的外國使節，率以「朝貢使」視之；對他國君主致贈的禮物，則以「貢方物」稱之，堅持禮儀問題，而漠視世界局勢變化。一八一四年（嘉慶十九年），反法同盟攻陷法都巴黎，法皇拿破崙（Napoléon Bonaparte，一七六九—一八二一，一八〇四—一八一四在位）被迫退位，英國不僅確立其歐洲第一強國的地位，對海外擴張更加積極。嘉慶二十一年，英國任命阿美士德（William Pitt Amherst，一七七三—一八五七）爲正使，當年擔任馬戛爾尼貼身侍童的小司當東（司當東之子，George Thomas Staunton，一七八一—一八五九）爲副使，率領六百餘人前來，希望爭取更多政治和商業的利益。然而，自英使抵達天津開始，便一直被叩頭問題所困擾。

嘉慶皇帝要求英使以乾隆五十八年舊例，行三跪九叩禮，並指示負責接待的工部尚書蘇楞額（一七四二—一八二七），「務將該貢使等禮節，調習嫻熟，方可令其入覲」，並揚言「與其到京逐回，不若中途轉回爲妙。朕實不願受此虛譽，有損國體」。清方強調有例可循，阿美士德主張只能行單膝下跪的英式禮節，而當年曾在場的小司當東則稱，「來時所有禮節雖經目睹，實係年幼不記得」。經蘇楞額開導後，阿美士德以到各國從未行過「跪一膝一俯首之禮」，「今情願加行九數，並非違背不從三跪九叩之禮，實係不敢私改我國王禮節」。對於覲見禮儀問題，雙方從六月下旬交涉至七月初，仍未達成共識。

七月初三日，嘉慶皇帝的態度已有轉變，同意英使「即起跪之間稍覺生疏，均無足深責」，而「五十八年亦係將就了此一事」，「逐回不如接見之爲是」；顯然皇帝知道，當年「三跪九叩」是有些彈性的。初六日，使團動身進京；次日清晨，抵達圓明園，旋即接獲理藩院尚書和世泰（一七八一——一八五一）通知，皇帝將於早上接見。阿美士德以旅途勞累、身體不適爲由，希望能延期；豈料和世泰竟動手拉扯，雙方發生衝突。和世泰回報英使的抗拒舉動，嘉慶皇帝震怒之下，命令使團即刻離京。

對於驅逐英使一事，嘉慶皇帝說明係因彼等一再藉口「不能進見」，「中國爲天下共主，豈有如此侮慢倨傲，甘心忍受之理」；即便如此，嘉慶皇帝仍表現「懷柔體恤之意」，非但「不治重罪」，反而指派官員護送至廣東，並諭令途經各省官員均應待之以禮。至於事件的責任，嘉慶皇帝則歸咎於「庸臣誤事」，主要的經辦官員均遭降罰。至於英方對於清朝中止談判的「蠻橫態度」，雖然「感受到侮辱」，但是他們相信，「屈服只能導致恥辱，只要捍衛的立場是合理的，態度堅決卻可以取勝」。

五、「康乾盛世」之後

清朝的「盛世」

自古以來，漢族士人常期待政權的建立者是有「武功」的「創業之君」，繼位者則是重「文治」的「守成之主」，進而開啓長期的安定與繁榮。換言之，君主在軍事征伐之餘，還需要文化建設，國家始能躋於「盛世」，此亦爲後世史家衡量朝代興衰的指標。

清朝統治中國二百六十八年，在康熙、雍正、乾隆時期（一六六二—一七九五，共一百三十四年），國勢達於鼎盛，被稱爲「康乾盛世」或「盛清」。趙翼認爲，「國家當氣運隆盛時，人主大抵長壽」，是以在武功、文治等具體的業績之外，帝王在位久暫、享壽長短，會影響國家能否長治久安。按虛歲算法，康熙皇帝六十九歲、乾隆皇帝八十九歲，分別在位六十一年、六十年，實兼得長壽與長治；即使在位僅十三年的雍正皇帝，享年五十八歲，亦非「早逝」。

然而，歷代帝王多不永年，史論概以爲「侈然自放，耽於酒色所致」。康熙皇帝是中國歷史上在位最久的皇帝，晚年自忖「數十年來，殫心竭力，有如一日，此豈僅勞苦二字所能該括」，也以「天下事繁，不勝勞憊」，爲享年不永的帝王辯白。身爲皇帝，「仔肩甚重，無可旁諉」，長期「宵旰勤勞，雖金石爲質，亦應消耗，況氣血之身」，絕非臣下「可仕則仕，可止則止」所能比擬。雍正皇帝「欲繼美皇考之治」，則知「憂勤惕勵，莫難於爲君」，並御書「爲君難」匾額，懸掛在勤政殿以「自警」。乾隆皇帝御製〈爲君難跋〉申論其義，曰：「無知難而不興之世，亦無不知難而不亡之朝。」正由於諸帝爲政敬慎，並以「爲君難」爲「家法大訓」，故能造就全盛時期。

清初以來，臣下常以「盛世」或「盛事」稱頌諸帝的施政成就，惟率屬溢美之詞。康熙五十一年，康熙皇帝宣布「各省今番編審丁銀數目，永遠酌爲定額，嗣後不准增減」；雍正皇帝下令將「增益人丁，繕冊奏聞，名爲『盛世滋生戶口冊』」；至乾隆五十二年刊印《皇朝通典》、《皇朝通志》、《皇朝文獻通考》，始稱該政策爲「盛世滋生人丁，永不加賦」，稱康熙朝晚期爲「盛世」，則係增飾之語。

關於清朝君臣對自己正身處盛世的認知，當在乾隆二十四年征服天山南、北路之後。是時，戶部侍郎于敏中進〈賀平定西域表〉，曰：「覲光揚烈，繼祖宗未竟之宏規；轢古凌今，覯史冊罕逢之盛事」，盛讚乾隆皇帝達成空前的偉業。乾隆皇帝對於國家在長治久安之餘，猶能將士用命開創新局，也自豪地說：「以亙古不通中國之地，悉爲我大清臣僕，稽之往牒，實爲未有之盛事」。

盛世的分期

自從清朝成為歷史，對其由亂入治、臻於全盛，乃至由盛轉衰的進程，亦即「康乾盛世」的分期，史家各有見解。茲以二十世紀初期問世的幾本斷代通史為例，略述如下：

一、稻葉君山（一八七六—一九四〇）《清朝全史》（一九一四，次年出版漢譯本），是第一部全面論述清朝歷史的著作。是書從國家財政的觀點，以順治朝至康熙二十年三藩戰爭結束，為「創業期」；康熙朝中期至乾隆朝為「盛運」，並稱乾隆朝為「全盛」。乾隆朝連年戰爭，仍普免天下正賦四次、減免七省漕運米糧二次，又有巡幸江南六次，支出極其可觀，迨晚期戶部存銀尚有七千餘萬兩，是建立在人口增加、土地開墾、疆域擴張的基礎上，故能維持全盛局面。

二、蕭一山因感於稻葉氏「觀點紕繆，疏舛頗多」，乃發憤撰寫清代史，在不到二十二歲時，便著成《清代通史》（一九二三—一九二四出版上卷、中卷；一九六二再增補並完成上、中、下三卷）。蕭氏就政治史的演變，以順治朝至康熙二十二年攻取臺灣為「一統期」，而以乾隆朝為「鼎盛期」，嘉慶朝則為「中衰期」；另將康、雍時期的武功和政治、文教發展，視為一個階段。

三、孟森《明清史講義》，是他在北京大學歷史系授課的講義（一九三五—一九三七）；其中清史部分，對康、雍、乾三朝經營邊疆，有較大篇幅的闡述，也是集其個人學術大成之作。孟氏係以帝王作爲分期的依據，將關外時期與順治朝合爲「開國」，康熙朝爲「鞏固國基」，雍正、乾隆兩朝爲「全盛」，嘉慶朝至道光朝則是「守文」。

上述說法雖頗有出入，但以乾隆朝爲全盛時期殆無疑義。近年中國清史學者多持「大一統」史觀，而以「統一」臺灣之後的康熙二十三年，作爲「盛世」之始。攻取臺灣，固然是康熙皇帝邊疆開拓的業績之一，當群臣以「海寇底定，請加尊號」時，他卻認爲「臺灣屬海外地方，無甚關係」，「即臺灣未順，亦不足爲治道之缺」。值得注意的是，康熙三十年，清朝在多倫諾爾與喀爾喀蒙古舉行會盟，取得漠北的實質統治權；又將入關前尚未徹底征服的東海女眞、黑龍江女眞陸續招撫並編成佐領，使東北對俄的防禦得以加強。是以從疆域擴張與鞏固統治的觀點，康熙三十年的重要性，及其作爲開啓盛世的意義，實超過康熙二十三年。

至於盛世的下限，論者多繫於乾隆六十年，也有定於嘉慶四年的主張，亦即將乾隆皇帝掌握實權的太上皇時期納入。然而，在乾隆朝之後，清朝是否立刻步入中衰，各家意見又復不一。雖然孟森將嘉慶、道光兩朝合爲守成時期，但是道光朝的鴉片戰爭（道光二十年〔一八四〇〕）、太平天國起事（道光三十年〔一八五〇〕），對國勢衝擊過鉅，已難稱守成。若以嘉慶年間邊疆、沿海、內地變亂蜂起，遽認定爲陷入維持現狀而不可得的困境，則不免忽視動亂的根源是來自前一時期，而此時仍有解決危機的能力。因此，或可以嘉慶朝爲「由盛轉衰」的盛世尾聲，而非中衰的起點。嘉慶十八年，林清率天理教教眾攻入紫禁城，暴露內廷管理鬆懈且守備廢弛；嘉慶二十一年，阿美士德離境前，英艦炮打虎門，地方官無力招架且隱匿不報，即是「轉衰」的警訊。

持盈保泰

在乾隆皇帝意識到盛世來臨的同時，如何維持全盛局面，便成爲統治上的重要課題。乾隆二十三年元旦，乾隆皇帝見天山北路大勢已定，賦詩云：「重熙累洽誠斯日，保泰持盈亦此時」；迨是年十一月，因十二月朔日將有日蝕，望日則有月蝕，乾隆皇帝認爲天象示警，重申「無刻不以持盈保泰爲惕」。乾隆二十四年十月，前線傳來天山南路全部納款捷音，乾隆皇帝宣布：「從此邊陲寧謐，各部落永慶安全」，「惟益勵持盈保泰之心，夙夜倍切冰兢」，確定以「持盈保泰」作爲施政的新目標。

持盈保泰的想法，源自乾隆皇帝以「守成之君」的自我定位。他繼承父、祖開啓的盛世，在第一次南巡前後，撰〈創業守成難易說〉，批評世人率以「創業難，守成不易」，殊不知「創業者未竟之難，亦守成者分內之難也，所繫不愈重乎」，正因世上「少守成之主，而後有創業之君出焉」；「以難責夫守成者，非敢忘創業者之難，正以慰創業者之初心」。由於乾隆皇帝時時以「守成難」自勗，故其持盈保泰是建立在「憂盛危明」的前提上。

乾隆皇帝自訂的「全盛」指標有二：一是「西域大奏膚功」，一是「府庫充實」；在此成就上的持盈保泰，則是要確保軍事征伐繼續勝利與國家財富持續累積。就軍事而言，乾隆朝征服西域，「國家中外一統，西北闢地二萬餘里」，開疆拓土的事業達到巔峰，其後面對內地（誅王倫、翦蘇四十三、滅田五）、邊疆（掃金川、靖臺灣）或鄰國（降緬甸、安南、廓爾喀）的幾次重大戰役，雖然未必每戰皆捷，仍能克敵奏捷。就財政而言，乾隆朝中期的戶部庫存銀多能保持在六、七千萬兩，係植基於社會安定、經濟發展、人口成長，而連年征戰並未使國庫耗竭，國家也有餘裕建設文化。是時，皇帝「稽古右文，究心典籍」，編成《四庫全書》，可謂「振興文教，嘉與多士」；學者「實事求是，有疑必審，有誤必訂」，帶動考據之學興起，史稱「海內從風，人文炳蔚，學術昌盛，方駕漢唐」。

然而，盛況背後，卻有隱憂。乾隆皇帝在征服西域後，便顯露志驕意滿的態度，例如：征緬甸之役屢攻不下，猶侈言「若準夷、回部，莫不為我臣僕，又何有於彈丸僻處，勝不為武之緬匪」。其次，官員貪汙、吏治敗壞，虧空、挪移案件層出不窮；乾隆皇帝也承認，林爽文起事，「皆由地方侵貪激變，養癰遺患所致」。再次，因人口壓力導致土地兼併與物價騰貴，雖然朝廷屢次蠲免各省錢糧，但時人譏之為「聖上有萬斛之弘恩，而貧民不能盡沾其升斗」。

被低估的時代

在康乾盛世的璀璨光芒掩蔽下，嘉慶朝鮮少吸引後世關注；即便論及，大多停留在民變紛至沓來的印象，或批評嘉慶皇帝欠缺整飭積弊、澄清吏治的勇氣。然而，當時人們盛讚嘉慶皇帝的政治改革，禮親王昭槤曰：「今上親政之始，政治維新，一時督撫罔非正人」，「首下求言之詔，故一時言官，皆有丰采」。近年來，清史學者重新檢討此一時期的歷史地位，問題意識也從質疑施政缺失，轉爲探究促成清朝國祚能再延續百年的動力。

官修正史〈本紀〉的「論贊」，提供評價帝王的線索，雖然清史迄今尚未有官方認定的「正史」，但《清史稿》仍有參考價值。就康乾盛世三位帝王的論贊而言，〈聖祖本紀〉曰：「經文緯武，寰宇一統，雖曰守成，實同開創」，準確掌握康熙皇帝的歷史地位；〈世宗本紀〉曰：「聖祖政尚寬仁，世宗以嚴明繼之，論者比於漢之文、景（劉啓，前一八八—前一四一，前一五六—前一四一在位）」，頗能凸顯雍正皇帝承先啓後的作用；〈高宗本紀〉曰：「開疆拓宇，四征不庭，揆文奮武，於斯爲盛」，具體呈現乾隆皇帝開創武功、文治的全盛局面。至於〈仁宗本紀〉，則曰：「鋤奸登善，削平逋寇，捕治海盜，力握要樞，崇儉勤事，闢地移民，皆爲治之大原」，也清楚敘明嘉慶皇帝的業績。

所謂「皆爲治之大原」，不無著眼於嘉慶皇帝能端正乾隆朝晚期政壇虛浮氣息之意，而「力握要樞」一語，尤其值得注意。嘉慶皇帝揭示和珅的罪狀中，舉凡漏洩機密、延擱軍務、另行擬旨等，都與他長期擔任軍機大臣有關。因此，嘉慶皇帝在誅殺和珅後，便下令改革軍機處文書保密流程，不准官員至軍機處與軍機大臣談說事體，每日派都察院科、道一人監視進出人員等，並將軍機處職掌與相關規定載入《會典》，既使其運作制度化，且大權不致旁落。

又雍正、乾隆兩朝嚴密的思想言論控制政策，在嘉慶年間也有放寬。嘉慶四年，嘉慶皇帝在檢討辦理「大逆緣坐人犯」時指出，文字詩句常遭「挾仇抵隙者」利用，「遂不免藉詞挾制，指摘疵瑕」，「既開告訐之端，復失情法之當」，要求刑部改正。箝制之令既開，以往避談時事的士風乃漸變，新生代亦稍無顧忌，著述略有觸及時務者，趙翼《皇朝武功紀盛》、嚴如熤（一七五九－一八二六）《苗防備覽》等，已開其先聲。降及道光時期，士人面對政治、社會危機，以及來自英、俄諸國的壓力，賀長齡（一七八五－一八四八）《皇朝經世文編》彙集清初以來有關國計民生的議論，反映時人的憂患意識與改革願望；林則徐（一七八五－一八五〇）《四洲志》、魏源《海國圖志》、徐繼畬（一七九五－一八七三）《瀛寰志略》等，引領清人的視野進入世界；張穆（一八〇五－一八四九）《蒙古游牧記》、何秋濤（一八二四－一八六二）《朔方備乘》等，則帶動研究西北史地的風氣。因此，晚清經世致用之學復興，嘉慶朝實佔有關鍵地位。

參考書目

一、專書

中文

孔立，《清代文字獄》，北京：中華書局，一九八〇年。
方豪，《中西交通史》，臺北：文化大學出版部，一九八三年。
毛立平、沈欣，《壼政：清朝宮廷女性研究》，北京：中國人民大學出版社，二〇二二年。
王汎森，《權力的毛細管作用：清代的思想、學術與心態》，臺北：聯經出版事業公司，二〇一三年。
王佩環，《清帝東巡》，瀋陽：遼寧大學出版社，一九九一年。
王思治主編，《清朝通史・康熙朝分卷》，北京：紫禁城出版社，二〇〇三年。

王德昭，《清代科舉制度研究》，北京：中華書局，一九八四年。
王臻，《朝鮮前期與明建州女眞關係研究》，北京：中國文史出版社，二〇〇五年。
司徒琳（Lynn Struve）著，李榮慶等譯，《南明史（一六四四—一六六二）》，上海：上海古籍出版社，一九九二年。
白彬菊（Beatrice Bartlett）著，董建中譯，《君主與大臣：清中期的軍機處（一七二三—一八二〇）》，北京：中國人民大學出版社，二〇一七年。
白翠琴，《瓦剌史》，長春：吉林教育出版社，一九九一年。
任宜敏，《中國佛教史．清代》，北京：人民出版社，二〇一五年。
任繼愈主編，《中國道教史》（增訂本），北京：中國社會科學出版社，二〇〇一年。
伊．亞．茲拉特金（И. Я. Златкин）著，馬曼麗譯，《準噶爾汗國史（一六三五—一七五八）》，北京：商務印書館，一九八〇年。
安熙龍（Robert B. Oxnam）著，陳晨譯，《馬上治天下：鰲拜輔政時期的滿人政治（一六六一—一六六九）》，北京：中國人民出版社，二〇二〇年。
朱師轍，《清史述聞》，北京：生活．讀書．新知三聯書店，一九五七年。
米華健（James A. Millward）著，賈建飛譯，《嘉峪關外：一七五九—一八六四年新疆的經濟、民族和清帝國》，香港：中文大學出版社，二〇一七年。

佐伯富著，鄭樑生譯，《清雍正朝的養廉銀研究》，臺北：臺灣商務印書館，一九九六年。
何炳棣，《中國會館史論》，臺北：臺灣學生書局，一九六六年。
何炳棣著，葛劍雄譯，《明初以降人口及其相關問題（一三六八—一九五八）》，北京：生活・讀書・新知三聯書店，二〇〇〇年。
何偉亞（James L. Hevia）著，鄧長春譯，《懷柔遠人：馬嘎爾尼使華的中英禮儀衝突》，北京：社會科學文獻出版社，二〇一九年。
吳志鏗，《清初法令與滿洲本位政策互動關係之研究——以五大政令為中心》，臺北：國立臺灣師範大學歷史研究所博士論文，一九九三年。
吳哲夫，《清代禁燬書目研究》，臺北：嘉新水泥公司文化基金會，一九六九年。
吳哲夫，《四庫全書纂修之研究》，臺北：國立故宮博物院，一九九〇年。
李云泉，《朝貢制度史論——中國古代對外關係體制研究》，北京：新華出版社，二〇〇四年。
李世愉，《清代土司制度論考》，北京：中國社會科學出版社，一九九八年。
李世愉、胡平，《中國科舉制度通史・清代卷》，上海：上海人民出版社，二〇一五年。
李治亭主編，《清朝通史・順治朝分卷》，北京：紫禁城出版社，二〇〇三年。
杜家驥，《清朝滿蒙聯姻研究》，北京：人民出版社，二〇〇三年。

杜家驥，《八旗與清朝政治論稿》，北京：人民出版社，二〇〇八年。
杜祐寧，《清朝科舉考試與旗人的政治參與》，臺北：秀威資訊科技公司，二〇二二年。
杜婉言、方志遠，《中國政治制度通・明代》，北京：人民出版社，一九九六年。
汪榮祖主編，《清帝國性質的再商榷：回應新清史》，臺北：遠流出版公司，二〇一四年。
沈大明，《〈大清律例〉與清代的社會控制》，上海：上海人民出版社，二〇〇七年。
佩雷菲特（Alain Peyrefitte）著，王國卿等譯，《停滯的帝國：一次高傲的相遇，兩百年世界霸權的消長》，新北：野人文化，二〇一五年。
周遠廉，《清帝列傳・順治帝》，長春：吉林文史出版社，一九九三年。
周遠廉主編，《清朝通史・乾隆朝分卷》，北京：紫禁城出版社，二〇〇三年。
周遠廉，《清太祖傳》，北京：人民出版社，二〇〇四年。
周遠廉，《乾隆皇帝大傳》，西安：陝西人民出版社，二〇〇八年。
周遠廉、趙世瑜，《清帝列傳・皇父攝政王多爾袞》，長春：吉林文史出版社，一九九三年。
孟昭信，《清帝列傳・康熙帝》，長春：吉林文史出版社，一九九三年。
孟森，《明清史講義》，北京：中華書局，一九八一年。
孟森，《滿洲開國史》，上海：上海古籍出版社，一九九二年。

定宜庄，《滿族的婦女生活與婚姻制度》，北京：北京大學出版社，一九九九年。
岡田英弘著，陳心慧等譯，《從蒙古到大清：遊牧帝國的崛起與承續》，新北：臺灣商務印書館，二〇一六年。
林士鉉，《清代蒙古與滿洲政治文化》，臺北：國立政治大學歷史學系，二〇〇九年。
林柏安，《一氣通下上：清乾隆年間甘肅的蠹捐與冒賑》，臺北：秀威資訊科技公司，二〇二四年。
林乾，《康熙懲抑朋黨與清代極權政治》，上海：復旦大學出版社，二〇一三年。
河內良弘著，趙令志等譯，《明代女眞史研究》，瀋陽：遼寧民族出版社，二〇一五年。
祁美琴，《清代內務府》，北京：中國人民大學出版社，一九九八年。
祁美琴，《清代包衣旗人研究》，北京：人民出版社，二〇一九年。
姚念慈，《清初政治史探微》，瀋陽：遼寧民族出版社，二〇〇八年。
姚念慈，《康熙盛世與帝王心術：評「自古得天下之正莫如我朝」》，北京：生活．讀書．新知三聯書店，二〇一五年。
施堅雅（G. W. Skinner）著，王旭等譯，《中國封建社會晚期城市研究——施堅雅模式》，長春：吉林教育出版社，一九九一年。
胡恆，《皇權不下縣？——清代縣轄政區與基層社會治理》，北京：北京師範大學出版社，二〇一五年。
唐文基，《和珅傳》，北京：東方出版社，二〇〇九年。
孫文良、張杰、鄭川水，《清帝列傳．乾隆帝》，長春：吉林文史出版社，一九九三年。
孫進己、孫泓，《女眞民族史》，桂林：廣西師範大學出版社，二〇一〇年。
孫衛國，《從「尊明」到「奉清」：朝鮮王朝對清意識之嬗變》，臺北：臺大出版中心，二〇一八年。
孫靜，《「滿洲」民族共同體形成的歷程》，瀋陽：遼寧人民出版社，二〇〇八年。
烏雲畢力格、成崇德、張永江，《蒙古民族通史．第四卷》，呼和浩特：內蒙古大學出版社，二〇〇二年。
秦國經，《明清檔案學》（增訂版），北京：學苑出版社，二〇一六年。
秦寶琦，《清前期天地會研究》，北京：中國人民大學出版社，一九八八年。
秦寶琦，《中國地下社會．第一卷．清前期秘密社會》，北京：學苑出版社，二〇〇九年。
馬大正、成崇德主編，《衛拉特蒙古史綱》，北京：人民出版社，二〇一二年。
馬通，《中國伊斯蘭教派與門宦制度史略》（修訂本），銀川：寧夏人民出版社，二〇〇〇年。
馬雅貞，《刻畫戰勛：清朝帝國武功的文化建構》，北京：社會科學文獻出版社，二〇一六年。
高翔，《康雍乾三帝統治思想研究》，北京：中國人民大學出版社，一九九五年。
商衍鎏，《清代科舉考試述錄及有關著作》，天津：百花文藝出版社，二〇〇四年。
國家清史編纂委員會體裁體例工作小組編，《清史編纂體裁體例討論集》，北京：中國人民大學出版社，二〇〇四年。
崔官著，金錦善譯，《壬辰倭亂——四百年前的朝鮮戰爭》，北京：中國社會科學出版社，二〇一三年。
張中復，《清代西北回民事變——社會文化適應與民族認同的省思》，臺北：聯經出版事業公司，二〇〇一年。
張玉芬主編，《清朝通史·嘉慶朝分卷》，北京：紫禁城出版社，二〇〇三年。
張羽新，《清政府與喇嘛教》，拉薩：西藏人民出版社，一九八八年。
張杰，《清代科舉家族》，北京：社會科學文獻出版社，二〇〇三年。
張勉治（Michael G. Chang）著，董建中譯，《馬背上的朝廷：巡幸與清朝統治的建構》，南京：江蘇人民出版社，二〇一九年。
張研，《十八世紀的中國社會》，臺北：昭明出版社，二〇〇〇年。
張晉藩、郭成康，《清入關前國家法律制度史》，瀋陽：遼寧人民出版社，一九八八年。

張德信，《明帝列傳．明朝典制》，長春：吉林文史出版社，一九九六年。
曹永年，《蒙古民族通史．第三卷》，呼和浩特：內蒙古大學出版社，二〇〇二年。
曹新宇、宋軍、鮑齊，《中國秘密社會．第三卷．清代教門》，福州：福建人民出版社，二〇〇二年。
梁希哲，《清帝列傳．雍正帝》，長春：吉林文史出版社，一九九三年。
梁啓超，《清代學術概論》，上海：商務印書館，一九四七年。
莊吉發譯註，《尼山薩滿傳》，臺北：文史哲出版社，一九七七年。
莊吉發，《清代奏摺制度》，臺北：國立故宮博物院，一九七九年。
莊吉發，《清代天地會源流考》，臺北：國立故宮博物院，一九八一年。
莊吉發，《清高宗十全武功研究》，臺北：國立故宮博物院，一九八二年。
莊吉發，《故宮檔案述要》，臺北：國立故宮博物院，一九八三年。
莊吉發，《清世宗與賦役制度的改革》，臺北：臺灣學生書局，一九八五年。
莊吉發，《薩滿信仰的歷史考察》，臺北：文史哲出版社，一九九六年。
莊吉發，《眞空家鄉：清代民間秘密宗教史研究》，臺北：文史哲出版社，二〇〇二年。
許師愼編，《有關清史稿編印經過及各方意見彙編》，臺北：中華民國史料研究中心，一九七九年。

郭成康、林鐵鈞，《清朝文字獄》，北京：群眾出版社，一九九〇年。
郭成康、成崇德主編，《乾隆皇帝全傳》，北京：學苑出版社，一九九四年。
郭成康，《十八世紀的中國政治》，臺北：昭明出版社，二〇〇一年。
郭伯恭，《四庫全書纂修考》，臺北：臺灣商務印書館，一九七二年。
郭松義、李新達、楊珍，《中國政治制度通史．清代》，北京：人民出版社，一九九六年。
陳捷先，《滿洲叢考》，臺北：國立臺灣大學文學院，一九六三年。
陳鋒，《清代軍費研究》，武昌：武漢大學出版社，一九九二年。
陶晉生，《女眞史論》，臺北：食貨出版社，一九八一年。
傅宗懋，《清代軍機處組織及職掌之研究》，臺北：嘉新水泥公司文化基金會，一九六七年。
傑克．魏澤福（Jack Weatherford）著，黃中憲譯，《成吉思汗：近代世界的創造者》，臺北：時報出版公司，二〇〇六年。
喬治忠，《清朝官方史學研究》，臺北：文津出版社，一九九四年。
富育光、孟慧英，《滿族薩滿教研究》，北京：北京大學出版社，一九九一年。
曾小萍（Madeleine Zelin）著，董建中譯，《州縣官的銀兩——十八世紀中國的合理化財政改革》，北京：中國人民大學出版社，二〇〇九年。

馮佐哲，《和珅評傳》，北京：中國青年出版社，一九九八年。
馮爾康，《清史史料學》，臺北：臺灣商務印書館，一九九三年。
馮爾康，《雍正傳》，北京：人民出版社，一九九五年。
馮爾康，《雍正繼位新探》，天津：天津人民出版社，二〇〇八年。
馮爾康、常建華著，《中國宗族史》，上海：上海人民出版社，二〇〇九年。
黃愛平，《四庫全書纂修研究》，北京：中國人民大學出版社，一九八九年。
黃麗君，《化家爲國：清代中期內務府的官僚體制》，臺北：臺大出版中心，二〇二〇年。
塞巴斯蒂安．康拉德（Sebastian Conrad）著，馮奕達譯，《全球史的再思考》，新北：八旗文化，二〇一六年。
楊珍，《清朝皇位繼承制度》，北京：學苑出版社，二〇〇一年。
楊健，《清王朝佛教事務管理》，北京：中國社會科學文獻出版社，二〇〇八年。
楊啓樵，《雍正帝及其密摺制度研究》，上海：上海古籍出版社，二〇〇三年。
楊啓樵，《雍正篡位說駁難》，上海：上海世紀出版公司，二〇一二年。
楊紹猷、莫俊卿，《明代民族史》，成都：四川民族出版社，一九九六年。
葉純芳，《中國經學史大綱》，北京：北京大學出版社，二〇一六年。
葉高樹，《清朝前期的文化政策》，臺北：稻鄉出版社，二〇〇二年。

葉高樹，《滿文〈欽定滿洲祭神祭天典禮〉譯註》，臺北：秀威資訊科技公司，二〇一八年。
達力扎布，《明代漠南蒙古歷史研究》，海拉爾：內蒙古文化出版社，一九九八年。
蓋博堅（Kent R. Guy）著，鄭雲艷譯，《皇帝的四庫：乾隆朝晚期的學者與國家》，北京：中國人民大學出版社，二〇一九年。
趙云田，《清代治理邊陲的樞紐——理藩院》，烏魯木齊：新疆人民出版社，一九九五年。
劉小萌，《滿族從部落到國家的發展》，瀋陽：遼寧民族出版社，二〇〇一年。
劉文鵬，《盛世背後：乾隆時代的僞稿案研究》，北京：人民出版社，二〇一四年。
劉鳳云、劉文鵬，《清朝的國家認同——「新清史」研究與爭鳴》，北京：中國人民大學出版社，二〇一〇年。
歐大年（Daniel L. Overmyer）著，馬睿譯，《寶卷——十六至十七世紀中國宗教經卷導論》，北京：中央翻譯出版社，二〇一二年。
歐立德（Mark C. Elliott）著，青石譯，《皇帝亦凡人：乾隆．世界史中的滿洲皇帝》，新北：八旗文化，二〇一五年。
稻葉君山著，但燾譯，《清朝全史》，北京：中國社會科學出版社，二〇〇八年。
蔡家藝，《清代新疆社會經濟史綱》，北京：人民出版社，二〇〇六年。

衛周安（Joanna Waley-Cohen）著，董建中等譯，《清代戰爭文化》，北京：中國人民大學出版社，二〇二〇年。
蕭一山，《清代通史》，臺北：臺灣商務印書館，一九六二年。
蕭公權著，張皓等譯，《中國鄉村——論十九世紀的帝國控制》，臺北：聯經出版事業公司，二〇一四年。
賴惠敏，《天潢貴冑——清皇族的階層結構與經濟生活》，臺北：中央研究院近代史研究所，一九九七年。
賴惠敏，《乾隆皇帝的荷包》，臺北：中央研究院近代史研究所，二〇一四年。
賴惠敏，《滿大人的荷包：清代喀爾喀蒙古的衙門與商號》，北京：中華書局，二〇二〇年。
賴福順，《乾隆重要戰爭之軍需研究》，臺北：國立故宮博物院，一九八四年。
閻崇年，《努爾哈赤傳》，北京：北京出版社，一九八三年。
閻崇年，《清朝通史·太宗朝分卷》，收入朱誠如主編，《清朝通史》，北京：紫禁城出版社，二〇〇三年。
閻崇年，《故宮疑案》，北京：中國民主法制出版社，二〇二〇年。
濮德培（Peter C. Perdue）著，葉品岑等譯，《中國西征：大清征服中央歐亞與蒙古帝國的最後輓歌》，臺北：衛城出版公司，二〇二一年。
謝仁晏，《移動的朝廷——盛清巡幸中的政務溝通與決策》，臺北：國立臺灣大學文學院歷史系博士論文，二〇二三年。
韓書瑞（Susan Naquin）著，劉平等譯，《山東叛亂：一七七四年王倫起義》，南京：江蘇人民出版社，二〇〇八年。
韓書瑞（Susan Naquin）著，陳仲丹譯，《千年末世之亂：一八一三年八卦教起義》，南京：江蘇人民出版社，二〇一二年。
瞿同祖著，范忠信等譯，《清代地方政府》，北京：法律出版社，二〇〇三年。
魏特（Altons S. J. Vath）著，楊丙辰譯，《湯若望傳》，臺北：臺灣商務印書館，一九六〇年。
羅友枝（Evelyn S. Rawski）著，周衛平譯，《最後的皇族：滿洲統治者視角下的清宮廷》，新北：八旗文化，二〇一七年。
羅運治，《清代木蘭圍場的探討》，臺北：文史哲出版社，一九八九年。
關文發，《清帝列傳・嘉慶帝》，長春：吉林文史出版社，一九九三年。
饒宗頤，《中國史學上之正統論——中國史學觀念探討之一》，香港：龍門書店，一九七七年。

英文

Crossley, Pamela K. *A Translucent Mirror: History and Identity in Qing Imperial Ideology.* Berkeley and Los Angeles: University of California Press, 1999.

Elliott, Mark C. *The Manchu Way: The Eight Banners and Ethnic Identity in Late Imperial China.* California: Stanford University Press, 2001.

日文

岡本さえ，《清代禁書の研究》，東京：東京大学出版社，一九九六年。

二、論文

中文

方豪，〈清初通曉滿蒙語文及曾出關之西洋教士〉，《故宮文獻》，第一卷第一期，臺北，一九六九年十二月，頁二一一—二一六。

王成勉，〈沒有交集的對話——論近年來學術界對「滿族漢化」之爭議〉，收入汪榮祖、林冠群編，《胡人漢化與漢人胡化》，嘉義：國立中正大學臺灣人文研究中心，二〇〇六年，頁五七—八一。
王佩環，〈從新發現的滿文檔案再釋阿其那與塞思黑〉，《故宮博物院院刊》，二〇〇〇年第二期，北京，二〇〇〇年四月，頁七八—八四。
王俊中，〈「滿洲」與「文殊」的淵源及西藏政教思想中的領袖與佛菩薩〉，《中央研究院近代史研究所集刊》，第二八期，臺北，一九九七年十二月，頁九三—一三二。
王思治，〈清代前期歷史地位論綱〉，收入中國人民大學清史研究所編，《清史研究集（第一輯）》，北京：中國人民大學出版社，一九八〇年，頁三一—六〇。
王思治，〈清承明制說內閣〉，收入中國社會科學院歷史研究所明清史研究室編，《清史論叢．二〇〇〇年號》，北京：中國廣播電視出版社，二〇〇〇年，頁八〇—八九。
王思治，〈「太后下嫁疑案」辨證〉，《歷史研究》，二〇一一年第二期，北京，二〇一一年四月，頁一七九—一八二。
王家鵬，〈西藏神巫拉穆吹忠與乾隆宮廷往來史實——乾隆帝設立金瓶掣籤制度內因研究〉，《故宮博物院院刊》，二〇一八年第一期，北京，二〇一八年一月，頁二五—四二。
王爾敏，〈秘密宗教與秘密社會之生態環境及社會功能〉，收入王爾敏，《明清社會文化生態》，臺北：臺灣商務印書館，一九九七年，頁三一九—三五四。

王鍾翰，〈關於滿族形成中的幾個問題〉，《社會科學戰線》，一九八一年第一期，長春，一九八一年三月，頁一二九—一三六。
王鍾翰，〈釋汗依阿瑪〉，《滿族研究》，一九八七年第二期，瀋陽，一九八七年七月，頁九—一五。
王鍾翰，〈清聖祖遺詔考辨〉，收入王鍾翰，《王鍾翰清史論集》，第二冊，北京：中華書局，二〇〇四年，頁一一六九—一一九三。
王鍾翰，〈釋阿其那與塞思黑〉，收入王鍾翰，《王鍾翰清史論集》，第二冊，北京：中華書局，二〇〇四年，頁一二五六—一二六六。
王鍾翰，〈再釋阿其那塞思黑與滿族傳統文化〉，收入王鍾翰，《王鍾翰清史論集》，第二冊，北京：中華書局，二〇〇四年，頁一二六七—一二七六。
王鍾翰，〈三釋阿其那與塞思黑〉，收入王鍾翰，《王鍾翰清史論集》，第二冊，北京：中華書局，二〇〇四年，頁一二七七—一二九五。
王鍾翰，〈釋瑪法〉，收入王鍾翰，《王鍾翰清史論集》，第二冊，北京：中華書局，二〇〇四年，頁一三〇八—一三一七。
田澍，〈明代哈密危機述論〉，《中國邊疆史地研究》，第十二卷第四期，北京，二〇〇二年十二月，頁一四—二一。

田衛疆，〈論明代哈密衛的設置及其意義〉，《西北民族學院學報》（哲學社會科學版），一九八八年第一期，蘭州，一九八八年四月，頁八三—九一。
白新良，〈滿洲政權早期前四旗考〉，收入白新良，《清史考辨》，北京：人民出版社，二〇〇五年，頁一—十九。
白新良，〈論皇太極繼位初的一次改旗〉，收入白新良，《清史考辨》，北京：人民出版社，二〇〇五年，頁五六—一一三。
朱金甫，〈論康熙時期的南書房〉，《故宮博物院院刊》，一九九〇年第二期，北京，一九九〇年七月，頁二七—三八。
朱雲影，〈中國華夷觀念對日韓越的影響〉，收入朱雲影，《中國文化對日韓越的影響》，臺北：黎明文化事業公司，一九八一年，頁二八五—三〇二。
艾爾曼（Benjamin Elman），〈清代科舉與經學的關係〉，收入艾爾曼著，復旦大學文史研究院譯，《經學·科舉·文化史：艾爾曼自選集》，北京：中華書局，二〇一〇年，頁一五八—一八一。
何冠彪，〈論明遺民之出處〉，收入何冠彪，《明末清初學術思想研究》，臺北：臺灣學生書局，一九九一年，頁五三—一二四。
何廣棪，〈《乾隆石經》考述〉，《古籍整理研究學刊》，二〇〇八年第一期，長春，二

○○八年一月，頁七—一七。

余同元，〈明代九邊述論〉，《安徽師大學報》（哲學社會科學版），一九八九年第二期，蕪湖，一九八九年五月，頁二三三—二四○。

佟永功，〈滿文的創製〉，收入佟永功，《滿語文與滿文檔案研究》，瀋陽：遼寧民族出版社，二○○九年，頁一—八。

佟永功，〈達海改革初創的滿文〉，收入佟永功，《滿語文與滿文檔案研究》，瀋陽：遼寧民族出版社，二○○九年，頁九—一二。

佟悅，〈皇太極改用滿洲族稱溯源〉，《瀋陽故宮博物院院刊》，二○一六年第一期，瀋陽，二○一六年八月，頁三八—五○。

吳秀良，〈清代軍機處建置的再檢討〉，《故宮文獻季刊》，第二卷第四期，臺北，一九七一年九月，頁二一—四一。

吳秀良，〈允禵更名與雍正繼位問題再探討〉，《清史研究》，二○一三年第三期，北京，二○一三年八月，頁一—一六。

吳緝華，〈論明代邊防內移與長城修築〉，《東海大學歷史學報》，第四期，臺中，一九八一年二月，頁二五—四七。

吳緝華，〈論明代修築萬里長城守邊的失策〉，《東海大學歷史學報》，第五期，臺中，一九八二年二月，頁一三一—三六。
呂士朋，〈清代的理藩院——兼論清代對蒙藏回諸部族的統治〉，《東海大學歷史學報》，第一期，臺中，一九七七年四月，頁六一—九八。
李宇，〈清代玉牒纂修新考〉，《歷史檔案》，二〇二一年第四期，北京，二〇二一年十一月，頁一二一—一二九。
李尚英，〈關於「康乾盛世」的歷史分期問題〉，《中國社會科學院研究生院學報》，一九九九年第四期，北京，一九九九年七月，頁五七—六六。
李治亭，〈明亡於神宗辨〉，《史學集刊》，一九九八年第二期，長春，一九九八年五月，頁二六—三二。
李治亭，〈論清朝的歷史地位〉，《社會科學戰線》，二〇一〇年第五期，長春，二〇一〇年五月，頁八六—九八。
李健民，〈清嘉慶元年川楚白蓮教起事原因的探討〉，《中央研究院近代史研究所集刊》，第二二期（上），臺北，一九九三年六月，頁三五七—三九六。
李毓澍，〈清代對待黃教與其治蒙策略〉，收入李毓澍，《蒙事論叢》，臺北：作者自印本，一九九〇年，頁一—四六。
杜家驥，〈論清朝在中國歷史上的地位〉，《學習與探索》，二〇〇一年第三期，哈爾濱，二〇〇一年六月，頁一二〇—一二五。
杜家驥，〈從清宮醫案看天花的防治——種痘與治痘〉，《中國社會歷史評論》，第八卷，天津，二〇〇七年七月，頁五九—六九。
杜家驥，〈清初內務府設立的時間問題〉，《古今論衡》，第二三期，臺北，二〇一一年十二月，頁一七三—一七七。
杜家驥，〈乾隆之生母及乾隆帝的漢人血統問題〉，《清史研究》，二〇一六年第二期，北京，二〇一五年五月，頁四五—五六。
沈一民，〈启心郎與清初政治〉，《史學月刊》，二〇〇六年第六期，開封，二〇〇六年六月，頁三一—三六。
沈原，〈「阿其那」、「塞思黑」考釋〉，《清史研究》，一九九七年第一期，北京，一九九七年二月，頁九〇—九六。
孟森，〈清太祖殺弟考實〉，收入孟森，《明清史論著集刊》，北京：中華書局，一九五九年，頁一七四—一八二。
孟森，〈八旗制度考實〉，收入孟森，《明清史論著集刊》，北京：中華書局，一九五九年，頁二一八—三一〇。
孟森，〈清世宗入承大統考實〉，收入孟森，《明清史論著集刊》，北京：中華書局，一九五九年，頁五一九—五七二。
孟森，〈讀清實錄商榷〉，收入孟森，《明清史論著集刊》，北京：中華書局，一九五九年，頁六一九—六二三。
孟森，〈太后下嫁考實〉，收入孟森，《明清史論著集刊續編》，北京：中華書局，一九八六年，頁一六二—一六九。
孟森，〈董小宛考〉，收入孟森，《明清史論著集刊續編》，北京：中華書局，一九八六年，頁一八八—二二五。
孟森，〈世祖出家事考實〉，收入孟森，《明清史論著集刊續編》，北京：中華書局，一九八六年，頁二二六—二四七。
孟森，〈海寧陳家〉，收入孟森，《明清史論著集刊續編》，北京：中華書局，一九八六年，頁三一八—三四八。
屈六生，〈清代玉牒〉，《歷史檔案》，一九八四年第一期，北京，一九八四年四月，頁八三—八七。
岡田英弘，〈清太宗繼位考實〉，《故宮文獻》，第三卷第二期，臺北，一九七二年三月，頁三三—三七。
岡田英弘，〈序・何謂清朝——世界史中的大清大國〉，收入岡田英弘著，廖怡錚譯，《皇帝的家書：康熙的私人情感與滿洲帝國的治理實像》，新北：八旗文化，二〇二一年，頁三九—六七。
松村潤，〈滿洲始祖傳說研究〉，《故宮文獻》，第三卷第一期，臺北，一九七一年十二月，頁五一—五七。
林士鉉，〈統攝百辟：旗人與清代內閣及其文書〉，收入旗人與國家制度工作坊編著，《「參漢酌金」的再思考：清朝旗人與國家制度》，臺北：文史哲出版社，二〇一六年，頁二五—八二。
侯丕勛，〈哈密國「三立三絕」與明朝對土魯番的政策〉，《中國邊疆史地研究》第十五卷第四期，北京，二〇〇五年十二月，頁一〇—一五。
韋慶遠，〈論清代官場的陋規〉，收入韋慶遠，《明清史新析》，北京：中國社會科學出版社，一九九五年，頁二四二—二八六。
徐泓，〈「新清史」爭論：從何炳棣、羅友枝論戰說起〉，《首都師範大學學報》（社會科學版），二〇一六年第一期，北京，二〇一六年二月，頁一—十三。
烏雲畢力格，〈《欽定西域同文志》若干問題考述〉，《中央民族大學學報》（哲學社會科學版），二〇二〇年第一期，北京，二〇二〇年一月，頁十二—二六。
耿慧玲，〈石刻與經典研究〉，《止善》，第五期，臺中，二〇〇八年十二月，頁三—二〇。

馬子木、烏雲畢力格，〈「同文之治」：清朝多語文政治文化的構擬與實踐〉，《民族研究》，二〇一七年第四期，北京，二〇一七年七月，頁八二—九四。
馬子木，〈清朝西進與十七—十八世紀士人的地理知識世界〉，《中華文史論叢》，二〇一八年第三期，上海，二〇一八年九月，頁二〇三—二三五。
常建華，〈清代嘓嚕新研〉，收入常建華，《清代的國家與社會研究》，北京：人民出版社，二〇〇六年，頁一九七—二三〇。
常建華，〈乾隆前期治理僧道問題初探〉，收入常建華，《清代的國家與社會研究》，北京：人民出版社，二〇〇六年，頁二三八—二六四。
常建華，〈國家認同：清史研究的新視角〉，《清史研究》，二〇一〇年第四期，北京，二〇一〇年十二月，頁一—十七。
常建華，〈大清：一個首崇滿洲的複合性中華皇朝〉，《清史研究》，二〇二一年第四期，二〇二一年七月，頁三〇—三六。
常修銘，〈乾隆朝底層讀書人生活探析——以瘋人逆詞案爲中心的討論〉，《中國社會歷史評論》，第一四卷，天津，二〇一三年十月，頁二三六—二六四。
張玉芬，〈論嘉慶初年的「咸與維新」〉，《清史研究》，一九九二年第四期，北京，一九九二年十一月，頁四九—五四。

張玉興，〈努爾哈赤兩廢儲君事考論〉，《明清論叢》，二〇一七年第一期，北京，二〇一七年十二月，頁二〇五—二二五。
張光直，〈東北的史前文化〉，收入中央研究院歷史語言研究所中國上古史編輯委員會編，《中國上古史待定稿》，第一本，臺北：中央研究院歷史語言研究所，一九八五年，頁三九七—四一七。
張雅婧，〈明代女眞部族社會中「兩頭政長」制的歷史考察〉，《史學集刊》，二〇一五年第一期，長春，二〇一五年一月，頁一一五—一二〇。
張雅晶，〈「大清」國號詞源研究〉，《清史研究》，二〇一四年第三期，北京，二〇一四年八月，頁一二二—一二八。
張濤，〈由動機與影響論定乾隆石經的性質〉，《史林》，二〇一四年第三期，上海，二〇一四年六月，頁六〇—六八、頁一九〇。
莊吉發，〈清世宗與辦理軍機處的設立〉，《食貨月刊》（復刊），第六卷第一二期，臺北，一九七七年三月，頁六六六—六七一。
莊吉發，〈獃迂·厚顏·糊塗·頑蠢——雍正硃批諭旨常用的詞彙〉，《故宮文物月刊》，第二期，臺北，一九八三年五月，頁五五—六〇。
莊吉發，〈得勝圖——清代的銅版畫〉，《故宮文物月刊》，第一五期，臺北，一九八四年六月，頁一〇二一一〇九。
莊吉發，〈整修清史芻議——以清史本紀爲例〉，《國史館館刊》，第一四期，臺北，一九九三年六月，頁二二五一二四〇。
莊吉發，〈文獻足徵——《滿文原檔》與清史研究〉，收入莊吉發，《清史論集（一）》，臺北：文史哲出版社，一九九七年，頁三九一七四。
莊吉發，〈清初諸帝的北巡及其政治活動〉，收入莊吉發，《清史論集（一）》，臺北：文史哲出版社，一九九七年，頁二三五一二七五。
莊吉發，〈國立故宮博物院典藏《大藏經》滿文譯本研究〉，收入莊吉發，《清史論集（三）》，臺北：文史哲出版社，一九九八年，頁二七一九六。
莊吉發，〈清高宗敕譯《四書》的探討〉，收入莊吉發，《清史論集（四）》，臺北：文史哲出版社，二〇〇〇年，頁六一一七六。
莊吉發，〈清朝政府對天主教從容教政策到禁教政策的轉變〉，收入莊吉發，《清史論集（四）》，臺北：文史哲出版社，二〇〇〇年，頁一四五一一八四。
莊吉發，〈清世宗與奏摺制度的發展〉，收入莊吉發，《清史論集（五）》，臺北：文史哲出版社，二〇〇〇年，頁二九一六二。
莊吉發，〈清代廷寄制度的沿革〉，收入莊吉發，《清史論集（五）》，臺北：文史哲出版社，二〇〇〇年，頁六三—七八。
莊吉發，〈清朝宗教政策的探討〉，收入莊吉發，《清史論集（五）》，臺北：文史哲出版社，二〇〇〇年，頁一六五—二一七。
莊吉發，〈從數目名字的演變看清代滿族的漢化〉，收入莊吉發，《清史論集（六）》，臺北：文史哲出版社，二〇〇〇年，頁四一—七〇。
莊吉發，〈清代哥老會源流考〉，收入莊吉發，《清史論集（八）》，臺北：文史哲出版社，二〇〇〇年，頁一九一—二三六。
莊吉發，〈清高宗查禁羅教的經過〉，收入莊吉發，《清史論集（九）》，臺北：文史哲出版社，二〇〇二年，頁一七三—一九二。
莊吉發，〈清代青蓮教的發展〉，收入莊吉發，《清史論集（九）》，臺北：文史哲出版社，二〇〇二年，頁一九三—二二〇。
莊吉發，〈清代漕運糧船幫與青幫的起源〉，收入莊吉發，《清史論集（十）》，臺北：文史哲出版社，二〇〇二年，頁一八一—二二二。
莊吉發，〈清代社會經濟變遷與秘密會黨的發展——臺灣、廣西、雲貴地區的比較研究〉，收入莊吉發，《清史論集（十一）》，臺北：文史哲出版社，二〇〇三年，頁二六五—三三五。

莊吉發，〈知道了——奏摺硃批諭旨常見的詞彙〉，收入莊吉發，《清史論集（十二）》，臺北：文史哲出版社，二〇〇三年，頁七—三六。
莊吉發，〈清史館與清史稿——清史館未刊紀志表傳的纂修及其史料價值〉，《故宮學術季刊》，第二三卷第二期，臺北，二〇〇五年冬季，頁一六一—一九九。
莊吉發，〈從現存史館檔看清史的纂修〉，收入陳捷先、成崇德、李紀祥編，《清史論集（下冊）》，北京：人民出版社，二〇〇六年，頁一〇五七—一〇九二。
莊吉發，〈眞空家鄉——清代八卦教的組織及信仰〉，收入莊吉發，《清史論集（廿四）》，臺北：文史哲出版社，二〇一五年，頁一九四—二二〇。
許曾重，〈論清史分期問題〉，《中國社會科學院研究生院學報》，一九八五年第二期，北京，一九八五年五月，頁六九—七六。
許曾重，〈太后下嫁說新探〉，收入中國社會科學院歷史研究所清史研究室編，《清史論叢》，第八輯，北京：中華書局，一九九一年，頁二四〇—二六四。
許鯤，〈清初有關法令與「太后下嫁」傳說〉，《滿族研究》，一九九五年第一期，瀋陽，一九九五年三月，頁三二—三九。
郭成康，〈乾隆朝瘋漢文字獄探析〉，《清史研究通訊》，一九八八年第二期，北京，一九八八年六月，頁十八—二三。

郭成康，〈傳聞、官書與信史：乾隆皇帝之謎〉，《清史研究》，一九九三年第三期，北京，一九九三年八月，頁七六—八五。
郭成康，〈十八世紀後期中國貪汙問題研究〉，《清史研究》，一九九五年第一期，北京，一九九五年二月，頁一三—二六。
郭成康，〈也談滿族漢化〉，《清史研究》，二〇〇〇年二期，北京，二〇〇〇年五月，頁二四—三五。
郭成康，〈康乾盛世的成就與隱患〉，收入郭成康等著，《康乾盛世歷史報告》，北京：中國實言出版社，二〇〇二年，頁一—九〇。
郭成康，〈乾隆皇帝生母及誕生地考——從最近公布的一則清宮檔案說起〉，《清史研究》，二〇〇三年第四期，北京，二〇〇三年十一月，頁一〇二—一一〇。
陳垣，〈湯若望與木陳忞〉，收入陳垣，《陳垣學術論文集》，第一集，北京：中華書局，一九八〇年，頁四八二—五一六。
陳垣，〈順治皇帝出家〉，收入陳垣，《陳垣學術論文集》，第一集，北京：中華書局，一九八〇年，頁五三三—五四一。
陳國棟，〈清代內務府包衣三旗人員的分類及其旗下組織——兼論一些有關包衣的問題〉，《食貨月刊》（復刊），第一二卷第九期，臺北，一九八二年十二月，頁三二五—三四三。
陳捷先，〈多爾袞稱「皇父攝政王」研究〉，《故宮文獻》，第一卷第二期，臺北，一九七〇年三月，頁一—二〇。
陳捷先，〈後金領旗貝勒略考〉，收入陳捷先，《清史雜筆》，第一輯，臺北：學海出版社，一九七七年，頁二五—三四。
陳捷先，〈康熙朝奏摺與硃批研究〉，收入陳捷先，《清史雜筆》，第一輯，臺北：學海出版社，一九七七年，頁九五—一二〇。
陳捷先，〈清世宗控制臣僚的工具之一：「硃批諭旨」〉，收入陳捷先，《清史雜筆》，第三輯，臺北：學海出版社，一九七八年，頁一—二四。
陳捷先，〈年羹堯死因探微〉，收入陳捷先，《清史雜筆》，第三輯，臺北：學海出版社，一九七八年，頁一〇五—一三四。
陳捷先，〈雍正初年清世宗與年羹堯之君臣關係〉，收入陳捷先，《清史雜筆》，第六輯，臺北：學海出版社，一九八五年，頁一一三—一四四。
陳捷先，〈滿文譯書與中西文化交流〉，收入陳捷先，《清史雜筆》，第七輯，臺北：學海出版社，一九八八年，頁一二七—一四六。
陳捷先，〈從民族問題的處理看清朝政權的建立〉，收入陳捷先，《清史論集》，臺北：東大圖書公司，一九九七年，頁一—四〇。
陳捷先，〈從清初中央建置看滿洲漢化〉，收入陳捷先，《清史論集》，臺北：東大圖書公司，一九九七年，頁一一九—一三五。
陳捷先，〈清聖祖廢儲考原〉，收入陳捷先，《清史論集》，臺北：東大圖書公司，一九九七年，頁一三七—一七〇。
陳捷先，〈清世宗儲位密建法略論〉，收入陳捷先，《清史論集》，臺北：東大圖書公司，一九九七年，頁一七一—一八五。
陳捷先，〈乾隆肅貪研究〉，收入陳捷先，《清史論集》，臺北：東大圖書公司，一九九七年，頁一八七—二五〇。
陳捷先，〈略論清帝南巡揚州及其功過〉，《故宮學術季刊》，第十五卷第四期，臺北，一九九八年夏季，頁十一—三二。
陳熙遠，〈皇帝的最後一道命令——清代遺詔製作、皇權繼承與歷史書寫〉，《臺大歷史學報》，第三三期，臺北，二〇〇四年六月，頁一六一—二一三。
傅樂煥，〈遼代四時捺鉢考五篇〉，收入傅樂煥，《遼史叢考》，北京：中華書局，一九八四年，頁三六—一七二。
喬治忠，〈《後金檄明萬曆皇帝文》考析〉，收入喬治忠，《增編清朝官方史學之研究》，天津：天津古籍出版社，二〇一八年，頁一—九。
曾嘉寶，〈紀豐功　述偉績：清高宗十全武功的圖像紀錄——功臣像與戰圖〉，《故宮文物月刊》，第九三期，臺北，一九九〇年十二月，頁三八—六五。
費孝通，〈中華民族的多元一體格局〉，收入費孝通主編，《中華民族多元一體格局》（修訂版），北京：中央民族大學出版社，一九九九年，頁三—三八。
費思堂（Thomas S. Fisher），〈清代的文字迫害和「製造異己」模式〉，收入白壽彝主編，《清史國際學術討論會論文集》，瀋陽：遼寧人民出版社，一九九〇年，頁五三一—五五三。
項潔、涂豐恩，〈導論——什麼是數位人文〉，收入項潔主編，《從保存到創造：開啓數位人文研究》，臺北：國立臺灣大學出版中心，二〇一一年，頁九—二八。
馮年臻，〈舒爾哈齊死因新探〉，《社會科學輯刊》，一九八五年第三期，瀋陽，一九八五年六月，頁八八—九五。
馮明珠，〈從《清史》到《清史稿校註》——中華民國政府遷臺後整編《清史》之經過〉，收入陳捷先、成崇德、李紀祥編，《清史論集》（下冊），北京：人民出版社，二〇〇六年，頁一一〇一—一一三〇。
馮爾康，〈康熙十四子胤禵改名考釋〉，《歷史檔案》，一九八一年第四期，北京，一九八八一年十二月，頁九六—一〇一。
馮爾康，〈康熙帝與路易十四帝王的共性〉，《故宮文物月刊》，第三四五期，臺北，二〇一一，頁六四—七六。
黃一農，〈印象與眞相——清朝中英兩國的覲禮之爭〉，《中央研究院歷史語言研究所集刊》，第七十八本第一分，臺北，二〇〇七年三月，頁三五—一〇五。
黃進興，〈清初政權意識形態之探究：政治化的「道統觀」〉，《中央研究院歷史語言研究所集刊》，第五十八本第一分，臺北，一九八七年三月，頁一〇五—一三一。
愛新覺羅瀛生，〈談談清代滿語教學〉，《滿族研究》，一九九〇年第三期，瀋陽，一九九〇年七月，頁四三—四九。
楊念群，〈重估「大一統」歷史觀與清代政治史研究的突破〉，《清史研究》，二〇一〇年第二期，北京，二〇一〇年五月，頁一—一三。
楊念群，〈超越「漢化論」與「滿洲特性論」：清史研究能否走出第三條道路？〉，《中國人民大學學報》，二〇一一年第二期，北京，二〇一一年三月，頁一—九。
楊念群，〈清朝「正統性」再認識——超越「漢化論」、「內亞論」的新視角〉，《清史研究》，二〇二〇年第四期，二〇二〇年七月，頁一—四二。
楊珍，〈董鄂妃的來歷及董鄂妃之死〉，《故宮博物院院刊》，一九九四年第一期，北京，一九九四年二月，頁六六—七三。
楊珍，〈後金八王共治國政制研究〉，《中國史研究》，二〇〇〇年第一期，北京，二〇〇〇年二月，頁一一六—一二九。
楊珍，〈「皇父攝政王」新探〉，《清史研究》，二〇一七年第一期，北京，二〇一七年二月，頁一三六—一四一。
楊啓樵，〈雍正纘承帝位新探〉，收入楊啓樵，《揭開雍正皇帝隱秘的面紗》（增訂本），上海：上海書店出版社，二〇一一年，頁三三—五五。
楊啓樵，〈雍正繼統與玉牒易名〉，收入楊啓樵，《揭開雍正皇帝隱秘的面紗》（增訂本），上海：上海書店出版社，二〇一一年，頁七四—八二。
楊聯陞著，陳國棟譯，〈國史諸朝興衰芻論〉，收入楊聯陞，《國史探微》，臺北：聯經出版公司，一九八三年，頁二一—四二。
葉高樹，〈清初諸帝「繼前統，受新命」的歷史觀〉，收入馮明珠主編，《文獻與史學：恭賀陳捷先教授七十嵩壽論文集》，臺北：遠流出版公司，二〇〇二年，頁三〇九—三二四。
葉高樹，〈深維根本之重：雍正皇帝整飭旗務初探〉，《臺灣師大歷史學報》，第三二期，臺北，二〇〇四年六月，頁八九—一二〇。

葉高樹，〈「參漢酌金」：清朝統治中國成功原因的再思考〉，《臺灣師大歷史學報》，第三六期，臺北，二〇〇六年十二月，頁一五四—一九〇。
葉高樹，〈習染既深，風俗難移：清初旗人「漸染漢習」之風〉，收入國立臺灣師範大學歷史學系編，《近世中國的社會與文化（九六〇—一八〇〇）論文集》，臺北：國立臺灣師範大學歷史學系，二〇〇七年，頁二四七—二七五。
葉高樹，〈最近十年（一九九八—二〇〇八）臺灣清史研究的動向〉，《臺灣師大歷史學報》，第四〇期，臺北，二〇〇八年十二月，頁一三七—一九〇。
葉高樹，〈「滿族漢化」研究上的幾個問題〉，《中央研究院近代史研究所集刊》，第七〇期，臺北，二〇一〇年十二月，頁一九五—二一八。
葉高樹，〈清朝的繙譯科考制度〉，《臺灣師大歷史學報》，第四九期，臺北，二〇一三年六月，頁四七—一三六。
葉高樹，〈康熙皇帝的焦慮——立儲、開邊和歷史定位〉，《臺灣師大歷史學報》，第五四期，臺北，二〇一五年十二月，頁四五—九四。
葉高樹，〈仰食於官：俸餉制度與清朝旗人的生計〉，收入旗人與國家制度工作坊編著，《「參漢酌金」的再思考：清朝旗人與國家制度》，臺北：文史哲出版社，二〇一六年，頁二三二—二七六。

葉高樹，〈清朝部院衙門的繙譯考試〉，收入王宏志主編，《翻譯史研究（二〇一六）》，上海：復旦大學出版社，二〇一七年五月，頁一—三九。
葉高樹，〈乾隆皇帝與滿洲傳統的重建——以薩滿祭祀儀式爲例〉，《國立政治大學歷史學報》，第四八期，臺北，二〇一七年十一月，頁四三—九四。
葉高樹，〈清初諸帝統治「中國」的危機意識〉，收入朱鴻等著，《明清政治與社會——紀念王家儉教授論集》，臺北：秀威資訊科技公司，二〇一八年，頁九九—一五〇。
葉高樹，〈人群與地域：乾隆皇帝對「西域」的認識〉，《歷史教育》，第二三期，臺北，二〇二一年十二月，頁五三—一一二。
董萬侖，〈從滿文記載看「諸申」的身份和地位〉，《滿語研究》，一九八六年第二期，哈爾濱，一九八六年七月，頁七〇—七四、頁五七。
達力扎布，〈清初內扎薩克旗的建立問題〉，收入達力扎布，《明清蒙古史論稿》，北京：民族出版社，二〇〇三年，頁二六〇—二七二。
鄒愛蓮，〈清史纂修工程與檔案的整理利用〉，收入陳捷先、成崇德、李紀祥編，《清史論集（下冊）》，北京：人民出版社，二〇〇六年，頁一〇九三—一一〇〇。
管東貴，〈滿族入關前的文化發展對他們後來漢化的影響〉，《中央研究院歷史語言研究所集刊》，第四〇本上冊，臺北，一九六八年十月，頁二五五—二七九。

管東貴，〈滿族的入關與漢化〉，《中央研究院歷史語言研究所集刊》，第四三本第三分，臺北，一九七二年十一月，頁四四五—四八八。
趙云田，〈清代的「年班」制度〉，《故宮博物院院刊》，一九八四年第一期，北京，一九八四年四月，頁三三一—三三五。
趙云田，〈清代的「圍班」制度〉，《北京師院學報》（社會科學版），一九八四年第三期，北京，一九八四年六月，頁六八—七一。
趙志強，〈軍機處成立時間考訂〉，《歷史檔案》，一九九〇年第四期，北京，一九九〇年十二月，頁八六—九六、頁一〇二。
劉小萌，〈明代女眞社會的酋長〉，收入劉小萌，《滿族的社會與生活》，北京：北京圖書館出版社，一九九八年，頁四六—五九。
劉小萌，〈滿族肇興時期政治制度的演變〉，收入劉小萌，《滿族的社會與生活》，北京：北京圖書館出版社，一九九八年，頁八一—九五。
劉小萌，〈關於滿族肇興時期「兩頭政長」的撤廢問題〉，收入劉小萌，《滿族的社會與生活》，北京：北京圖書館出版社，一九九八年，頁九六—一〇三。
劉世珣，〈封疆大吏　職任緊要：清代的旗人督撫〉，收入旗人與國家制度工作坊編著，《「參漢酌金」的再思考：清朝旗人與國家制度》，臺北：文史哲出版社，二〇一六年，頁一三二—一八四。
劉平，〈乾嘉之交廣東海盜與西山政權的關係〉，《江海學刊》，一九九七年第六期，南京，一九九七年十二月，頁一一七—一二三。
劉厚生，〈從《舊滿洲檔》看滿語「諸申」（*jušen*）一詞的語意〉，《史學集刊》，一九九〇年第二期，長春，一九九〇年七月，頁三〇—三四、頁七。
劉鳳云，〈雍正朝清理地方錢糧虧空——兼論官僚政治中的利益關係〉，《歷史研究》，二〇一三年第二期，北京，二〇一三年四月，頁四四—六四。
劉錚雲，〈「衝、繁、疲、難」：清代道、府、廳、州、縣等級初探〉，《中央研究院歷史語言研究所集刊》，第六十四本第一分，臺北，一九九三年三月，頁一七五—二〇四。
劉錚雲，〈舊檔案、新材料——中研院史語所藏內閣大庫檔案現況〉，《新史學》，九卷三期，臺北，一九九八年九月，頁一三五—一六二。
歐立德（Mark C. Elliott），〈滿文檔案與新清史〉，《故宮學術季刊》，二四卷二期，臺北，二〇〇六年十二月，頁一—十八。
歐立德（Mark C. Elliott）著，華立譯，〈清代滿洲人的民族主體意識與滿洲人的中國統治〉，《清史研究》，二〇〇二年第四期，北京，二〇〇二年十一月，頁八六—九三。

滕紹箴，〈「滿洲」名稱考述〉，《民族研究》，一九九六年第四期，北京，一九九六年七月，頁七〇—七七。
蔡名哲，〈滿洲人的淳樸從何談起：一個研究概念的探討〉，《成大歷史學報》，第四十九號，臺南，二〇一五年十二月，頁二一三—二五六。
蔡美彪，〈大清國建號前的國號、族名與紀年〉，《歷史研究》，一九八七年第三期，北京，一九八七年六月，頁一三三—一四六。
衛周安（Joanna Waley-Cohen）著，董建中譯，〈新清史〉，《清史研究》，二〇〇八年第一期，北京，二〇〇八年二月，頁一〇九—一一六。
鄧之誠，〈談軍機處〉，收入王鍾翰，《清史雜考》，北京：人民出版社，一九五七年，頁二七〇—二七八。
鄭天挺，〈清代皇室之氏族與血系〉，收入鄭天挺，《清史探微》，北京：北京大學出版社，一九九九年，頁二—三一。
鄭天挺，〈多爾袞稱皇父之臆測〉，收入鄭天挺，《清史探微》，北京：北京大學出版社，一九九九年，頁七六—八七。
盧正恆，黃一農，〈先清時期國號新考〉，《文史哲》，二〇一四年第一期，濟南，二〇一四年一月，頁六六—七四、頁一六六。

蕭啓慶，〈論元代蒙古人之漢化〉，《臺大歷史學報》，第十七期，臺北，一九九二年十二月，頁二四三－二七一。
賴惠敏，〈論乾隆朝初期之滿黨與漢黨〉，收入中央研究院近代史研究所編，《近世家族與政治比較歷史論文集》，臺北：中央研究院近代史研究所，一九九二年，頁七二一－七四四。
賴惠敏，〈清政府對北京藏傳佛寺之財政支出及其意義〉，《中央研究院近代史研究所集刊》，第五八期，臺北，二〇〇七年十二月，頁一－五一。
賴惠敏，〈乾隆皇帝修建熱河藏傳佛寺的經濟意義〉，《中央研究院歷史語言研究所集刊》，第八〇本第四分，臺北，二〇〇九年十二月，頁六三三－六八九。
賴惠敏，〈崇實黜奢：論嘉慶朝內務府財政〉，《中央研究院近代史研究所集刊》，第一〇八期，臺北，二〇二〇年六月，頁一－五三。
霍布斯邦（Eric Hobsbawm）著，徐文路譯，〈導論．創造傳統〉，收入霍布斯邦等著，陳思文等譯，《被發明的傳統》，臺北：貓頭鷹出版社，二〇〇二年，頁一一－二六。
戴逸，〈談清史纂修〉，收入陳捷先、成崇德、李紀祥主編，《清史論集（上冊）》，北京：中國人民出版社，二〇〇六年，頁三－七。
魏千志，〈從清初五大弊政看當時的社會矛盾〉，《河南大學學報》（社會科學版），第三一卷第四期，開封，一九九一年七月，頁六九－七八、頁五一。
魏復古（Karl A. Wittfogel）著，蘇國良等譯，〈中國遼代社會史（九〇七－一一二五年）總述〉，收入鄭欽仁、李明仁編譯，《征服王朝論文集》，臺北：稻鄉出版社，一九九九年，頁一－六九。
羅威廉（William T. Rowe）著，師江然譯，〈乾嘉變革在清史上的重要性〉，《清史研究》，二〇一二年第三期，北京，二〇一二年八月，頁一五〇－一五六。
關文發，〈評嘉慶帝〉，《武漢大學學報》（社會科學版），一九八四年第四期，武漢，一九八四年七月，頁四三－五〇。
顧眞，〈查嗣庭案緣由與性質〉，《故宮博物院院刊》，一九八四年第一期，北京，一九八四年二月，頁十一－十五。

英文

Ho, Ping-ti. "The Significance of the Ch'ing Period in Chinese History." *The Journal of Asian Studies*, 262, February 1967, pp. 189-195.
Ho, Ping-ti. "In Defense of Sinicization: A Rebuttal of Evelyn Rawski's 'Reenvisioning the Qing'." *The Journal of Asian Studies*, 57:1, February 1998, pp. 123-155.

Guy, R. Kent. "Who were the Manchus? A Review Essay," *The Journal of Asian Studies*, 61:1, February, 2002, pp. 151-64.

Rawski, Evelyn S. "Presidential Address: Reenvisioning the Qing: The Significance of the Qing Period in Chinese History." *The Journal of Asian Studies*, 55: 4, November 1996, pp. 829-850.

日文

宮崎市定，〈清朝に於ける国語問題の一面〉，收入田村実造編，《東方史論叢第一・北方史専号》，丹波市町：養徳社，一九四七年，頁一－五六。

後藤末雄，〈康熙大帝とルイ十四世〉，《史學雜誌》，第四十二卷第三期，東京，一九三一年三月，頁六五－九三。

松村潤，〈崇徳の改元と大清の国号について〉，收入鎌田先生還曆記念会編，《鎌田博士還曆記念歴史学論叢》，東京：東通社出版部，一九六九年，頁二七四－二八七。

神田信夫，〈清初の貝勒について〉，《東洋学報》，第四〇卷第四期，東京，一九五八年三月，頁一－二三。

神田信夫，〈清初の文館について〉，《東洋史研究》，第十九卷第三期，京都，一九六〇年十二月，頁三六－五二。

聯經中國史

首崇滿洲的多民族帝國：清史

2024年7月初版
定價：平裝新臺幣640元
精裝新臺幣890元

著　　者　葉高樹
主　　編　王汎森
特約編輯　李國維
叢書編輯　陳胤慧
內文排版　菩薩蠻
封面設計　廖　韡

出　版　者　聯經出版事業股份有限公司
地　　　址　新北市汐止區大同路一段369號1樓
叢書編輯電話　（02）86925588轉5317
台北聯經書房　台北市新生南路三段94號
電　　　話　（02）23620308
郵政劃撥帳戶第0100559-3號
郵撥電話　（02）23620308
印　刷　者　文聯彩色製版有限公司
總　經　銷　聯合發行股份有限公司
發　行　所　新北市新店區寶橋路235巷6弄6號2樓
電　　　話　（02）29178022

副總編輯　陳逸華
總 編 輯　涂豐恩
總 經 理　陳芝宇
社　　長　羅國俊
發 行 人　林載爵

行政院新聞局出版事業登記證局版臺業字第0130號

本書如有缺頁，破損，倒裝請寄回台北聯經書房更換。
聯經網址：www.linkingbooks.com.tw
電子信箱：linking@udngroup.com

ISBN 978-957-08-7327-6 (平裝)
ISBN 978-957-08-7413-6 (精裝)

國家圖書館出版品預行編目資料

首崇滿洲的多民族帝國：清史/葉高樹著．初版．
新北市．聯經．2024年7月．568面．14.8×21公分（聯經中國史）
ISBN 978-957-08-7327-6（平裝）
ISBN 978-957-08-7413-6（精裝）

1.CST：清史

627　　113003721